教育財政制度與改革

陳麗珠 

作者簡介

陳麗珠

學歷：美國密西根大學教育博士

美國康乃爾大學訪問學者

美國賓州大學訪問學者

經歷：臺北市教師研習中心組員、編審

臺灣省政府教育廳專員

美國密西根大學「學校評鑑暨學校發展中心」研究助理

國立高雄師範大學副教授

國立高雄師範大學教育學系教授兼系主任

現職：國立高雄師範大學教育學系教授

自序 我國教育財政制度的改革課題

《教育財政制度與改革》一書，整理記錄了我國自2001年以來首度教育財政改革的過程。

教育財政學的理論與學校財務管理之隔閡

在大學任教「教育財政學」多年，作者發現教學過程中面臨最大的挑戰，不是在於學科的內容，反而是在於協助學生克服對經費數據的恐懼感。不論是大學部、碩士班或是博士班學生，也不論是否已經在學校服務的在職生，一聽到「教育財政學」，總是預期會面對一大堆的經費數字和複雜的計算，以及讓人頭痛的表格和圖形，因此對於此一領域往往裹足不前！不僅如此，已經在中小學校擔任行政職務的在職生，雖然他們每天在學校裡的工作都和經費有關，也要費盡心思去爭取經費，但卻將教育經費的管理，包括年度預算的編列和動支等交由會計和總務負責，造成學校經費的籌措使用與學校教育目標脫節，浪費資源，相當可惜。

除了常見這類主動迴避經費問題的態度，還有一種常見的態度是「知其然，不知其所以然」。曾經有一年甄選國中小主任的考題是「請問貴校的經費從何而來？」很多應考的準主任們竟然都回答學校經費是「由教育局來」！可見一般的學校行政人員認為教育局應該把學校需要的經費送來，不用擔心，更沒有深入了解的必要。2001年以後，中小學校比照國立大學逐漸實施基金預算，學校開始學習自籌部分經費，但公立學校的財政還是相當倚賴政府公部門的挹注，學校行政人員這種心態仍然普遍存在。

學校行政人員對於教育經費的隔閡，確實有其苦衷：中小學校行政大部分由校內教師兼任，這些教師在師資培育過程中並未接受此類課程的訓練，面對學校經費核銷的規定，學校行政人員們總有「隔行如隔山」的難處，無從下手；其中偶有教師團體對經費花用有所質疑，但因為背景知識不足，還是缺乏著力點。此外，國民中小學部分學校主計人員在近年來已經不再由教師兼任，逐漸改為專任會計人員或主任，然而專任學校會計常常會逾越管控預算和記帳等會計事務，認為自己應該決定經費在各處室之間的分配。結果使學校經費分配未必符合教育專業的考量，也和校長的決策權相左。

學校經費為什麼永遠不夠用？

我國的教育人員自外於教育經費的運作，引發一連串的後續效應。最常見的情形是：當面對外界質疑學校教育成效不彰時，教育人員大多以「經費不足」作為回答，比較簡短的回答就是「沒錢、沒人，所以沒有把事情做好」。此間隱含的意思就是：「如果經費夠多，我們才能把工作做好。」還有另一層解釋就是，因為他們沒有過問經費，所以事情沒有做好，不應該由學校行政人員負責。

其實，如果學校經費夠多，也未必能夠把事情做好。因為在被動的經費分配過程中，學校資源的多寡不是依照學校的需求而分配，也未必能夠協助學校達成特色的發展，加上各年度之間的變動可能很大，任何一個外在因素都會改變下一年度的學校預算數額與執行，學校即政目標與教育目標的前提之下，探討政府在制訂與實施教育資源籌措與分配的公共教育政策過程，以及政策實施之後對於各種利害關係人的影響等。換句話說，教育財政學的探討對象，已經涵蓋整個學校制度。與教育財政學相近似的學科，則是學校財政學（School Finance），兩者最大的不同在於涵蓋的研究對象有所差別。一般而言，學校財政學著重於中小學校的財務制度與運作，由於世界各國的中小學校經費由政府負擔居多，家長負擔較少，因此與國家公共財政系統的設計與運作有較密切的關係。再者，中小學校的經費來源以政府撥款居多，其餘由學校自籌的財源（學雜費與募款等）相對比重較少，因此學校財政學以探討公部門的公共資金為主；本（21）世紀初以來，世界金融秩序重整，許多國家面臨經濟發展瓶頸，導致財政緊縮，連帶影響中小學校財政，也使學校自籌經費逐漸進入學校財務行政的議程當中。

現代學校制度依其財務來源分成兩種：一為強迫入學的義務教育，由公部門（國家）負擔大部分教育成本，在我國為國民教育階段；一為由學生與家長依其意願自由選擇入學之選擇教育，由學生與其家長負擔較多教育成本，在我國為高等教育與終生教育階段。我國在民國 90 年實施的《教育經費編列與管理法》的第二條與第三條規範了教育經費的定義與全國總額下限的保障，其餘大部分條文著重於中央與地方政府在教育經費的分擔責任，以及兩級政府內的經費分配與審核機制等，對於選擇教育階段的財務並沒有太多的規範。因此，本書以「教育財政制度與改革」為主題，以《教育經費編列與管理法》立法實施前後的二十年間為時空背景，針對我國中小學校教育財政制度與問題進行探討。全書分成三大部分討論我國當前教育財政問題與解決之道：第一部分先介紹教育財政制度的重要理論，包括：政府在公共教育財政的責任、教育財政政策價值觀、教育財政公平與適足；第二部分討論政府的教育財政制度與改革，包括我國教育財政系統、我國教育財政改革、教育經費基本需求、我國教育經費之保障機制、地方政府國民教育財政問題、國民教育補助制度等；第三部分討論學校財務管理與政策執行，包括：學校財務管理、學校教師員額編制與授課節數、學生補助與弱勢學生照顧政策等。綜觀三部分的鋪陳，結合理論與實務，期能為我國近二十年間教育財政制度的變革，包括從中央政府、地方政府、到學校層級，依照政策議題的發展加以統整，並積極展望未來，整理出我國教育資源籌措與分配政策的脈絡。

本書的第一篇討論教育財政制度的理論基礎，包括政府在公共教育財政的責任、教育財政政策價值觀，以及教育財政公平與適足等。

如果個人接受教育的相關活動都能夠完全歸納為私人的選擇行為，純粹為私有財，那麼教育財政學就沒有必要討論教育資源的籌措與分配等問題。本書在第一章首先確認政府對於公共教育應該具有一定的財政責任，原因在於教育活動雖不屬於純粹的公共財，但教育利益具有一定的外延性，使得受教育的個人在獲得教育的直接（個人）利益外，其他沒有受教育的人也可以獲得間接（社會）利益，因此，教育經費的籌措來源不僅來自於受教者（學生與家長），其他亦必須由政府、雇主與社會大眾分攤。其間經費的籌措與分配機制就是透過公共政策的制訂來約定。公共政策非僅由政府單方面所規範，而是必須經過政策的議題界定、議程設定、政策形成、政策採用、政策執行與政策評鑑等過程，由官方與非官方的政策行動者共同制訂。

政策過程雖然漫長且不可測，但整個政策發展的方向其實是由政策的價值觀所左右，因此本書在第二章探討現代社會中的各種政策價值觀，作為教育財政政策討論的基礎。公共政策的第一類價值觀為包括爭取個人名利的自利價值觀，任何公共政策的立場都是由每一位社會成員自身利益（經濟與權力）出發；第二類為交代群己關係的社會價值觀，雖然社會中的每一成員都希望獲得最大表現自主空間，展現個人主義，但還是必須與社會集體秩序之間取得一定的協調與平衡，公共（含教育）政策亦受其影響；第三類為民主社會的政策價值觀，其中與教育財政政策最有關係者包括：自由（適應、選擇）、效率（經濟成長、卓越）與公平（博愛），這三種價值觀之間會有互動，也有衝突；至於哪一個價值觀獲得政策制訂者的認同，端視當代公民的集體意識。

教育財政政策的價值觀當中，自古以來最受到討論的當屬公平或正義了。第三章將討論焦點集中於教育財政公平。有鑑於社會正義與公平的追求，都有賴公共資源的分配方能達成，其中教育財政公平包含納稅人公平與學生公平，透過公平原則的確立，配合適當的公平量數，去衡量各個公平原則的狀況。1990 年代以後，財政公平更進一步發展到適足的概念，希望資源分配不僅達到均等的狀態，更要求教育資源必須「適當且充足」地分配給每一位學生，使全體學生都能發揮其最大學習潛能。教育財政適足性的衡量方法除了以發展量數統計計量之外，亦逐漸加入質性的成分，或是透過觀察，或是專家主觀判斷，期能檢視資源分配的適足程度。

本書的第二篇分析我國的教育財政制度與改革，從政府的收入與支出，到教育經費的籌措來源與原則之分析開始，逐步介紹我國現行的教育財政制度。本篇包括：我國教育財政系統、我國教育財政改革、教育經費基本需求、我國教育經費之保障機制、地方政府國民教育財政問題，以及國民教育補助制度等。

第四章探討我國的教育財政系統，在我國現行的教育行政與學校制度架構之中，介紹我國公共教育財政系統及其運作，尤其是2001年以後教育財政改革之後的運作重點。

第五章討論我國2001年以後開始的教育財政改革。本章從教育財政改革的背景、《教育經費編列與管理法》之特色、《教育經費編列與管理法》執行與引發的問題，以及最近一次（2011年）《教育經費編列與管理法》的修訂重點、到教育財政改革的未來展望。

從第五章的立法改革過程開始，第六、七、八、九章進一步分析《教育經費編列與管理法》帶來的新機制：首先，第六章聚焦於《教育經費編列與管理法》中所規範的「教育經費基本需求」，本章分別介紹其緣起、模式建構、計算公式之發展、試算結果及檢討，以及公平效果分析等。

第七章針對《教育經費編列與管理法》對於教育經費之保障機制進行檢討。《教育經費編列與管理法》第三條規定我國教育經費總額的保障額度，隨後的各年度逐漸建立起教育經費的計算機制。本章分析保障前後教育經費結構、公私立教育經費分攤、教育經費與財政能力之關係、占各級政府歲出比率、各級政府間分攤教育經費、中央對地方補助款之變動、「國民教育優先」原則之檢驗、各級學校每生平均分攤教育經費，以及教育經費中的人事費與退撫支出等。

第八章討論地方政府層級中的國民教育財政問題。依序鋪陳出我國國民教育財政制度與運作，以及近年來我國國民教育發展現況與資源分配問題；接著以合併前的高雄縣市為例，分析地方政府教育財政問題，包括國民中小學校經費與規模之關係、原高雄縣「地方基層建設建議經費」之分配與檢討，以及縣市合併之後如何開創新局等。

第九章討論我國存在多年的國民教育補助制度與問題。本章重點先介紹政府補助款的意義，以及美國聯邦與州政府對於地方學區的補助制度，接著回顧我國國民教育補助制度之沿革與發展、教育財政改革之前的國民教育補助計畫與其財政公平效果之檢討、《教育經費編列與管理法》實施後的國民教育補助制度、一般教育補助之分配與運作機制、特定教育補助之分配與運作機制等。

本書的第三篇探討學校財務管理與政策執行。學校層級為教育財政制度的基層單位，也是落實政策執行的機構，Lipsky 稱為「街頭官僚」（street-level bureaucrats），政策執行的成敗重任有一大部分決定於學校層級的執行情形。本篇包括：學校財政管理、學校教師員額編制與授課節數，以及學生補助與弱勢學生照顧政策。

學校執行教育經費的收入與支出，通稱為學校財務管理。第十章探討學校財務管理的架構與流程，主張教育經費的支用必須與學校校務計畫相結合。從學校校務的多年度長程計畫，到學校校務短程計畫，以及向上級機關申請的經費補助計畫，都必須在事前編列適當翔實的預算，再根據預算去確實執行。政策執行分成三個階段：事前的動員準備、適切的執行、到成為學校制度的一環，缺一不可。最後，政策還必須配合政策評鑑，檢討成效以決定來年是否繼續執行。

學校教育為勞力密集的產業，其中大部分的資源都使用於人事費用支出，因此學校人力資源管理成為學校執行的重要政策。我國自 2001 年以來由於教育改革與少子化等趨勢，牽動教育資源重新分配，直接衝擊到學校教師員額編制與授課節數的規定。第十一章討論學校教師授課節數爭議之背景、國民中小學教師授課節數與員額編制現況與問題、國民中小學教師授課節數與員額編制相關法令、最後釐清學校教師授課節數的相關問題癥結。

本書的第十二章討論學校對學生收費時如何關注到弱勢學生照顧，包括：現行弱勢學生補助政策制度之實施、現行弱勢學生補助政策制度之特色、從政策性質檢討現行弱勢學生補助制度、從政策執行檢討現行弱勢學生補助制度、弱勢學生補助制度之影響與省思、重新設計弱勢學生照顧政策。

本書之完成，感謝行政院國家科學委員會與教育部、臺灣省政府教育廳、高雄市教育局，以及其他文教團體多年以來的委託研究專案經費補助；感謝國立高雄師範大學提供友善的學術環境幫助專業成長；感謝教育行政機關的長官與好友們提供參與政策規畫的機會；還有感謝多年來修習「教育財政學」的學生們在課堂中與研究中給我的挑戰與啟發，這些都是協助我能夠在教學之餘，一邊參與政府教育主管機關的教育財政改革政策規畫與執行，同時逐步完成一系列我國教育財政系統研究的重要力量。

本書中的各章節係由國科會歷年補助成果報告與教育行政主管機關委託專案研究報告等整理而成，其中部分已經公開發表在期刊或研討會議中，但仍有大部分的研究發現受限於期刊論文篇幅限制未能完整呈現，現以專書方式完整呈現。期能有系統地將多年來的研究成果做整理，與學術先進同好分享，尚祈多多指教。

CONTENTS

Part 1 教育財政制度的理論基礎 …… 001

第一章 政府在公共教育財政的責任 …… 007

第二章 教育財政政策價值觀 …… 021

第三章 教育財政公平與適足 …… 041

Part 2 我國教育財政制度與改革 …… 091

第四章 我國教育財政系統 …… 103

第五章 我國教育財政改革 …… 125

第六章 教育經費基本需求 …… 169

第七章 我國教育經費之保障機制 …… 247

第八章 地方政府國民教育財政問題 …… 279

第九章 國民教育補助制度 …… 337

Part 3 學校財務管理與政策執行 …… 401

第十章 學校財務管理 …… 405

第十一章 學校教師員額編制與授課節數 …… 447

第十二章 學生補助與弱勢學生照顧政策 …… 475

第十三章 結論：我國教育財政的挑戰與展望 …… 497

本書作者相關研究專案 …… 505
附錄一　《教育經費編列與管理法》 …… 509
附錄二　國民小學與國民中學班級編制及教職員員額編制準則 …… 515
附錄三　國民中小學教師授課節數訂定基準 …… 521
附錄四　教育部國民及學前教育署補助國民中小學調整教師授課節數及導師費實施要點 …… 523
附錄五　高雄市立國民小學教職員工員額設置標準表 …… 527

表次

表 1-1　政策過程階段模式 …… 019
表 3-1　美國教育財政訴訟歷史分期 …… 062
表 3-2　適足性衡量方法之比較 …… 079
表 4-1　我國教育發展概況 …… 109
表 4-2　2010 學年度各級學校校數及學生數 …… 110
表 4-3　各級學校畢業生升學率及國民教育就學率（2000-2010 年） …… 110
表 4-4　各級政府財政收支之分類 …… 112
表 4-5　各級政府歲入歲出淨額及餘絀 …… 114
表 4-6　各級政府歲入淨額結構 …… 114
表 4-7　《財政收支劃分法》規範之各級政府教育、科學、文化相關支出內涵 …… 116
表 4-8　各級政府歲出淨額結構 …… 116
表 5-1　《教育經費編列與管理法》立法以來全國教育經費數額分析 …… 143
表 5-2　全國教育經費法定保障數、預算實編數、決算數占國內生產毛額比率 …… 144
表 5-3　全國教育經費預算分配（2002-2007 年） …… 148
表 5-4　地方政府教育經費支出（2002-2007 年） …… 149
表 5-5　教育經費分配審議委員會審議情形彙總表 …… 153
表 6-1　學生邊際單位成本公式中計算的每生價格 …… 184

表 6-2　各縣市規模調整值計算結果 ······ 187
表 6-3　國民小學基本需求項目計算標準說明 ······ 191
表 6-4　國民小學每班每年教育經費基本需求 ······ 193
表 6-5　國民中學基本需求項目計算標準說明 ······ 194
表 6-6　國民中學每班每年教育經費基本需求 ······ 196
表 6-7　高級中學基本需求項目計算標準說明 ······ 197
表 6-8　高級中學每班每年教育經費基本需求 ······ 198
表 6-9　高級職業學校基本需求項目計算標準說明 ······ 199
表 6-10　高級職業學校每班每年教育經費基本需求 ······ 201
表 6-11　完全中學基本需求項目計算標準說明 ······ 202
表 6-12　地方政府教育局業務量計算之基本資料 ······ 207
表 6-13　國民小學教育經費基本需求試算結果 ······ 209
表 6-14　國民中學教育經費基本需求試算結果 ······ 210
表 6-15　高級中學教育經費基本需求試算結果 ······ 211
表 6-16　高級職業學校教育經費基本需求試算結果 ······ 212
表 6-17　完全中學教育經費基本需求試算結果 ······ 213
表 6-18　國中小教育經費基本需求試算結果 ······ 214
表 6-19　地方政府「教育局業務量」之計算過程 ······ 216
表 6-20　2003 年度地方政府教育局本部教育經費基本需求試算結果 ······ 217
表 6-21　2003 年度地方政府教育局附屬單位教育經費基本需求試算結果 ······ 218
表 6-22　2003 年度地方政府學校教育經費基本需求試算結果 ······ 219
表 6-23　2003 年度地方政府教育經費基本需求總額試算結果 ······ 221
表 6-24　2003 年度地方政府教育經費基本需求總額試算結果與 2002 年度之比較 ······ 223
表 6-25　2003 年度國小教育經費每班平均、每生平均基本需求值 ·· 227

表 6-26　2003 年度國小教育經費基本需求分配結果之水平公平程度分析 …… 228
表 6-27　國小教育經費基本需求分配結果之縣市財政中立程度之機會公平分析 …… 230
表 6-28　2003 年度國中教育經費每班平均、每生平均基本需求值 …… 234
表 6-29　2003 年度國中教育經費基本需求分配結果之水平公平程度分析 …… 235
表 6-30　國中教育經費基本需求分配結果之縣市財政中立程度之機會公平分析 …… 237
表 7-1　各級政府教育經費支出 …… 252
表 7-2　我國的教育經費（1986-2007 年） …… 254
表 7-3　我國國民生產毛額與國內生產毛額（1986-2007 年） …… 256
表 7-4　各級政府歲入歲出與餘絀（1986-2007 年） …… 258
表 7-5　公私立教育經費與政府教育經費和政府財政收支之相關係數 …… 259
表 7-6　以 GNP 為計算基準的保障試算與現行保障間之比較 …… 261
表 7-7　各級政府教科文支出之比率 …… 263
表 7-8　各級政府教育經費占歲出比率 …… 264
表 7-9　各級政府間的教育經費結構 …… 265
表 7-10　全國教育經費預算分配（2002-2007 年） …… 268
表 7-11　各級學校間的教育經費結構 …… 269
表 7-12　全國各級學校學生人數（2000-2007 學年度） …… 271
表 7-13　各級學校每生平均分攤教育經費 …… 272
表 7-14　全國人事、退撫與其他教育經費執行情形（2002-2007 年） …… 273
表 7-15　各縣市教育人事費占縣市總歲出經費及教育總經費比率（2006 年決算數） …… 274

表 8-1 國民教育發展概況（2005-2010 年） …… 282
表 8-2 國民教育投入教育經費（2000-2010 年） …… 284
表 8-3 我國近年國中小每班學生人數 …… 285
表 8-4 一所公立國民小學學校經費用途分析 …… 287
表 8-5 高雄縣市國中小每班／每生平均分攤經費 …… 293
表 8-6 高雄縣市國民中小學每班平均經費 …… 303
表 8-7 高雄縣市國民中小學學校不同班級規模每班平均總決算支出差異表 …… 306
表 8-8 國民中小學學校不同班級規模每班平均非用人費支出差異 …… 308
表 8-9 國民中小學學校不同班級規模每班平均資本門支出差異 …… 310
表 8-10 高雄縣市學校班級數、學生數與學校經費項目之相關係數（2008 年） …… 312
表 8-11 高雄縣各行政區國中小接受議員補助款補助（2009 下半年） …… 320
表 9-1 一般補助、整批補助與分項補助之比較 …… 352
表 9-2 政府實施九年國民義務教育以來各項國民教育發展計畫一覽表 …… 358
表 9-3 政府實施九年國民義務教育以來各項國民教育發展計畫經費統計表 …… 368
表 9-4 國民中小學特定補助款分類細目一覽表 …… 396
表 10-1 學校設立一間電腦實驗室潛在的成本和效益 …… 413
表 10-2 電腦實驗室的成本分析 …… 415
表 10-3 電腦實驗室年度支出的分析 …… 416
表 10-4 實施基金預算制度與公務預算制度之主要差異 …… 424
表 10-5 公務預算制支出科目分類 …… 433

表 10-6　基金預算制收支科目分類 …… 434
表 10-7　政策執行問題之分類 …… 437
表 10-8　處理政策執行問題的方法 …… 438
表 10-9　修正政策的主要方法 …… 443
表 11-1　教師兼任行政及導師加給比較 …… 465
表 12-1　教育部補助照顧弱勢國中小學生相關計畫（2005 年） …… 477

圖 1-1　政策過程 ……016
圖 II-1　學校政治系統裡影響力的流動和政策結果 ……095
圖 4-1　教育行政系統圖 ……105
圖 4-2　學校制度圖 ……107
圖 4-3　國庫收支淨額及其結構 ……115
圖 4-4　《教育經費編列與管理法》 建構之教育財政系統運作圖 ……121
圖 6-1　學校教育經費需求層次圖 ……174
圖 6-2　地方政府教育經費基本需求計算流程圖 ……181
圖 6-3　試算公式概念圖 ……189
圖 6-4　地方政府 2003 年度教育經費基本需求與 2002 年度自籌教育經費之比較 ……224
圖 6-5　地方政府 2003 年度教育經費基本需求之分析 ……225
圖 7-1　政府教育經費成長率與經濟景氣指標之比較 ……257
圖 7-2　以 GNP 為計算基準的保障試算與現行保障間之比較 ……260
圖 7-3　各級政府間的教育經費結構 ……266
圖 7-4　各級學校間的教育經費結構 ……270
圖 7-5　各級學校教育每生平均分攤經費額度（CPI 調整後） ……273
圖 8-1　高雄市國中經費結構圖 ……294
圖 8-2　高雄市國小經費結構圖 ……296
圖 8-3　高雄縣國中經費結構圖 ……297
圖 8-4　高雄縣國小經費結構圖 ……299

圖 8-5　高雄縣市國中小每班平均分攤經費 …… 301
圖 8-6　高雄縣市國中小每生平均分攤經費 …… 301
圖 8-7　高雄縣市國民中小學每班平均經費結構圖 …… 303
圖 10-1　學校財務管理之「計畫—預算—評鑑」循環 …… 407

part 1 教育財政制度的理論基礎

我國向來對於公共教育相當重視，政府對公共教育的投入經費占國家整體財政支出之比重，在世界各國之間名列前茅。然而此一龐大的教育事業投資的運作制度（以下稱為教育財政系統）受限於歷史等時空背景因素，並未獨立運作，而必須依附在政府公共財政系統之下。職是之故，教育財政學（Education-Finance）在國內的發展起步相當晚，直到1990年代以後，教育改革潮流帶來教育鬆綁的精神，連帶使教育資源分配公平等相關議題受到各界重視，教育財政系統的革新才逐漸受到討論。換句話說，我國教育財政學的發展幾乎與教育改革運動同步而行；然而教育改革議題與政策能見度高，引發爭議也大，相對而言，教育經費收支事務存在於各種性質的教育政策中，教育財政議題必須跨界會計核銷系統，相形之下比較隱晦，所以財政議題在教育改革能見度並不高。

教育財政學在國內的發展

我國現行教育財政制度的發展，大約可分成四個階段：第一個階段可稱為「行政決定期」，時間在1946年至1989年之間。民國35年，國民大會制訂《中華民國憲法》，在第八章「教育文化」之第一六四條規定：「教育、科學、文化之經費，在中央不得少於其預算總額百分之十五，在省不得少於其預算總額百分之二十五，在市縣不得少於其預算總額百分之三十五，其依法設置之教育文化基金及產業，應予以保障。」以顯示我國對教育文化事業的重視。然而此一條文因為政府遷臺等諸多因素一直沒有落實執行，尤其是中央政府握有豐沛財源但卻未能落實其中的總預算15%使用於教育科學文化事業，僅是以補助款的方式對地方政府補助。這種情形到了1989年才有所改變。

第二個階段為「憲法保障期」，從1989年至1997年。1989年，在立法委員的要求下，中央政府首度將中央政府總預算編足15%於教育科學與文化項目，雖然其後即被發現其中灌水的預算太多，但是至少已經逐步落實。此一階段中，教育部門的經費水漲船高，不僅是中央政府層級對國立大學的補助，連國民教育也因為中央補助款的增加而豐沛許多，此一階段完成許多校舍建築新建與翻修工程。然而也因為硬體建設經費擴張速度過快，招致各界批評教育事務過度浪費，因此在民國 86 年國民大會修憲，將憲法第一六四條效力凍結，改以憲法增修條文第十條：「教育、科學、文化之經費，尤其國民教育之經費應優先編列，不受憲法第一百六十四條規定之限制。」規範之。從此教育經費的保障，從憲法位階退位，改而採取立法保障。

第三個階段為「無保障期」，為 1997 年至 2000 年之間，此一時期憲法保障已經凍結，雖然有行政首長的承諾，但教育經費是否已經減少，外界不得而知。此一階段很容易受到忽略的問題是，民國 86 年的修憲，同時凍結省政府的層級，全省 180 所的省立高中高職的經費，原來有憲法「省總預算支出的百分之二十五」的保障，在精省之後其實已經實質減少。此一時期教育團體與在野立委積極運作，草擬憲法保障之替代法案，行政院亦委託學者進行研究憲法保障取消後之因應方案，最後進入正式立法過程。

第四階段為「法令保障期」，從 2001 年迄今。民國 89 年底，《教育經費編列與管理法》通過，為第一個正式保障教育經費的法令。此一法令不僅是保障教育經費的總額，對於教育經費的定義、教育經費計算基準與基本需求、分配委員會的組成與運作機制、教育經費的評鑑等，都有明確的規範。自此重新建立我國教育財政制度，並牽動教育資源的分配與籌措。

教育財政與教育政策之間的關係

從以上四個教育財政學的發展階段來看，可以發現我國教育財政系統從來就不是一個獨立的系統，應該說教育財政系統是公共財政系統的一部分，而且因為教育經費在統籌統支的原則之下沒有獨立的財源，所以也就無法自外於政策過程的政治操作。教育政策為公共政策的一種，只要是需要使用公共經費的政策，在制訂的過程中，必定免除不了各種利益團體與政策行動者的影響，若僅以教育財政理論與價值觀去檢視公共教育財政系統，往往會失望於其間的差異何其巨大。另一方面，如果教育財政學的討論僅限制於教育經費分配的實務，而不以相關理論作為基礎，則會因為缺乏價值觀等衡量標準，淪於分配金額增減的計較。

本書的第一篇「教育財政制度的理論基礎」鋪陳教育財政系統的基本理論，基於這些理論，由公共財政支應私人受益的教育活動才能獲得理論依據。其中最根本的問題是：當學生接受教育時，究竟是「誰受惠」？很明顯的是學生本人在學期間與完成學業之後都可以獲得教育的利益，然而學生之外的其他人，包括其家庭、社區、企業（雇主）、社會、乃至國家，是否都會因為學生受教育間接受惠？如果答案是肯定的，那麼第二個問題要問的就是「誰應該付費」？社會上的每一個人是否應該依照受惠程度的大小而分攤若干經費？接下來要問的就是：「如何分攤」？以及「分攤多少」？這兩個問題就得由公共租稅系統的運作機制來提供答案。公共租稅系統蒐集了社會大眾的稅金，如何在政府的運作機制之下移轉到教育部門，然後分配到各個學校（或學生）手中，這就是教育經費的籌措與分配機制。此一問題將在第一章「**政府在公共教育財政的責任**」中討論之。

然而這些資源分配的規則是如何制訂的？這些法令、規章、命令等，統稱為政策（policy）。教育政策在民主國家中尤其重要，因為政策應該是結合民意與行政、立法、司法部門的產物，其目的在於解決大眾共同關心的事情。教育政策雖然以解決教育問題為目的，但每一位社會公民的教育問題並不一致，教育政策分配的教育資源未必完全兼顧到各利害關係人的需求，因此洞悉教育政策從議題界定、議程設定、政策形成、政策採用、政策執行、到政策評估的政策過程（policy process），已經成為現代公民必須具備的知識。教育財政學探討的教育資源分配政策，更是決定教育政策的優先與權重，因此必須進一步了解驅動教育財政政策背後的數個重要價值觀（values）與價值觀之間的消長關係等，方能正確解讀教育財政政策的真正目標。本書第二章「**教育財政政策價值觀**」針對教育政策背後的重要價值觀做一綜合討論，以了解教育政策之起源與執行，作為研究教育財政政策的基礎。

承第二章，在教育財政政策中，最重要的隱含價值觀有三個：公平、自由與效率，其中又以財政公平最為重要。本書第三章以「**教育財政公平與適足**」為題，針對教育財政公平價值觀在近數十年間的發展，包括公平的界定與衡量方法，以及財政公平對於政策制訂的影響等。1990 年代開始，財政公平價值觀逐漸發展成為財政適足性的探討，相關議題包括：適足性的界定、適足性的衡量方法，以及公平與適足性之間的比較等等。第三章的後半段乃將適足性的討論納入。

Chapter 1 政府在公共教育財政的責任

現代國家的重要功能之一，在於維持國家競爭力使國家富強得以永續經營，而透過公共教育制度的運作以培育人才，就是維持國家競爭力的重要手段之一。現代國家公共教育系統包含兩部分，一部分為義務教育，屬於普及型態的教育，具有「強迫」與「免費」入學的特質，通常實施於基礎教育階段，學生年齡小、個別差異小，且人數眾多，課程內容為培育現代國民所必需的一般教育課程，包括本國與外國語文、數學（含科學）等科目。

在義務教育階段之後，屬於選擇教育階段，學生可以按照自身意願決定是否入學，並選擇適當就讀的學校與課程內容。選擇教育階段的課程與型態都比義務教育階段更多元，為了呼應多元需求，學校的辦學主體不僅限於政府，私人亦可興學，此時學生必須負擔部分辦學成本，而學生的負擔能力（affordability）則影響其選擇意願，在政府、辦學主體（學校）、社會大眾與學生之間的成本分攤（cost-sharing）遂成為選擇教育階段最重要的議題。由於各利害關係人莫不僅想要享受利益卻不願負擔成本，形成搭便車（free-rider）的問題，因此究竟應該如何決定各方在公共教育應負擔多少財政責任的爭議，確實存在於每一個現代國家中。

公立學校的設立，亦可以視為政府執行公共政策的一種政策工具（policy

tool），為了處理政府部門教化人民的事務，以傳遞全體國民共同遵守的社會規範與秉持的價值觀，乃藉由公立學校的設立，建立機制，以負擔其長期運作之人事費與經常事務經費之方式，達成政策的目的。然而現代國家的教育體制趨向多元，不同階段、性質與功能的教育機構，政府是否應該一視同仁負擔其運作經費，或是採取差別負擔，此一議題乃引發對於教育利益的討論。

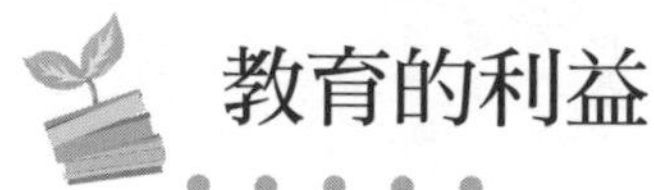

教育的利益

教育利益（benefit of education）的討論，始於 1960 年代的教育經濟學。教育經濟學家認為，教育產生的利益有很多種，T. W. Schultz 於 1960 年代首先提出對於現代公共教育重要性的看法。這些教育產生的利益包括：經濟發展受惠於教育機構的研究成果、教育機構發掘並培育的人才、培養學生適應就業市場的能力、持續培育教育機構所需的優良師資以持續教育機構的貢獻，還有，也是最重要的，教育可以培育經濟發展所需的人才。此外，學校教育提供優質的公民，這些優質公民一方面能夠積極參與政府提供的藝文服務，另一方面能夠消極減少政府耗費的服務資源，例如文盲不諳報稅手續，需要政府機關提供協助人力多支付的成本等。最後，學校能夠教育出優秀的公民，培育出下一代，進而延續社會的發展。

同一時期，對於教育利益的討論從未間斷，由於教育產生的利益很多，遂有分類的想法，包括教育的短期與長期（代間）利益、消費利益與投資利益、經濟的選擇利益與非經濟的選擇利益，但最常被引用作為教育財政政策之理論基礎的分類方法，則為教育的私人利益（private benefit）與公共利益（public benefit）。

教育的利益可以依照其最終歸宿（incidence）區分為私人與公共利益。私人利益指受教育者本身因為受教育而獲得的利益；公共利益，或稱社會利益（social benefit），則指個人利益之外，其他非由私人享有的利益，都歸為公共利益。再者，既然個人為社會的一份子，由此可推論，公共利益應該包括所有個人獲得的私人利益，加上其他非由個人獲得、而由全民共享的利益。

教育的私人利益

教育的私人利益又可以分成私人帶來的金錢利益與非金錢利益。

在私人的金錢利益方面，教育能提高個人就業所需的知能，增加職場競爭力，從而提高所得收入。首先，教育程度愈高，可供選擇的就業機會愈多，此時個人通常傾向於選擇薪資所得、福利較佳（如：有較多休假時間），或是薪資不高但社會地位較高（如：至學校擔任教職）的工作機會，因此教育程度愈高，進入職場的起薪愈高，福利也愈佳；其次，教育程度愈高，個人具備的知能愈專業，一方面可以獲得學以致用的就業機會，發揮長才；另一方面，如果就業市場景況不佳，教育程度高者（如果願意的話）可以向下搶奪教育程度低者的工作機會，也比較能夠接受訓練以轉換工作並適應新環境；最後，教育程度高者比較有機會繼續深造以進入專業領域。

在教育為個人帶來的非金錢利益方面，學校教育教導學生生活各方面「帶得走的知識」，使個人知道如何安排生活，包括藝術、文化等活動的參與，以提升生活品質。同時，教育能夠增加個人處理事情的能力，教育程度愈高，愈能夠管理自己的情緒，減少違背社會規範（犯罪）的可能。此外，教育能夠擴展個人的社交網路（包括覓得高所得的配偶），帶來更高的家庭所得，也形成另外一種代間利益。

總之，教育程度愈高，為個人帶來金錢與非金錢利益愈多，而且亦可能獲得更高的社會地位。加上教育利益的回收期很長，終生累積的效果更是可觀。

教育的公共利益

教育的公共（社會）利益，指個人無法獲得的利益，而由社會全體（或部分團體）所享有。教育會在私人利益之外，又形成公共利益，肇因於教育的外部性（externalities）。Weisbrod（1962, 1964）提出教育的鄰近效果（neighbourhood effect），認為教育的公共利益，不只是相對於個人而發散到整個社會大眾，亦可能存在於「小社區」（如：學區）與大範圍的社會（如：全州）之間。由此推論，個人受教育後，對於他／她所在的社區（或任職機構）的影響，可以當作是第一層的公共利益，例如個人在職期間參加進修教育，能引進新知，從而改善同僚的生產力；再者，社區中的教育程度高者愈多，社區的犯罪率愈低，從而改善社區生活環境品質（Mcmahon, 1987）。對於整個社會甚至國家而言，受過教育的個人，為國家經濟發展必須的厚植人力資本（human capital），人力資本愈多，國家在國際間的競爭力愈高。同時，教育具有價值性與規範性，學校除傳授就業所需之知能外，亦是傳遞文化遺產與社會規範的重要場所，對於社會發展有重要的意義（Cohn & Geske, 1990）。

根據上述各家對於教育的私人與公共利益分類的討論，可以發現私人利益包含在公共利益中，但兩者之間除了重疊的關係之外，亦有部分的公共利益非屬於個人所享有。由此推論，個人在學期間的就學成本，屬於私人利益部分，應該由受教者本人或其家庭負擔，至於公共利益由小範圍社區獲益者，由此社區負擔；若利益屬於社會全體，則由社會大眾負擔。

受教者（學生）在學期間負擔的就學成本，為學生繳交的學雜費與代收（代辦）費，至於社區與社會大眾的分攤，則透過公共財政機關負責收取與分配。

從公共政策觀點看教育財的屬性

從公共政策的觀點而言，公共政策要處理的是攸關社會大眾利益的事情，對於私人的事務並不在處理範圍之內。所以，任何一種財貨或勞務應該由政府公部門提供或是由私部門提供，端視此種服務屬於私有財（private goods）或是公共財（public goods）（Birkland, 2011）。私有財指由私人（或特定團體）享有且不能將利益擴散到其他人的財貨，而公共財則指不限於個人或特定團體可以擁有，且是可以將利益擴散到其他個人或團體的財貨。私有財產生的利益是內在的，不能擴及其他人，所以具有排他性，會受到市場價格波動的影響；反之，公共財的利益是外延的，能夠擴散及其他人且不具排他性，所以不易訂定收費價格，自然不受市場機能操作及價格之影響。從此定義看來，私有財的種類與數量充斥於現實生活中，相對而言，公共財的種類與數量就遠不及私有財多。

現代國家透過各種公共政策制訂、為人民提供的公共服務多屬公共財，然而除了少數國防、警政或消防等一律提供全民服務、沒有使用對象的限制之外，許多種公共服務都遭遇到「使用者」與「非使用者」成本分攤之差別，以及分攤者如何計價的問題。例如，公路或公共圖書館，對於沒有使用的民眾，不應該和有使用的民眾負擔一樣的成本，或是說，去使用這一類公共服務的民眾，除了透過租稅系統分攤若干成本外，應該另有收費規定，以涵蓋這些公共設施的運作與維護成本。

如果我們把政府提供（或補助）的教育活動亦視為一種財貨，「教育財」指投入於整個教育制度內的一切有價值的財貨。從本章前文討論到教育產生的利益包括私人與公共利益，可見教育活動具有很明顯的外部性，屬半公共財（semi public goods），或稱準公共財（quasi public goods）、殊價財（merit goods）（林文達，1986；蓋浙生，1999）。教育財的「私有財」屬性展現在兩方面，一方面展現在活動的「排他性」，受教者（學生）想要參與教育活動以獲取利益，必須先取得若干資格才能享有，例如：通過考試或甄選等，即使是義務教育階段，依法亦必須有學區和年齡等限制才能入學，可見各種教育階段都有入學資格的限制；另一方面，教育產生的私人利益，例如個人受教育之後獲得的文憑證書，以及隨之帶來的金錢（如：額外的所得收入）與非金錢利益（如：社會地位與榮耀）都是由受教者享有，此稱為利益的「內在」性質。

教育財的公共財屬性，亦展現在兩方面。首先，一般教學活動中，教育的品質不會因邊際學生人數的遞增而下降，或改變教育的效果，此稱為教育的「非排他性」，符合公共財可以集體消費的特質；另一方面，教育活動產生公共利益，不僅受教者本人可以獲益，其他未入學者亦可以間接獲得外部利益，進而提高社會整體水準，此稱為利益的外延性。

總之，教育活動同時具有公共財與私有財的特質，其中私有財部分的特質展現在於教育財的排他性與利益內在性，而公共財的特質則展現在於教育財的非排他性與利益的外延性。

用公共政策來管理教育財

由於教育財的半公共財屬性，連帶引發的問題是由誰決定教育財的投資。如果教育財屬於私有財，就完全由受教者本人（未成年者則由其監護人）決定是否投入金錢與時間參加教育活動，以及參加的種類與年限等；如果教育屬於公共財，則完全由政府決定教育活動的安排。以教育財這種半公共財的特性，應該如何在受教者個人與政府之間分攤教育投資的權責呢？在現代民主國家中，教育財應該交由公共政策（public policy）來管理。

廣義而言，公共政策是指政府處理公共問題時的一個過程，此過程為各方勢力與價值傾向互動的結果，其中包含政府明確的意圖與正式立法規範，以及政府採取一致性的積極行動或消極的不作為（Fowler, 2013）。如果教育活動不僅是私人事務而屬於眾人之事，就符合定義中的「公共問題」，必須由公共政策來管理；教育活動包括龐大資源的籌措與分配方式，勢必帶來官方與非官方政策行動者（policy actors）的各方勢力競逐，加上當時代社會大眾集體認同的價值觀的主導，結果就是產出各種正式規定的法律與行政命令等。這些法令規章等的綜合體，就是教育財政的政策。教育財政政策是政府根據人民的需要、欲望來決定公共資源的分配，找出政府與私人的教育權責劃分。

由公共政策管理教育財，能有效避免放任私部門投資教育財的諸多缺點。首先，由政府公部門統籌提供市場供需之正確訊息，規畫各級各類學校教育設置與規模，統籌管理教育資源，可以減少因為投資失當造成的浪費；再者，由政府統籌辦理公共教育，可以有效管理學校組織，管控學校與班級規模，以節約辦學成本，符合效率的要求；最後，公部門比私人（家庭）更了解社會規範與價值之所趨，因此在學校課程設計中適度加入非經濟取向的科目（如：藝能與綜合活動領域等），促使學校教育重視教育的非經濟（消費）價值。

教育財政學的定義

綜合前文對於公共利益與私人利益、公共財與私有財、公部門與私部門之間分際的討論，已經勾勒出教育財政學（Education Finance）此一學科的精髓所在。教育財政學是跨足於公部門與私部門之間，討論兩者如何分攤教育資源的學科。首先，公部門（政府）透過公共財政收支系統，將學校某一段時間（年度）內的運作經費以撥款或特定補助款的方式分配到各級學校與機構；另一方面，來自於私部門的教育經費，包括：學生及其家庭繳交給學校的學雜費、代收代辦費，以及學校透過募款、經營事業等方法自行籌措的收入，都屬於教育經費的重要來源。由此可見，教育財的半公共財屬性，使公私部門都必須負擔教育成本，至於各級各類性質的教育活動中，公私部門的分攤比例，則必須透過公共政策的過程決定。如果公部門負擔全部教育成本，則學生不用負擔，屬於免費教育；如果公部門完全將教育成本由學生負擔，則屬於純粹的選擇教育。但因為任何教育活動都具有部分的外部性，所以絕大部分的教育活動都是由公私部門分攤成本，只是各級各類教育機構與活動的分攤比例不同罷了。一般而言，基礎教育階段屬於國民基本教育，公共財的成分比較重，學生及其家庭不必負擔太多成本，隨後的各級學校教育的公共財比重遞減，私有財的比重遞增，到了高等教育階段，私有財的比重最高，所以高等教育的學生必須負擔較高的學雜費。由於民眾一般都有「搭便車」的心態，希望自己負擔的成本愈少愈好，所以在選擇性教育階段，尤其是高等教育階段的學雜費政策，成本分攤往往成為社會關注的政策議題。公共政策在做決定時，必須以社會多數人能夠接受為前提，使之成為受歡迎的政策，方能使政策順利執行。

綜上所述，教育財政學可以簡單定義為：在公共教育財政政策決定過程中，於社會整體和諧發展的前提之下，應用公共財政學與教育學的理論，配合教育與財政等相關公共政策的制訂與執行，以實現教育與財政目標的一種系統科學。

教育財政學或稱（中小）學校財政學（School Finance），學校財政學專指中小學校財政的籌措與分配，而教育財政學的研究範圍，則涵蓋整個教育系統，從學前教育到高等教育，凡是使用到公部門（政府）支出之公共教育經費，都屬於教育財政學的研究範圍。

教育財政學的研究範圍

教育財政學以公共政策理論為基礎，探討有關教育財政的議題，在理論基礎部分，包括教育財政政策的形成過程、教育財政政策隱含的價值觀、教育財政公平。在政府層級涵蓋的議題包括：教育經費的籌措與分配、教育財政系統及其運作、教育補助制度、教育財政改革；在學校層級的議題包括：學校財務管理、學生收費、教育成本等。

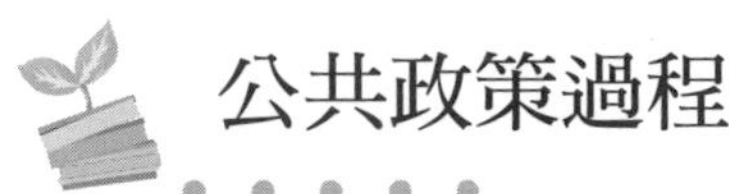

公共政策過程

「政策」一詞來自於政治科學，政治科學是一門相當深奧分歧的領域，不同的學派對於政策和相關的概念，會有不同的理解。這些不同的觀點，使社會的本質產生了眾多的哲學衝突。採取比較廣義觀點的「政策」定義如下：

> 公共政策是指政府處理公共問題時的一個過程，此過程為各方勢力與價值傾向互動的結果，其中包含政府明確的意圖與正式立法規範，以及包括政府採取一致性的積極行動或消極的不作為。（Fowler, 2013）

在這樣的定義之下，政府包括以選舉和被指定產生的中央與地方政府、鄉鎮層級的公務人員，以及在機關內工作的團體或機構。因此，各級學校的學校行政人員、教師、政府官員、民意代表等個人或團體，也都是政府的一部分。

而政府的聲明會顯示（積極）想要做的事情，或是（消極）不做的事情，例如：法律、規定、決定（法院判例）、命令或是以上的綜合。由此可知，公共政策不是一紙命令而已，而是各種文件、聲明、決定（法院判例）與其他因素的結合（必須有法源依據）。當中央政府通過法律時，執行政策的機關就必須制訂相關的規定，進行鉅觀與微觀執行，把法律原來的精神加以明確界定，俾利遵循。公共政策是動態與價值標示的過程，政治體系透過這個過程去處理一個公共的問題。其中包含了政府形之於外的企圖、官方的立法行動，以及其中一貫採取的行動或是不行動。公共政策之所以稱為「公共政策」必須符合以下幾個基本特質：

- 政策是有目的之活動，非僅為單一突發事件的處理。
- 政策是政府為達成目的所採取的一系列行動，非零亂散漫的活動。
- 政策是政府確實已經在做的事，而非未來將（想）要做的事。
- 政策包括積極的作為與消極的不作為兩種形式，消極不作為也是一種政策。
- 政策必須以各種法律形式出現，以法律為依據方可稱為「政策」。

教育財政就是在處理教育資源方面的公共政策。整個政策過程是連續的，發生在當政治系統考量到對公共問題有不同方法時，而選擇採用其中一種方法，執行去解決問題，以及評鑑是否解決問題。政治科學家經常使用遊戲來比喻以及描述政策過程：像遊戲一樣，政策過程有規則和玩家，整個過程是複雜、熱鬧且混亂的。在其中的運作關係是以權力角力作為勝負基礎，結果就產生了政策贏家與輸家。

以最通用的政策階段模式而言，圖 1-1 中的六個政策過程步驟其實是連續不斷的，不應視為獨立階段。而且政策發展不是直線式的，可能在途中退回前面的步驟，或是停滯不前，甚至胎死腹中。一般而言，以政策議題的數量而言，從議題到政策立法之間，已經淘汰許多，最後通過立法執行者，更僅占最初議題的一小部分，確實執行者（和公共問題與政策議題比起來）更是少之又少，圖中乃以由左至右寬度遞減形狀表示之。

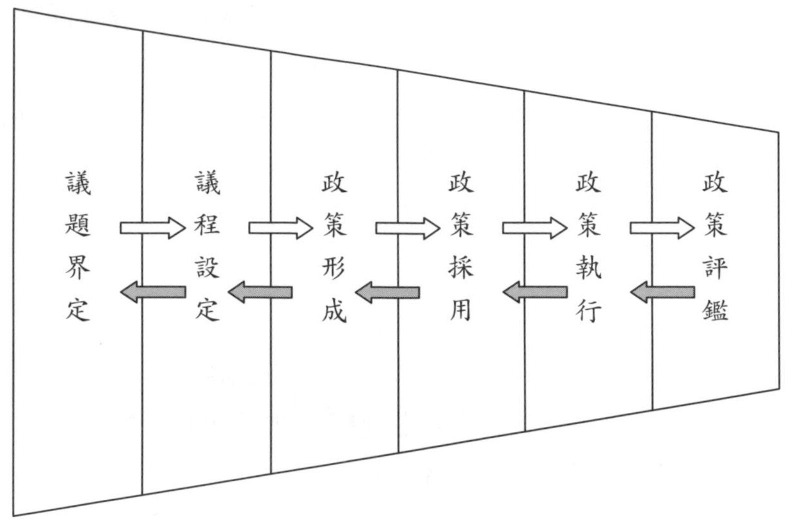

圖 1-1　政策過程

說明：圖中白色箭頭由左至右，是按照典型模式的順序，灰色箭頭由右至左是因為政策議題的進行是短暫性的，有時候會再回到前一階段。圖的形狀像漏斗，因為每個過程的功能皆具有選擇性，每個後續階段所包括的議題或政策會逐漸減少。

階段一：議題界定

社會問題很多，政府僅會去處理其中一小部分，這牽涉到很多因素，諸如政府未曾注意到大部分的問題、沒有足夠的政治力支持、潛在的成本過高等，而問題的界定可能來自基層，也可能由菁英階層、利益團體界定。只有具爭議性的公共議題可以成為政策議題。

雖然政策的目的在於解決某一個公共問題，但是教育政策卻未必都是為了處理爭議性的問題。和統獨等政治議題比起來，教育活動相關規定的爭議通常都不算太大，然而民眾對問題的看法會因時空的變遷而有很大的轉變，例如「強迫入學」在剛執行之初曾引起很大爭議，又如體罰在二十年前應沒有太多家長會反對，現在教師如體罰則有觸法之虞；其次，有些問題不適合作為政策議題，例如，私人問題（學生心理成熟度）就不太適合討論，因為心理層面沒有確實的證據而且個別差異頗大，只有觸及公共利益的問題才適合立法規範。

階段二：議程設定

並不是每一個定義為教育政策的議題，都會對政府有所作用，為了讓議題有機會成為政策，就必須將之納入政策議程中，讓問題得到鄭重的關切。政策議程經常是由具有權力的政治人物安排的，像是總統、政府官員、立法委員等。學校選擇權提供一個政策議題絕佳的範例，從定義到成為政策議程要歷經一段很長的時間，例如 1962 年 Milton Friedman 在《資本主義與自由》（*Capitalism and Freedom*）書中提出學校選擇權的理念，但 1960 至 1970 年代美國歷經諸多爭議與變遷，直到 1981 年雷根總統才積極支持，使學校選擇權列入全國政策議程中。

階段三：政策形成

在政策被正式採用前，必須化成書面形式。政策形成必須先寫成提案，提案是立法的第一個步驟。提案的來源為：行政院、司法院、考試院、監察院、立法委員及符合《立法院組織法》規定之黨團。至於預算案之提出，則專屬於行政院。以我國制度而言，依據《立法院組織法》、《立法院職權行使法》、立法院各委員會組織法等相關條文之規定，我國立法院政策法制化過程包括提案、排入議事日程與三讀等步驟，缺一不可。

階段四：政策採用

立法的提案必須先送程序委員會，由祕書長編擬議事日程，經程序委員會審定後付印。院會審議法案的先後順序，由程序委員會決定，然後再逐一通過第一讀會、第二讀會與第三讀會，完成三讀之法律案及預算案，由立法院咨請總統公布並函送行政院。總統應於收到十日內公布之，或依《中華民國憲法增修條文》第三條規定之程序，由行政院移請立法院覆議。

至於行政命令則由中央與地方政府依據法律的精神，制訂施行細則、辦法、要點等，頒布施行。行政命令不得與法律相牴觸。

階段五：政策執行

徒法不足以自行，政策的執行必須由第一線的相關機關與單位（如：教育局的行政人員，學校校長、主任和組長）執行，這些教育人員對於由上級而來的新法令和規定，並不一定完全了解，因此能否成功執行，完全取決於如何激發教育人員的動機去完成新政策，以及提供他們所需的資源。政策的執行必須編列預算才算。

階段六：政策評鑑

評鑑之目的在檢視政策是否依照既定的目的進行。評鑑的單位可能是學術單位、專業團體，有時亦可以由通過立法之政府中的研究機構進行評鑑。評鑑的結果報告用以決定政策是否要繼續、修正或者終止。

以上將政策發展過程以六個階段討論的方式，稱為「階段模式」。階段模式遭受到最主要的批評在於，在現實生活中，政策理念並非在每一個階段都會達成，順利完成六個階段。最可能的情況是，一個公共問題可能僅限於議程而已，而且只有維持了一段時間就被大眾遺忘不再討論。另一個批評在於，政策執行與評鑑很難分離，因為政策評鑑會在政策執行的過程中隨時進行，如果將執行與評鑑勉強分離成兩個階段，在現實的世界裡並不容易發生。即使如此，以階段的概念建構我們思考政策的發展過程，對於幫助大眾了解政策詭譎多變的本質，還是相當有所助益。

政策過程各個階段對於局外人的社會大眾而言，總有「不得其門而入」的隔閡感，因此必須以社會的角度去詮釋（Anderson, 2006），例如在議題界定與議程設定階段，一般社會大眾應該了解這兩階段主要在於促使政府考慮問題，並想要加以解決；在政策形成階段，一般社會大眾應該了解這一階段主要在於找出解決問題的方法；在政策採用階段，一般社會大眾應該了解這一階段主要在於促使政府接受問題的特定答案；在政策執行階段，一般社會大眾應該了解這一階段主要在於將政府政策應用到問題解決上面；在政策評鑑階段，一般社會大眾應該了解這一階段主要在於檢討政策是否有效執行。政策過程各階段整理如表 1-1 所示。

表 1-1　政策過程階段模式

步驟	定義	一般的詮釋
議題界定	挑出為當局特別注意的問題俾形成議題。	促使政府考慮問題，並想要加以解決。
議程設定	促使媒體、大眾討論議題，發展成為議程，進入政府議程中。	
政策形成	針對問題，發展出最有利於己方的解決方案。	找出解決問題的方法。
政策採用	挑選最可行的方案，以利政策的合法化。	促使政府接受問題的特定答案。
政策執行	行政機關正式採用此一政策以解決問題。	將政府政策應用到問題解決上面。
政策評鑑	執政當局找出此政策是否有效，及其原因。	檢討政策是否有效執行。

參考文獻

林文達（1986）。**教育財政學**。臺北市：三民。

蓋浙生（1999）。**教育財政與教育發展**。臺北市：師大書苑。

羅耀宗（譯）（2012）。**選擇的自由**（原作者：M. Friedman & R. F. Friedman）。臺北市：經濟新潮社。（原著出版年：1980）

Anderson, J. E. (2006). *Public policymaking* (4th ed.). Boston, MA: Houghton Mifflin.

Birkland, T. A. (2011). *An introduction to the policy process: Theories, concepts, and models of public policy making* (3rd ed.). Armonk, New York: M. E. Sharpe.

Blaug, M. (1985). Where are we now in the economics of education? *Economics of Education Review*, *4*(1), 17-28.

Cohn, E., & Geske, T. G. (1990). *The economics of education* (3rd ed.). Oxford, NY: Pergamon Press.

Fowler, F. C. (2013). *Policy studies for educational leaders: An introduction* (4th ed.). Upper Saddle River, NJ: Pearson.

McMahon, W. W. (1987). Consumption and other benefits of education. In Psacharopoolos, G. (Ed.), *Economics of education: Receanch and studies* (pp. 129-133). New York: Pergamon Press.

McMahon, W. W., & Geske, T. G. (Eds.) (1982). *Financing education: Overcoming inefficiency and inequity*. Urbana, IL: University of Illinois Press.

Schultz, T. W. (1963). *The economic value of education*. New York, NY: Columbia University Press.

Weisbrod, B. A. (1962). *Education and investment in human capital*. J. Polit. Econ. 70 (Suppl.): 106-23.

Weisbrod, B. A. (1964). *Extemal benefits of public education: An economic analysis*. Research Report No. 105, Industrial Relations Section, Deparment of Eonomics, Princeton University. New Jersey, pp. 1-143.

Chapter 2

教育財政政策價值觀

教育財政學的主要工作，在於探討教育資源分配的理論與實際，也就是教育財政政策的形成與執行。公共政策的內容，其實就是價值觀的反映，David Easton提出的政策模式系統模式（system model）理論認為，民主社會中，大多數人民的意見透過媒體、民意調查與民意代表等管道，形成政策的投入（input），經過政策形成過程的政治黑箱（black box），才會有各種法令規章的政策產出（output）。以系統模式而言，價值觀從政策的投入開始，到政策黑箱、政策產出，都能夠左右政策的設計方向。只有符合社會當前主流價值觀的公共政策，才能夠獲得社會大部分民眾的認同，認為政府「做了對的事情」（Birkland, 2011）。

另一方面，價值觀絕對不是亙古不變的真理，而會隨著時代而轉變。所以某一時代民眾認為是正確的政策，可能時空遷移之後就會遭受批評。同時，價值觀代表不同的方向，如果根據某一價值觀設計的政策，可能就會忽視甚至牴觸另一價值觀。很少有一個政策可以同時符合多個價值觀。

公共政策學者認為引導公共政策的價值觀有三個層次：自利價值觀、社會價值觀、民主價值觀（Fowler, 2009）；教育財政學研究的對象既然為公共教育資源的籌措與分配，理應屬於民主社會中的價值觀。本章探討此三個層次價值觀對於公共政策的影響，尤其著重於民主社會中，自由、公平、效率對於教育財政政策的影響。

政策價值觀的重要性

價值觀和思想體系不是有形的外在世界，而是無形地存在於人類內心，美國早期的政策都是不具意識型態，或與意識型態無關，因此提倡「不含價值」的公共政策分析；直到 1980 年代，保守主義抬頭並不斷與舊價值信念系統（自由主義）衝突，發現政策之內容其實是價值觀之反映，因此開始重視政策隱含的價值觀與意識型態分析。Iannaccone（1988）主張「理念的運作是美國政治中最大的驅動力，特別是對國內事務與隨之牽動各級政府教育部門間的政治關係」。社會集體之觀念、信念與價值觀對政策之重要性有如下兩點。

塑造民眾對政策問題的界定

觀念、信念與價值觀形成人們界定政策問題的方法。以美國的個人主義為例，個人的價值建構於獨立和自主超乎一切，個人主義鼓勵從個人觀點去了解問題而不是從社會責任去了解問題，例如，許多家長想要爭取更多休假以照顧家中幼童，一般社會大眾較可能將問題的原因界定為「太多婦女去就業」，而非「國家對年輕父母的家庭缺乏足夠的社會支援」。

限制民眾對政策問題可能解決方案的知覺能力

當界定孩童托育問題是個人層面的責任時，大部分人傾向主張鼓勵母親陪同孩子留在家中，或者對日間托育中心給予課稅減免，反而較少提議由政府成立育嬰學校，或是政府補助家長願意停薪在家陪幼小孩童等方案，即使這些方案在其他數個西方民主國家也有相當成效。雖然民眾知道有這些替代方案可以考慮，政治人物也可能不會支持，因為這樣不會獲得「選民」的認同，對於自己繼續從政不利。決策者不會採用背離大眾信念的觀念，因為這樣會使其訴求顯得「無關緊要」，因此政策在本質上是比較「從眾媚俗」的。換句話說，在公共政策的決定上，會以社會「大眾」支持的「數量」作為考量，價值觀主導一切決定的方向。

政府政治中的三類價值觀

1950年代，發源於經濟學說的功利主義社會理論開始主宰美國的政治科學。功利主義主張政治環境中的價值觀不外有利於特定個人或團體利益的思維，因為「人不為己，天誅地滅」是亙古不變的通則。到了近十幾年來，多位政治學家開始質疑功利主義的想法，認為除了自私自利是促成政策形成的動機之外，其他與社會運作息息相關的觀念應該也會影響人民的政治行為，因此自利的價值觀固然重要，其他民主社會中人民集體行為的價值也可以同時存在。Weber的社會理論把自利和其他公共價值觀的關係以鐵路隱喻做比較（鐵路之喻）：自利如推動火車的燃料，其他的價值觀則如鐵路的轉轍員可以決定火車的方向，所以兩者是可以共存的；亦即在分析教育政策隱含的價值觀時，固然要了解自利價值觀在其中的介入情形，更要了解其他社會價值觀對政策過程發展的可能影響。以下討論教育財政政策中常見隱含的三類價值觀：自利價值觀、社會價值觀、民主價值觀。

自利價值觀

古往今來，人們追求的不是名，就是利，因此自利價值觀是人性最直接的反映。自利價值觀包括兩種：渴望自己金錢財富增加的經濟價值觀，以及渴望自己影響力增加的權力價值觀。

經濟價值觀

人類很多決策都是因為他們自我經濟利益的驅使，因此支持特定團體（如：候選人）往往都是以經濟利益出發，很少人不會去思考他們的行為將對自身的經濟狀況產生何種影響。因此在分析教育政策或政策草案時，首要步驟就是要思考誰會是贏家、誰又會是輸家。要記得利益當頭時，贏家會千方百計去幫助政策通過立法，而輸家則會全力阻撓；如果握有實權的有力人士或團體是輸家時，政策通過的機率就會降低。例如，十二年國教如果實施，對我有何影響？學生家長關心的是自己的學區與學費減免，學校關心的是招生順利與否，行政機關關心的是大眾輿論是否支持（以免影響首長民意支持度），利益團體關心的是自己的立場可以獲得多大的影響力，至於沉默的社會大眾也是真正負擔成本的一群，反而失去太大的決策權。同理可知，降低教師授課節數、中小學教師課稅等分配型的政策都是同樣的分析邏輯。

有時候政策通過時，贏家與輸家未必勝負立判，而必須觀察一段時間才見分曉。例如，特殊教育相關法規的通過，真正獲利最多的並非特殊學生及家長，可能是興訟的律師；倡議兒童福利、社會救助的團體，也未必完全是為了兒童或弱勢。

教育財政政策牽涉到成本分攤與資源分配，自利價值觀常牽涉其中。例如：教師薪給（調薪）、中小學校教師課徵所得稅、增加福利待遇（包括教師休假、保險、退休及減稅）、增加服務範圍（授課節數）、擴增班級教師員額編制、學校對學生的收費等。

權力價值觀

個人和團體常採取行動增加自己的權力。因此，在教育政策或政策議題的分析中早應該被問到的問題是：透過這個政策結果，誰獲得權力？誰又將失去權力？回答這些問題時，常要多方面思考，因為權力遊戲常藏在似乎中立的政策或包裝在浮誇的言語裡，例如，選舉季節常聽到候選人會說絕對要「為民服務」，當權者不想改變現狀時，都說要「依法行政」，但如果要重新洗牌重組權力關係，就要說「改革勢在必行」。想想 1990 年代，我國的教育改革就是權力重組最好的例證。

有關權力利益的教育政策包括：新的合法權利（直選校長）、決策團體的代表（進入委員會）、對於決策之否決權、獲得（內幕）訊息的機會、暢通溝通管道、永久或任期保障、對決策提出建言的權威、權限擴張、工作保障等。教育財政政策中最常見的例子就是預算的編制、經費的分配權力等。

社會價值觀

一般的社會價值是指社會的普世價值，每一個成員不論其意識型態、哲學觀或宗教，都會將此價值觀奉為圭臬。大家都視這些價值觀不辯自明，更不會想去多做解釋或判斷。

秩序價值觀

不論是開發中或已開發、民主或非民主、東方或西方的社會，秩序是每一個社會中的最高價值，它是每個社會裡最重要的事。這是因為人類的天性都會趨吉避凶，需要生活在一個保障財物安全、免於身體傷害的地方。這是政府的基本職責，因此使人民免於犯罪、恐怖主義、戰爭和社會秩序之威脅總是排在公共政策議程的最優先。在教育方面，社會問題如何排除在校園圍牆之外是最重要的教育政策之一。當然很多學校尚無發生暴力死亡案件，但各種型態的校園暴力問題卻經常發生，從運動場上的恐嚇到在走廊上的打架都有。1990 年代末期美國發生一連串的校園槍擊案件，尤其是 1999 年科倫拜高中（位於科羅拉多州丹佛）發生槍擊事件，加上媒體渲染，使社會大眾普遍認為校園不再是安全的地方。集體主義的論述，往往都在這一類社會案件發生時應運而生，政策論辯的焦點集中在是否加強對學生的管制，例如，是否要對學生置物櫃進行安全檢查，或是在校園入口安裝金屬探測器以防止學生夾帶槍枝武器進入校園，抑或加強學生心理的管制，例如，是否在課間實施集體禱告等。

個人主義價值觀

教育政策中的個人主義，顯現於從對學生學習與學務措施是否去除統一制式的處理方式，改而重視每一位學生的個別差異與地區特色，允許發展個別特色。我國教育政策自 1994 年教育改革風潮啟動以來，愈加重視學生個人的發展，隱含個人主義的色彩愈來愈濃。

美國學校教育制度為個人主義色彩的代表，個人主義是美國文化的主要核心，美國社會中兩種個人主義的形式：**功利式個人主義**代表人們應主動追求自身的經濟成功，甚至犧牲生命中重要的價值也在所不惜，例如：家庭生活、友情與社會參與等；而**表現式個人主義**則強調自我的深層教化，以及在最少的社會習俗限制下去自由地表達自我及其感覺。美國的教育政策擺盪在功利式個人主義與表現式個人主義之間。首先，全國十萬多個小型學區已經確立教育制度的個人主義色彩，表現於外的則是抗拒全國統一的課程、標準與測驗等群體導向的政策思考；同時，在功利式個人主義的傾向上強調實用性的教育目的，因而輕視音樂及藝術等課程。但表現式個人主義偶爾會有勝出的時候，例如，在 1960 年代到 1970 年代早期，許多學區開闢開放空間以及增加高中的選修課等，都是鼓勵學生自我實現的政策，屬於表現式個人主義。我國自 1994 年以來，實施教育改革走向鬆綁的學校本位與在地化，亦是鼓動個人主義的表現。

民主價值觀

民主社會能夠正常運作，必須倚賴成員共同遵循的一套價值觀，然而價值觀之間有時卻會互相衝突或矛盾，也是社會上政策議題的焦點。

教育財政政策牽涉到民主社會中公共教育資源的分配，必定受到民主社會價值觀的牽引。民主價值觀分成三大類：自由、公平與效率，每一類價值觀又包含若干相關的價值觀，以下分別討論之。

自由價值觀

自由（liberty），有時候稱為 freedom、independence 或 choice，是民主社會的基本原則，這些字眼深深地在大部分人的心中得到共鳴。我國《憲法》保障人民身體之自由（第八條）、居住及遷徙之自由（第十條）、言論、講學、著作及出版之自由（第十一條）、祕密通訊之自由（第十二條）、信仰宗教之自由（第十三條）、集會及結社之自由（第十四條）。美國《人權法案》保障民眾基本自由，包括言論、發言權及集會的自由（Rawls, 1971）。美國《憲法》包含授予公民處理私有財產與參與商務活動的自由，隱含著個人隱私不容侵犯。此種自由保障未曾形諸《憲法》條文，經歷 20 世紀的法庭已經發展出多則判例來定義各種隱私權，建立一套可自由選擇個人生活型態的自由權力，這些自由權包括結婚或不婚、是否要生小孩或認養小孩，以及保護個人的隱私等。但這些自由並非完全脫離於其他的社會價值，Rawls（1971）認為自由是某些制度的結構，界定權利與義務的公共規則系統，意謂著自由並不是毫無限制的，每一種自由都有界限，而且所有的自由必須時時在法律與風俗中互相取得平衡，就如同流行語所言：「你的自由只限於不妨害到我的自由。」

自由是主流的教育政策價值。在 1960 到 1970 年代之間，美國一系列的法庭判例清楚聲明，學生和教師即使進校門仍不能失去他們的政治權利，他們和任何一位美國公民一樣擁有《憲法》所賦予的權利以發表言論、建立組織及和平集會。然而，學生和教師的公民自由不是沒有限制的，他們僅能在不中斷學習過程及不侵犯別人自由的條件下，在學校行使自由的權力。當老師授課時，學生沒有在教室亂跑的權力，同時老師的宗教權並不包括勸誘學生信仰自己的宗教。1980 年代早期開始倡行的學校選擇權，倡議者認為教育選擇權是家長既有的養育子女的權力，以及良知的自由。然則這種自由也有其限制，例如，《強迫入學條例》規定家長不能選擇讓孩子不受國民基礎教育，或是長期輟學。

自由價值觀顯現於教育財政政策，有時稱為適應（responsiveness）。自由在此時意指教育使用資源的過程、投入、結果，能適應個人、家庭、地區的不同需求，並考慮其實際負擔教育經費的能力。教育財政政策隱含自由價值觀的表現，舉例如下。

補助方式留給地方政府更多自主空間

為展現中央政府對地方政府特性的尊重，也為了顧及各地區的不同需求，中央政府對地方政府的補助款，給予受補助的地方政府更多的自主空間，不再統一規定。以補助的自由度而言，補助款分成兩大類：一般補助（general grant）與分項補助（categorical grant）。一般補助在補助時不附帶規定經費支用之用途、對象與金額，完全由受補助單位自行決定，使受補助客體擁有極大的權限。分項補助則對於補助款的經費支用之用途、對象與金額加以嚴格規定，而且不得流用。

比較一般補助與分項補助之優缺點，兩者各有特質。一般補助由受補助者自行決定支出用途與金額分配，可以減少因為各項需求與補助款之間的落差，因而減少浪費。我國中央政府對地方政府的一般補助，就是著眼於補足縣市政府因為財政貧瘠又開支龐大、無以平衡財政收支的問題。一般教育補助則是用於補足地方政府為了編足國民中小學校所需之教育經費基本需求數額，乃有「基本需求差短補助」，又為了補足學校午餐、飲水、照明、水電等設備設施，乃有「補助基本教育設施」補助。這兩筆補助雖有詳細的計算公式，亦規定應該將補助款納入地方教育發展基金專戶內，但因為國民教育經費支出龐大而補助僅占其中一部分，長期以來對於地方政府如何支用一般教育補助，以及一般教育補助是否確實用在國民教育事務上，並未嚴格管制。一般教育補助遂成為地方政府最歡迎的補助方式。

另一方面，分項補助，教育現場通稱「計畫補助」或「特別補助」。顧名思義就是行政機關依據政策目標，設計補助機制，由補助對象申請執行政策活動以獲得的補助款項。由於行政機關推動的教育政策相當多元，所以同一年度內執行的分項補助有很多種。分項補助的優點在於能夠誘導政策目標群體（target population）做出政策目標希冀做到的行為，因而順利推動政策，對於教育事業的發展有直接的裨益。然而，分項補助的缺失則在於政出多門，同一時間執行的補助太多，經費切割太細，未必能夠確實符合受補助對象之需求，如果加上經費核銷的規定程序過於繁複，就會出現某些項目經費過多，某些項目經費不足，也會使行政的負擔過重。有些專案補助計畫有年度的限制，必須在一定時限內執行完成，也可能造成經費浪費。總之，分項補助雖然可以作為一種有效的政策工具，但自由度極小。

1980年代以後，美國雷根總統政府開始推動的整批補助（block grant）則是折衷的分項補助。整批補助係將數個性質相近（或補助對象相同）的分項補助計畫，整合成為範圍較大的補助計畫，同時允許受補助的地方政府在較大範圍之內因地制宜，自主決定支用之用途。整批補助賦予受補助地方政府更多的自主空間，自由度介於一般補助與分項補助之間。

尊重經費應用過程之自主，增加地方分權

教育財政政策的自由價值觀，展現在經費分配之決策單位上。如果中央政府能夠將資源分配的權力適度下放給地方政府，由各地方依照自身的需求決定經費的支用，亦即決定資源分配的決策單位不只一個中央政府，就是自由價值觀的展現。另一方面，如果所有的資源都集中在中央政府，形成「集權又集錢」在一個單位，則一切的決策都在中央政府，就不符合自由的價值觀。

我國的國民教育補助款制度，在民國58年至63年之間的「九年國民教育第一（二）期計畫」中的「增建普通教室計畫」採取全國統一規格設計，全國國民中小學校的教室建築非常相似。直到民國72年的「發展與改進國民教育六年計畫」開始，才分成「中央統籌辦理」與「由省（市）縣（市）地方自行辦理之項」，中央統籌的項目每一年度的重點補助項目都採取全國統一規定，如果學校當年度沒有提出申請，可能下次補助此項目就要等很久，所以有些學校雖然不是很急迫需要此項設施，還是提出申請。有鑑於此，民國82年開始實施的「中央補助地方國民教育經費執行校務發展計畫」與84年實施的「整建國中與國小教育設施計畫」逐漸保留若干決策空間給地方政府與學校，由各縣市、學校自行決定申請補助項目。

對學生的補助方式留給地方政府更多自主空間

自由的價值觀展現於對學生的補助上，則是採取直接補助（direct subsidy）以取代間接補助（indirect subsidy）。

間接補助的方式，常見於學校教育制度中。現代國家中，由政府建立學校、

蓋校舍、聘請教師與行政人員，並且支付學校運作所需之經常費用等，都是對學生之補助，但因為學生並未實際看到金錢，僅算是間接補助。間接補助無法讓受補助的學生實際感受到金錢，往往以為自身支付的學雜費即為全部教育成本。而且間接補助乃由教育行政機構決定設校地點、教師員額編制等校務運作細節，學生與家長並未能參與決策，加上國民教育階段都是依照學生住家所在學區入學，並未有選擇的自由。

為尊重學生本人及家庭的選擇自由，教育財政政策上主張以直接補助提供學生教育經費，這一類的直接補助有多種形式：

獎、助學金或工讀金：助學金或工讀金係按照學生需求之補助（need-based subsidy）指針對無力負擔就學成本的學生，例如，低收入戶、中低收入戶或單親等弱勢家庭學生，這一類直接補助可以增加學生持續就讀完成學業的機會。獎學金則是發放給學業表現優異的學生，屬於按照功績表現之補助（merit-based subsidy），用以獎勵學生特殊表現，作為其他學生的楷模。

教育券（education voucher），**或對私校學生補助**：這一類的直接補助，包括以有價票券或現金方式，發給學生或其家長，使其不因為公立學校的間接補助多、私立學校的間接補助少而僅選擇公立學校，方便自由選校，增加學生本人及家庭的自主。教育券或對私校學生的補助都能增加私校的競爭力，學生亦有多種的選擇。

鼓勵不同學校類型的試驗與創新

教育財政政策的自由價值觀，展現在學校制度上，就是允許學校的多元面貌。《國民教育法》第四條：「國民教育，以由政府辦理為原則，並鼓勵私人興辦。」就是在政府辦理的公立國民中小學校之外，亦鼓勵各種由公家或私人辦學的多元面貌。21 世紀以來，教育改革鼓勵學校多元創新，包括在學校內進行教育實驗計畫，或是徹底改變學校經營本質。美國自 1990 年代以來風行的特許學校（charter schools）就是其中最成功的例子。在自由價值觀的鼓動之下，這些學校號稱更加尊重個人潛能的充分發展，以適應不同的學生。

增開選修課程，鼓勵學生發展多元專長

自由價值觀展現於學校教學事務上，就是降低必修課程之比重，增加開設

選修課程。學校如果開設太多必修課程，學生選課時的選擇機會少，不利於學生的多元學習。因此，學校多開設選修科目，讓學生依照自身學習興趣與發展選課，有利於學生發展多元專長。我國教育改革在 1994 年以後，倡行綜合高中制度，就是在高中一年級時，增加學生選課試探機制，讓學生發現自己的性向，找到最適合的生涯路徑。然而，選修課程卻必須面對開課成本的問題，因為開設選修課（或組別）愈多，辦學成本愈高，不利學校經營。因此學校會規定開課人數下限，以管控成本支出。

實施學校本位課程與管理

自由價值觀展現於學校行政上，就是將教育行政的管轄權下放給學校，由學校依照本身的特質與條件，自行決定學校的行政事務，由於沒有一所學校的先天條件是相同的，所以各校之間存在相當的差異。

學校本位管理包括三部分，第一部分為學校本位課程由學校全體教師共同研商出符合本校學區與學生組成特質的課程，加以發展與設計成為學校本位課程後實施。其次，實施本位課程需要符合專長的師資，可能不在校內現有教學人力之行列，因此必須鬆綁人事規範，允許學校自行發展學校本位的人事管理。最後，在人事管理鬆綁後，學校經費支用也必須隨之鬆綁，實施學校本位財務管理。以上三種不同程度的本位管理代表學校自由經營的發展階段，但隨著自由程度增加，代表更多的行政事務必須由校內教師與行政人員負起績效責任。

我國近十年間實施的九年一貫課程政策，鼓勵學校發展本位課程，就是自由價值觀在課程政策的展現。

實施小班小校政策，降低班級人數與學校規模

為了讓每一位成員有參與的機會，組織的規模不能過大。循此思維，學校的規模不能過大，使更多教師、職員與學生有共同參與學校決策的機會。當成員參與決策的機會愈多，亦能將成員的特質表現在學校事務上。我國在 1994 年開始推動的「小班小校」政策，就是希望降低都會地區的學校規模，讓更多學校成員有參與校務的機會，以發展學校特色。同時，班級學生人數不宜過高，讓教師能夠注意到每一個學生，顧及其個別差異，適性發展。統計數據顯示，我國平均班級規模學生人數逐年下降，2011 學年度我國國民小學平均每班學生

20.12 人，較十年前（2002 學年度）的 30.12 人大幅減少，國民中學平均每班學生 31.59 人，較十年前（2002 學年度）的 35.68 人亦大幅減少（教育部，2012）。

入學方式多元，考量學生多元智能

自由價值觀展現於學校入學方式，就是採取多元入學。多元入學考量學生的多元智能表現不只一端，所以選取學生入學的方式亦不只一種。入學考量除了傳統考試之外，亦可能將面試、作品展示、平常成績等納入。

效率價值觀

民主價值觀中，能夠和自由、公平（博愛）三足鼎立的，就是效率價值觀。這一群價值觀以各種形式提出，包括效率（對成本效益的考量），當以總體經濟考量時，就是經濟成長，當重點在於產品的品質時，就是素質的要求。

效率（efficiency）意指獲得某支出或是投資的最佳收益。相關的名詞有：成本效益（cost-effectiveness）與產出極大化（output maximization）等。在資本社會中，創造利潤是資本主義企業經營的主要目標，效率是最重要的價值。但另一方面，效率也是今日教育事業最容易遭受攻擊的罪名，因為教育活動雖然譬喻為工廠生產過程，但學校的「產出」卻不如製造商品的工廠「產品」明確，尤其學校的產出為學生，學生受教育後的表現，未必都是學校造成的效果。因此在效率價值觀高掛的時代，學校在競爭政府資源過程中經常處於弱勢地位。政策的制訂者很關心教育成本和各種政策的財政負擔是否具有「價值」（達到預期效果），結果導致決策者經常抱怨學校效率不高，並且發展各種提高效率的政策設計。在教育上，對於學校沒有效率的批評，通常指責學校的經費支出沒有表現在學生的成就上。1990 年代以來的教育改革運動，就是以學校教學成效低效率的批評所啟動；2001 年開始的《沒有兒童落後法案》（No Child Left Behind Act, NCLB）也是以績效責任（accountability）為核心，要求學校在使用政府經費後，要有相對的表現產出，如果沒有，就必須課以責任甚至附加懲罰。

對於「效率」的界定，又可以分成配置效率（allocative efficiency）與技術效率（technical efficiency）。

配置效率

配置效率指所提供的財貨與服務能充分滿足消費者的需求，乃是以使用者的心理感受去衡量組織（學校）的效率程度。由於每一位學生（家長）對於學校的期待不盡相同，為了符合配置效率，乃有客製化的服務產生，據此，配置效率和前述的自由價值觀在某種程度上有重疊之處。

技術效率

技術效率指教育「投入」與「產出」之間的關係。是否符合所謂的技術效率，又分成三種層次：

在投入固定下，能獲得最大產出：教育活動為勞力密集產業，最大的成本支出為教師薪給等人事費支出。如果以成本考量，應該使班級與學校規模擴大，以節約學校成本支出。近年來由於少子化與都市化進度加速，各縣市政府乃大力推動偏遠地區小型學校合併政策，就是透過鄰近學校適度併校，讓每一班級學生人數增加，使班級教學與學校行政人力的人事成本降低，達到效率的目標。

在產出固定下，使投入降至最低：第二類的效率思維，是如何在達到同樣產出的前提之下節約投入的成本。在教育現場常見的效率做法是實施能力編班，針對可以有效提升學業成就的高成就學生加強練習，可以減少全面教學所耗費的精力，卻仍可以提高學校總成績。另一種常見的做法，就是學校只針對考試要考的科目加強教學，其餘升學不考的科目（如：藝能科）就不上課，這也是追求效率價值觀的常見做法。

增加投入以加大產出：第三種追求效率的政策，是加大投入規模以獲得更多產出。這種效率的思維必須有一個大前提，就是必須考慮到投資的邊際效益必須為正值，亦即是投資收益率（rate of return）顯示還有獲利的空間，方可持續投入，如果投入過多造成邊際效益為負值，收益率為負值，則不宜繼續投入。我國近年來採用此種效率思維的政策代表為 1994 年開始的廣設高中大學的教改政策，以及 2014 年將推動的十二年國民基本教育等。

檢視三種技術效率的層次，可以發現教育現場追求效率的方法可能會和教育理念有所衝突，也引發爭議。例如：能力編班對於學校升學率提升有幫助，但可能會犧牲學業成就不佳的學生；學校忽略藝能科教學，也會使學生的性情陶冶不足，有礙學校校風之養成；又如小型學校整併對於教育經費支出的節約有具體的成效，但會犧牲偏遠地區學生的就學機會，不利區域的發展；最後，廣設高中大學如果沒有邊際效益的考量，過度投資可能造成學校招收不到學生，或是過度教育（over-education）、文憑貶值的社會問題。

效率價值觀展現在社會經濟活動中，是對經濟成長的關心。教育對經濟成長的貢獻在於提供經濟活動所需的勞動力，同時教育產業也是一個龐大的消費體系（25%人口），還擴及未來潛在的消費者。舉例來說，學校是一種昂貴的事業，需要購買大量的產品，例如：建築材料、書籍、電腦、公共汽車等，再者，數百萬的孩童以及青少年進入學校，是很多產品的消費者，也構成了未來的成人消費者，這代表學校同時藉由購買產品，以及提供一個情境塑造兒童成為眾多產品市場的喜好消費者，因而促進經濟成長。教育改革中，學校最被批評的是畢業生不能符合企業的需求；另一方面，學校也很容易被消費文化入侵，例如廠商將販賣機裝在學校內或在合作社寄賣，或是鎖定兒童青少年族群的特定電視頻道，以及提供特定電腦課程的電腦廠商等，都使學校教育和經濟活動牢不可分。政客都喜歡以經濟成長作為推動教育政策的訴求目標，例如，推動教育改革時，主事者都會宣稱政策如此實施才會「為國家培養經濟發展所需的人才」。由此可知，經濟發展是一種重要的教育政策價值觀。

效率價值觀作為一種政策論述，另一種同義詞叫做「素質」（quality），與素質密切相關的名詞是「卓越」、「高標準」等，通常見諸於政治人物演講和官方工作成果報告等。然而素質未必僅訴求經濟成長，以人文主義的觀點而言，素質價值觀訴求學生的自我實現、提升創造力和主動學習的精神。自 1980 年代初期以來，功利主義哲學獨步教育領域，影響所及，教育界習於以經濟角度看待素質，並且引用企業管理的品質概念於教育事務中，例如全面品質管理（total quality management, TQM），我國政府近年也推行關鍵表現指標（key performance index, KPI）的檢核。1980 年代以來，由於日本及德國所製造的汽車等商品品質高，使得美國各界開始注重素質訴求，循此思維，1983 年發表的「國家在危機中」（A Nation at Risk）更是以教育品質無法在國際間競爭作為訴求，因而要求學校要採取更高、更多的知識學科標準，政策建議包括實施全州精熟測驗，增加申論題、檔案評量、課程發展，強調批判性思考教學，以及要求更多高深數學學習時間與練習等。

公平價值觀

民主的第二個核心價值是公平，又稱**均等**與**正義**。美國《獨立宣言》中說：「……人生而平等……」，並非說所有的人都有相等的智能、體能、權力、健康或其他的特質，而是意謂所有人都是平等的個人，在法律之前具有平等地位，而且具有安排自己和一般社會大眾相當的生活型態。民主政治之運作有賴於社會公平，因為極度的貧富差距與權力不對等都會造成社會的猜忌與社會動盪。公平具有數種意義：**政治公平**指參與政治的公平權利，**經濟公平**指相同的財富。以美國為例，美國社會比較傾向於政治公平，因為與其他已開發國家相較之下，美國人民有更多參與政治的機會；但美國的貧富差距比其他開發國家嚴重，比較不重視經濟公平。

公平也可以用機會公平和結果公平的條件來分析。**機會公平**（equality of opportunity）指不論其種族、性別、殘障程度、年齡或出生國籍，都有相同的機會獲得好的教育或是找到好工作。當此種公平存在時，成就差異僅是因為個人的努力、額外的教育與辛勤工作所造成，例如，美國的公立學校運動即是為了教育機會的均等，讓不同種族、性別、社經地位的學生都有機會就學。**結果公平**（equality of results）指學生的學習結果間的差異全距（range）相當小，或是員工的薪資差距很小。為達成結果公平，需要一些介入，例如給學習能力差的學生課外輔導，或是法令限制最低與最高工資。在一個追求個人功績的社會中，機會公平比結果公平更能為人們所接受，例如：我國的強迫入學、九年國民教育、特殊教育、原住民教育等政策。

公平價值觀的昇華層次是**博愛**（fraternity），博愛代表將社會的其他成員當成手足或家人（四海之內皆兄弟），對他們有一種責任感，以及己身危難時能向他們求助的信任感，這也就是民胞物與的精神。人們可以經由相關的小團體的社會互動，諸如家庭、教室、教堂、本地政黨分會和勞工聯盟、公民組織、運動俱樂部等團體組織來發展博愛的認同感。Boyd（1984）認為在民主社會三個價值觀中，博愛是美國人關心最少的一部分，造成參與其他團體的社會互動減少之原因在於居住環境與生活型態，尤其是社區意識的提倡，社區的居住者大約都是相同年齡、有類似的收入、進入相同的學校、做類似的工作。認為住在這樣環境中的人，不會去發展出與其他年齡、階級、收入、職業、宗教或種族的人深切關聯的感情；相反地，由於人口窄化的分類，很容易對於不同背景的人因為不了解而排斥。在教育政策上，博愛已經成為美國教育政策傳統的中心目標，在 19 世紀公立學校運動中，倡導每個人都要進入公立小學，以促進美國人之間的一種共有的認同感。現代種族的融合，以及在一般學校中對殘障者的接納活動，雖然有一大部分是基於平等主張的基礎判斷，但也已經廣為接受，作為促進社會互動與培養下一代彼此間博愛認同感之重要途徑。弱勢照顧政策、積極差別待遇（positive discrimination）、濟弱扶傾等做法，就是政策顯現博愛精神最好的例證，我國的教育優先區計畫、攜手計畫等都屬於此類。

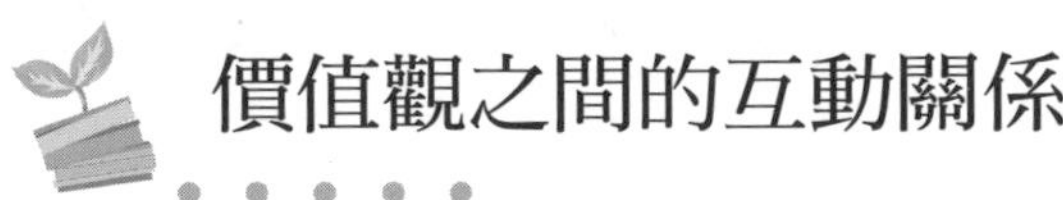

價值觀之間的互動關係

價值觀的週期性變動（鐘擺效應）

政策提倡者不可能同時達成所有的價值觀，必須強調某些中心價值觀，並且略而不提其他的，因此對於「更多的選擇」、「社會的正義」、「有效的管理」或「秩序和安全」等價值觀念，事實上沒有人會反對，只是對於優先順序排列有不同的認定而已。故價值觀反映在政策中，且會因時代而異。

美國在第二次世界大戰後成為兩大強權之一，並在國際舞臺擔任主要角色。當要求其他國家採用民主憲政或者保護人類權利時，美國社會公平性的實施程度其實缺乏說服力，因為他們自己的紀錄顯示對少數族群的不夠重視，因此在二次大戰後幾年，政策傾向於重視少數種族、女性與殘障人士的特別照顧。直到 1970 年代，鐘擺開始向另一方向擺動，在商業以及保守主義政治家的領導下，強調民主與經濟價值觀，應用於教育論述的結果就是導致 1980 年代的教育改革運動，1983 年所發表的「國家在危機中」是其代表作。商業及政治領導者要求全面的改革，包括學校選擇權、精熟測驗、教師功績薪給制、國家標準課程／測驗，以及現代化的技術等。1980 年代後期，自由價值觀後來居上，家長選擇權、鬆綁、多元成為教育改革的主流，教育券、學校私有化、在家教育（homeschooling）等都是代表。2000 年以後，長期以來對於學校無法展現成果的不滿，致使績效責任納入《沒有兒童落後法案》（NCLB）法案，與自由價值觀相互輝映。

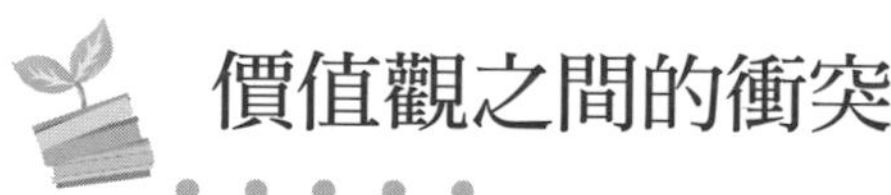

價值觀之間的衝突

Keynes 說過，人類政治問題在於將經濟效率、社會正義與個人自由混為一談。人類的政治問題結合了三件事項：經濟效率、社會公平、個人自由。一個發展良好政策的藝術，是在各項競爭價值中發現一個好的平衡點，專家已經建議，所謂的「民主價值」有時會與經濟價值產生衝突，在廣泛的意識上，當任何價值追求到某一極端時，就會與其他價值產生衝突，強化教育政策制訂的中心目標，便是在這些最重要的價值中建立一種均衡。

無限制的自由與其他自由的衝突

John Rawls（1971）認為一個不受到限制的自由，經常會與其他自由產生衝突。因此當所有的自由都巧妙地彼此維持均衡，以保護所有的價值時，自由就得到加強。在教育上，自由和秩序之間的衝突經常發生。例如，在 1960 和 1970 年代，美國推動「開放教育」，此類學校強調孩童應該自由選擇自己要參加的活動，但有時卻會發生教室十分混亂的情形，因此教師和家長很快地再次主張秩序的重要性。

自由與效率的衝突

未限制的自由也與效率有所衝突。自由的本質需要抉擇、選擇權以及允許民眾多種途徑，但多元課程比一體適用的課程需要更多的成本花費，反映在高中學校課程的選擇系統上，美國的綜合高中提供廣泛的課程範疇，允許學生在眾多的課程和方案中選擇，然而這樣的課程包括了很多額外成本，例如：印製選課的小冊子、提供選課的輔導、發展新的課程等，因此在成本考量下，很多高中必須限制他們所提供的課程數量；選修課程提供之科目有限，也是效率考量。

自由與素質（卓越）的衝突

自由也會和卓越產生衝突。任何一種「標準」的理念，都與個人主義，亦即是經由自發性的、創造性的努力，來發展某人的「真實自我」的自由價值觀相左。當一項「標準」被認可並據以分配酬賞時，很多人將會因而放棄他們表達的自由，以便為「卓越」所附帶的酬賞而競爭，結果可能是提高了品質，但卻犧牲了某些自由。例如 1993 年在康乃狄克州教育卓越委員會中，立法機構要求發展一套符合世界一流等級的學校系統，並建議設定一組新的學術目標，作為公立學校改革的標竿。對此政策持反對態度者指責，設定學術目標將「強迫學生表現同質性」，不符合自由價值觀，最後，改革胎死腹中，自由戰勝了卓越。我國實施的各級學校評鑑，以一套指標衡量學校表現，難免犧牲學校個別差異而面臨價值觀的衝突。

自由與公平的衝突

自由與公平之間亦會產生衝突，因為人們不受限制的競爭將導致不均等的結果。小學教師應該知道，假如沒有制訂一些分享玩具和遊樂設備的規則，孩子們將日復一日地玩他們最想玩的項目，終究會導致爭執。當個人為財富和權利而競爭時，若沒有適當管制，將會導致社會中只有少數人是極為富裕的，而其他大部分的人則生活於窮困中，這種貧富差距情境並不能與民主社會政治相容，因為它無法維持長期的社會穩定性，因此健全的社會政策目標並不在於極端地追求自由或公平，而在尋求兩者之間的平衡。

效率與公平、素質、博愛的衝突

積極尋求「低成本、高產出」的效率，很可能與其他價值產生衝突。

Milton Friedman 認為社會公平是增進經濟體制的效率所必需，像適當的自由一樣好（1962）。增進社會平等與效率之間的高度關聯是提高產量的先決條件，大量的經濟不平等產生勞工怨懟，可能暗中進行破壞，以致降低工作的組織承諾和行為。

增進效能也可能降低品質，不管一個人如何定義一個高品質的教育，諸如高學術標準、鼓勵孩子人格的自然發展，或是像發展民主社會的公民，效率無情的壓力將可能削減它，因為教育是昂貴的。

過度強調效率也會削弱博愛，因為建構人際關係、發展強而有力的組織，或建立良好的學校組織氣氛，這些都需要時間。人在學校和學區中，好的溝通和團隊工作是需要在博愛友善的環境中花時間培養的。

參考文獻

姚大志（譯）（2002）。**作為公平的正義：正義新論**（原作者：J. Rawls）。臺北縣：左岸文化。（原著出版年：2001）

趙敦華（1992）。**勞斯的《正義論》解說**。臺北市：遠流。

教育部（2012）。**平均每班學生人數**。2012 年 7 月 26 日，取自 http://www.edu.tw/files/publication/B0013/100indicators.xls#結 5! A1

Birkland, T. A. (2011). *An introduction to the policy process: Theories, concepts, and models of public policy making* (3rd ed.). Armonk, New York: M. E. Sharpe.

Boyd, W. L. (1984). Competing values in educational policy and governance: Australian and American developments. *Educational Administration Review, 2*, 4-24.

Fowler, F. C. (2009). *Survey research methods* (4th ed.). Thousand Oaks, CA: Sage.

Friedman, M. (1962). *Capitalism and freedom*. Chicago, IL: University of Chicago Press.

Guthrie, J. W., Garms, W. I., & Pierce, L. C. (1988). *School finance and education policy: Enhancing educational efficiency, equality, and choice* (2nd ed.). Englewood Cliffs, NJ: Prentice-Hall.

Rawls, J. (1971). *A theory of justice*. Cambridge, MA: Harvard University Press.

Chapter 3

教育財政公平與適足

公平（equity）是人類社會歷史最悠久的價值觀之一，以教育領域而言，就是對於教育機會均等（equality of educational opportunity, EEO）的追求。教育機會均等在第二次世界大戰後，結合戰後興起的民主思潮，完全主導了教育政策與資源分配的方向。1960 年代發軔的人權運動，使社會公平儼然成為正義的同義字，當時將公平的訴求應用於教育政策上，就是希冀學校教育能夠達成教育機會均等，從入學機會、教育過程、教育結果到生活機會，都有相對應的教育政策設計以達成均等的目標。此後數十年間，不論時代價值觀如何變遷，對於教育公平的追求從未間斷，世界各國以追求均等為名的教育政策耗費的資源不知凡幾，即使在 1990 年代以後，教育改革運動轉而以追求選擇自由為主流精神，教育公平仍然轉型成為適足性（adequacy）的訴求，繼續並列於主要教育政策的目標之列。1980 年代以後，雖然效率和自由的價值觀逐漸引導政策轉向，21 世紀後，自由價值觀甚至獨領風騷，但直到今天，世界各國在制訂教育政策時，如何透過教育制度促成社會公平仍是政策制訂主要的考量，尤其是全球化趨勢普及以來，區域與國家之間的貧富差距加大，對於弱勢學生的照顧更加受到重視，也重新回復到政策對公平議題的重視。

學界對於教育機會均等的研究，不論是理論闡述或是實證探討，相關研究與著作寫成的報告早已汗牛充棟。隨著時代的演進，教育機會均等的意義早已經過多層蛻變，表現於政策設計中的各種層面，各種政策論述都必須藉由資源的分配方能達成，也就是教育的財政公平（fiscal equity）。教育的財政公平顯現於教育政策設計的內容與執行，因此必須先釐清其公平理論基礎與實務操作，本章首先分析公平在教育上的闡釋與教育機會不公平之成因，其次介紹教育財政公平在政策上的設計與相關問題，最後回顧各種衡量教育財政公平的方法。

公平在教育上的意義

根據《韋氏大辭典》的解釋，公平一詞的含義有二：一為均等（equality）；二為正義（justice）。均等是指處於相等的狀態之下，正義則是指根據自然法權所得到的正當。由此可知，公平隱含每一個人的生存機會應有相等的安排，而且是在尊重自然法權之下，以求取公正的結果（正義）；在政策上的詮釋，公平類似「均等」，不管所得、種族或性別的差異，任何一個人（公民）都應該得到相等的待遇或安排；但由於先天與後天條件的差異，仍須顧及個別需求，據此，「公平是指人人的生存機會應有相等的安排，而且是在尊重自然法權之下，以求取公正的結果」（林文達，1984）。公平應具有下列兩種意義，其一是每一個人都應獲得相等的待遇或安排；其二，如果有差異現象應是來自先天，而不應該來自後天的因素，以求尊重自然法（權）而得公正的結果（蓋浙生，1988）。公平、公正和均等三者的關係應該是：公平乃是要求財貨及利益的均等分配，公正為提供每個人應得的部分，而均等則是明確地指向區分、劃分和重分配（Alexander, 1997）。

總之，由上述分析可知：公平的概念涉及人與人之間獲得利益或待遇多寡的比較，此種比較往往超過數量上的意義，而涉及價值判斷的層次。價值判斷常因個人哲學觀及其對社會正義之主張的差異，而產生不同的社會境界（social state）。據此，在論及公平的概念時，除了強調均等的基本要求外，更應積極依個人特性給予適質適量的對待或安排，以達到公正合理的結果。

教育財政公平的意義

將「公平」概念應用在教育財政上，就是所謂的「教育財政公平」。Berne 和 Stiefel（1984）從實證觀點提出教育財政公平的三項原則：水平公平（horizontal equity）、垂直公平（vertical equity）和機會公平（equality of opportunity）。以下分別說明此三種公平原則。

公平原則一：水平公平

水平公平係將每一個人、家庭及地區，取其相同特性，給予相同待遇，意指同等特性同等對待（equal treatment of equals）（林文達，1986）。引申於教育理財上，即是要求每一個學生獲得的教育經費或教育補助都要相等。基於此原則，在義務教育階段，每個學生享受相等資源、相同的基本技能課程、相同的師生比例，或相同的對學生未來的長期影響（如：謀生能力）以及生涯機會等（陳麗珠，1993）。然而，教育投入資源相等，並不一定代表所接受的教育是公平的。因每個人先天條件不同，使其享有均等的資源並不合理，且無法發揮學生潛能。另外，從納稅人的角度來看，教育財政的水平公平是將每一位納稅人視為相等單位而負擔相同的租稅，其在教育經費方面的負擔是相同的，此原則稱之為納稅人水平公平（horizontal tax equity）。納稅人公平主張財富狀況不同的家庭或地區對教育經費的負擔百分比（即稅率）應該相等，不會因個人、家庭及地區財富的差異有所不同（林文達，1986）。換句話說，學生受教育的品質，不應是他的父母或社區財富的函數（Berke, Cempbell, & Goettel, 1972），此即為「財富中性」（wealth neutrality）原則。

公平原則二：垂直公平

垂直公平意指「差別特性差別待遇」（unequal treatment of unequals）。換言之，垂直公平著重學生之間的差異，要求應依其差異給予不同的待遇，以使其潛能得以充分發展。根據垂直公平原則，某些兒童的合法性差異應得到確認，並且依兒童的差異而有不同的經費支給標準。例如，對於學習障礙的學生，所給予的教育資源，應該多於沒有學習障礙的學生；同樣的做法，給予文化不利兒童較多的教育補助，這也是屬於垂直公平。垂直公平處理的方式，涉及兒童之間合法差異認定及差別待遇選擇問題，這與價值判斷有關，也因此造成各家看法不一，爭議紛起。以美國為例，美國社會能接受與不能接受的教育合法差異如下：

一、學生之間的合法差異為學習障礙、學前準備不足，以及嚴重生理及心理殘障者；不合法的差異為性別、種族差異。

二、在學區之間而言，合法的差異是規模經濟與交通狀況，不合法的差異是財政能力、地區財富及住戶所得級距等（Berne & Stiefel, 1984）。

基於上述解釋，給予處在不利地位者較多經費，使其有更多資源作為補償，得以與一般學生公平競爭，即為垂直公平的表現，亦是一種公道精神的表現。

公平原則三：機會公平

此原則以否定方式表達。機會公平主張個人在教育資源上的收益，不得因為某些可疑因素（suspect factors）或不合法特性而造成學生享有的教育品質產生差異。常見之可疑因素包括：性別、種族、區域特性、家庭收入、地區財政狀況等等。換句話說，每位學生享有之教育經費及教育產出與每生享有之地區財富價值或地區財政能力之間不應存有任何關聯；絕對的機會公平在這兩群因素之間為零相關才算達成（陳麗珠，1992；Berne & Stiefel, 1984）。

可疑因素中，最廣為學者探討的，首為地區財富。如果教育設施與地區財富有關聯，則違背了財富中性原則。財富中性原則包含三層意義：

一、基礎教育經費應主要來自州稅，而非以財產稅為主的地方稅。

二、財政中性可以區分為事前中性與事後中性兩類，前者指教育經費的籌措收入比例應對每一州民相等，不受州民個人、家庭及地區財富差異的影響，後者指教育經費對每一學生的支出相等，不受州民個人、家庭及地區財富差異的影響。

三、州民負擔教育經費之稅率或數量相等。

為達成教育財政公平目標的政策，依據其著眼點又可以分成四大類，即教育機會均等的四個階段：入學機會之均等（equal access to education）、教育措施之均等（equal educational treatment）、教育結果之均等（equality of educational outcome）、生活機會之均等（equal life chances）。入學機會之均等意指政府必須提供每位學生最低限度但足夠的學校資源，從政策層面來看，便是提供學生相同的入學機會，以及保證每生最低限量的教育支出水準。教育措施均等的立論基礎在於學生的特性與能力的個別差異甚大，因而教育資源的提供應該適應每位學生的特殊需要，以確保學生能公平享有教育措施。現行的許多教育措施，如：特殊教育、資源教室、輔導室等，即為教育措施均等政策下的產物。教育結果的均等要求學生由學校畢業時，必須學會某些基本技能。而生活機會之均等則為教育的最高境界，要求學校提供的服務與資源，應使每位學生在畢業後至少必須具備與他人競爭的能力（Guthrie et al., 1988）。

公平在教育上的詮釋歷經數十年來各家的探討，迄今似乎仍乏定論。不過一般來說，大部分學者都同意所有的群體，不分民族、宗教或種族，均應有相等的入學機會（Nwabuogu, 1984）。公平隱含均等與正義二義，故提供每個人基本量的資源，並能依個別差異給予滿足，才是真正的公平。教育學者慣以教育機會均等來指涉公平，認為教育機會均等可分為四種型態，在教育政策上顯現為：入學機會、措施、結果與生活機會之均等；教育財政公平標準則包含了三項原則：(1)水平公平，將大家視為相等的個體，給予相同待遇，表現均等的精神；(2)垂直公平，依個別差異給予差別待遇，將正義原則也列入考慮；(3)機會公平則要求教育經費的分配，不得與某些可能影響教育機會的可疑因素相關聯，以達成教育機會均等理想。

教育機會與教育財政之關係

教育機會均等的理想，基本上是認同每個人都有相同的受教育機會，不受後天因素如：入學測驗、公私興學方式、地域開發早晚及歷來觀念偏執的影響，致使教育因社會階層、地域、種族及性別不均的情形存在（林文達，1986）。教育機會若因後天環境因素的差異，產生教育資源分配不均等，某些學生就讀機會多於其他學生，以及某一學生選讀某一課程的機會多於其他學生的現象，即所謂教育機會不公平（蓋浙生，1987）。目前世界各國的教育發展，大體而言，在義務教育階段，因其性質是強迫及免費的，故在「量」方面的不公平情形已減至最低程度；教育機會分配在「質」方面的不公平現象乃以選擇性教育階段為主。以下就後天教育機會不公平的原因加以分析，探究其與教育財政政策之關係，並試從政策層面考慮，思考何種措施的提出有利於教育公平的達成。社會學家對不公平的各種解釋，均在探討社會報酬與資源的配置，而種族、宗教、民族、性別及年齡等所形成的社會階層，亦為社會不公平的根源。引申到教育制度中，造成教育機會不公平的原因不外家庭社經地位（包括父母的教育程度、職業類別、所得差異、家庭大小等家庭社經因素）、居住地區、種族（族群）、性別、入學策略等。

教育機會的分布也有地域的差別，其中最顯著者為城鄉差異。一般而言，城市地區比鄉村地區擁有更多的資源，在教育的質與量上，城市地區均較鄉村地區為佳。國民小學由於所在地區不同，其學校設備、教師素質、經費、圖書、課外活動等差異極大，使就讀於不同地區學校之學生教育機會有極大差異。國內研究也指出，我國教育機會有地域上不公平現象，臺北市與高雄市最富有，公私立教育機會最多，但山地、沿海、偏遠及離島地區教育機會最少，其國民義務教育學齡人口就學比率遠低於其他地區（林文達，1986）。居住地區不同的青年，接受高級中等教育的機會有差異；公私立高中教育機會的城鄉與地域分布皆不均衡，各縣市公私立高中教育機會的分布亦呈不均衡。由上可知，教育機會將因地區開發程度及資源分配的多寡而產生差異。

由種族差異影響教育機會不公平的研究以美國最多，其原因在於傳統美國白人避免與黑人接觸，認為白人與黑人的生活範圍應不相同，教育內容自然亦應不同；另外，不同種族間彼此認為生活內容不同而造成歧視，終使種族間教育機會不均等，形成不公平。性別歧視由於傳統觀念的原因，其歷史最悠久。造成兩性角色差異的主要原因來自於社會刻板印象所形成的偏執觀念，重男輕女導致女性受教育機會偏少，「男主外，女主內」導致兩性學習科系不同等都是典型的例子。

教育財政公平的衡量

教育是決定個人經濟及社會地位的極重要因素，對於民主國家而言，教育機會取得公平與否便是一個極關緊要的課題。人人能夠公平地取得教育機會，就能獲得經濟及社會地位的改善，導致社會階層彈性的流動；反之，教育機會的取得若不公平，低經濟地位及低社會地位的人將缺少向上階層流動的機會，社會階層間的流動也就僵化了。民主國家為了促進社會階層彈性的流動，應以人人能獲得公平教育機會為重要施政方針。美國 1955 年至 1965 年即被喻為均等時代（Age of Equality），度過 1965 年至 1975 年的效率時代（Era of Efficiency）之後，即轉入公平時代。公平時代之重點在以教育財政政策促進教育機會公平。1980 年代開始，促進教育機會公平以促使社會階層流動，更成為美國學術界研究發展的主要取向，1990 年開始，雖然另有學者強調機會選擇的自由，資源分配應給予被補助者較多選擇（Odden, 2004），但是公平的追求，仍是促進自由的基本大前提。

美國曾在 1970 年代早期，進行大規模的各州教育財政改革運動，逐漸發展出系統化的評量方式。從 1960 年代中期的「柯爾門報告」（Colemen Report）時代起至 1980 年代初期，學者們對教育機會公平已產生某一程度的共識，他們將教育機會公平定義為可加以評量的四個部分，包括：

一、學校資源：所支出金額及所提供服務的量。

二、社經階層：種族、家長教育程度、職業和家庭所得層級。

三、態度：學生、家長和其他人對公立學校所表達的滿意程度。

四、產出：學生在生活技能或學業成就測驗上所得的分數。

學校資源的公平分配，乃指經費與服務依學生個別的差異而做不同程度的分配；以社經階層定義的教育公平，則指在所有教育單位將學生的家庭背景視為相同，達到某種程度的均等。學校資源與社經階層等兩部分已發展出實證性評量工具，並且得到共識；至於態度與產出等兩部分則尚在發展中（Johns, 1981）。

Mingat 和 Tan（1985）提出兩種說明公平的取向，其一是將學校視為一個實體，而把焦點放在「誰能進入學校」的問題上，評量的方式是比較具有性別、社經背景、民族或發源地等特徵的入學人數占整個母群人數的比例；其二則分析進入特定層級教育所得到的利益，包括人力資本的累積以及適量的公共資源對教育提供的補助。換句話說，前者關心未來所得的分配，將教育視為一影響因素，因而入學機會的取得便成為整個分析模式的重點；後者則主要將焦點放在誰支付教育補助款及誰由補助款中受益的問題上。

美國教育財政公平性量化的發展可分為兩類，即支出差異的測量（Expenditure disparity test）及財富中性的測量（wealth neutrality test）。第一類差異大小的測量是衡量財政公平最直接的方式；第二類財富中性的衡量則要求地區財富對學區獲得州及地區地方收入的能力沒有影響，亦即兩者之間無相關存在時始為公平（Chen, 1988）。

公平乃由水平公平及垂直公平兩者所組成，水平公平乃指同等特性同等對待，是目前為止發展較完整且較易於進行評量的一種教育財政公平原則；而垂直公平則指差別特性差別待遇，較難衡量，此乃因差別特性不易界定且差別待遇究竟應達何種程度始謂公平仍有諸多爭議（Guthrie et al., 1988）。衡量水平公平的量數包括：全距（range）、限制全距（restricted range）、聯合全距比例（federal range ratio）、標準差、變異係數（coefficient of variation）、勞倫茲曲線與吉尼係數（Lorenz curve and Gini coefficient）及麥克倫指數（McLoone index）等分散量數，以測量每生經費（收入）的差異大小是否符合水平公平。另外使用相關（correlation）與迴歸係數（regression coefficient）等關係量數來說明地區稅率及每生經費的相關程度或預測力，其所採用的測量單位是以每一學區為基本單位，而非以學區裡的每一個學生為單位進行評量。至於垂直公平，則因為眾所同意的垂直公平標準尚未產生，故仍乏定論（Guthrie et al., 1988）。

衡量分配的公平性有兩種基本方式，第一種方式是比較每一個別單位所得之分配資源的多寡，以說明不同的個人所分得相同資源的差異程度。評量第一種方式的統計方法稱為第一類型量數，包括變異數、吉尼係數、百分位數比較及麥克倫指數等；評量第二種方式的統計方法稱為第二類型量數，則涉及了不均等的程度及誰應得到差別待遇的認定之衡量，包括斜率係數（slope coefficient）、彈性係數（elasticity coefficient）和相關係數（correlation coefficient）等三個量數（Monk, 1990）。

有關教育財政公平性的測量，目前最完整的評量架構仍為 Berne 和 Stiefel（1984）兩人在《教育財政公平性的評量》（*The Measurement of Equity in School Finance*）一書中所提出的分析架構。此架構包括了四部分：

一、選定公平對象。

二、確認公平項目。

三、決定公平原則。

四、選擇公平衡量指標。

一般說來，在決定公平性的評量對象，是以得到教育服務的學生或以透過稅收支付教育服務的納稅義務人為主。目前以學生為對象的研究占大多數，此方面的研究也比以納稅人為對象的研究單純，發展得也較完整，因此接下來我們將先介紹以學生為對象所進行的公平性評量，再說明以納稅人為對象的公平性評量的內容。

以學生為對象的財政公平

以學生為公平對象（pupil equily）的研究，首先必須確認公平項目（objects）、公平原則（equity principles）與公平量數（equity measures）等。

確認公平項目

以學生為對象的公平研究，其研究項目有三類：投入（inputs）、產出（outputs）及結果（outcomes）。投入部分包括：金錢（分別以收入及支出來衡量）、調整價格後的金錢、物質資源（如：書本與建築）以及人力資源（如：師資、師生比）；產出部分包括：成就測驗分數、基本能力精熟水準以及其他可測量的行為；至於結果則包括所得收入、職業地位、個人滿足感及其在勞力市場中的生活競爭能力等等。此三類研究項目以第一類最容易評量，也為多數研究者所採用，第三類項目則或因操作型定義的困難或因資料不易蒐集，較前兩類項目更難衡量。

決定公平原則

公平原則共有三項：水平公平、垂直公平和機會公平。「水平公平」乃將每個學生視為相等單位，彼此間所得分配的差異愈小愈公平；「垂直公平」則是要求給予不利地位者更多的資源分配始謂公平；至於「機會公平」則要求地區財富等可疑因素不應與資源分配相關聯，否則即為不公平。上述三項原則可同時採用，亦可選擇其中一項或兩項，端視研究目的而定。

選擇公平衡量量數

研究者可依研究的需要選擇其量數，Berne和Stiefel（1984）提出的水平公平量數共有十一項，均為顯示分配離散程度統計之量數，此組量數包括：全距、限制全距、聯合全距比例、相對平均差（relative mean deviation）、麥克倫指數、變異數、變異係數、對數標準差（standard deviation of logarithms）、吉尼係數、泰爾量數（Theil's measure）與艾肯遜指數（Atkinson's index）。以上各量數之公式均以學區中的學生為分析單位，若將學區內的學生數視為相同，便可轉換為以學區為分析單位，唯因各學區學生數往往多寡不一，故以每一學生為單位來計算，其結果當更準確。

機會公平的量數亦有十一項，均是以迴歸基礎的關係量數，可分為四種型態：相關、斜率、彈性和調整關係量數（adjusted relationship measures），研究者可將研究項目視為依變項，將地區財富等可疑因素當作自變項，測量兩者間是否有關係存在。

至於垂直公平則是三項原則中最複雜的，因為兒童間的合法差異不易界定，即使不利地位的定義為大家所接受，哪些項目應給予較大比例，以及究竟給予何種比例的資源分配才算符合垂直公平，仍然爭論不休，因此形成評量上的困難。不過，垂直公平仍有其評量量數加以修正，而對處在不利地位者給予加權處理；其二是以迴歸為基礎的加權（weighting）關係量數，計算公式與衡量機會公平時相同，僅是給予不利地位者加權處理。

以納稅人為對象的財政公平

以納稅人為對象（taxpayer equity）的財政公平由於牽涉到教育資源來源的公共稅收與財政制度，故發展之研究架構不若學生財政公平完整。以下僅能簡要介紹公平項目與公平原則。

確認公平項目

公平項目分為兩類，一是租稅負擔（tax burdens），指納稅人所付的稅，通常以納稅人的付稅能力稅率百分比敘述；二是付出租稅金額（或是占家庭所得比率）與納稅人本人及其子女獲得的教育資源服務之比較。

決定公平原則

公平原則分為兩類，其一為「租稅負擔公平原則」（tax burden equity principle），此原則包括具有相同付稅能力的納稅人租稅負擔相等之水平公平，以及檢視具有不同負擔能力之納稅人與其租稅負擔間關係的垂直公平。

其二為「付出租稅與所得到的教育服務公平原則」（equity principles for taxes paid and education received），此原則除租稅負擔外，還加入獲得教育利益多寡之考量，因此又分成以下兩個層面：

一、當租稅負擔增加，教育服務（包括收入、經費支出、資源等）必須等量增加。此原則乃租稅收益與徵稅程度相等原則（equal yield for equal effort principle），意指當租稅收益與徵稅程度完全相等時，收取相同稅率的學區，其每生受益應相等，此一原則乃一事前財政或財富中性原則（exante fiscal or wealth neutrality principle）。

二、當教育服務的分配不完全受其付稅能力（如：財富、所得）所決定，而取決於納稅人對教育的偏好（preferences）時，公平即達成（Berne & Stiefel, 1984）。此一原則攸關納稅人對教育的偏好，但如何在教育財政系統中取得收支平衡，以及分配過程中產生的各種爭議，在現實生活中仍是無法解答的問題。

教育財政公平之相關研究

我國自實施延長九年國民教育以來，國民教育經費規定由縣（市）政府編列預算支應，並由省政府給予補助。由於經濟的發展，國民所得的提高，社會對教育的需求與日俱增，各縣市政府在有限的財政預算下要負擔龐大的教育經費，均感力絀。現行之教育經費負擔，配合《財政收支劃分法》，採分層負責，目前出現「中央財源豐而負擔較輕、縣市財源因而負擔較重」的不合理現象，不符合財政公平中垂直公平原則。除各級政府間的財政能力有所差異之外，負國民教育重任的各縣市政府之間的財源亦有顯著懸殊的現象。早期有關教育發展的實證研究方面發現，在計算教育經費與學校經營規模的關係後發現，愈是大都市國民教育經費愈充沛，且因經營規模較大，經費得以集中使用，故教學設備愈好，教育品質自然較佳。相反地，鄉村及偏遠地區國民教育經費較缺乏，雖是每生單位成本較高，但因教學設備簡陋，教師素質欠佳，故教育品質較差。

1980 年代，以多項公平量數檢定 1981 至 1990 會計年度各縣市國民教育財政的公平性，發現每生教育經費的水平公平狀況並不理想，在扣除人事費後更不公平；在縣市財政的機會公平方面，教育經費與縣市財政的豐瘠有正相關，不符機會公平原則；但補助收入則與縣市財政關係不顯著，符合機會公平（陳麗珠，1992）。再針對臺灣地區國民中學教育資源分配之城鄉比較，結果發現：

一、在學校分布及教育經費方面，臺灣地區有九個縣市的國中校數資源較低，除基隆市外，其餘如臺北、高雄、臺中、嘉義、臺南等都市地區，學校數比例不及學生人口所占比例，都會地區學校數不足。但是在經費上則除高雄市外，各縣市經費比例與學生人口比例大致相當，但是鄉村地區的縣市則經費偏低，教育資源有傾向都市集中之現象，顯示國中教育整體資源在城鄉上之分配並不均等。

二、在教師資源方面，教師人數無明顯差異，但在學歷方面則都市優於鄉村。

三、就經費資源之比較，確實是都市的國中教育經費高於鄉村地區。

四、在教室設備方面，無論在圖書館藏書總冊數、期刊與雜誌、電腦總數、全校影印機數、普通教室、資源及專科教室，一般均是都市國中的教學設備比鄉村國中豐富。

在垂直公平方面，一項研究採垂直公平的概念，將各縣市原住民學生人數採用加權處理，再用實證方法檢視山地教育資源分配是否符合垂直公平原則，結果發現，使用分散量數衡量時，經過原住民學生人數一倍加權後之分布，較加權前之不均度變大，但未有一致的公平趨勢。而使用關係量數衡量時，發現山地教育經費未能隨原住民學生人數百分比升高而增加，反而有部分減少，因此結論認為原住民學生未曾享有較多教育資源（陳麗珠，1992，1997）。

陳麗珠（1994）在另一研究中，以水平公平、機會公平、垂直公平等量數考驗國民教育經費補助計畫、齊頭補助方案（flat grants program）、上級政府全額負擔補助方案（full state funding program）、基準補助計畫（foundationplan）、保證稅基補助方案（guaranteed tax base program）、百分比均等化補助方案（percentage equalizing program）、地區財力均等化補助方案（districtpower equalizing program）等加以轉化並模擬其施行於我國可能產生的結果，發現以下幾點：

一、七種補助方案的均等重點不同。

二、七種補助方案下，獲利與未獲利的縣市不同。

三、使用每生平均教育經費與使用每生平均補助額計算各縣市獲益結果不同。

四、二十一縣市在七個補助方案中得失互見。

五、規模過小縣市不適用一般補助公式。

六、由水平公平、機會公平與垂直公平衡量七種補助方案實施結果之公平性，獲致結論不同。

七、我國現行的國民教育經費補助公式最不符合公平原則。

教育財政的改革：由公平邁向適足發展

半個世紀以來，教育機會均等理念有如冬日的暖陽，帶給所有在社會中處於劣勢地位的非主流族群或社經不利的人們溫暖與希望，他們的希望若要實現，劣勢命運若要改變，則有賴於教育公平性的達成，讓人人皆能享有公平的受教機會，爭取社會流動的契機。教育公平性的追求於是激發了教育財政公平性的改革，促使教育財政領域從教育資源提供的角度尋求達成教育公平性目標的途徑。除此之外，教育財政公平性亦是源自於對美國仰賴地方稅收的教育財政制度之檢討與反思，認為時下的教育財政制度加深了教育的不平等，期許經由教育財政改革讓問題獲得解決。教育資源的配置若要符合公平原則，必須讓相同條件的學生、家庭與地區公平享有同樣的教育資源；面對相異條件的學生、家庭與地區，教育資源則依合理因素進行調整；只要教育資源的配置避免與可疑因素連結，則教育資源的合理差異是允許存在的。依教育財政公平性的內涵觀之，美國教育財政學者並非認為學區間的每生教育經費差異是不可容許的，癥結在於其差異是建立在可疑因素（如：居住地的財政狀況）之上，違反三大公平原則。此即教育財政公平性的訴求，體現的是公平正義的人道精神。

然而，教育財政公平性的努力並未完全解決教育問題，反而無法因應社會對於高教育品質的要求。因為除了「公平」還應該要「符合所需」，而且是「所有人」的需求都必須獲得重視，目的是為了讓所有人在接受高品質的教育服務後，潛能皆能開發並擁有高成就表現。於是，教育財政適足性的理念逐漸形成，首先，適足性立基於公平性之上，更進一步要追求提供每個個體所需的高教育品質，確保個體最終能達成高表現水準。因此，相較於公平性，適足性的創新之處乃在於其不滿足於基本教育的提供，而主張高品質教育的服務；其不裹足於教育資源的供應，而兼顧教育成果的產出。由此可見，公平性與適足性並非完全獨立的概念，適足性仍保留公平的精神，是奠基於公平性追求觀念上的突破與方法上的創新之結果，不但觀念能與時俱進，方法也更能實現教育目標。

基於對適足性理念之緣起的認識，可以認知到整個教育財政改革的過程必須置於教育思潮與教育改革的動態脈絡下來理解，而任何的改革也往往是基於對舊有制度的反動。值得注意的是，司法系統並不涉及教育事務的辦理，卻影響教育財政改革動向甚深，其角色可以說是相當關鍵且具有時代性的意義。最後，亦釐清適足性理念並非憑空興起，而是教育財政公平性研究的延伸。

1990 年後，隨著教育改革的發展，資源分配政策由垂直公平的精神更進一步詮釋為適足性。教育財政適足性指「大多數學生都得到足以達到高標準教育成就的基本額度經費，而且只有在每一所學校教育經費都達到充足程度時，教育改革才能完成」（Odden & Busch, 1998）。因此，適足性關注的是投入與產出之間資源是否充足，一改過去只檢視資源投入數量而忽略產出評量的窠臼（Clune, 1994; Goertz ,1994 ; Odden & Picus, 2000）。換句話說，「適足性即代表所提供的資源足以達成某些教育結果，諸如通過最低等級的成就測驗」（Berne & Stiefel, 1999），可以視為「達成某一特殊目標的充分狀況」（King, Swanson, & Sweetland, 2003）。可見「所謂的適足性，即每生所獲得的資源總量，足以使其達成特定的表現目標」（陳麗珠，2000，2009）。因此，教育適足性所提倡的並不是從最富有的地區（學校）中取走經費，而是想把最低支出地區（學校）提升到對學生有助益的水準。其精神可歸納為三項意涵：

一、必須賦予學生充分教育資源。

二、資源隨學區、學校、學生不同的特質而有所調整。

三、必須訂定個別學生所欲達成的教育成就標準或學習目標。

所以一個教育適足性的理想模式，在教育預算分配上應以實際需求為考量，確實照顧各個學校與個別學生的需求，充分賦予達成預定目標的資源，確保其足以發展孩童的個別潛能。

早期適足性概念所強調的僅是基本技能與最低（minimum）限度資源的供應，後來轉為對教育品質的重視，投入充分的教育資源，促使各種程度的學生都能達到預定的學習成果標準，其最終目標則是希望能夠發揮其潛能，以便日後能在就業市場足以與其同儕相匹敵。從教育投資或資源投入的角度觀之，不同的學校或學生之間，教育資源是否公平合理地分配，是影響教育機會均等的重要因素。就政府角度而言，由於大多數教育資源掌控在政府手中，如何有效地應用教育資源，並兼顧到公平原則，將資源合理地分配給需要的地區、學校或學生，使國內整體教育資源分配能兼顧水平公平、垂直公平與效率，是教育決策上重要的考量。教育適足性即同時具備了資源投入、效率性、公平性等原則，成為目前世界各國教育改革的趨勢之一。我國的教育資源分配政策，亦已經由財政公平的追求正逐步邁向教育財政的適足性（陳麗珠，2006），可見對於教育資源分配適足性的認識，實有其必要。

適足性崛起的時代背景

美國近代教育財政改革始於 1954 年的 Brown v. Board of Education 訴訟案例，促使社會重拾教育機會均等理念來檢視時下的教育制度（陳麗珠，2000）。於是，自 1950 年代起，教育機會均等成為教育財政改革的主要訴求，主張唯有透過追求教育資源條件的公平享有，始能實現教育均等化的理想。但是，由於美國地方分權的教育特色與仰賴地方財富的教育財政制度，造成學區間的教育資源配置形成差距，間接導致各地的教育品質程度不一，因而使得這條改革之路格外艱辛。然而，憑著一股對公平正義理想的堅持，促使改革者們持續奮力不懈，尋求司法訴訟的管道——即教育財政學者們從困境中極力開拓出來解決問題的一條可能路徑，法院的態度從此左右地方學校財政系統的命運。隨著教育機會均等理念的變遷以及訴訟策略的運用等外力因素之影響，促使法院觀點屢次改變，終於對教育所應提供的學校財政系統形成「適足」的詮釋，開啟教育財政改革從公平性邁向適足性發展的契機。由此得知，適足性理念緣起於教育思潮的轉變、既有制度的省思以及司法系統的涉入等因素，成為繼教育財政公平性研究之後的新改革動態。細究適足性在教育改革領域的崛起，應該是歸因於多年來對教育財政公平的追求成果不彰，教育成果顯現更加不均，致使倡議改革人士循司法途徑希冀透過法院的判例，改變資源籌措與分配的體制（陳麗珠，2000，2009；Roellke, Green, & Zielewski, 2004）。

教育均等理念擴充及於適足

1950 年代以前，儘管美國已建立完整的公立學校系統，種族隔離的學校制度與稅收支付的學校經費制度卻仍遭受到質疑，可惜保障弱勢族群與嘉惠窮人教育的觀點並未被當時的社會所接受。直至 1954 年的 Brown v. Board of Education 訴訟案，由於法院認定種族隔離的學校制度違背憲法精神，造成教育上的不平等，教育機會均等理念自始廣為社會大眾所重視，直接保障了弱勢族群的入學機會。然而，教育不平等的問題並未獲得解決，因為不分族群的所有學生雖然擁有同樣的入學機會，但享有的教育資源卻可能天壤之別，此種差異源自於美國中小學校教育經費仰賴地方財產稅（property tax）的結果。教育資源的多寡會決定教育品質的優劣，甚至關係到學校能否順利運作的問題，最終影響的還是學生的受教權益。因此，教育機會均等之規準在入學機會擴充的階段性任務完成後，隨即又被應用來檢視教育資源的供應面，追求讓所有學生皆能公平享有教育資源的目標。於是，教育機會均等理念影響教育財政領域的思維，激發教育財政公平性之改革，致力於教育資源的公平合理分配。

儘管教育機會均等思潮促成教育財政公平性改革，但追求公平的結果並無法保障教育目標的達成，亦即所有學生在公平享有教育資源後，學習成就沒有因此顯著提升。自 1980 年代起，美國人民對於政府辦理教育事業的態度由信任轉為質疑，社會將學生學習成就低落的主因指向公立學校的辦學品質不佳，要求政府檢討的聲浪蜂擁而至。1983 年，「國家在危機中」報告書出爐，指出美國公共教育的低落品質重擊了學生的學習成就，進而影響國家的競爭力，因而主張追求教育卓越（excellence），要求公立學校提供高品質的教育服務來協助學生達成高標準的學習目標。自此，教育效能、效率、績效與自由等價值觀不斷被高倡，並且促發各式各樣教育改革活動的活躍開展。如此的改革熱浪延續至 1990 年代，《西元 2000 年教育目標法案》（Goals 2000 Act）於 1994 年頒布，標準本位改革彰顯了目標取向的近代教育改革動態。而在 2001 年，美國布希總統簽署《沒有兒童落後法案》，更是要求各州發展學習成就標準，藉由課予學校績效責任的手段監督學校的辦學品質，為的就是提升學生的學習效果。由此可見，美國人民不再僅是滿足於充分入學機會的取得或公平教育資源的享有，而是冀望能夠擁有高教育品質的學習過程，最終獲致良好的教育成果。

近半個世紀以來，隨著各種教育價值觀的加入，使得教育機會均等理念的意涵亦有所擴充，由原先強調的「入學機會」均等轉而兼顧「教育內容」與「教育結果」均等之重視。由於教育事業的運作仰賴教育資源的供應，唯有充足的經費提供始能協助學校健全地辦學，因此，強調高教育品質的同時也喚醒大眾對於教育財政制度的省思，期許透過完善且充分的教育資源配置，提供所有學生高品質的教育機會。於是，教育機會均等理念的擴充意謂著教育財政領域對經費的思維亦從籌措與分配的方式轉而重視使用過程與產出結果，形塑適足性的核心精神。

教育制度中的不均問題無法完全弭平

回顧美國長久以來仰賴地方稅賦的學校財政系統制度。《美國聯邦憲法修正案》第十條規定：「沒有經過憲法授權給聯邦政府的權力，也沒有被憲法禁止授權給州政府的權力，都保留給州政府。」顯示教育地方分權的特性，該特性形塑美國教育多元化的型態。正因為教育事業是州政府的權限，聯邦政府僅是輔助的角色，因而所有美國公立中小學校教育經費的主要來源乃州政府和學區。聯邦政府與州政府提供學區專案補助與直接補助的經費，雖然大多數的州皆採用補助公式來計算學區的經費所得，但補助公式往往只是歷史發展與政治協商的產物。而學區的經費來源則是地方自籌的費用，包括地方財產稅、非財產稅收入與投資收入等。因此，倘若學校教育經費來自於學區的比例較高，則意謂著學校分配所得的經費多寡將受到學區財政因素相當高程度的影響，進而產生學區間每生教育支出不均等的問題。美國基礎教育經費的不公平主要表現於兩種形式：一是學區房地產價值愈高，教育經費就愈高；二是房地產價值低的學區反而抽取較高的房地產稅率。因此，學校經費所得符應學區的貧富狀況，亦即學生居住地的經濟條件差異再製了教育上的不平等。而教育經費差異更是反映於教育服務諸如師資、設備、教材等方面的品質程度，嚴重剝奪貧窮學區學生的受教權益。由此得知，儘管 1950 年代起，教育機會均等理念喚起美國政府為不分族群的所有孩子的入學機會做努力，然而由於學校財政制度的弊病，終究無法根除教育上的不公義現象，實現教育機會均等的理想更是遙遙無期。

由於體認到既有的學校財政系統導致教育經費不均等問題的發生，教育財政領域於是啟動公平性研究，思索如何讓教育資源分配做到符合公平合理之原則。因此，教育財政公平性引領學者從資源投入的角度切入，力求縮短教育經費差距，實現教育公平性理想。然而，將教育生產過程因素分類法用來檢視教育資源的配置，亦可區分為投入、過程（process）與產出三大面向，唯有此三大面向進行有效配合，始能完成較佳的教育生產表現（林文達，1980）。

因此，公平性若僅是關注於資源之投入層面難免會有其思考深度的限制，亦不能確實解決問題。教育資源多寡決定於學區經濟因素，不是健全良善的學校財政制度，而教育資源分配規範於財政公平原則，也無法徹底解決教育不均等的問題。正因為學校財政制度面臨窘境，也激發社會大眾對於適足性的期待。

教育財政訴訟攻防焦點轉移

自從 Brown 訴訟案例判決確定，各種基於教育機會均等理念的改革行動隨即興起，解決不同族群所有孩童的入學問題。當確保所有學生皆能公平取得入學機會後，卻衍生學區間每生教育支出的不均等問題，追溯其原因乃是由於學校財政制度過於倚賴地方財富條件，亦即學區間的經濟不平等再製了學校的教育不平等，使得貧窮學區的教育品質遠遠落後於富有學區，造成居住於貧窮學區的學生教育機會不利。此種現象引發教育財政學者紛紛跳出來指控州教育財政系統仰賴地方稅收的弊病。1968 年，Arthur E. Wise 發表著作《富裕學校與貧窮學校：公平教育機會的承諾》，質疑州內學生享有教育經費上的差異是否違反《憲法》所保障的平等保護條款。1970 年，John E. Coons、William H. Clune 與 Stephen D. Sugarman 建構教育財政公平的理論基礎，提出「財政中立」（fiscal neutrality）原則，主張公共教育的品質不應由全州財富以外的財富所決定。

然而，教育乃地方分權又涉及既得利益者的權力掌控因素，尤其富有學區因為擔憂資源會受到排擠而極力抗拒，要寄望政府的手段運作來修正既有的學校財政制度，藉此弭平學區間教育經費的差異，並不容易。

正當政府漠視社會上所有對於學校財政制度的質疑眼光之時，人民也非全然束手無策。走上司法途徑、積極尋求法院的認可並透過司法效力糾正政府作為，亦為一種解決問題的可行方式。自此，為了解決教育不均等的問題，人民向政府抗爭的戰場轉移至司法法庭，尋求正義使者的公平裁決，而長期抗戰的過程體現於教育財政訴訟中各方對相關議題的爭執。因此，適足性理念是在教育財政訴訟近半個世紀的更迭中逐步形成，認識美國的教育財政訴訟歷史始能洞悉司法系統與適足性理念間的微妙關係。

若依照訴訟攻防焦點的變遷，可以將美國教育財政訴訟的歷史進程劃分為三個時期：第一階段為 1970 年以前，訴訟焦點在於以地方稅收為基礎的教育財政制度有無違反聯邦或州憲法之規定；第二階段為 1970 年至 1990 年，訴訟焦點圍繞在教育是否為基本權利以及地區財富是否為可疑分類的問題；第三階段為 1990 年迄今，訴訟焦點轉為爭論學校財政系統是否應提供適足性的教育。各階段之重點見表 3-1，以下分別討論之（陳麗珠，2000）。

第一階段：1970 年以前

第一階段中，聯邦憲法與州憲法的平等保護條款成為教育財政改革者主張教育財政制度不當的主要依據。1968 年伊利諾州的 McInnis 案中，原告質疑該州仰賴稅收的教育財政制度造成每生教育經費不均等的問題。但該州法院認為教育經費制度是屬於立法機關的職權，非司法機關所能干涉，因而駁回原告訴求。同樣的情形發生在 1969 年的維吉尼亞州，Burruss 案原告主張現有教育財政制度違反《美國憲法》的平等保護條款，進而訴諸司法要求立法保障教育經費能夠適應全州學童的需要，最後該州法院也以不具權力為由駁回原告訴求。由上述訴訟判決的結果得知，儘管法院對教育經費不均等的問題有所體認，但基於權力分立原則，大多表示尊重立法機關依其職權所制訂的教育財政制度。

表 3-1 美國教育財政訴訟歷史分期

時間	訴訟焦點	訴訟結果	訴訟案例舉隅
1970 以前	仰賴地方稅收的州教育財政制度造成每生教育經費上的差異，是否違反聯邦憲法或州憲法？	法院多駁回原告的訴求，其所持論點乃司法不應干涉立法機關制訂教育財政制度的職權。	McInnis v. Schapiro (1968) Burruss v. Wilkerson (1969)
1970-1990	公共教育是否為基本權利？ 地區財富是否為可疑分類？	依 Serrano 案例，法院判決原告勝訴，認定教育是基本權利且地區財富是一種可疑分類。 依 Rodriquez 案例，法院駁回原告訴求，認為教育並非憲法所應保障的基本權利。	Serrano v. Priest (1971-1988) San Antonio Independent School District v. Rodriquez (1973)
1990 迄今	學校財政系統是否應提供適足性的教育水準？	依 Rose 案例，法院判決原告勝訴，裁定州學校財政系統違法，認為學校財政系統應提供學生適足的教育。 依 Skeen 案例，法院駁回原告訴求，認為學校所需提供的服務達到最低基本品質即可。	Rose v. Council for Better Education (1989) Skeen v. State (1993)

資料來源：陳麗珠（2000）。

第二階段：1970 至 1990 年

此階段延續前一階段引用聯邦或州憲法之平等保護條款進行對既有教育財政制度的質疑，只是爭議點已聚焦於教育是否為基本權利以及地區財富是否為可疑分類的議題。1971 年，於加州的 Serrano 案中，原告主張學童的教育品質不應取決於居住地區，請求法院檢查是否違法。最後，該州法院認同教育是一種基本權利，且認為該州教育財政制度確實受到學區財富之可疑因素的影響，形成教育經費不均等的問題，因此，判決原告勝訴，並促使立法機關修改教育財源籌措之規定。然而，並非所有州的法院皆持有一致性的觀點，因而類似情形的訴訟亦可能產生迥異的判決結果。以 1973 年的德州 Rodriquez 案為例，該州法院認定品質較差的教育不等於教育機會完全被剝奪，亦即不認同應保障所有學童獲得品質較佳的教育，可以說是消極地否認教育是《憲法》所保障的基本權利。由上述兩個案例發現，法院對平等保護條款的詮釋十分分歧，因此，Rodriquez案的啟示促使教育財政改革學者轉而從州法令的相關教育條文進行論證。由此可見，山不轉路轉，改革者的訴訟策略已有所轉變。

第三階段：1990 年迄今

教育必須與時俱進，無論目標、內容與方法都要因應時代的變遷，才能讓受教育的人民成為跟得上時代的公民，而順利適應未來的生活。基於此一觀點，過去的基本教育於今日可能早已無法培養人民具備身為公民的能力或生存的技能，而看似公平的教育經費分配也並非足以讓所有的學生得以發展潛能。因此，於第三階段，教育財政訴訟中的原告多改採追求充足的教育水準替代原先爭取公平享有經費的訴求。最具代表性的即 1989 年肯塔基州的 Rose 案，法院判決該州教育財政制度違法，要求學校應提供適足的學校財政系統，並定義合乎適足性的學校財政系統應是能夠提供不分居住地的所有學生高品質的教育水準。於是，「適足」的詮釋首次在訴訟判決中出現，並成為法院要求學校應達成的目標。但仍有法院對適足做出不同的詮釋，例如 1993 年明尼蘇達州的 Skeen 案，該州法院以最低基本標準定義適足性，認為該州學校財政系統已稱適足，因而駁回原告訴求。依據國家資訊網路（National Access Network）統計資料顯示，1989 至 2007 年所有的教育財政適足性訴訟案，涵蓋二十五個以上的州，就現有的判決結果來看，勝訴率仍高達 75%（周惠美，2010）。由此可知，法院對於教育財政訴訟的態度多能接受適足的概念，同意學校應給予每位學童充足的教育設施。當然，此數據也意謂著美國各州的教育財政制度多半無法符合學生真正的需求，隱藏嚴重的教育危機，適足性的興起等於為孩子們的教育帶來一線生機。

著眼於美國教育財政訴訟歷史中訴訟焦點的變遷，將會清楚地發現第一階段與第二階段所爭執的主題乃呼應教育財政公平性的訴求。於此兩大時期，原告皆主張決定於地方財富因素的教育資源差異是不平等的，相較於富有學區，貧窮學區的教育機會顯然被剝奪了。只是，在第一階段中是訴諸於違憲的可能性，亦即違反聯邦憲法或州憲法的公平保護條款。而第二階段則是回歸於教育本身，捍衛教育是種基本權利，不應該受到地區財富等可疑因素的影響。無論是哪一種訴訟策略的使用，目標均是為了縮短州內每生教育經費的差異，實現教育資源投入的公平性。然而，法院審查的標準不一，由寬鬆至嚴謹可分為三個層次的審查標準（Roellke, Green, & Zielewski, 2004），依序為：

一、合理關聯性檢視（the rational relationship test）：檢視政府施政手段與立法目的是否具有合理關聯性。

二、中度的篩選檢視（the intermediate scrutiny test）：於合理關聯性審查之前，先審查立法目的或政府措施是否具有實質重要性。

三、嚴格篩選檢視（the strict scrutiny test）：要求政府措施必須是急迫且重要，而手段所造成的侵害要達到最小程度。

因此，這就是為什麼各州法院針對類似的案件卻會形成分歧判決的原因。直至第三階段，始是適足性理念蓬勃發展的開端。法院的態度從原先被動審查學校財政系統的違憲問題並且保守地將解決權限回歸給立法機關，直至積極地定義學校財政系統應具備的適足性條件，其中的轉折無非是受到教育思潮變遷以及教育改革發展等因素的助力。社會開始體認到追求教育公平性對於解決教育問題是有限的，因為達到教育公平不一定保證擁有高品質的教育，為了因應教育思潮與教育改革對於教育品質與成果導向的追求，教育財政公平性應朝向適足性發展（周惠美，2010）。

法院提出適足性的觀點，也不再擔憂觸碰權力分立與地方自治的問題，因為法院僅是定義適足性的標準，實際法令與相關措施的制訂仍掌握在立法與行政機關的手裡。而適足性追求無論貧窮或富有學區的高品質教育服務，相較於公平性停留在學生公平與納稅人公平的爭論，較不容易引發抗拒（周惠美，2010）。總體言之，針對學校財政系統所應致力的目標，前兩階段關注的是教育資源投入的公平性，而第三階段則是強調高品質服務的適足教育。儘管法院促使各州進行教育財政改革的速度不一，但由公平性邁向適足性的改革方向大致底定。

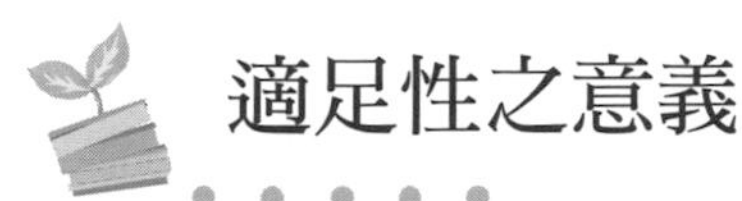

適足性之意義

從教育財政公平性邁向適足性是現今教育財政改革的趨勢，必須注意的是，適足性並未捨棄公平性的精神，反而以公平性為基礎，能夠為適足性做出更多的保證與法定權利。但適足性的概念十分抽象，也意謂著其可詮釋的空間相當大，這也是為什麼美國各州法院會對適足性做出不同的詮釋，諸如基本教育品質或高教育本質。適足性理念起初出現於法院對教育財政訴訟的判決與詮釋，而各個法院對適足性也形成分歧的定義，可歸納出三種定義的途徑（Verstergen, 1998；引自陳麗珠，2000）：

一、從「教育投入」闡述適足性：適足是透過公平的撥款方式進行教育經費的分配，例如，紐澤西州法院於 Abbott 案要求增加對貧窮學區的撥款以消除貧富學區間的經費差異。

二、從「教育內容」闡述適足性：適足性是指學校財政系統要提供最適合學生需求的學習計畫，例如，懷俄明州法院指示立法機關應明確定義學生的適當學習計畫內容，並據此計算成本予以撥款。

三、從「教育產出」闡述適足性：適足應該足以提供教育資源辦理教育活動，讓所有的學生都能獲致特定能力，例如，肯塔基州法院於 Rose 案主張，學校應建立提供學生獲致七種重要能力的教育系統。

從「教育投入」闡述適足性的意義

適足性乃最低限度教育資源的供應，認為政府應負起責任依其國家財力提供國民最低限度的教育經費，此觀點類似「最低基準補助計畫」（minimum foundation plan），其以適足性作為假想情境，主張學區內的每生教育支出水準不得低於基準分配公式所規定的每生最低支出額（鄭建良，2006）。此觀點可以說是適足性理念的先驅，基於國家財力或政治協商為基本教育經費額度做出保障，然而，新近適足性理念強調的已是比基本教育經費更能夠符合學生所需的適足性教育經費。

從「教育內容」闡述適足性的意義

適足性係指提供學校利其推展教育計畫與策略的教育經費，確保讓所有學生享有公平與高品質的教育服務，而學校也必須依據學校特性或學生需求擬定適宜的教育計畫並合理調整教育成本（Caldwell, Levacic, & Ross, 1999; Odden, Goetz, & Picus, 2008）。因此，適足性的教育經費配置必須以促使學校實施教育活動更具效能與效率為目標，並且考量學校或學生的個別需求。

從「教育產出」闡述適足性的意義

適足性係指根據學區訂定的教育目標或成就標準，衡量學校分配所得的教育資源是否提供學生充足的機會去達成，而用來衡量的教育資源產出標準例如通過最低等級的州層級成就測驗（Berne & Stiefel, 1999）。唯有學校擁有促使學生達成高教育成就標準的基本經費額度，學校始能專注於教育改革的工作（Odden & Busch, 1998）。因此，適足性乃強調具體教育產出標準的界定，以協助學生達成特定學習成就標準或具備特定能力為原則，提供其適足性的教育資源。

除了上述三類途徑外，Ladd和Hansen（1999）以質性與量化的方式來定義適足。質性適足係指「適足是什麼？」亦即適足的經費水準必須決定於學生所需的教育資源與教育目標；量化適足則指「適足是多少？」亦即適足的經費水準必須決定於成就標準的選擇。簡言之，教育經費能購買符合學生學習所需的教育資源並協助教育目標的達成，便稱為「質性適足」；教育經費能提供學生完成某一特定成就標準的經費需求，便稱為「量化適足」。由此可見，不同的定義結果亦會形成不同的經費決定方式。此外，亦有學者之定義明確說明適足性的目的與精神。Odden、Picus、Archibald、Goetz、Mangan和Aportela（2007）指出適足性之目的在於重新設計學校財政系統，是為了能更直接地將資源水準及運用與學生學習做連結，著實說明適足性相較於公平性訴求之突破。若對適足性理念進行分析，可將其精神歸納為三項意涵：

一、賦予學生充分的教育資源。

二、教育資源依學校特性與學生特質進行調整。

三、訂定個別學生之預期教育成就標準或學習目標（陳麗珠，2006，2009）。

教育財政改革之所以從公平性邁向適足性發展的關鍵，在於過往教育財政公平性研究僅聚焦於經費投入的層面，汲汲於消除可疑因素造成的學區間經費差異，透過補助的方式縮短經費差距以達成教育資源的公平性，因而並未探討學校分配經費究竟是否符合學生需求與能否提供完善的教育品質。正因如此，忽視產出的結果不僅造成教育資源分配上不均的問題外，亦產生不足與使用不具效率的現象。而基於前述定義的介紹可知，適足性理念豐富了教育資源配置所應考量的多重觀點，諸如：教育資源投入應採公平合理的分配、分配所得的教育經費應能供應高品質的教育服務、教育資源產出的衡量端視學生是否達成特定的學習成就表現等，可說是將教育資源的籌措與使用和學生學習、教育目標做了最極致的連結。大體而言，從公平性邁向適足性即代表教育財政領域對經費的思維，已從經費分配的差異轉而重視經費購買項目的差異（如：教師、教材、設備）（陳麗珠，2000）。正如Clune（1994）所言，適足性應強調教育資源與教育目標之關聯，其提供之教育經費須促使學生達成特定成就水準，關注的是投入與產出間資源是否充足的問題。因此，適足性的意義乃是超越既有的公平性，對完整的教育歷程包括資源投入、過程與產出進行檢視，提供符合學校特性或學生需求的充分教育資源，確保所有的學生都擁有高教育品質的服務，協助其達成特定學習成就水準或教育目標。

適足性之衡量方法

適足性理念強調適足教育資源的供應，因此，要採用何種指標來界定適足水準以及何種方法來推估適足水準，是落實適足性理念首先必須解決的疑問。除了須建立經費投入的產出標準外，相關的衡量方法亦必須發展用來決定出適足性資源水準，供決策機關依循以進行教育資源分配，且可作為檢視教育資源配置情形的參照依據。然而，適足性衡量方法於美國的發展才開始起步，因而尚未出現一種較為健全且足以決定出一套通用性的適足性資源水準之方法。現今美國常用的適足性衡量方法有四種，包括統計分析法（statistical analysis method）、實徵觀察法（empirical observation method）、學校重建法（whole-school design method）與專家判斷法（professional judgment method）。除此之外，儘管適足性理念於 1980 年代後期始成為新興的教育財政議題，然而其起源可溯自美國於 1950 年代開始實施的基準補助計畫（foundation program），主張最低限度額度保障原則，要求學區必須提供每位學童至少某種程度的教育資源，用以保障基本教育品質，且最低資源水準乃決定於政治協商而非教育目標的專業考量，由此可知，若能落實適足性的理念，將是基準補助計畫的進一步提升。

適足性的落實有待精密且客觀的衡量方法去檢視，以下將逐一介紹學者迄今已提出或實施的衡量方法（Odden & Picus, 2000；陳麗珠，2009；周惠美，2010）。

基準層級研究

基準層級研究（foundation-level studies）是由 George Strayer 和 Robert Haig

於 1924 年所提出，基於公平性理念並以促使學校達成預期教育成就水準為目標，主張「最低限度資源水準」，保障所有學校的教育資源不再匱乏，且同樣擁有充足資源來提供基本教育品質的服務。由於基準層級計畫並未明確地指出何謂最低限度基準，使得最低限度經費水準的決定經常是透過政治協商，而非基於教育專業對教育計畫與教育資源的考量。因此，採用基準層級研究所得之最低限度經費水準，往往是以各州每生平均教育支出作為最低限度基準。

基準層級研究源自於教育財政領域對公平性理念的追求，期許經由最低限度經費水準的建立得以保障所有的學校均能提供基本教育品質的服務。然而，齊一化的最低限度經費水準並未能因應環境與文化不利學校和各類弱勢學生的需求，使得該研究僅能實現水平公平的目標，而無法進一步達成垂直公平。此外，由於最低限度經費水準的界定涉及政治因素的介入，導致經費的考量無法完全遵循教育準則，因而產生浮動不穩定且缺乏合理性的估計結果。

基準層級研究的實施可以紐約州為例，該州於 1925 年首次進行基準層級研究，是第一個應用基準層級計畫的州。1930 年之後，該州亦持續出現最低限度計畫的嘗試與修正，多採用如下步驟：

一、確認州內義務教育法規的內容與教育部規定的財政事項。

二、估計合乎學區財富狀況的每生平均教育支出額。

三、衡量基於專業定義的基本品質計畫所必需的經費支出。

四、確保基本品質計畫能夠符合社會與學生需求。

基準層級研究應用於密西根州、德州、威斯康辛州等多數州。以威斯康辛州為例，1990 年代中期起，該州學區的財源約有三分之二是源自於州補助款，而州補助款是以兩階段的均等化補助公式分配給各個學區。就第一階段而言，採用基準層級公式，依 2001 至 2002 學年度為例，K-12 學區的基準層級為每生 6,848 美元，財產稅率是 6.972‰。就第二階段而言，採用百分比均等化公式，每生財產值高於州平均的學區，須將多出來的額外支出充公投入州政府公庫，至於每生財產值低於州平均的學區，則將會獲得額外的州補助款。然而，將高財產值學區多出來的額外支出充公的方式頗受質疑，此乃因為高支出的現象可能是來自於小型學區或文化不利學區所無法抗拒的高成本問題。由此可知，均等化補助公式雖有利於水平公平目標的達成，卻反而會有與垂直公平理念背道而馳之危險。

統計分析法

統計分析法（statistical analysis method）立基於教育資源與教育成果兩者之間的相關性，該法主張先選定特定學習成就標準，再使用多元迴歸的分析方法推估達成該特定學習成就標準所必需的適足性資源成本。

由於統計分析法所使用的成本函數建立於教育資源與教育成果兩者間的相關性，為了量化兩者之間的關係，必須採用具體易測量的學習成就測驗作為衡量教育成果的指標。如此一來，該方法僅適用於實施標準化成就測驗的地區。此外，統計分析法較適用於大型學區或學校，此乃因為鄉村地區影響教育成本的因素過於複雜，反而導致函數變項選擇上的困難。然而，該法使用迴歸分析的方式太過複雜而不易使人了解，於是，實務上並未獲得廣泛採用。

統計分析法的成本函數量化各項因素與教育成本之間的關係，因此，只要決定好依變項的內容（如：學區特性、學生特質、特定學習成就標準），自變項（每生教育支出額）的結果便會產生。由此可見，使用統計分析法所決定的適足性資源成本不僅可以依學生學習成就水準進行調整，亦能因地制宜、因人而異。

然而，若非來自嚴謹且具備強烈實徵證據支持的大型資料庫，將難以保證成本函數的指標具有代表性，基本假設的錯誤將可能降低估算結果的精確度。此外，成本函數簡化教育資源與教育成果間的關係，卻無法詳細解釋輸入與產出間的轉換過程。由於標準化成就測驗多侷限於認知範疇的教育成果，研究結果將因忽視非認知範疇的教育成果而無法做出精確性的推論。至於能否取得測驗結果的資料與該資料的信效度，將左右研究的進行，也對研究結果造成影響。

統計分析法實施步驟的第一步，採用黑箱做法，先選定特定學習成就標準。接著，再依據大型資料庫檢視足以影響教育成本的所有因素，將該類因素作為成本函數的變項，藉此量化各項因素與教育成本間的關係。此外，為了避免無關因素的干擾，須將學生社經背景因素納入統計控制。所得之成本函數公式如下：以學區特性、學生特質、特定學習成就水準為依變項，以每生教育支出額為自變項。最後，將特定學習成就標準與各項因素代入成本函數公式計算出每生教育支出額，並依規模經濟進行調整。

統計分析法於紐約州、威斯康辛州、德州、伊利諾州等州已有相關研究的進行。以 Reschovsky 和 Imazeki 於 1998 年於威斯康辛州的研究為例（2003），該研究使用八年級的學習成就水準與成本因素預估達成十年級學習成就水準所需的教育資源水準，該教育資源水準便可視為全州平均十年級學生的教育支出額。觀其所建立之成本函數，學生、家庭與社區特質為外在自變項（exogenous variable），學習成就水準為內在自變項（endogenous variable），教育資源投入為依變項，隨著物價指數與其他成本差異而改變。公式如下：

$$Eit = f(Sit, Pit, Zit, Fit, \varepsilon it)$$

Eit：教育資源投入

Sit：學習成就水準

Pit：物價指數

Zit：學生特質

Fit：家庭與社區特質

εit：學區特質中未被觀察的向量

經由成本函數估計所得之教育資源水準，必須依據區域成本與學生需求進行調整。研究顯示，以該州密爾瓦基市而言，最終估算出來的適足性資源成本超過該州平均每生教育支出額的兩倍。

另外，以 Duncombe 和 Yinger 於 1997、1999 年於紐約州的研究為例（Duncombe, Lukemeyer, 2002）。該研究以該州 631 個學區為樣本，以兩階段多元迴歸最小平方法估計成本函數。成本函數的內容如下：以學習成就水準、教師薪資、非中輟率、畢業率為外在自變項，以資料包絡分析法的學區效率測量為內在自變項；以每生教育支出額為依變項。由成本函數決定出學校超越其能力所必須額外支付的實際金額，並將該成本轉換為成本指數。該研究發現，不同學區若要在學生學習成就上達成相同的程度，勢必在教育成本上會形成極大的差異，亦即不同學區有不同的成本指數，例如，紐約州的學生學習成就表現若要達成州平均標準，其所需的經費成本將是州平均經費的四倍。

實徵觀察法

實徵觀察法（empirical observation method）的基本假設是，所有的學區或學校都可以用相同的每生教育支出複製相同的教育成果水準，再依當地不同成本需求進行調整，為產出導向的衡量方法。類似的方法還有成功學區法（successful district approach），應用於伊利諾、馬里蘭、密西西比、俄亥俄等數州。本法僅適用於實施標準化成就測驗且有完整資料之地區，值得注意的是，學習成就標準的選定將會左右獲選學區的數目，因此，該標準實須謹慎界定，否則將標準定得太高，所篩選出來的學區可能會更容易受到社經背景因素的干擾，而非真正在經費上達成適足狀態或在使用上具有效率的學區。依伊利諾與俄亥俄州的研究顯示，實徵觀察法的估算結果十分接近該州教育經費支出的中數（Augenblick, 1997）。

實徵觀察法仰賴學生學習成就測驗的經費決定方式，有助於發現與學生學習表現具有直接關聯的資源項目。然而，假使未控制學生的社經背景因素或影響經費使用效率的因素，將導致教育資源與教育成果兩者間的關係會因為無關因素的介入而喪失穩定性與精確性，無法保障獲選學區的代表性，進而降低估算結果的精準度。只是，實徵研究法之所以不將學生社經背景納入統計控制的原因，在於社經地位的指標難以選定，而學生社經地位的高低也不意謂著學生可以達成不同程度的學習成就水準。即使獲選學區具有代表性，亦須檢視學區的經費資料是否合理正確，而非通盤納入參照實施，況且，經費成本亦可能隨著時間因素而有所變動。由於篩選過程中多已排除經費匱乏的學區（因為經費匱乏，所以無法達成特定學習成就水準），因而無從得知此類學區的資源條件究竟有哪些需要補足的地方，即使採用加權方式進行調整，也難以保證權重設計不會妥協於政治因素的介入，脫離學生需求的考量。此外，能否取得學習成就測驗結果的資料將左右研究的進行，資料品質也會影響研究的信效度。加上學習成就測驗多侷限於學生認知成果的測量，因此，該方法將因為忽視非認知教育範疇（如：高層次思考、良好情操的表現、情緒管理能力、問題解決能力、自我調節能力等情意與技能方面）的產出標準，而導致經費水準無法緊密地扣緊教育目標。

實徵觀察法的實施步驟如下：

一、先參照全州所有的學生之學習成就測驗結果，並選定特定學習成就標準作為適足性的產出標準。

二、依所選之特定學習成就標準篩選出達成該標準的學區，視該類學區的教育資源水準已達成適足。

三、從篩選出的所有學區中尋找共同特質，據以推估適足性資源水準，並依區域成本需求與學生特質做調整。

成功學區法的研究程序，則是在選定達成特定學習成就標準的學區之後，去除極端性學區（如：每生教育支出額的最高與最低、學區財富狀況的最富有與最貧窮）。由於最後確定的學區通常於區域位置與學校規模方面較具同質性，每生教育支出水準往往也低於全州的平均值，因此，再依加權的方式決定這些學區的適足性資源水準。此外，Augenblick（1997）依據成功學區法再發展另一種方式，該方式先確認所有學區的成本結構，去除財富狀況形成極端值的學區，再依富有學區的每生教育支出額為基準，選定學生學習成就表現良好的成功學區。最後，根據這些成功學區計算出每生平均教育支出額。

1995 年，Augenblick、Alexander 和 Guthrie 應用成功學區法於俄亥俄州，先從州內全部學區中，去除極端性學區（如：學區財富狀況的最富有與最貧窮），再將賸餘學區依學習成就測驗結果進行篩選，只要有 70%以上的學生達成州平均標準，該學區便可視為具有充足教育資源的學區。接著，對篩選出來的學區進行檢視，找出促使此類學區成功的共同條件，例如：學校規模、班級規模、師生比、教師薪資、課程與教材等，作為適足性教育資源的必備要素，進而將資源項目予以訂價並估算總經費。該方法假設：「如果沒有擁有成功學區所具備的必要資源條件，學校將無法提供充足教育」，但這也意謂著學區沒有自由的餘地可以選擇不同的資源組合來達成同樣的教育目標。後來，Augenblick 於 1997 年的研究中修正舊有方式，決定採用標準參照（criterion-referenced）取代原先的常模參照（norm-referenced）作為衡量學生學習成就的標準。也就是將 70%以上之學生達成州平均標準的方式改以建立最低精熟水準來進行篩選。待選定符合資格的學區後，再參酌其教育成本模式建構出適足性教育成本，並依區域成本需求與學生特質進行調整（King, Swanson & Sweetland, 2003）。此外，Augenblick、Myers 和 Anderson 亦於 1997 年提出類似的實徵方法。該研究確認出三十所學習成就測驗表現佳的學校，視這些學校為成功的學校，認為它們的學校運作成本十分具有參考價值。於是，計算這三十所學校的平均教育支出，並依生活成本、區域特性與學生特質等因素進行調整，估算出適足性資源成本（Guthrie & Rothstein, 1999）。

學校重建法

學校重建法（whole-school design method）力求適足性教育資源的投注得以大幅提升學生的學習成就表現，因而欲建立一個提供高品質服務以生產高標準表現的典範學校，推估維持該學校順利運作的理想成本，是一種以學校為分析單位並融合教育方案設計與教育成本估算的方法。類似方法還有 Odden 與 Picus 所發展的證據本位法（evidence-based approach），應用於肯塔基、紐澤西、阿肯色等數州。學校重建法必須先行建構出典範學校模式，再進行教育資源的選定與教育成本的估算，過程中並不需要成就測驗結果的資料，最適用於沒有實施標準化成就測驗的地區。相關研究顯示，學校重建法所決定出的適足性資源成本接近全國每生平均教育成本的中數，實有低估之嫌。但亦有研究發現，經由該法所完成的資源配置結果對於學生學習成就表現的改善具有顯著成效。

學校重建法對於典範學校模式的設計具有理想性，且以該法用於提升學生學習成就表現來看，也相當具有策略性。由此可見，此種直接用於改善教育成果的教育方案設計，將有助於學校經費的使用更具效率與效能。只是，決策者的主觀判斷與獨占利益，不僅會加深形成決策共識的困難度，甚至會降低決策效度。此外，單一化的學校模式沒有考量區域成本的差異，無法因應不同學區特性的學校需求，因而學校重建法所估算的適足性資源成本適用範圍有限，應避免廣泛推論。

學校重建法強調政府與專家學者的共同合作。先由各州政府參酌專家學者的意見與該州情境條件建構出一套合適的典範學校模式，該典範學校模式主要決定於既有的學術研究、各州的教改經驗與決策者的智慧等。典範學校模式形成後，便開始著手於教育資源的選定與教育成本的估算。而 Odden 與 Picus 所發展的證據本位法，則是採行先決定出一套高品質的教育課程，再確認教育課程所需的教育成分，最後針對教育成分予以訂價並加總形成適足性資源成本。不論是學校重建法所擬定的典範學校模式或是證據本位法所決定的教育課程，其共同特色皆是以實徵研究為形成基礎。

學校重建法所採用的典範學校模式為數不少，例如新美國學校組織（New American Schools Organization）為改善學校而提出以下七種教育計畫：

一、Atlas 社區（Atlas communities）。

二、Audrey Cohen 學院系統教育計畫（Audrey Cohen College System）。

三、Co-NECT 學校計畫。

四、加速學習方案（Expeditionary Learning Program）。

五、現代紅瓦學校（Modern Red School-House）。

六、全國重建教育聯盟（National Alliance for Restructuring Education）。

七、全體學生卓越方案（Success for All: Roots and Wings Program）。

此外，其他教育計畫所在多有，如：愛迪生計畫（Edison Project）、核心知識課程（Core Knowledge Curriculum）、加速學校計畫（Accelerated Schools Project）以及流行於德州、芝加哥和維吉尼亞州諾福克的「一致性管理和合作性常規」（Consistency Management and Cooperative Discipline）。前述計畫經由具體實踐後，已累積不少成功案例。政策制訂者認為依據這些計畫所擬定的教育資源成本可稱之為「適足性資源成本」，因為其促使經費的分配更加具備實證基礎。此外，Odden、Goetz 和 Picus 亦於 2007 年進行合作，召集教育專家評估國小、國中與高中學校的教育要素。

專家判斷法

專家判斷法（professional judgment method）源自於 Chamber 和 Parrish 的研究，他們認為並沒有準確的方式可以連結教育資源與教育成果，因而採用「適當」（appropriate）的概念來取代「適足」（adequacy），發展出「資源成本模式」（resource cost model）。1996 年，Guthrie 和 Rothstein 發展不同於資源成本模式的方法，他們允許學校用比建構總財源更彈性的方式使用經費，假使學生的學習成就表現未能達成特定教育產出標準，則學校必須負起績效責任（Minorini & Sugarman, 1999a, 1999b）。該方法結合教育策略的設計與教育經費的估算，由顧問團與教育專家共同合作，對於達成各州預期教育產出目標所需的教育策略與教育資源進行討論，最後選定資源項目並予以訂價，計算出適足性資源成本再依合理因素進行調整。

當初 Guthrie 和 Rothstein 之所以會發展專家判斷法，實因懷俄明州並未有學習成就測驗的實施。因此，專家判斷法的經費決定過程不需要成就測驗結果的資料，而是仰賴學者與專家的專業判斷並結合多項教育成本決定因素的考量，因而適用於沒有實施標準化成就測驗的地區。但是，專業上的考量通常會趨向於過度的理想性，反而忽略資源有限性的現實，導致適足性資源水準有偏高預估的現象。由此可見，適足性教育資源能否在實務情境中獲得相關條件的有效配合，該問題實須謹慎正視。

專家判斷法的優點在於經費考量結合了教育專業與差異需求，因而決定出的適足性資源水準較能符合學生需要，使得無論是大方向的教育策略或細部的教育成分之選擇皆具備明確的理由。此外，專家的組成亦可以做技巧性的選定，亦即選擇愈具代表性甚至擁有政治權威的專家，將有助於提升研究效度並促使政策順利推行。然而，該方法仰賴人為的主觀判斷，判斷者的差異觀點與獨占利益將會不利於團體共識的達成，更嚴重的還可能降低教育目標、教育策略與教育資源三者間的合理關聯性。

本法的實施可區分為三大步驟，如下所述：

一、首先由學者組成的顧問團依據各級學生（包括國中小與高級中學）與特殊需求學生擬定適宜的教育策略。

二、接著由教育實務工作者組成的教育專家參酌各州所設定的教育目標決定出教育策略所需的教育資源。

三、最後，再由顧問團評估資源項目並予以訂價，加總所有資源成本形成適足性資源成本，進而依教育成本決定因素進行調整。

應用專家判斷法的實例，可以 Chambers 和 Parrish 的資源成本模式為例。該模式分別在 1992 和 1994 年，應用於伊利諾州與阿拉斯加州的研究，做法是先召集政府官員、學校行政人員與教師組成委員會，委員會的任務是到各州參訪並研商出適當的教育資源，再利用統計分析法估算適足性資源成本。當Chambers 和 Parrish 帶領委員會至各州參訪時，就告知與會者應考量政府的財政能力與政治現實，於經費負擔與教育需求兩者間取得平衡。然而，由於該模式涉及複雜的統計分析法，不易被外行人了解，也不易說服大眾，最終並未被政府當局所採用（鄭建良，2006）。

相較於資源成本模式，Guthrie和Rothstein所發展的模式，則不受限於政府的財政能力、不使用統計分析法，並且立基於全國性研究與實務經驗，已應用於堪薩斯、馬里蘭、奧勒岡、懷俄明等數州，看來像是較可行的模式。本模式可以 1996 年於懷俄明州的研究為例，Guthrie為首的顧問團結合兩組教育專家，為該州學區計算適足性教育資源水準。顧問團是由一群具有博士學位的學者組成，由該顧問團進行選取兩組教育專家。第一組教育專家是州內具有五年教育經驗且具有學士學位的第一線教師、輔導人員與行政人員，又依小學、國中與高中區分為三個次小組。第二組教育專家則是各學區的校長、教育局長與在地理和經濟特性方面類似該州的他州教育代表。待成員確定後，便展開三大階段的實施步驟（周惠美，2010）。

第一階段：擬定教育策略

教育策略由顧問團所擬定，可視為理想的學校範本，為日後教育專家配置教育資源的參照依據。顧問團在擬定教育策略的過程裡必須執行諸多工作，例如：探討學術研究報告、觀摩各州的教改經驗、參訪州內具有代表性的學區、蒐集教育與財政相關資料等。顧問團所擬定的教育策略如下：增加低年級資源的挹注以改善教育成果、落實因應特殊學生需求的小班制、推動較大型學校具有教育效能的小型學校、加強教師專業發展以提升教師效能、給予特殊需求集中的學校額外成本、教育決策權主要掌握於最接近學生之人等。

第二階段：確認教育成分

教育策略所需的教育成分由教育專家進行確認，分別由兩組教育專家依序完成確認工作。先由第一組教育專家（教師、輔導人員與行政人員）依據顧問團所擬定的教育策略並參酌立法機關所訂定的教育目標確認出教育成分，包括教學要素與學校營運要素，如：班級規模、師生比、人事、教材、學生活動、交通運輸等。再由第二組教育專家（校長、教育局長與他州教育代表）判斷第一組教育專家所確認的教育成分是否能促使學生達成立法機關所訂定的教育目標，最終的確認結果就是教育策略賴以實施的教育資源。

第三階段：估算教育成本

教育成分確認完畢後，任務再度回歸顧問團，由顧問團估算教育成本。首先，顧問團會諮詢政府官員或蒐集相關資料以獲取生活成本的資訊，來為各項資源項目進行訂價。接著，顧問團再加總所有資源成本計算出適足性資源成本。最後，將適足性資源成本依據學區特性、學生特質、規模經濟與物價指數等因素進行調整。估算公式如下：

適足性資源成本＝每生教育成本×學生數（一般學生數＋特殊需求學生數×加權）＋區域差異調整＋規模不經濟調整＋物價指數

適足性衡量方法之比較

由於教育財政適足性在各州法院已引起廣泛爭論，在許多訴訟進行的同時，原告與被告基於舉證責任通常會尋求機構的協助來評估當地的適足性水準，使得適足性的衡量方法正處於積極蓬勃發展之階段。然而，五種適足性衡量方法各有不同的實施步驟、適用情境、利弊得失，因而使用不同的衡量方法亦有形成不同評估結果之可能。因此，有必要對五種適足性衡量方法進行比較，梳理出其間的差異，始能針對特定情境正確選擇適宜的衡量方法。五種適足性衡量方法之相關研究、實施步驟與優缺點之檢討見表 3-2，表中資料顯示，依經費取向、經費規畫、人為因素與適用條件等四大層面分析五種適足性衡量方法之差異。

表 3-2　適足性衡量方法之比較

	基準層級研究	統計分析法	實徵觀察法	學校重建法	專業判斷法
經費取向	妥協產物或資源取向	成果取向	成果取向	資源取向	資源取向
經費規畫	依政治協商或基本教育計畫設立最低限度經費基準	將學習成就標準代入成本函數估算資源成本	參酌依學習成就標準所選成功學區的經驗建構成本模式	以典範學校為單位建立理想成本模式	依教育目標與教育策略擬定適切成本模式
人為因素	涉入程度極高	無	無	涉入程度中高	涉入程度高
適用條件	任何地區	實施標準化成就測驗的地區	實施標準化成就測驗的地區	沒有實施標準化成就測驗的地區	沒有實施標準化成就測驗的地區

資料來源：引自周惠美（2010）。

就經費取向而言

經費取向表示經費思維的主要依據，不同的取向會產生不同的經費規畫方式。經費取向可分為成果取向與資源取向，成果取向係指經費決定於教育成果的表現，資源取向則是指經費決定於教育資源的選擇。依五種衡量方法來看，統計分析法只要將學習成就測驗標準帶入函數公式，即可計算出各種成就標準所需的經費水準，而實徵觀察法以學習成就測驗結果為證據，挑選教育成果表現良好的成功學區參考其成本模式，兩種方式都需要教育成果表現作為經費決定的依據，因此，皆為成果取向的經費考量。另外，學校重建法與專業判斷法屬於資源取向的經費考量，兩種方式都必須對教育資源的要素做出選擇再進行訂價，其不同之處在於資源建構的依據，學校重建法是採用一個以改善教育成果為目標的理想學校典範模式，而專業判斷法則是參酌基於成功改革經驗與實徵研究所擬定的各項教育策略。至於基準層級研究比較特別，該法可以經由確認基本教育計畫所需教育資源的方法決定經費基準，亦可能是透過政治協商的方式討論出最低限度的經費基準，因而其經費取向可以是資源取向，也可能僅是政治妥協的產物。

就經費規畫而言

前面提及不同的經費取向會產生不同的經費規畫方式。以成果取向來看，經費規畫的方式是從實際的教育成果表現推論應有的資源水準。因此，統計分析法是先建立好成本函數，才能代入學習成就標準估算經費，而實徵觀察法則是要利用學習成就測驗之結果篩選出成功學區，作為成本模式建構的參考範本。此種成果取向的經費規畫方式必須立基於資源投入與教育產出兩者間的高度相關性，否則將有錯誤推估的危險。另外，以資源取向來看，經費規畫的方式是從預設的學校模式與教育策略推論應有的資源要素。於是，建立一個理想的學校模式與完善的教育策略就顯得十分重要。對學校重建法與專業判斷法來說，不需參照標準成就測驗的結果，只需仰賴專家學者的共同合作，決定出一套好的學校模式與教育策略即可。相較於成果取向的經費規畫方式，資源取向的方式較能保證所選資源項目與教育目標之間的合理關聯性。而基準層級研究的經費規畫多為參照預擬的基本教育計畫，具有資源取向的性質，或者是由政府決策者討論出共識，為政府財政因素或其他政治因素所限制。

就人為因素而言

適足性的評估過程倘若受到太多的人為因素介入，反而會因為一些人為上的干擾因素導致降低評估結果的正確性。畢竟每個人的價值觀不一，觀察現象的角度也會有所差異，例如，學者和教育現場的實務工作者所做的決策就會有某種程度上的不同。況且，人為的決策過程亦容易反映出利益競逐的角力現象，決策者為了捍衛所持利益往往會不願做出合理的決策判斷，尤其該判斷可能會與決策者利益相左。因此，適足性衡量方法受到人為因素介入的情形就十分值得探討，藉此了解各種衡量方法可能受到人為干擾的影響程度。

依五種適足性衡量方法來看，假使基準層級研究是經由政治協商來進行，其受到人為因素介入的影響將會最大，因決策者多為政府當局的人員，政治因素與財政狀況的考量會有促使協商過程喪失高度專業評估的可能。學校重建法與專業判斷法同樣涉及人為因素的介入，兩者皆需透過專家學者的共同合作以進行專業判斷，而專業判斷法的判斷程序較多、層次較為繁雜，因而受到人為干擾的程度會比學校重建法更高。至於統計分析法與實徵觀察法因為分別仰賴累積實徵研究的大型資料庫與標準化成就測驗的表現，沒有人為因素的涉入。

就適用條件而言

不同的適足性衡量方法源自於不同的發展條件。基準層級研究是最早發展的，在技術不純熟的情況下多仰賴政治協商的結果。由於早期標準化成就測驗尚未普遍實施，教育成果的表現無法加以量化測量，因而有專家判斷法與學校重建法的形成。直至近年來教育改革對績效責任的高度強調，促使標準化成就測驗廣泛推展，實徵觀察法於是應運而生。此外，統計分析技術的進步亦應用至適足性的評估而發展出統計分析法。由此可見，要採用統計分析法與實徵觀察法必須於實施標準化成就測驗的地區始能執行，未有實施標準化成就測驗的地區則有學校重建法與專業判斷法之選擇。

我國國民教育資源分配政策：由公平性走向適足性

教育財政公平主要都是以基礎教育（國民教育）為探討對象，國民教育資源的政策議題，多以一個爭議問題為核心：國民教育既然為全體國民的基礎教育，為何居住縣市不同，獲得的學校教育品質即有不同？如果因為縣市財政狀況使各縣市的教育條件有所差異，中央政府的補助計畫如何弭平地區之間的落差，使學生的受教權益不受影響？這些問題的癥結點乃在於「公平」的界定方式。教育財政學上主張的財政公平，一為水平公平，一為垂直公平，前者主張相同條件相同對待，所以經費分配時應將差異縮到最小；後者則主張差別條件差別對待，尤其應該有濟弱扶傾的精神，分配較多資源給條件不利者，即是所謂的「積極差別待遇」處置方式。垂直公平的爭議點，一在於條件不利者之認定，一在於資源差異的程度。

我國自 1968 年實施國民教育以來，強迫入學政策使學生普遍就學，就學率與升學率均達一定水準，為維持全國 3,300 多所國中小學校的運作，教育資源的投入相當可觀。然而國民教育學生人數眾多，加以學校普遍分布於全國各地區，學生享受的教育資源因而有地區、縣市、學校規模與家庭背景等差異。國民教育學生成本依其居住縣市、學校規模、城鄉狀況而有差異，城市地區的大型學校學生公成本因為班級規模大而降低，但是家庭支出的補習費等私成本項目卻很高；鄉村地區小型學校學生公成本因為班級規模小而居高不下，家庭支出的私成本卻很有限，城鄉差距非常明顯（陳麗珠等人，2004）。

隨著社會變遷與經濟情勢的發展，教育的差距已經在所難免，政府勢必以各種均等化的教育政策介入，弭平各類不均等的條件，其中最重要的解決途徑之一，就是建立一套公平化的教育財政制度。現行的《教育經費編列與管理法》首先明確界定教育經費的範圍，並以歲入淨額一定百分比保障之；其次透過行政院教育經費基準委員會依據各地區的人口數、學生數、公私立學校與其他教育機構之層級、類別、規模、所在位置、教育品質指標、學生單位成本或其他影響教育成本之因素，研訂教育經費計算基準，據以計算各級政府年度教育經費基本需求。教育經費基本需求係以班級為單位，計算每一班級學生每年所需的人事費、辦公費、修繕費、水電費、活動費、基本教學設備費等，公式中亦加入班級規模調整與地區差異調整等，可見是以「水平公平」為其基礎理念；計算教育經費基本需求後，依據行政院核定之基本需求經費數額，各縣市政府必須編足國民中小學教育經費，確保學生學習的品質，使其潛能得以充分發展。如果縣市自有財源無法支應教育經費基本需求，則必須由中央政府的一般補助款補足之，這種設計已經顯現對學生教育品質的重視。另一方面，教育部單位預算內所編列的特定教育補助款則配合當年度政策目標，設計多種補助專案，重點分配給政策的目標對象。近年來，有鑑於經濟景氣衰退加上社會轉型，弱勢學生人數與型態日增，政策面逐漸重視對弱勢學生的照顧，目前政策涵蓋的目標對象包括特教生、原住民和弱勢學生等，這又是垂直公平理念的實踐。最後，法令規範「國民教育優先」的精神，以確保每一位學生不論其所居住的縣市財政狀況，都能享受到一定水準之基本教育資源。

整體檢討近年來我國相關法令對於國民教育資源分配的規範，首先本著「水平公平」的理念，依照一定標準平均分配支用，對於具有特殊需求的學生、學校與地區，則本著教育財政公平的「垂直公平」理念，給予條件不利者較多資源，這也就是「積極差別待遇」。至於各級學校教育經費基本需求與各地方政府應分攤數額的計算，保證其經費達到一定水準，則是教育資源分配「適足性」第一階段理念的展現。然而，全國 280 萬名國民教育學生彼此之間均仍受到居住地區、家庭背景、學校與社區條件等因素影響，而存在相當差異，展望未來，國民教育資源分配還有下列課題有待完成（陳麗珠，2006）。

在水平公平方面

目前實施中央對地方政府一般教育補助款的分配方式，雖然是以基本需求為計算基準，但是各縣市間的條件畢竟過於懸殊，加上財政能力的差異，使得各縣市、地區、學校學生享有的教育資源還是存在顯著差異。其中教師人事費與班級規模之間的關係，直接影響到每生平均教育經費。偏遠或鄉村地區、財政能力較弱縣市以及工商業較不發達地區的學校與班級規模，一定比都會地區、財政能力佳、工商發達地區學校為小，前者的每生平均教育經費當然比後者高，然而這不能視為偏遠地區教育品質比都會地區為佳的佐證，更不宜因此認為偏遠地區資源浪費必須裁併小校。將來還是有待藉著修正補助公式，加強不利地區權重等技術調整以提升水平公平。

在垂直公平方面

目前實施的特定教育補助，係以配合行政機關施政重點，透過各種補助計畫實施。國民教育階段近年來對照顧弱勢國中小學生的計畫陸續實施，固然可以作為政府對弱勢照顧的重視，其實也反映出教育現場弱勢學生急遽增加，資源困窘的問題，究竟補助計畫能夠解決多少弱勢學生背後的家庭與社會問題，並不是僅以補助資源就能解決。此外，這些特定補助計畫都是以逐年頒布、逐年審查的方式實施，計畫的不確定性很高，致使許多經費就是在年度更迭中浪費了。加上社會型態多元化之後，各種利益團體應運而生，對於資源的競爭愈形激烈。未來垂直公平的課題，應該多方討論弱勢團體的界定與優先順序，並且加強補助計畫之間以及各行政機關之間資源的統整，避免重複補助或是分配不均的情況發生，才能真正照顧到最需要幫助的學生。

在適足性方面

我國資源分配政策的適足性考量還是停留在第一階段定義的「最低限度資源的供應」，因應教改強調績效責任的趨勢，將來應該加強適足性第二與第三階段的定義，不但將資源分配隨學校本位與學生個別特質而調整，更要確保資源足以協助學生發揮潛能以達到特定學習成就或標準，因此各種補助計畫應配合成效考核，尤其著重於學生各種成就的進步情形。

參考文獻

林文達（1980）。**教育經濟與計畫**。臺北市：幼獅。

林文達（1984）。**教育經濟學**。臺北市：三民。

林文達（1986）。**教育財政學**。臺北市：三民。

周惠美（2010）。**國民中小學校經費適足性之研究**。國立高雄師範大學教育學系碩士論文，未出版，高雄市。

陳麗珠（1992）。**我國國民教育財政系統公平性之研究**。行政院國家科學委員會補助專題研究計畫，未出版。

陳麗珠（1993）。**我國中小學教育財政公平之研究**。高雄市：復文。

陳麗珠（1997）。**我國國民教育經費補助公式之模擬研究：垂直公平考量**。行政院國家科學委員會補助專題研究計畫，未出版。

陳麗珠（2000）。**美國教育財政改革**。臺北市：五南。

陳麗珠（2006）。從公平性邁向適足性：我國國民教育資源分配政策的現況與展望。**教育政策論壇，9**（4），101-118。

陳麗珠（2009）。**我國教育改革新趨勢之財政規畫（II）：教育資源分配政策加入適足性考量之探究**。行政院國家科學委員會補助專題研究計畫，未出版。

陳麗珠、鍾蔚起、林俊瑩、陳世聰、葉宗文、黃佳凌、鍾德馨（2004）。**國民中小學教師合理授課節數與員額編制之研究**。教育部委託專題研究報告。

臺北市：作者。

蓋浙生（1987）。**探尋教育的軌跡**。臺北市：文景。

蓋浙生（1988）。**教育財政學**。臺北市：東華。

鄭建良（2006）。**國民中學學校本位財務管理制度之研究：教育充足性觀點**。國立高雄師範大學教育學系博士論文，未出版，高雄市。

Alexander, K. (1997). Concepts of equity. In W. W. McMathon & T. G. Geske (Eds.), *Financing education: Overcoming inefficiency and inequity* (pp. 193-214). Urbana, IL: University of Illinois Press.

Augenblick, J. G., Myers, J. L., & Anderson A. B. (1997). Equity and adequacy in school funding. *The Future of Children*, *7*(3), 63-78.

Baker, B. D. (2005). The emerging shape of educational adequacy: From theoretical assumptions to empirical evidence. *Journal of Education Finance*, *30*(3), 259-287.

Berke, J. S., Campbell, A. K., & Goettel, R. J. (1972). *Financing equal educational opportunity: Alternatives for state finance*. CA: McCutchan.

Berne, R., & Stiefel, L. (1984). *The measurement of equity in school finance: Conceptual, methodological, and empirical dimensions*. Baltimore, MD: The Johns Hopkins University Press.

Berne, R., & Stiefel, L. (1999). Concepts of school finance equity: 1970 to present. In H. Ladd, R. Chalk, & J. Hansen (Eds.), *Equity and adequacy in education finance: Issues and perspectives* (pp. 7-33). Washington, DC: National Academy Press.

Caldwell, B. J., Levacic, R., & Ross, K. N. (1999). The role of formula funding of schools in different educational policy contexts. In K. N. Ross & R. Levacic (Eds.), *Needs-based resource allocation in education via formula funding of schools* (pp. 9-24). Paris, France: UNESCO, International Institute for Educational Planning.

Chen, Li Ju (1988). *An equity analysis of Michigan's school finance system*. Doctoral

Dissertation, The University of Michigan, MI.

Clune,W. H. (1994). The shift from equity to adequacy in school finance. *Educational Policy*, *8*(4), 376-394.

Cohn, E., & Geske, T. G. (1990). *The economics of education* (3rd ed.). Oxford, NY: Pergamon Press.

Duncombe,W., & Lukemeyer, A. (2002). *Estimating the cost of educational adequacy: A comparison of approaches*. Retrieved August 15, 2008, from http://www-cpr.maxwell.syr.edu/faculty/duncombe/special_report/costofeducadeq.pdf

Goertz, M. E. (1994). Program equity and adequacy: Issues from the field. *Educational Policy*, *8*(4), 608-615.

Guthrie, J. W., & Rothstein, R. (1999). Enabling adequacy to achieve reality: Translating 8 adequacy into state school finance distribution arrangements [M]. In H. Ladd et al. (Eds.), *Equity and adequacy in education finance* (pp. 209-259). Washingtton, DC: National Academy Press.

Guthrie, J. W., Garms, W. I., & Pierce, L. C. (1988). *School finance and education policy: Enhancing educational efficiency, equality, and choice* (2nd ed.). Englewood Cliffs, NJ: Prentice-Hall, Inc.

Hoy, W. K., & Miscal, C. G. (2008). *Educational administration: Theory, research, and practice* (8th ed.). Boston, MA: McGraw-Hill.

Johns, T. H. (1981). Equal educational opportunity revised. *Journal of Education Finance, 6*, 471-484.

King, R. A., Swanson, A. D., & Sweetland, S. R. (2003). *School finance: Achieving high standards with equity and efficiency* (3rd ed.). Boston, MA: Allyn & Bacon.

Ladd, H. F., & Hansen, J. S. (1999). *Making money matter: Financing America's schools*. Washington, DC: National Academy Press.

Mingat, A., & Tan, J. P. (1985). On equity in education again: An international comparison. *The Journal of Human Resources*, *XX*(2), 298-308.

Minorini, P. A., & Sugarman, S. D. (1999a). Educational adequacy and the courts: The promise and problems of moving to a new paradigm. In H. F. Ladd, R. Chalk, & J. S. Hansen (Eds.), *Equity and edequacy in education finance: Issue and perspectives* (pp. 175-208). Washington, DC: National Academy Press.

Minorini, P. A., & Sugarman, S. D. (1999b). School finance litigation in the name of educational equity: Its evolutiion, impact, and future. In Ladd, H. F., Chalk, R. & Hansen, J. S. (Eds.), *Equity and adequacy in education finance: Issue and Perspectives* (pp. 34-71). Washington, DC: National Academy Press.

Monk, D. H. (1990). *Educational finance: An economic approach*. New York, NY: McGraw-Hill.

Nwabuogu, M. N. (1984). On the meaning and application of equal educational opportunity: A review article. *Journal of Education Finance, 10*, 64-82.

Odden, A. R. (2004). Lesson learned about standards-based teachers to evaluation systems. *Peabody Journal of Education, 79*(4), 126-137.

Odden, A. R., & Picus, L. O. (1992). *School finance: A policy perspective*. New York, NY: McGraw-Hill.

Odden, A. R., Picus, L. O., Archibald, S., Goetz, M., Mangan, M. T., & Aportela, A. (2007). *Moving from good to great in Wisconsin: Funding schools adequately and doubling student performance*. Madison, WI: University of Wisconsin, Wisconsin Center for Education Research, Consortium for Policy Research in Education.

Odden, A. R., & Busch, C. (1998). *Financing schools for high performance: Strategies for improving the use of educational resources*. San Francisco, CA: Jossey-Bass.

Odden, A. R., & Picus, L. O. (2000). *School finance: A policy perspective* (2nd ed.). New York, NY: McGraw-Hill.

Odden, A. R., Archiblad, S., & Fermanich, M. (2003). Rethinking the finance system for improved student achievement. *Yearbook of the National Society for the Study of Education, 102*(1), 82-113.

Picus, L. O., Odden, A. R., Aportela, A., Mangan, M. T., & Goetz, M. (2008). *Imple-*

menting school finance adequacy: School level resource use in Wyoming following adequacy-oriented finance reform. Prepared for the Wyoming Joint Interim Legislative Education Committee. North Hollywood, CA: Lawrence O. Picus and Associates.

Rebell, M. (2007). Professional rigor, public engagement, and judicial review: A proposal for enhancing the validity of education adequacy studies. *Teachers College Record, 41*. Retrieved October 11, 2006, from http://www.TCRecord.org

Roellke, C., Green, P. C., III, & Zielewski, E. H. (2004). School finance litigation: The promises and limitations of the third wave. *Peabody Journal of Education, 79*, 104-133.

Reschovsky, A., & Lmazeki, J. (2003). *Achieving educational adequacy through school finance reform*. Retrieved November 10, 2008, from http://www.cpre.org/index.php.

Verstergen, D. A. (1998). Judicial analysis during the new wave of school finance litigation: The new adequacy in education. *Journal of Education Finance, 24*, 51-64.

Wirt, F. M., & Kirst, M. W. (2005). *The political dynamics of American education* (3rd ed.). Richmond, CA: McCutchan.

part 2 我國教育財政制度與改革

「如果我們將理論與實務分開，不代表要忽視實務的重要性，相反地，我們更可以客觀地用理論去檢視實務並且有效解決當下的問題」（Emile Durkheim，引自 Hoy & Miskel, 2008）。

教育財政理論的形成，都是學者與行政人員在實際進行教育活動時，遭遇到教育資源相關問題必須解決而提出，或於事後觀察事件的脈絡與進程，提出運行的原則等規範建議，乃形成教育財政的理論；另一方面，教育財政理論也必須在實務現場不斷受到驗證，愈是能獲得不同時空實務事件支持的理論就愈重要，實務的重要性由此可知。不僅如此，教育財政理論是在教育制度運作中產生，不是憑空揑造，亦不能單獨背離實務而存在，但是教育制度之運作如果沒有理論指引，則整個教育組織僅能墨守成規，維持現狀而無法改進，終究會使發展受限，因此教育財政理論亦有前瞻改革資源運作之功能。總之，教育財政理論與教育財政制度兩者必須相輔相成，同步追隨時間與時代脈絡而演進，方能使教育機構組織隨著政策時空環境之轉變而改進。

本書第二篇係將第一部分介紹的財政理論應用於我國教育財政制度與實務上以作為檢視依據，旨在介紹我國現行政府層級內的教育財政制度與運作、我國近十年多來的教育財政改革、教育經費基本需求、國民教育補助制度等。

政府組織

政府機關依其主事政事功能與任務多寡，可分成單功能組織與多功能組織。單功能組織為一個政府組織僅職司一種功能，多功能組織則同時職司一種以上功能（林文達，1986）。大部分政府組織為多功能組織，例如我國的中央政府由行政院、立法院、考試院、監察院、司法院等五院組成，各院之下又分成多個部會，各司其職，就是多功能組織之一例。此外，我國各地方政府，不論是直轄市或是縣市政府，組織內包括民政、財政、教育、農業、文化、交通、地政等數十個局處。隨著政策環境的發展與變遷，通常發生組織功能增加的現象，多功能組織因此成為現代各國政府組織的典型。

單功能組織只單純負責一個政事功能且具有財政收支的獨立性，例如，美國的學區（school district）只主管幼稚園到高中（十二年級）學校教育，就是典型的單功能組織。美國各州除了夏威夷州為全州僅單一學區外，其餘州政府之下都分成數百個學區，負責中小學（K-12）教育事務。學區的決策權在於中小學董事會（school board），董事會中通常有五到七個成員，成員可能是受政府任命產生或是由學區內的居民選舉所產生。至於一般的學區行政事務，則由董事會聘任學區長（superintendent）以及其他行政人員負責之。學區長之下，除了有一個副學區長負責教學事務外，另有一個專門負責學校財政事務的行政人員，有些學區賦予「副學區長」的職位，有些學區則稱為「學校財政經理」，學區學校財政負責學區教育經費的相關事務，例如，每年要居民投票決定地方學區財政稅率、學校之間經費或資源的分配，以及教育公債的發行等，當然，這些重大決策的最後決定權還是需要學區長與地方教育董事會的通過才能進行。除了教育資源的籌措與分配為學區的重要工作項目之外，學區另外要負責的工作包括：根據州政府提供的綱要決定課程的內容、僱用教師與行政人員、學校建築的提供與維修、購置學校設備，以及為居住在稍遠地區的學生提供校車的服務等（陳麗珠，2000）。

政府財政收支

支持政府組織運作的財源籌措與分配，也有兩種不同的財政收支方式：第一種為**獨立收支**，第二種為**統籌（收）統支**。單功能組織可能採用獨立收支或統收統支，多功能組織則採用統收統支。

獨立收支

獨立收支的財政收支方式指政府組織的財源固定來自於若干（或單一）收入項目，指定用於特定的用途。在教育財政方面最常用的例子就是美國的學區財政收支方式。除了1993年美國密西根州以提高全州銷售稅率取代外，其他絕大部分各州的地方學區當局，對學區範圍內所有不動產都會課徵財產稅（property tax），財產稅將近全部的稅收都必須使用於中小學校（幼稚園至高中三年級，K-12）的運作（陳麗珠，2000），這是最典型的獨立收支。從1970年代開始，各波教育改革運動陸續造成學校教育的學生成本愈來愈高，地方學區無力完全負擔，必須由州政府依照補助公式（school finance formula）分配的經費，以及一部分來自於聯邦的分項補助款（categorical grant）。對補助款依賴程度加深，連帶牽動中小學校董事會權力大幅削弱（Wirt & Kirst, 2005, 2009），箇中原因當然很多，但是地方自籌經費的比重下降、中小學校對於州與聯邦補助款的依賴程度逐年上升應是最重要的原因之一。同時，美國大部分的州除了在主要的所得稅與銷售稅（sales tax）收入中，撥出若干比率作為中小學校與州立大學教育經費外，也會指定特定稅收項目，例如彩券（lottery）收入作為教育經費的來源。下頁圖顯示美國中小學校教育政策間接受到國際潮流趨勢，以及直接受到國內社會與經濟潮流的影響，加上各州內的教育議題操作，會將各種學校需求經過政治系統轉換成為各種政策產出，包括法令、規章、行政命令等。

統收統支

統收統支的財政收支方式指一個單功能（多功能）的政府，具有一項以上的收入項目，在通盤考慮（或政治協商）之後，分配於一項以上的政事部門使用。我國的財政系統就是典型的統收統支，依據《財政收支劃分法》的規範，各級政府有多項的財政收入，每年依照各政事部門的需求，編列預算分配。依

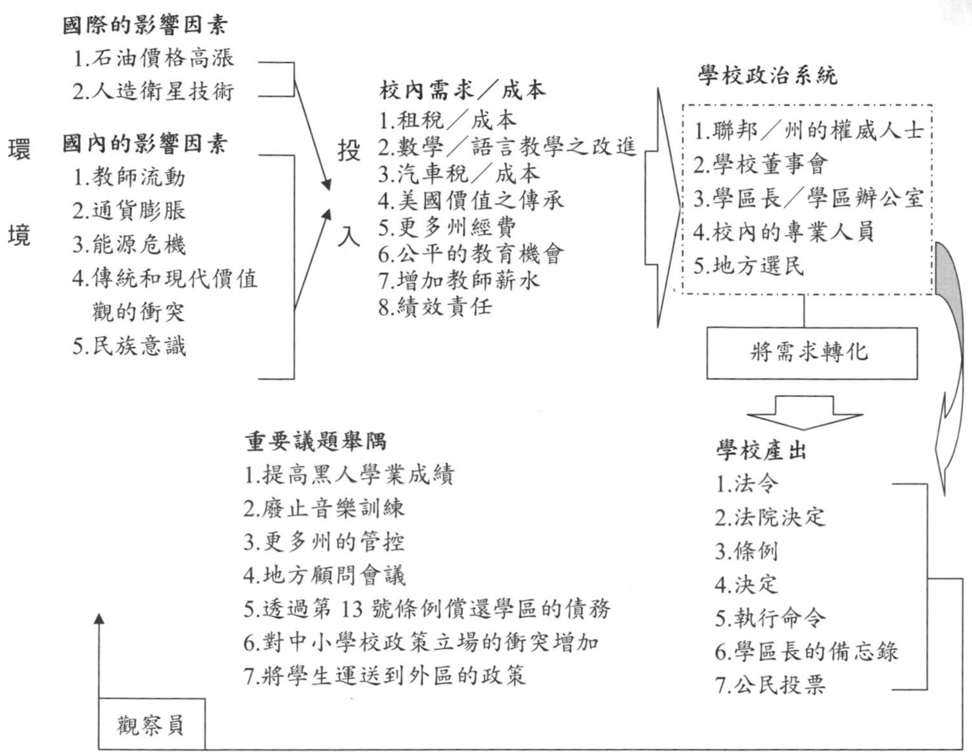

圖 II-1　學校政治系統裡影響力的流動和政策結果

資料來源：Wirt & Kirst (2005)。

據民國 99 年第七次修正《行政院組織法》版本的規定，我國行政院下設十四部、八會、三獨立機關、一行、一院與兩個總處，並陸續於 2012 年起實施組織改造。這些單位的經費，包括其收入與支出，除另有特別規定者外，大部分遵循統收統支的規定，由財政部統籌負責國庫的收入與支出，主計處負責會計、歲計與統計等工作。在此系統之下，並沒有特定的收入項目指定作為教育經費之用途，每一年度之前，由各級學校與教育行政機關依照其法定員額編制與需求，按照《預算編審辦法》編列年度預算，預算中亦須列出年度可能的收入項目，例如：學生繳納之學雜費收入、學校場地租借的經營收入等。

獨立收支與統收統支兩種制度各有其優缺點。國內教育界長期以來不時有人提出我國國中小學應效法美國學區制度，採行獨立收支，讓教育不受到地方政治勢力的干擾。倡議者認為，獨立收支保障專款專用於特定機關或活動項目，代表國家對文化教育類活動的重視，政治上有其宣示性意義。然而美國學區財政將近一世紀以來的發展經驗顯示，獨立收支雖可維持地方自籌教育經費的完整性，但如果過度倚重特定且單一收入項目（指財產稅），卻不能隨著支出需求增加彈性增大，勢必造成教育經費的短缺與學區之間的差異，當中小學校資源與學區不動產價值成正比時，造成「貧者愈貧，富者愈富」，財政不公平反而不利教育事業的發展。另一方面，統收統支制度通常被詬病為不尊重專業，尤其教育與文化這一類的政府服務活動成效不及交通建設或公共設施等建設之資金回收快速，成效立竿見影。因此在多功能組織中往往不被列為優先施政項目，在政府各部門間競爭資源時往往處於弱勢。尤其是經濟景氣緊縮時，教育資源往往率先受到刪減。我國長期以來都實施統收統支制度，對於國家教育事業的投資與發展政策方向，教育行政機關和財主單位的看法有時難免相左，一方面教育行政單位希望獲得更多資源以推動政策，另一方面，負責政府各政事部門資源分配的財主單位，則站在整體考量的立場，未必同意將資源投入在回收期很長的教育事業。究竟是「財政拖垮教育」或是「教育拖垮財政」，一直都是教育界無法回答的問題。

教育經費的籌措來源

教育經費籌措的五種主要來源，包括：稅收、學費、經營收入、借貸收入、捐助及協助收入（林文達，1986）。稅收又分成直接稅與間接稅，前者取自財富及所得稅，較切合根據負擔能力收稅的原則，不易轉嫁給消費者負擔，因此比較符合社會公平；後者則取自財貨或勞務在市場交易的量及價值，依消費者需要徵稅，較容易轉嫁給消費者，一般多認為較不符社會公平。

稅課收入

依據《財政收支劃分法》，我國稅課收入來自於關稅、所得稅、貨物稅、證券交易稅、房屋稅、營業稅、菸酒稅、土地稅與其他稅目，其中以所得稅收入為 16,008 億元，占總稅課收入 40.4%為最高（2006 年度）。近年來賦稅收入成長較多者為所得稅、房屋稅、貨物稅、營業稅等，而關稅則逐年減少；此外，政府致力改進稅制結構，加強所得稅稽徵，各年直接稅占總稅收比重逐漸上升，2006 年之直接稅占總稅課收入之比率為 60.4%，間接稅之比率為 39.6%（財政部，2011）。在統收統支大原則之下，直接稅與間接稅合稱為「稅課收入」，納入政府的公共支出中。

學費

各級學校教育機構依照相關規定，可以對受教者（學生）或是家庭（家長、監護人）收取教育規費，通稱為學費（tuition），係學生或家長為了接受教育，為投資於教育所支付的費用，由於係在學生受教期間直接繳給學校，因此學者稱為教育的直接成本（direct costs），用以區別學生因為在學而捨棄的所得收入而支付的機會成本（opportunity costs），稱為間接成本（indirect costs）（Cohn & Geske, 1990）。

學費可以分成學費和雜費（fees）兩部分。一般而言，學費指教學的直接成本，其中又以教師的薪給（人事費）為大宗，其餘還包括教學活動的經常性支出。雜費則指教學的間接成本，包括教學活動由學生分攤的材料與成本等，例如：實習費、實驗費、活動費等。

學費既然由學生家庭付出，但學生究竟應該負擔多少？隨著學生教育成本逐漸提高，成本分攤的政策議題在世界各國引發熱烈討論。如果學生負擔學費高，代表學生負擔大部分的教學成本，可能會因此阻礙學生的就讀意願，造成教育機會的不均等；如果學生只需要付出少許學費，政府就必須將教育成本轉嫁給全體納稅人，由社會全體負擔，由全體大眾為少數人負擔教育成本，則有不同的公平考量。一般而言，學費的收取，應有三個基本原則：

一、配合人民生活水準而制訂，並隨時代調整：當社會經濟發展尚未發達、教育不普及時，學費的收取不宜過高，否則會形成對經濟弱勢學生就學的阻礙；而當經濟發達、教育普及時，為提升教育品質，則可以視情況適度提高學費收取，俾使更多學生入學接受教育。

二、參考個人受教育利益的多寡：各個教育階段產生的教育利益並不相同。教育階段愈高，個人受教育後獲得的經濟利益愈高，理應付出更多學費成本。反觀基礎教育階段的畢業文憑在就業市場上並無法獲得顯著的經濟利益，反而是基礎教育階段課程中的說、讀、寫、算與社會適應基礎課程等，都是為幫助學生成為公民做準備，所以由政府負擔其教育成本，學生與家庭不用付出太多。一般而言，教育階段愈高，個人利益愈多，自負學費應該更多；教育階段愈低，社會利益愈多，學生自負學費不宜過多，甚至應該免費。我國《憲法》第一六〇條規定：「六歲至十二歲之學齡兒童，一律受基本教育，免納學費。其貧苦者，由政府供給書籍。已逾學齡未受基本教育之國民，一律受補習教育，免納學費，其書籍亦由政府供給。」另《國民教育法》第五條規定：「國民小學及國民中學學生免納學費；貧苦者，由政府供給書籍，並免繳其他法令規定之費用。國民中學另設獎、助學金，獎助優秀、清寒學生。國民小學及國民中學雜費及各項代收代辦費之收支辦法，由直轄市、縣（市）政府定之。」即是反映此種精神。

三、注意對弱勢者的補助：學費負擔能力與學生家庭背景有關，所以在制訂學費政策時應該一併考量對弱勢學生的照顧。尤其是學費比較高，占教育成本的比率較高時，政府應該將各種財務資助方案，包括以成績表現考量（merit-based）的獎學金、學生需求考量（need-based）的助學金、助學貸款、工讀機會等，都一併列入配套措施。

經營收入

學校的本質並非營利單位，獲利亦非學校的本業，但如果學校營運中可以對學生以外的人士提供服務，或是現有校產中可以生產產品以獲利，都屬學校的經營收入。過去學校在公務預算系統之下，僅重視預算的爭取與核銷，不必重視經營收入之規畫，但在2001年普遍實施基金預算之後，各級學校逐漸開始重視此部分的規畫。

學校經營收入的方式很多，最常見的是學校以現有教學人力與設施辦理推廣教育。另外，學校亦可以辦理實習商店、農場經營等，以增加學校收入。

借貸收入

借貸收入指辦學主體基於信用保證，並負償還責任的收入。學校借貸收入常見於私立學校，根據現行的「**教育部監督學校財團法人及所設私立學校融資作業要點**」之規定，私立學校如向銀行申請融資，如果符合下列條件之一者，應於借款前專案報主管機關（教育部）核定後始得辦理：

一、舉債指數大於五或扣減不動產支出前之餘額為負數。

二、私立學校擴建分校、分部或附屬機構及相關事業增置擴建。

三、財務異常，經本部糾正有案或應限期改善。

四、新設學校法人及所設私立學校經本部進行實地查核，符合下列條件者：

1. 因物價劇烈變動或其他不可抗力因素（如：颱風、地震），導致學校建築成本大幅增加，財務確有困難者。
2. 依設校計畫已完成捐資承諾。
3. 提出可行之償債計畫。
4. 學校法人董事同意擔任債務連帶保證人。

同法第八點規定：學校法人及所設私立學校依第四點規定報教育部核定時，

應檢附下列資料文件：

一、借款年度前一年之現金收支概況表。

二、借款年度起十年內之分年現金收支概況預計表。

三、借款金額及資金用途規畫。

四、借款償還計畫。

五、年度預算及其他佐證資料。

六、校務發展計畫。

學校申請辦理借貸時，必須考量本身之營運情況與發展前景，尤其必須考量償還期間學校之營運收益盈餘是否足以順利償還借款，始得為之。

捐助／協助

捐助係指由私人團體、國外政府或政府間基於善意對學校與教育事業單位的捐獻。協助係指無償給予，但給予者及接受者基於契約或立法關係應履行契約或法律所規定的責任或義務。

各級公立學校依據「教育部推動學校教育儲蓄戶實施要點」都設有教育儲蓄戶，照顧經濟弱勢、家庭突遭變故學生，專戶之勸募所得包括教育部學產基金捐贈款、校友、家長、善心人士、民間機構、企業等之捐款，以及直轄市、縣（市）政府捐贈款等。學校發現需要協助之個案學生，得提出補助之書面提案申請，經學校管理小組審核通過後撥款補助。審核前得依需要進行家庭訪問並填寫訪視紀錄表。其中有關經費存管、提案審查、補助標準、動支程序及其他相關事項之規定，由學校校務會議定之。此外，對於捐款者訂有獎勵辦法以表揚捐贈者，亦規定勸募學校必須辦理公開徵信，並建立網站或網頁公布徵信資料。

教育經費的籌措原則

現代國家機制中，教育經費的籌措來自於前述五種來源，政府在辦理公共教育以及支應公私立教育機構與活動時，應該本著全體經費的收入觀點，將五種來源全盤列入考慮，以靈活的現代理財技術，充分運用各種可能的籌措管道。

然而，教育事業本應為國家百年大計，與各種營利事業畢竟不同，不宜凡事以最大獲利為前提，亦不必強求快速擴張營運規模，投入堂皇的硬體建設。因此宜就經常收入與硬體建設區分其籌措財源。在維持學校日常運作所需之經常收入方面，應有穩定財源支持，因此宜以稅收及學費收入為主要財源；至於提升教學設備水準、增建校舍或增設新校等所需的經費，則宜來自於多元考量的財政收入，將前述五種財源一併納入考量，例如，在增建校舍以擴大經營規模時，可將借貸收入或捐助收入納入籌款計畫中；又，如果學校條件適合，更可積極規畫營運收入以增加學校財源收入。

身為教育機構，學校在籌措經費時，宜有適度的倫理規範。首先，公立學校經費大部分來自於政府部門的稅收，在籌編年度預算時各校之間有一定的計算基準可以遵循，足以滿足學校正常營運的基本需求。至於學校購置設施或增建校舍所需之大項經費，則在向行政主管機關提出申請後，由主管機關依照需求之迫切性排定優先順序，依序撥款建設。其次，學校對學生收取的學雜費用，應本著透明公開的原則，依照法令規定明確訂定。其他各項代收與代辦費用，亦應本著使用者付費的精神，不巧立名目收取。再次，學校辦理業外活動以增加經營收入亦無不可，但仍應以教學本業為重，不宜偏廢。最後，學校對外募款籌措的捐助收入，應基於善意、無條件取得為原則，捐助者不宜有附帶要求。

經費的籌措，因所提供教育階段的性質差異而有不同的原則。義務教育階段採取強迫入學的規定，我國訂有《強迫入學條例》，規定六至十五歲的國民必須就讀國民中小學，如未遵守規定入學，則有一定的罰則。因此國民教育階段以免費入學為原則，不宜由學生家長負擔太多教育成本，因此不收取學費，而學校運作所需的經費則宜取自政府課稅收入——尤其是依照財富能力課稅的直接稅為原則。在選擇教育階段，學生可依照自身生涯規畫與職涯需求，決定入學與就讀課程種類等，因此選擇教育學校的經費除來自於政府撥款之直接稅外，也要將取自學生的學費納入主要收入來源。其他亦可考量捐助及經營收入，至於借貸收入則視未來獲利是否可能償還所貸款項再行借貸。總而言之，義務教育經費的籌措以穩定為主，非義務教育經費的籌措則以彈性適應為原則。

參考文獻

林文達（1986）。**教育財政學**。臺北市：三民。

陳麗珠（2000）。**美國教育財政改革**。臺北市：五南。

財政部（2011）。**財政統計年報**。2011 年 9 月 18 日，取自 http://www.mof.gov.tw/public/Data/statistic/Year_Fin/98 電子書/htm/yearmenu.htm

Cohn, E., & Geske, T. G. (1990). *The economics of education* (3rd ed.). Oxford, NY: Pergamon Press.

Wirt, F. M., & Kirst, M. W. (2005). *The political dynamics of American education* (3rd ed.). Richmond, CA: McCutchan.

Wirt, F. M. & Kirst, M. W. (2009). *The political dynamics of American education* (4th ed.). Richmond, CA: McCutchan.

Chapter 4

我國教育財政系統

經過多年來的發展，我國各級學校制度已經相當完備，學校遍布於都市、城鎮與鄉村，學校僱用教師與行政人力，使用教學與活動設備與設施，在校舍中進行教學活動。各級學校中註冊的學生人數眾多，占全國人口總數 21.44%（2011 年度），超過五分之一，因此，稱教育系統為「全國最大的產業」實不為過。在背後支持這一個龐大產業持續運作的，其實是一個包含財政收入與支出、將教育資源從籌措到分配做整體調度與使用的體系，這一整個體系，就稱為「教育財政系統」。教育財政系統包含兩大部分，其一為來自政府（公部門）的資源，其二為來自民間與私人團體（私部門）的資源。兩個部門之間有資源互通之處，但各有財源且各司其職。世界各國教育財政系統之設計，充分反映該國的文化、社會與政治背景，尤其是在財源籌措究竟端賴政府出資或是倚重民間財源方面，更是檢視各國教育制度的重要關鍵。我國的教育財政向來是公部門分攤多，私部門分攤少，然而近年來由於教育改革政策與措施，學校教學型態更加多元，私部門的分攤比重有逐年增加的趨勢。

在公部門分攤教育資源方面，我國的教育財政系統並未獨立為教育事業運作，而是依照「統收統支」的原則，附屬在國家公共財政系統之中，教育事業必須與政府其他政事功能一樣，互相競爭公共支出；同時，教育具有部分公共財的屬性，無法完全根據成本對受教者收取規費，而必須仰賴公共資源的挹注，因此來自政府公部門的經費分配更加重要。此外，部分教育階段（如：國民教育）為地方政府主管，教育經費必須由中央與地方政府分攤，各級政府之間的分攤比率、補助款的分配與補助方式，也是教育財政系統必須探討的問題。最後，教育資源的籌措與分配，舉凡經費籌措來源與比重，或是分配方式與對象，都是透過公共教育政策的制訂，依法執行（第二章已經說明應該由政策決定的理由）。

本章討論我國的教育財政系統及其運作，首先介紹我國學校制度與公共教育行政系統，其次分析我國教育公共財政收支系統及其與教育財政系統之間的關係，最後則分析教育經費在近年來的發展。

教育行政系統與學校制度

教育財政系統運作於各級學校制度之內，而各級學校制度則由教育行政系統所管轄。本節介紹我國的教育行政系統與學校教育制度，以作為本章討論之基礎。

我國的教育行政系統

我國的教育行政系統屬於公共行政系統的一環。教育行政系統分成兩個層級：中央政府與地方政府。前者的教育行政機關為教育部，教育部除制訂全國教育政策與行政運作外，並主管國立各級學校、國立社教機構、私立大專校院與私立高級中等學校。地方政府的教育行政機關，在直轄市為教育局，在縣市則為教育局或處。縣市政府主管縣市立各級學校、縣市立各級社教機構與私立國中小與幼稚園；直轄市政府教育局主管市立各級學校、市立社教機構與私立中等以下學校（見圖 4-1）。

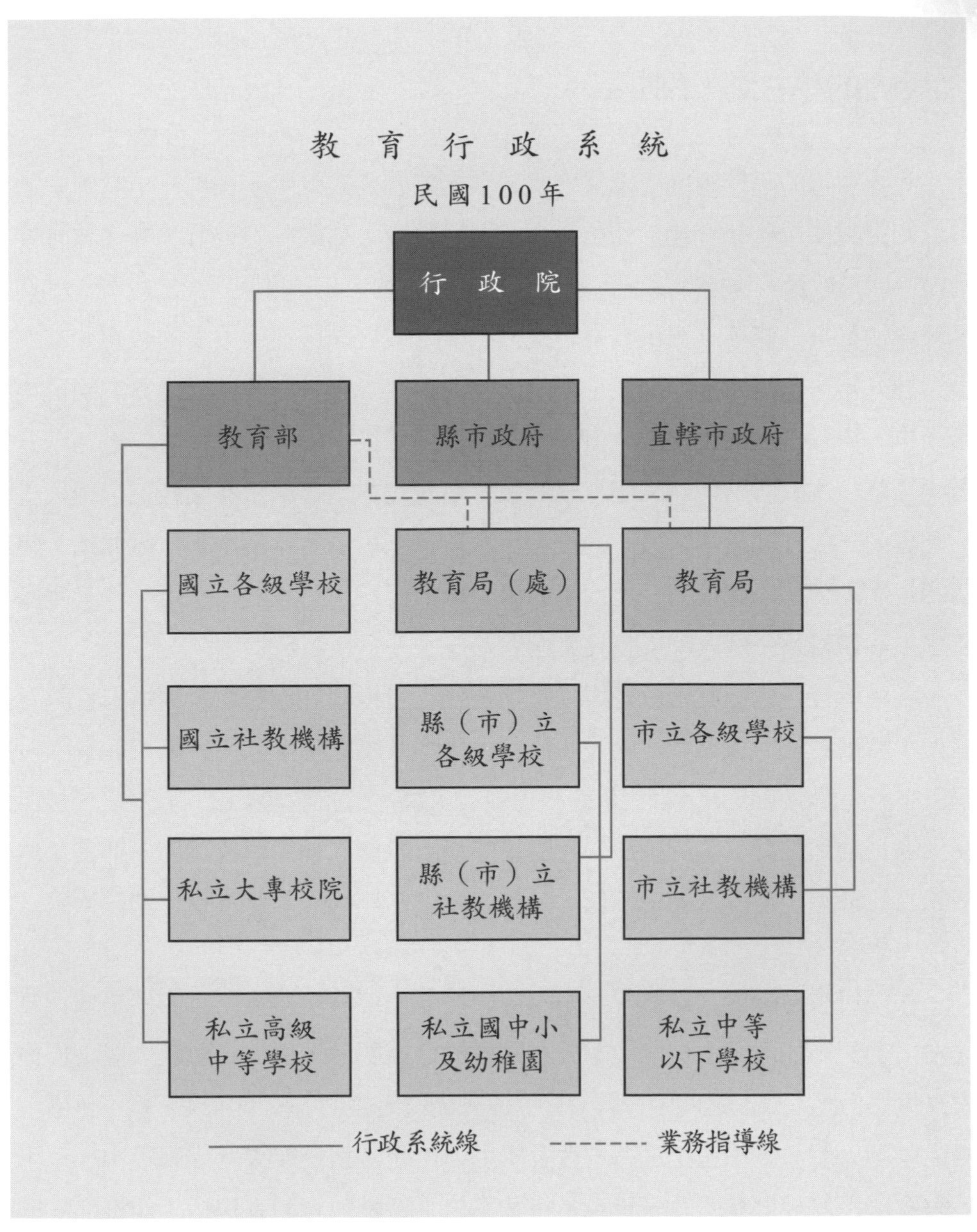

圖 4-1　教育行政系統圖

資料來源：教育部（2011a）。

我國的學校教育制度

我國現行的學校制度（簡稱「學制」）如圖 4-2 所示。在現行學制圖中，可以知道我國學校教育包括幼稚教育、國民教育、高級中等教育、高等教育等階段。幼稚教育，係指四歲至入國民小學前之兒童，在幼稚園所受之教育（《幼稚教育法》第二條）；國民教育，指六至十五歲之國民都應接受的教育，本階段共計九年，包括六年的國民小學及三年的國民中學；對於資賦優異之國民小學學生，得縮短其修業年限，但以一年為限。高級中等教育之學生年齡為十五至十八歲，本教育階段為三年，學校教育型態包括高級中學與高級職業學校，另五專前三年亦屬於本階段；最後，高等教育階段學生年齡由十八歲開始，包括四年制的大學，其後為二至四年的碩士班，與四至七年的博士班。修業年限依學生就讀科系、個人學業發展進程不盡一致。

各級學校若依照其普及性與強迫性區分，可以分為義務教育與選擇性教育兩種，目前我國的義務教育階段涵蓋國民小學及國民中學九年。國民教育階段學生享有免學費的優惠，但也依法必須強迫入學。已適齡未受國民教育之國民，應受國民補習教育，由國民小學及國民中學附設國民補習學校實施。補習及進修教育包括國小補校、國中補校、高級中等進修學校、進修專校、進修學院、空中大學等。

在國民教育階段之適齡學生如因身體殘障、疾病、發育不良、性格或行為異常，達到不能入學之程度，經公立醫療機構證明者，得核定暫緩入學；但健康恢復後仍應入學。適齡國民經公立醫療機構鑑定證明，確屬重度智能不足者，得免強迫入學。經過鑑定之特殊教育學生，得視其鑑定結果進入高級中等以下各教育階段學校之特殊教育班或是特殊學校；特殊教育體系包括：幼稚部、國小部、國中部、高中職等。

我國的學校教育制度在國民教育階段之後，即為高級中等教育階段。本階段開始分化為高級中學與高級職業學校，以及少數的五專。從此階段後，學生的學習進程分化為兩軌：高級中學學生於畢業後進入大學校院就讀，屬於普通

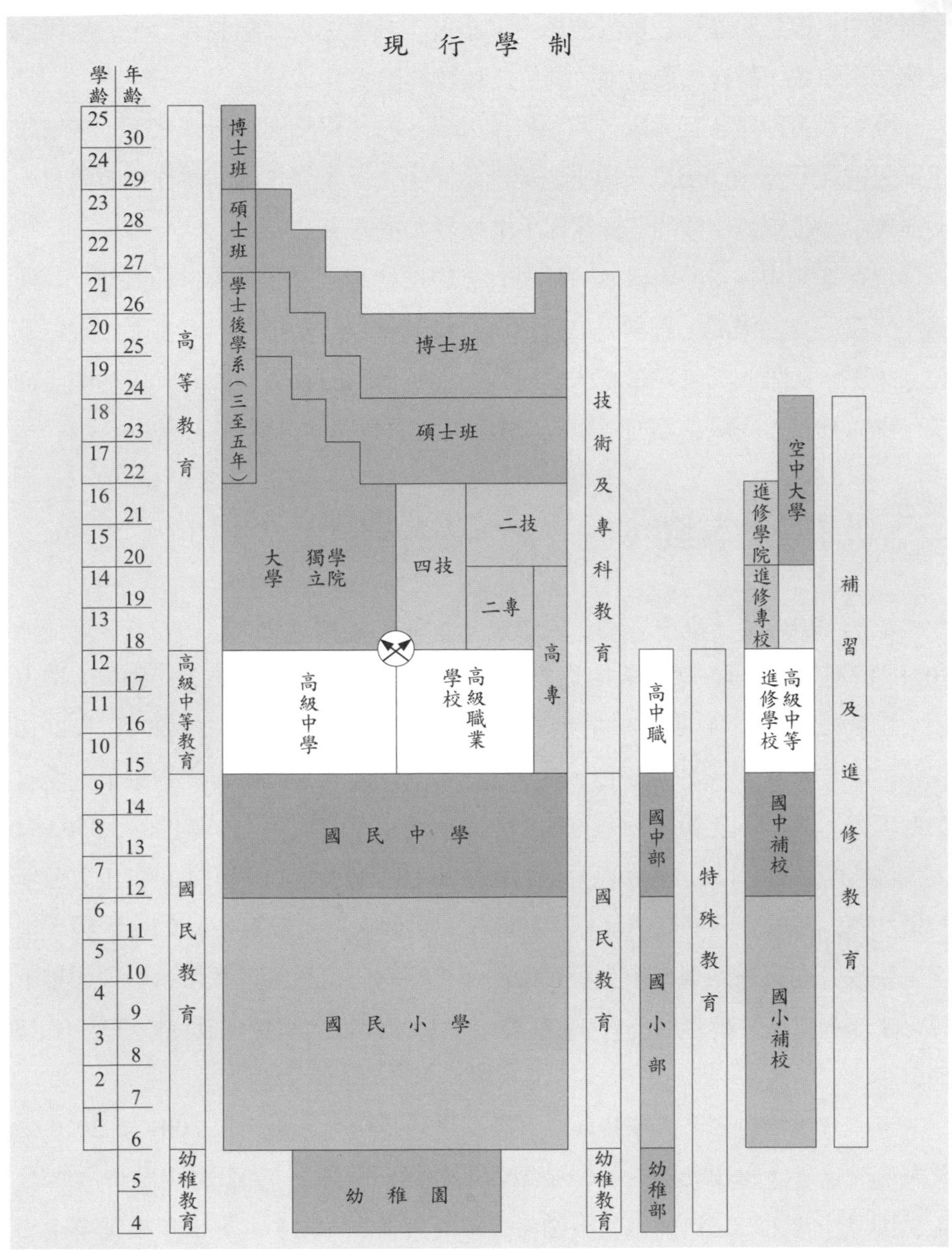

圖 4-2　學校制度圖

資料來源：教育部（2011b）。

教育體系，高級職業學校與五專學生畢業後，升學進入二年制專科、二年或四年制技術學院、科技大學就讀，屬於技職教育體系。

高等教育階段包括大學校院、科技大學、技術學院與專科學校等，在學學生又分成大學部、碩士班與博士班等階段。另外，大學校院亦辦理推廣教育，開設頒給學位或無學位的各種課程，供社會大眾選讀。

現行學制中，身心障礙及資賦優異之國民均有接受適性教育之權利，為使其充分發展身心潛能，特別設立特殊教育管道，包括幼稚部、國小部、國中部與高中職。此外，對於逾齡或失學民眾，則提供補習及進修教育，包括國小補校、國中補校、高級中等進修學校、進修專校（學院）與空中大學等。

各級學校教育發展

截至 2010 學年度，我國各級學校學生總人數為 4,965,421 人（教育部，2011b），同一年度我國總人口為 23,162,123 人（內政部，2011），學生人口占總人口約 21.44%。此一比率在近年來逐年下降（見表 4-1）；從 2001 至 2010 學年的十年間，我國各級學校教育學生人口數，從 2001 學年度的每千人中有 238.96 人，逐年降至 2010 學年度的 214.38 人，學生總人數由十年前的 5,354,091 人，減少至 4,965,421，變動百分比為負 7.26 個百分比。同時，平均每千方公里校數卻不因為學生人數減少而相對遞減，大致都維持每千方公里 226.48 校，但推論學校分布應該隨著都市化程度而加深；平均每位教師任教學生數則逐年下降，十年前，每一位教師任教 19.71 位學生，十年後，每位教師僅牘任教 18.18 個學生。

近十年來，我國各級學校校數、教師人數及學生人數，以 2001 至 2010 學年為例，十年之間計增加三十八所學校，增幅為 0.47%，教師增加 0.58%；學生人數則減少 7.26%，目前每位教師任教學生數降為 18.18 人，十年來減少 1.53 人；就學校密度而言，每千方公里校數達 226.48 所，十年來學校密度增加 0.47%。由以上數據顯示，近十年來，國內受出生人數減少影響，雖學校校數、教師數皆略有增加，然學生總數卻減少，平均每師教導學生人數降低，教育品

表 4-1 我國教育發展概況

學年度	學校數（校）	教師數（人）	學生數（人）	平均每千方公里校數	平均每位教師任教學生數	每千人口學生數
2001	8,158	271,625	5,354,091	225.43	19.71	238.96
2002	8,222	273,391	5,376,947	227.20	19.67	238.75
2003	8,252	274,847	5,385,135	228.03	19.59	238.23
2004	8,184	274,251	5,372,346	226.15	19.59	236.78
2005	8,287	275,743	5,319,364	229.00	19.29	233.61
2006	8,254	273,978	5,286,885	228.09	19.30	231.11
2007	8,202	275,524	5,243,062	226.66	19.03	228.37
2008	8,097	275,308	5,165,817	223.76	18.76	224.24
2009	8,060	274,007	5,065,962	222.72	18.49	219.12
2010	8,196	273,194	4,965,421	226.48	18.18	214.38
十年間變動%	0.47	0.58	-7.26	0.47	-7.76	-10.29

資料來源：教育部（2011c）。

質有逐年向上提升趨勢，我國教育發展概況如表 4-1 所示。

2010 年的臺閩地區在學人口約 486 萬餘人，各級學校總數達 8,194 所，2010 年各級學校校數及學生人數詳見表 4-2。

就學率及就學機會率

升學管道的日益暢通，也提高學生的升學率，各級學校學生升學率在近十年間有顯著的進步（見表 4-3），除適齡兒童就學率與國小畢業生升學率多年來一直維持在 99%以上之外，國中畢業生升學率在最後一年（2010）受到十二年國教相關先行配套措施之影響，亦高達 98%，高中畢業生升學率在近十年間持續攀高，2010 年高達 95%，高職畢業生升學率亦將近八成。受到教育改革廣設高中大學政策之影響，學生升學管道暢通，就學機會率逐步攀升，近十年間國

表 4-2 2010 學年度各級學校校數及學生數

學校級別	校數	專任教師數	學生數	2009 學年度畢業人數
幼稚園	3,283	14,630	183,901	
國小	2,661	99,541	1,519,456	288,349
國中	740	51,991	919,802	315,798
高中	335	36,257	400,642	131,263
高職	156	16,906	362,514	104,927
大學校院	163	50,684	1,240,814	290,371
補習及進修學校	830	1,287	211,651	70,379
空中大學	2	82	16,726	2,426
特教學校	24	1,790	7,006	2,016
總計	8,194	273,168	4,862,512	1,205,529

說明：實用技能學程校數（154）為附設校數，不計列校數。
資料來源：教育部（2011d）；內政部（2011）。

表 4-3 各級學校畢業生升學率及國民教育就學率（2000-2010 年） 單位：%

學年度	國小畢業生升學率	國中畢業生升學率	高中畢業生升學率	高職畢業生升學率	適齡兒童就學率	國中畢業生就學機會率
2000	99.79	95.31	74.77	36.90	99.71	108.17
2002	99.70	95.48	81.21	46.58	99.28	106.95
2004	99.42	96.03	86.01	62.72	99.21	105.75
2006	99.54	96.23	91.13	69.79	99.02	105.51
2008	99.79	95.38	95.34	76.47	99.32	105.07
2010	99.91	98.15	95.24	79.64	99.47	105.65

資料來源：教育部（2011b）。

中畢業生就學機會率皆超過 100%。

我國公共教育財政系統及其運作

我國各級學校教育在多年來歷經政策更迭與發展，已有長足進步，深具有現代國家的水準。教育財政系統就是支持此一學校系統教育日常營運與精進發展所需資源的體系，只有在穩定的教育財政系統做後盾時，才能夠順利運作。

我國的公共財政收支系統

我國各級政府財政收支，必須由各級政府分攤。現行法規規定，我國各級政府財政之劃分、調劑及分類，悉依據《財政收支劃分法》之規定（《財政收支劃分法》第一條），財政收支系統劃分四個層級：中央、直轄市、縣（市）、鄉（鎮、市）（第二條），各級政府都有收入與支出項目。政府收入分成：稅課收入、獨占及專賣收入、工程受益費收入、罰款及賠償收入、規費收入、信託管理收入、財產收入、營業盈餘及事業收入、協助收入、捐獻及贈與收入、其他收入等十一項；在政府支出方面，則依照政府層級的不同，大致上包含政權行使支出、國務支出、行政支出、立法支出、司法支出、考試支出、監察支出、民政支出、外交支出、國防支出、財務支出、教育科學文化支出、經濟建設支出、交通支出、社區發展及環境保護支出、社會福利支出、邊政支出、僑政支出、移殖支出、債務支出、公務員退休及撫卹支出、損失賠償支出、信託管理支出、補助支出、特種基金支出、其他支出等多種，依照政府層級而與職權而略有不同。各級政府財政收支之分類，請見表 4-4。

《財政收支劃分法》對政府之支出尚有下列各種原則性的規範：首先，為建立民主政治之財政權責制度，本法規定「各級政府之一切支出，非經預算程序不得為之」（第三十五條）；在中央與地方政府間之財政支出責任分攤，亦規定：「各級政府行政區域內人民行使政權之費用，由各該政府負擔之。」（第三十六條）；「各級政府之支出劃分如下：

表 4-4 各級政府財政收支之分類

政府	收入	支出
中央	稅課收入、獨占及專賣收入、工程受益費收入、罰款及賠償收入、規費收入、信託管理收入、財產收入、營業盈餘及事業收入、協助收入、捐獻及贈與收入、其他收入	政權行使支出、國務支出、行政支出、立法支出、司法支出、考試支出、監察支出、民政支出、外交支出、國防支出、財務支出、教育科學文化支出、經濟建設支出、交通支出、社區發展及環境保護支出、社會福利支出、邊政支出、僑政支出、移殖支出、債務支出、公務員退休及撫卹支出、損失賠償支出、信託管理支出、補助支出、特種基金支出、其他支出
直轄市	稅課收入、工程受益費收入、罰款及賠償收入、規費收入、信託管理收入、財產收入、營業盈餘及事業收入、補助收入、捐獻及贈與收入、自治稅捐收入、其他收入	政權行使支出、行政支出、民政支出、財務支出、教育科學文化支出、經濟建設支出、交通支出、警政支出、社區發展及環境保護支出、社會福利支出、移殖支出、債務支出、公務員退休及撫卹之支出、損失賠償支出、信託管理支出、協助支出、特種基金支出、其他支出
縣市	稅課收入、工程受益費收入、罰款及賠償收入、規費收入、信託管理收入、財產收入、營業盈餘及事業收入、補助及協助收入、捐獻及贈與收入、自治稅捐收入、其他收入	政權行使支出、行政支出、民政支出、財務支出、教育科學文化支出、經濟建設支出、交通支出、警政支出、社區發展及環境保護支出、社會福利支出、債務支出、公務員退休及撫卹支出、損失賠償支出、信託管理支出、協助及補助支出、縣（市）特種基金支出、其他支出
鄉鎮	稅課收入、工程受益費收入、罰款及賠償收入、規費收入、信託管理收入、財產收入、營業盈餘及事業收入、補助收入、捐獻及贈與收入、自治稅捐收入、其他收入	政權行使支出、行政支出、民政支出、財務支出、教育科學文化支出、經濟建設支出、交通支出、社區發展及環境保護支出、社會福利支出、債務支出、公務員退休及撫卹支出、損失賠償支出、信託管理支出、協助支出、其他支出

資料來源：整理自《財政收支劃分法》。

一、由中央立法並執行者，歸中央。

二、由直轄市立法並執行者，歸直轄市。

三、由縣（市）立法並執行者，歸縣（市）……」（第三十七條）。

各級政府歲入歲出淨額概況

2009 年我國各級政府歲入淨額 2 兆 1,136 億元，較 2008 年減少 1,180 億元（-5.3%），其中稅課收入減少 2,271 億元，營業盈餘及事業收入增加 660 億元，財產收入增加 217 億元；歲入淨額占 GDP 之比率為 16.9%，較 2008 年下降 0.7 個百分點。2009 年各級政府歲出淨額 2 兆 6,708 億元，較 2008 年增加 3,272 億元（+14.0%），主要係賡續擴大公共建設各項計畫之推動、為振興經濟發放消費券及莫拉克颱風災後重建，其中以經濟發展支出增加 1,695 億元最多；歲出淨額占 GDP 之比率為 21.3%，較 2008 年上升 2.8 個百分點。收支相抵，2009 年各級政府歲入歲出淨額差絀 5,572 億元，較 2008 年大幅擴大，占 GDP 之比率為 4.5%，如表 4-5 所示。

各級政府歲入歲出淨額結構

2009 年各級政府歲入淨額 2 兆 1,136 億元，其來源以稅課收入為最大宗，計 1 兆 4,835 億元，占 70.2%；其餘依次為營業盈餘及事業收入 3,309 億元，占 15.7%；規費、罰款及賠償收入 1,334 億元，占 6.4%；財產收入 863 億元，占 4.1%；其他收入 795 億元，占 3.6%。與 2008 年比較，以稅課收入所占比重減少 6.5 個百分點最多，主要係受金融海嘯衝擊影響所致。各級政府歲入淨額結構，如表 4-6 所示。

國庫收支淨額

2009 年國庫收入淨額 1 兆 9,602 億元，較上（2008）年 1 兆 7,692 億元，增

表 4-5 各級政府歲入歲出淨額及餘絀　單位：億元；%

年	歲入淨額			歲出淨額			餘絀	
	金額	年增率	占 GDP %	金額	年增率	占 GDP %	金額	占 GDP %
2005	22,180	15.0	18.9	22,920	2.1	19.5	-740	-0.6
2006	21,770	-1.8	17.8	22,142	-3.4	18.1	-372	-0.3
2007	22,448	3.1	17.4	22,902	3.4	17.7	-454	-0.4
2008	22,316	-0.6	17.6	23,436	2.3	18.5	-1120	-0.9
2009	21,136	-5.3	16.9	26,708	14.0	21.3	-5,572	-4.5

資料來源：財政部（2011）。

表 4-6 各級政府歲入淨額結構　單位：%

年	合計	稅課收入	營業盈餘及事業收入	規費罰款及賠償收入	財產收入	其他
2005	100.0	69.0	16.9	6.0	5.6	2.5
2006	100.0	71.5	15.0	6.2	4.5	2.8
2007	100.0	75.1	13.0	6.3	3.2	2.4
2008	100.0	76.7	11.9	6.3	2.9	2.2
2009	100.0	70.2	15.7	6.4	4.1	3.6

資料來源：財政部（2011）。

加 1,910 億元。支出淨額為 1 兆 8,671 億元，較上年 1 兆 6,385 億元，亦增加 2,286 億元。收支相抵結餘 931 億元，加計移轉性支出 1,864 億元，截至 2009 年底止差短數由 2008 年底 2,258 億元增為 3,191 億元。

2009 年國庫收支淨額結構，收入以稅課收入占 53.6%最高，較上（2008）年下降 16.5 個百分點，營業盈餘及事業收入占 16.1%，上升 2.1 個百分點，財產收入占 3.4%，上升 0.6 個百分點；支出以社會安全支出占 25.5%居首位，經濟發展支出占 21.6%次之，教育科學文化支出占 17.6%及國防支出占 16.1%，如圖 4-3 所示。

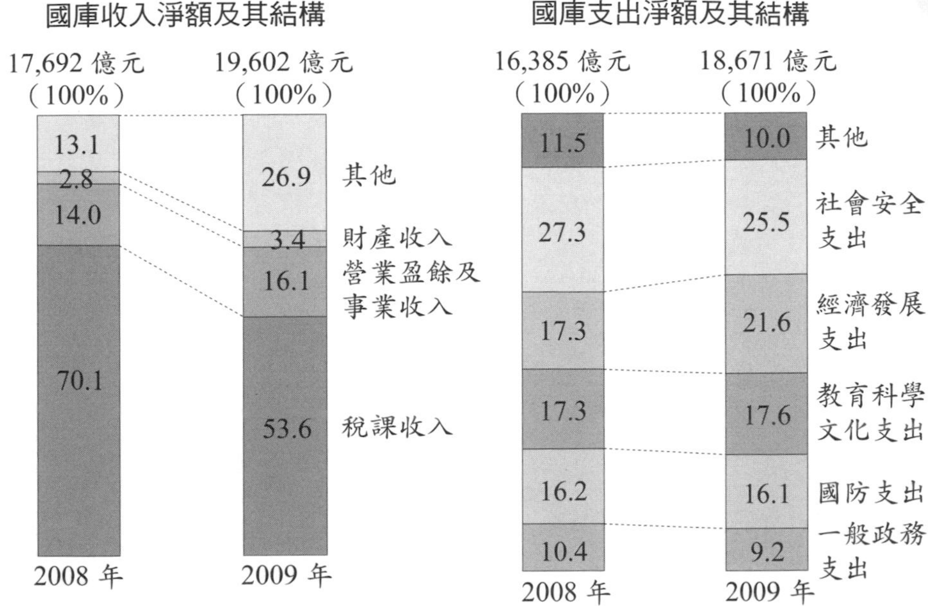

圖 4-3　國庫收支淨額及其結構

資料來源：財政部（2011）。

公共財政系統中的教育經費

我國的預算制度中，教育並未單獨列為一項，而是與科學、文化並列，通稱為「教科文支出」。表 4-7 中列出《財政收支劃分法》規範各級政府財政支出中，「教育科學文化支出」之內涵，在中央與直轄市均指辦理教育、科學、文化等事業及補助之支出，在縣市則指辦理教育、科學、文化、娛樂等事業及補助之支出，在鄉（鎮、市）指辦理教育、文化、娛樂等事業之支出，可見各級政府教育科學文化支出之內涵略有不同。

2009 年我國各級政府歲出淨額 2 兆 6,708 億元，其中以經濟發展支出 6,018 億元，占 22.5%為最高，教育科學文化支出 5,816 億元，占 21.8%居次，社會福利支出 3,886 億元，占 14.5%居第三，一般政務支出 3,574 億元，占 13.4%居第四，國防支出 2,977 億元，占 11.1%居第五，其他支出合計 4,437 億元，占

表 4-7 《財政收支劃分法》規範之各級政府教育、科學、文化相關支出內涵

政府層級	教育、科學、文化之財政支出
中央	關於中央辦理教育、科學、文化等事業及補助之支出均屬之。
直轄市	關於直轄市辦理教育、科學、文化等事業及補助之支出均屬之。
縣市	關於縣（市）辦理教育、科學、文化、娛樂等事業及補助之支出均屬之。
鄉鎮市	關於鄉（鎮、市）辦理教育、文化、娛樂等事業之支出均屬之。

資料來源：整理自《財政收支劃分法》。

表 4-8 各級政府歲出淨額結構

單位：%

年	合計	一般政務支出	國防支出	教育科學文化支出	經濟發展支出	社會福利支出	社區發展及環保支出	退休撫卹支出	債務支出	其他
2005	100.0	14.9	10.8	20.6	18.8	15.6	4.4	8.4	5.8	0.7
2006	100.0	15.6	10.6	21.9	15.4	16.7	4.0	8.9	6.2	0.7
2007	100.0	15.0	11.2	21.5	16.7	16.3	3.8	8.8	6.1	0.6
2008	100.0	15.0	11.2	21.1	18.4	15.7	3.5	8.6	5.7	0.8
2009	100.0	13.4	11.1	21.8	22.5	14.5	3.4	7.7	4.8	0.8

資料來源：財政部（2011）。

16.7%；與 2008 年比較，以經濟發展支出所占比重增加 4.1 個百分點最多。

教育科學文化支出之比重在政府歲出中高居第二位，僅次於經濟發展支出。在歷年來都超過總歲出五分之一，由此可見政府辦理公共教育財政負擔之沉重。各級政府歲出淨額結構，如表 4-8 所示。

從前述我國各級政府財政收支結構之分析可知，教育事業雖有學雜費等固定收入，但因為營運成本亦高，因此在政府財政系統中，一方面非屬重要財政收入來源，另一方面卻是重要的財政支出項目，僅略次於經濟發展支出。教育事業的營運成本中，來自受教者（學生及其家庭）僅是其中一部分，其餘還是必須透過租稅系統，以各種租稅名目課徵進入公庫成為公共資金，再透過行政

體系支應各級學校與教育機構，由此亦可證明教育的公共財屬性。

我國的財政收支採取「統收統支」方式，亦即是各級政府在年度開始前編列預算時，將前述各種政事功能運作時產生的財政收入一併考量，並斟酌每一政事功能之需求，做整體調度支用。統收統支不受固定財源限制，可以視功能需要，調整經費收支多收，以彈性支付費用。公共學校教育在現代國家中，都是耗費龐大公共資源的政事，所需的資源非常龐大，加上教育改革運動帶來教育成本的遞增，如無彈性的財源設計，實不克應付逐年增加的教育經費，因此統收統支制度對於教育實有其必要，世界各國也多數採用統收統支方式支應教育經費。然而，統收統支並非完美，由於各政事部門沒有法定財源收入與支出之規定，一來容易造成各政事部門之間為資源分配而過度競爭，造成公共政策的媚俗化，二來亦可能造成一般納稅人的財政幻覺（fiscal illusion），希冀政府使用公共支出以提供更多的公共服務，殊不知當下多提供的公共服務都必須在享受資源的這一代或是下一代償還，結果導致稅賦的提高（林華德、李顯峰、徐仁輝，1999）。

在統收統支系統下，由於沒有相關法令明確規範教育財源，致使學校人員往往以本位觀點希冀獲得更多資源，以達成更完美的組織目標。學校和學校之間，或是政府之間的關係都是如此。因此教育經費的籌措與分配向來都是教育方面的重要政策議題之一。《財政收支劃分法》第十八條規定「各級政府對他級或同級政府之稅課，不得重徵或附加。但直轄市政府、縣（市）政府為辦理自治事項，籌措所需財源，依地方稅法通則規定附加徵收者，不在此限」。第十九條亦規定「各級政府為適應特別需要，得經各該級民意機關之立法，舉辦臨時性質之稅課」。過去縣市政府曾經在國民教育開辦之初（1970 年代）課徵「教育捐」，亦即在縣市稅之上附加，作為地方政府辦理國民教育之用。1980 年代開始，縣市政府認為教育捐僅為附加捐，加上來自數種縣市稅，課徵成本高但效益不如預期，故逐年透過地方議會廢止教育捐。此後各級政府即未曾針對教育事業指定特別收入。

另一方面，地方政府的收入中，亦包括對教育事業的補助及協助收入。地方政府的教育經費主要用於國民教育階段，由於國民教育為強迫入學，實施多年來已達普及教育程度，學校數、教師數與學生人數眾多，財政負擔沉重，因此地方政府來自於中央的補助及協助收入非常重要。《財政收支劃分法》規定：「中央為謀全國之經濟平衡發展，得酌予補助地方政府。但以下列事項為限：

一、計畫效益涵蓋面廣，且具整體性之計畫項目。

二、跨越直轄市、縣（市）或二以上縣（市）之建設計畫。

三、具有示範性作用之重大建設計畫。

四、因應中央重大政策或建設，需由地方政府配合辦理之事項。前項各款補助之辦法，由行政院另定之。」（第三十條）

此外，有鑑於地方財政困窘，加上民選首長履行政見等因素，致使各支出項目產生排擠，同法規定「地方政府應就其基準財政收入及其他經常性之收入，優先支應下列各項支出：

一、地方政府編制內員額與經上級政府核定有案之人事費及相關費用。

二、一般經常性支出、以共設施管理維護及依法律規定必須負擔之經費。

三、地方基本設施或小型建設經費。

四、其他屬地方政府應行辦理之地方性事務經費。」（第三十七之一條）

本條文對於國民教育經費尤其有重要意義，因為縣市立國民中小學校之人事費與營運所需之經常費用向來是地方政府沉重的負擔，如果沒有中央法令的明確保障，恐怕地方政府不願意將國民教育經費列為優先支應的項目。多年來，國民教育財政問題一直都是中央與地方政府之間重要的協商議題。

我國教育財政改革後的教育財政系統

我國的教育財政制度採取公私立分流的設計，在義務教育階段以政府辦理的公立學校為主，私立中小學由學校自籌經費，自給自足；非義務教育階段亦以政府撥款補助公立學校為主，私立學校經費大部分來自學生所繳納的學雜費，政府僅補助部分經費。此一教育財政制度的經費運作，大約有七至八成來自於政府的公共教育經費支出。在 1997 年以前，我國政府支出教育經費都受到《憲法》第一六四條：「教育、科學、文化之經費，在中央政府不得少於其預算總額的百分之十五，在省不得少於其預算總額的百分之二十五，在市、縣不得少於其預算總額的百分之三十五。」的保障。此一條文自 1989 年中央政府教育科學文化經費預算首度達到《憲法》所規定的 15%下限比例之後，使得全國的教育經費快速增加，到 1993 年達到最高峰，此時期堪稱是我國教育財政支出的顛峰期，各種由中央補助國民教育硬體的建設計畫陸續推出，各級學校校舍設施大量更新增建。

然而，教育經費的急遽增加對於負責經費分配的財主單位而言卻造成困擾。因為在統收統支的系統中，將某一部分的經費預先保留為特定政事功能之用，會牽動全盤的資源分配，加以國內自 1989 年起推動國家建設六年計畫，各種重大工程先後開工，支付貸款利息成為政府財政的沉重負擔。因此財主單位的對應方式就是將重大支出項目列為「特別預算」，以規避《憲法》條文規範的歲出「總預算」；或是將中央政府對地方的教育經費補助款重複列計，使每一級政府的教科文預算都達到《憲法》規定的下限；或是由「機關別」改採「政事別」的預算分類，使教育科學文化經費不僅限由主管機關支出，視為廣義的詮釋，因此自 1993 年起公共教育經費支出成長幅度即趨緩慢。1997 年國民大會進行修憲，凍結原來《憲法》第一六四條的效力，另以《憲法增修條文》第十條第八項：「教育、科學、文化之經費應優先編列，不受憲法第一百六十四條規定之限制。」取代之。增修條文僅以「優先編列」籠統規範經費保障，實質上已經解除法條的效力，從此進入一個「教育經費保障的真空期」。

《憲法》第一六四條的凍結，對於我國的教育財政制度可謂為一個轉捩點，因過去數十年間我國的教育制度一直以公共教育為主，公立學校在政府的財政支援下，長期以來都享受政府撥款支應的優勢，因此學校行政系統並不善於籌措經費，亦不善於運作政策議題。《憲法》對教育經費的保障取消之後，教育事業的發展立即面臨嚴苛挑戰。雖然教育界咸認為，為了國家文教事業的永續發展與國家競爭力的提升，應恢復《憲法》對教育經費的保障，亦應將教育經費與科學、文化經費分開計算以確實計量教育資源的需求情形，然而《憲法》既為國家根本大法，修訂不易，想要在短時間內恢復並不容易，因此退而求其次乃開始尋求立法保障的途徑。

1997 年凍結《憲法》第一六四條前後，國內同一時間，歷經政治解嚴及政黨輪替等重大變革，改革的浪潮席捲各級學校教育政策之制訂，這種鬆綁、多元、公開、自由的精神也反映在教育經費立法的條文中。然而，教育財政系統多年來一向由獨立於教育行政機關之外的財主單位總其成，如何定奪鬆綁的機制與權力下放的程度，在在都牽動資源權力的重新分配。從 1997 年修憲後，經過三年多的立法過程，民國 89 年 11 月 28 日立法院通過《教育經費編列與管理法》，同年 12 月 3 日由總統公布，民國 90 年開始實施，開啟了我國教育財政改革的序幕（陳麗珠，2009）。

根據《教育經費編列與管理法》立法前後，可將教育財政系統分成兩個階段：前一階段為 2001 年之前，大致上維持財政與主計單位負責統籌分配的統收統支系統；後一個階段依本法成立中央與地方政府的經費分配機制，計算教育經費保障下限，並且透過基金預算制度賦予地方政府與學校自籌經費的權責等改革措施，可視為一項全面的「教育財政改革」。這一個法案不但解決了凍結《憲法》保障條文之後引發的爭端，更積極規範全國教育經費籌措與分配的運作機制，開啟我國教育財政制度的另一個新境界，也為教育財政改革建立法源基礎。自此之後，教育財政的運作逐漸走向制度化，重視中央與地方政府的協商機制，經費的分配與使用公開透明，改革的成效相當顯著。

《教育經費編列與管理法》執行過程中，由於改革重點牽動中央與地方政府之間教育資源的分配機制，爭議在所難免，加上條文設計規範之分配機制運作隱含若干問題，乃迫使實施時採取權宜措施，與原來立法之精神有所差距。到了 2004 年，立法委員曾提案修正相關條文，希望藉此解決相關條文執行的問題，但此次修法並未於當次會期通過，因此目前仍維持原來條文與運作方式。

我國現行的教育財政系統，係根據《教育經費編列與管理法》之相關條文建構而成（見圖 4-4）。《教育經費編列與管理法》之精神在於透過委員會的專業討論協商以建立經費分配的健全機制。其中，在中央政府層級，行政院之下成立「教育經費基準委員會」，在教育部之下成立「教育經費分配審議委員會」；同時，配合民國 88 年公布實施的《教育基本法》的第十條第一項已設之

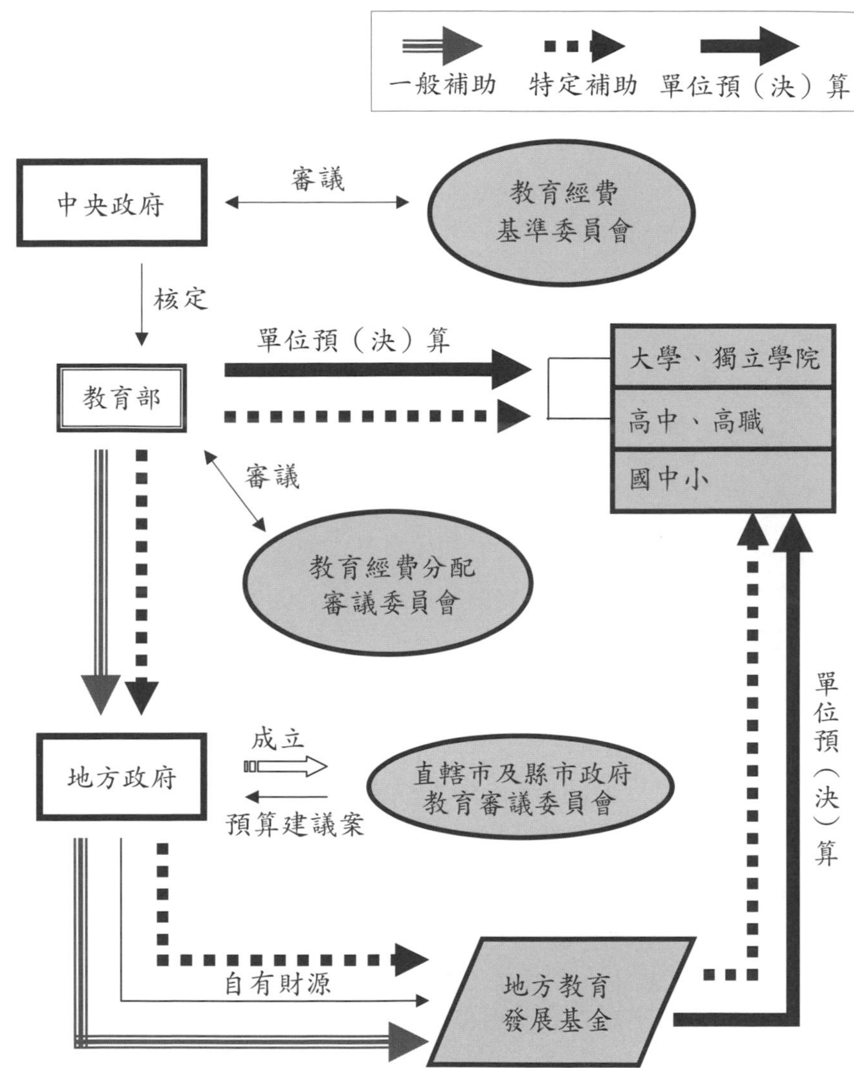

圖 4-4　《教育經費編列與管理法》建構之教育財政系統運作圖

資料來源：陳麗珠（2009）。

直轄市、縣（市）政府教育審議委員會，另賦予地方政府教育審議委員會審議地方教育預算之權限。

中央主管教育行政機關教育預算經完成立法程序後，除維持中央主管教育行政機關與所屬教育機構、公立學校運作所需者之單位預（決）算必須依照程序編列之外，中央政府對地方政府之教育補助分為一般教育補助及特定教育補助。一般教育補助用於直轄市、縣（市）政府所需之教育經費，不限定其支用方式及項目，並應達成教育資源均衡分配之目的。特定教育補助則依補助目的限定用途（第八條）。

一般教育補助係由行政院教育經費基準委員會在計算各級政府教育經費基本需求與應分擔數額後，參照各級政府財政能力，核定中央對於直轄市、縣（市）政府之一般教育補助預算。行政院教育經費基準委員會之任務包括：

一、教育經費計算基準之研訂。

二、各級政府之教育經費基本需求之計算。

三、各級政府之教育經費應分擔數額之計算。

由於本委員會研訂教育經費計算基準、基本需求與各級政府應分攤數額等數據，實質上都是用以計算一般教育補助之分配，因此行政院教育經費基準委員會每年之重要使命，就是決定一般教育補助之分配方式與數額。

教育部成立之教育經費分配審議委員會則負責分配公私立教育事業特定教育補助。根據「教育部教育經費分配審議委員會設置及審議辦法」之規定（教育部，2011b），公私立教育事業包括下列機關（構）學校：

一、教育部所屬教育機關（構）學校。

二、地方政府及所屬教育機關（構）學校。

三、私立學校、教育機構。

四、其他辦理教育事業之團體。本辦法所稱特定教育補助，指於教育部預算書中明列補助項目及範圍之補助。

此外，該委員會另訂「免逐項審議事項」，該類事項係單次彙整提審議委員會通過，授權由各司處依相關規定及標準執行，包括：

一、屬於人事費性質之補助。

二、依合約必須支付之分年延續性補助計畫經費。

三、依法律義務或按固定補助標準編列之補助款。（教育部，2011c）

「地方教育發展基金」係由地方政府設立，資金來源包括地方政府自有財源、中央政府一般教育補助款，以及中央政府（教育部與其他部會）之特定教育補助款。基金的分配對象主要為地方政府所屬中小學校，資金形式包括每年度例行編列之年度預（決）算與依學校計畫申請之特定教育補助款。

參考文獻

內政部（2011）。**02-01 人口年齡分配按單齡組**。2011 年 9 月 18 日，取自 http://sowf.moi.gov.tw/stat/year/y02-01.xls

林華德、李顯峰、徐仁輝（1999）。**財務行政**。新北市：國立空中大學。

林文達（1996）。過量教育與失業。**國立政治大學學報，70**，35-54。

財政部（2011）。**財政統計年報**。2011 年 9 月 18 日，取自 http://www.mof.gov.tw/public/Data/statistic/Year_Fin/98 電子書/htm/yearmenu.htm

教育部（2011a）。**教育行政系統圖**。2011 年 9 月 18 日，取自 http://www.edu.tw/statistics/publication.aspx? publication_sn=2082

教育部（2011b）。**學校制度圖**。2011 年 9 月 18 日，取自 http://www.edu.tw/statistics/publication.aspx? publication_sn=2082

教育部（2011c）。**教育發展現況**。2011 年 9 月 18 日，取自 http://www.edu.tw/statistics/publication.aspx? publication_sn=2082

教育部（2011d）。**各級學校校數及學生數**。2011 年 9 月 18 日，取自 http://www.edu.tw/statistics/publication.aspx? publication_sn=2082

教育部（2011e）。**教育部教育經費分配審議委員會設置及審議辦法**。2011 年 9 月 18 日，取自 http://www.edu.tw/files/site_content/EDU01/3.教育部教育經費分配審議委員會設置及審議辦法.doc

教育部（2011f）。**教育經費分配審議委員會各司處及各分組進行審查作業應行注意事項**。2011 年 9 月 18 日，取自 http://www.edu.tw/files/site_content/EDU01/5.教育經費分配審議委員會應行注意事項.doc

陳麗珠（2009）。我國教育財政改革之回顧與展望：教育經費編列與管理法實施之檢視。**教育學刊，33**，1-34。

Cohn, E., & Geske, T. G. (1990). *The economics of education* (3rd ed.). Oxford, NY:

Pergamon Press.

Hoy, W. K., & Miscal, C. G. (2008). *Educational administration: Theory, research, and practice* (8th ed.). Boston, MA: McGraw-Hill.

Wirt, F. M., & Kirst, M. W. (2005). *The political dynamics of American education* (3rd ed.). Richmond, CA: McCutchan.

Chapter 5

我國教育財政改革

我國的教育財政制度在民國 86 年 7 月國民大會通過修憲，凍結《憲法》第一六四條對教育經費的保障，另訂《憲法增修條文》第十條第一項之後，就開始了一連串的改革過程，經歷兩年多的立法過程，民國 89 年 11 月 28 日立法院立法通過《教育經費編列與管理法》，同年 12 月 8 日總統令公布，並於一年內開始實施，這一個法案不但解決了民國 86 年凍結《憲法》第一六四條教育科學文化經費保障條文之後引發的爭端，更積極地規範了全國教育經費籌措與分配的運作機制，開啟了我國教育財政制度的另一個新境界，也為教育財政改革建立法源基礎。在《教育經費編列與管理法》兩年多的立法期間，國內同時經歷了政治、經濟與社會的諸多變革，各級學校與教育單位資源籌措與分配問題，在各種變數的牽動下，愈形複雜，尤其是教育資源由原來《憲法》第一六四條保障之下的充裕，到修憲後的逐漸刪減，加上精省、政黨輪替等重大政治變革，使得教育財政問題夾雜了諸多政治因素，如何使教育專業的資源需求在各種政治勢力都能接受的前提之下受到妥善保障，已經不是純粹教育財政理論就能解釋，當時在詭譎多變的政治情勢下，《教育經費編列與管理法》卻輕騎過關，各條文中政治協商的鑿痕隨處可見，這也種下今日在依法執行後隨之產生新的問題的根源。2003 年，行政機關又提出修法提案，希望藉著條文內容修正解決執行的問題。雖然當年度並未順利通過修法，然而這些諸多爭議未嘗不是國內社會價值觀演變的最好例證，值得細心剖析。

本章討論《教育經費編列與管理法》立法之前的《憲法》對教育科學文化經費保障的爭議、《教育經費編列與管理法》的立法過程、《教育經費編列與管理法》的特色、《教育經費編列與管理法》執行以來的爭議與修法研議等，亦即是我國教育財政改革的整體回顧與檢討。

我國教育財政改革的背景

我國教育財政改革始於民國89年立法通過、90年實施的《教育經費編列與管理法》（以下簡稱「本法」）。本法的立法動機應追溯到1990年代國內的教育改革運動。1990年代初期，隨著社會的開放腳步，對於傳統教育體制的挑戰陸續出現。首先是由民間的「森林小學」、「毛毛蟲學苑」等體制外教育機構開始，逐步推展到各地成立的民間教育改革團體，這些組織一方面訴諸於媒體，尋求改革的理念能夠得到大眾認同，一方面與官方對話，表達改革的意見。當社會愈是開放，現行的學校制度愈不能為民眾所滿意，認同教育需要改革的民眾就隨之增加，加上某些具有社會聲望的人士加入提倡教育改革的行列時，政府即不得不認同教育改革的要求。1994年首度成立官方的教改組織，即是「行政院教育改革審議委員會」，經過兩年的研討，此委員會於提出教育改革總諮議報告書之後宣告解散，此後教育改革的任務就分散到教育行政機關以及民間的教育改革團體之中。在此同時，國內的政治、經濟以及社會變遷的速度，在彼此相互激盪之下愈形加速，以教育事務而言，學校內教師組織的成立、學校內人事權的自主，以及省政府層級組織的虛級化等，都使教育朝向地方自主、學校自主的自由化趨勢發展，至此，教育權力的下放，似乎是臺灣教育改革的新潮流。

在教育改革的潮流中，決定教育資源籌措與分配制度的教育財政問題也在改革的議題之列。我國的教育財政制度一向採取公私立分流的設計，在義務教育階段以政府辦理為主，私立中小學由學校自籌經費，自給自足；非義務教育階段政府亦以撥款補助公立學校為主，私立學校經費雖然有一大部分來自學生繳納的學雜費，但是近年來政府已逐年增加對私立學校的補助。運作此一教育財政制度的經費，大約有八成來自於政府支出。在 1997 年以前，我國的政府支出教育經費都受到《憲法》第一六四條：「教育、科學、文化之經費，在中央政府不得少於其預算總額的百分之十五，在省不得少於其預算總額的百分之二十五，在市、縣不得少於其預算總額的百分之三十五。」的保障。此一條文自 1989 年中央政府教育科學文化經費預算首度達到《憲法》所規定的 15%下限比例之後，便使得全國的教育經費快速增加，到 1993 年達到最高峰，此時期堪稱我國教育財政支出的顛峰期，各種教育計畫陸續推出，各級學校硬體建設大量且快速地更新與增建，新的學校機構（尤其是高等教育）亦陸續成立，教育事業的發展相當蓬勃。

然而，教育經費的急遽增加對於財主單位而言卻不將其視為一件美事，因為財主單位負責經費分配，將一部分的經費預先保留給某一政事功能的開支，確實會造成其他政事功能的困擾；加以國內自 1989 年起推動國家建設六年計畫，各種重大工程先後開工，貸款利息的支付成為政府財政的沉重負擔。因此財主單位的對應方式就是：(1)將重大支出項目列為「特別預算」，以規避《憲法》之歲出「總預算」的條文規範；或是(2)將中央政府對地方的教育經費補助款列入地方政府的預算中，在三級政府間就成為重複計算三次的情形，使每一級政府的教科文預算都達到憲法規定的下限；或是(3)由「機關別」改採「政事別」的預算分類，使教育科學文化經費不僅限由主管機關支出，視為廣義的詮釋。因此自 1993 年起，國內的公共教育經費支出成長幅度即趨緩慢。

即使如此，部分來自教育界以外、以財經界為主的人士，一直都不贊成教育經費應予保障，加以 1997 年當時國內政治的情勢正處於精簡省府層級組織的爭議之中，執政黨與在野的民進黨國大代表聯手將精省條例納入修憲議程之中，教育科學文化支出的保障條款亦在包裹表決的運作之下，逕付二讀，雖然此時國內教育界人士呼籲翻案，但是執政黨恐怕精省條例亦比照翻案，故仍強力運作使其增修條文通過，凍結原來《憲法》第一六四條的效力，另以《憲法增修條文》第十條第八項：「教育、科學、文化之經費應優先編列，不受憲法第一百六十四條規定之限制。」取代之。由於《增修條文》僅以「優先編列」籠統規範經費保障，實質上已經解除法條的效力。

《憲法》第一六四條的凍結，對於我國的教育財政制度，可謂為一個轉捩點，因為我國教育制度在過去數十年間一直以公共教育為主，而公共教育又以學校教育為主，公立學校在政府的財政支援下，長期以來都享受著政府撥款支援學校的優勢，因此公立學校行政系統並不善於籌措經費，亦不善於運作政策議題。《憲法》對教育經費的保障取消後，教育事業的發展立即面臨嚴苛挑戰。雖然教育界咸認為，為了國家文教事業的永續發展與國家競爭力的提升，應該恢復《憲法》對教育經費的保障，亦應將教育經費與科學、文化經費分開計算以確實計量教育資源的需求情形。然而《憲法》既為國家的根本大法，修訂不易，想要在短時間內恢復並不容易，因此退而求其次乃尋求立法院立法的途徑解決。

民國 87 年，以在野黨立委提出《教育經費國庫負擔法》（草案），顧名思義就是將教育經費的責任規範為中央政府的義務。同年，教育部因應立法機關的請求，亦有鑑於教育經費立法已經不可避免，乃委託教育財政學者進行教育財政制度的建構研究，經過將近一年的研討，於民國 88 年提出《教育經費基準法》（草案）乙種，即是教育部制訂官方版本的草案。在此同時，立法委員參考教改團體與教育部的草案版本，相繼提出立法院的版本，例如：林政則等提出之《教育經費保障法》（草案）、立法委員李慶安等提出之《教育經費編列與管理法》（草案）、立法委員翁金珠等提出之《教育經費收支運用暨管理法》（草案）。教育部於民國 89 年經過研商之後，同年 4 月提出《教育經費編列與保障基準法》草案並送交行政院審議，最後做出行政院的版本，並以《教育經費編列與保障基準法》（草案）為名送交立法院審議。同時，立法院的數個草案版本經過協商之後，統整為《教育經費編列與管理法》（草案），稱為立法院草案版本，所以最後在立法院協商的兩個版本，一個是行政院版的《教育經費編列與保障基準法》（草案），一個是立法院版的《教育經費編列與管理法》（草案）。

民國 89 年 11 月 28 日，立法院經過協商後，快速通過《教育經費編列與管理法》，12 月 3 日由總統公布，預定在一年內實施，這比預定的立法進度順利得多。分析《教育經費編列與管理法》能夠順利立法的原因，主要還是受到政治因素的影響。因為此時朝野的局勢受到諸多政治事件的影響，相當緊張，而且民間對於政府的不滿意度相當高，此時在立法院議程中僅有教育經費的問題朝野立場最一致，牽涉的爭議最小，因此雖然財主單位對於條文中有關教育經費的定義與保障方式相當不滿意，但是在立法院中還是順利通過，並於民國 91 年度起開始實施。

《教育經費編列與管理法》之特色

我國自 21 世紀以來，教育財政系統運作系統（見第四章圖 4-4）之法源依據為《教育經費編列與管理法》。2000 年開始實施的版本不分章節，一共十八條，包含以下重要特色：教育經費之定義、教育經費之保障、中央政府教育經費分配機制之建構、地方政府教育經費分配機制之建構、學校校務發展基金之引入、確立中央政府對地方政府教育經費之補助原則、各項優先原則、獎勵私人興學原則、財務監督與評鑑制度之建立、財務資訊之公開等十項（陳麗珠，2001a，2009）。

教育經費之定義

《教育經費編列與管理法》的第一個特色是對教育經費範圍做明確的定義。過去在《憲法》第一六四條的時代，因為《憲法》原條文只規範「教育、科學、文化之經費」應該占各級政府之一定百分比，因此引起所謂的「政事別」與「機關別」的爭議。雖然財主單位解釋係「廣義的教育」定義，然而卻被各界批評為「灌水」，而教育界也未必真正能夠蒙受其利。

為徹底解決這種爭端，《教育經費編列與管理法》第二條明確指出：

「本法所稱教育經費，係指中央及地方教育行政機關與所屬教育機構、公立學校，由政府編列預算，用於教育之經費。」

同一條文亦指出：「本法所稱主管教育行政機關：在中央為教育部；在直轄市為直轄市政府教育局；在縣（市）為縣（市）政府教育局。」

由上述條文可知，《教育經費編列與管理法》所規範的教育經費範圍，係採取「機關別」的方式，即是將教育經費界定為「由教育行政機關所支出，而且用於教育的經費」。這樣的做法相當值得肯定，因為過去《憲法》保障教育經費下限的時代，在沒有明確說明範圍的情況下，教育經費的範圍被財主單位詮釋為「政事別」，也就是說，政府各個行政機關的開支，只要是與「教育」有關的活動，都可以計算入教育經費的項目之下。

「教育」的定義可廣可窄，所以在廣泛的教育經費定義之下，教育可以視為是所有的訓練活動，《憲法》所規範的教科文經費預算如果採廣義的政事別經費分類，即可包含任何行政部門從事的有關教育科學文化意義之活動，以中央政府教育經費支出而言，主辦的單位並不僅限於教育部，其他如經濟部、國防部、退輔會皆編有教育經費支出。這樣的結果當然是教育經費在帳面上成長很多，也符合法令的規定，但教育工作者卻無法感受到教育資源的充足。這次在《教育經費編列與管理法》的立法過程中，教育界力主應該將教育經費的範疇加以明確規範，且應採取機關別的計算方式，其間財主單位堅持「政事別」才是世界先進國家政府預算的潮流，但是最後考量到教育事務內涵廣泛的特殊性，還是以「機關別」定案。

教育經費之保障

自 1990 年代以來，先進國家教育財政改革的主要精神，已經逐漸捨棄過去所謂的「最低」（minimum）標準，而以激發每一個學生能達到他（她）的「最大」（optimal）潛能為目標。教育資源的分配應著重於教育資源的適足性（adequacy），使教育活動得以順利進行（陳麗珠，2000b）。過去《憲法》第一六四條的保障方式最為人詬病處，在於條文使用數據（百分比）保障，未免隨著時空的遷移而顯得僵化，加上修憲茲事體大，未能機動調整，所以可能在制憲當時為適宜的比率，經過時空遷移之後就顯得不盡合時宜了。

在民國 86 年召開國民大會修訂《憲法》前後，教育經費究竟應否立法保障的問題已經廣受各界討論；不論教育經費不應立法保障的理由多麼充足，在廢除《憲法》第一六四條保障之後的最近幾年之內產生經費緊縮的效應，已經完全說明教育經費應獲保障的事實。所以討論的主要議題，應該在於用什麼「方式」保障才能使教育事業真正獲益。教育經費的保障方式，包括：百分比率保障、公式保障、教育價格指數保障等（蓋浙生、陳麗珠，1999）。在冗長的立法過程中，各個版本分成兩種主張，一種主張政策性的宣示而不做明確的數值規範，例如，「政府應於國家財政能力範圍內，充實、保障並致力推動全國教育經費之穩定成長」（行政院版草案）。此種政策性的宣示版本較為財主單位所喜愛，財政學者亦傾向於此種方式，原因是沒有具體的數據規範使政府在資源分配上較能靈活運用。另一種保障方式是明確規定出具體標準，各個草案版本中，一方面延續《憲法》規定「下限保障」的方式，一方面卻另定保障數值的標竿，例如，「前三年度名目國民生產毛額平均數的百分之六」（《教育經費國庫與負擔法》草案），又如「教育支出預算應不低於自有財源百分之三十」（《教育經費編列與保障基準法》，教育部版草案）等。

以上各個版本在經過冗長的立法協商過程後，終於形成《教育經費編列與管理法》第三條：

「中央、直轄市及縣（市）政府（以下簡稱「各級政府」）應於國家財政能力範圍內，充實、保障並致力推動全國教育經費之穩定成長。

各級政府教育經費合計應不低於該年度預算籌編時之前三年度決算歲入淨額平均值之百分之二十一點五。

前項所稱歲入淨額為各級政府決算及特別決算中，不含舉債及移用以前年度歲入賸餘，扣除重複列計部分。

直轄市及縣（市）政府以其歲入總預算扣除上級政府補助為自有財源，並依教育基本需求，衡量財政狀況，優先支應教育經費，除自有財源減少外，其自行負擔之教育經費，應逐年成長。」

中央政府教育經費分配機制之建構

我國的教育財政制度，一向將教育經費的運作決策完全掌握於教育行政主管機關以及相關財主單位的決定，此種方式固然達到事權統一的效果，但是亦不免遭受教育改革人士質疑參與決策的人過少，使經費之分配無法與教育目標相一致的批評。尤其是 1990 年代以後國內外一波波的教改浪潮都以「權力下放」、「鬆綁」為訴求，學校本位管理（school-based management）顯然成為主要的潮流趨勢，教育預算的編列要一改過去由上而下的方式，而改採由下而上的編列，使經費使用者的意見得以表達在教育資源分配的決策之中。因此，在這次的教育財政改革中，過去由行政機關內少數行政人員決定教育經費的方式，已經面臨改弦更張的時刻。

在《教育經費編列與管理法》正式立法以前的各個草案版本，都已具備這項立法精神，只是其中的一些細節略有不同而已，這些細節牽動教育經費的籌措與分配權力的劃分問題。從最早的《教育經費國庫負擔法》（草案）開始，就已經引進英國「大學撥款委員會」的精神，希望將來的教育經費分配，能夠像英國對於高等教育經費的處理方式，採取委員會共同決定的制度。最後立法通過的，還是以行政院版本為主，即是在行政院之下成立「教育經費基準委員會」，教育部之下設立「教育經費分配審議委員會」。前者設立於行政院之下，可以在中央政府編列預算時直接提出需求，後者設於教育部之下，可以面對各個地方政府、學校與教育機構，公平分配。

《教育費編列與管理法》中，有關於中央政府教育經費分配機制的規範條文有：

「行政院應設教育經費基準委員會，其任務如下：

一、教育經費計算基準之研訂。

二、各級政府之教育經費基本需求之計算。

三、各級政府之教育經費應分攤數額之計算。

前項委員會，置委員十三至十七人，由學者、專家、直轄市政府、縣（市）

政府、行政院主計處、財政部、中央主管教育行政機關代表組成，其中學者及專家人數不得少於委員總數三分之一；其組織及會議等相關事項，由行政院定之。」（第九條）

「中央主管教育行政機關教育預算經完成立法程序後，除維持中央主管教育行政機關與所屬教育機構、公立學校運作所需者外，對於公、私立教育事業特定教育補助，應由中央主管教育行政機關教育經費分配審議委員會審議之。前項委員會，置委員十三至十七人，由學者、專家、社會公正人士、中央主管教育行政機關及相關機關代表所組成，其中學者、專家及社會公正人士人數合計不得少於委員總數二分之一。其審議項目、程序及設置辦法，由中央主管教育行政機關定之。」（第十一條）

地方政府教育經費分配機制之建構

地方政府的教育經費分配，也應該成立委員會來運作，以避免地方政治勢力的不當介入，這是全部的草案版本都已經達成的共識。同時，《教育基本法》在民國 88 年初通過，其中第十條規定直轄市及縣（市）政府應成立教育審議委員會，所以在《教育經費編列與管理法》中，落實地方政府教育審議委員會之審議教育預算的功能。其條文如下：

「直轄市、縣（市）主管教育行政機關所屬教育機構、公立學校，應訂定中長程教育發展計畫，報請該管主管教育行政機關審查通過後，提送依教育基本法第十條第一項所設之直轄市、縣（市）政府教育審議委員會審議。

前項委員會審議通過後，應依第十條第一項核定之基本需求及分攤數額，提出直轄市、縣（市）主管教育行政機關所屬教育機構、公立學校之預算數額建議案，作為該管主管教育行政機關編列年度教育預算之依據。」（第十二條）

同時，為了使地方教育經費的收支不受到地方政治勢力的干擾，乃有「地方教育發展基金」的設立：「直轄市、縣（市）政府之各項教育經費收入與支出，應設立地方教育發展基金，依法編列預算辦理；其收支、保管及運用辦法由直轄市、縣（市）政府定之。」（第十三條）「地方教育發展基金」的前身，可以追溯到 1995 年起成立的「國教專戶」制度。國教專戶是將中央與省政府對縣市府國民教育的補助款，不納入縣市政府公庫中，而要求縣市政府在臺灣銀行開立專戶，將所有的補助款匯入專戶中。這樣的制度有一個很明顯的好處，那就是教育補助款的流向明確，一方面能夠確實用於教育事務上，另一方面則是支用不必經過議會審查，容易掌握時效。

地方教育發展基金成立後，地方政府所屬學校都改編基金預算，屬於「特別預算」。特別預算的執行不必受到會計年度的限制，所以不會有「消化預算」的情形發生；同時，基金中包括自籌經費，所以將來縣市政府可在國民教育辦理過程中從事生產事業以增加收入。

學校校務發展基金之引入

雖然國立大學自 1995 年起陸續成立校務基金，給予大學財政自主的權力與責任，然而中小學校究竟應否比照設置，長期以來都是頗受爭議的問題。主張設置的理由主要在於學校因此可以加強自籌經費，且能自由支配運用。尤其在立法當時的時空背景之下，國內經濟景氣相當好，都會地區的中小學校對家長與社區的募款收入頗豐，但受限於法令的桎梏，無法給予學校相對的自由空間，因此不斷發聲要求財政鬆綁。同時，學校教師會成立後，教師評審委員會已經掌控了學校人事權，因此也希望藉此成立一個由教師組成的經費管理委員會，進一步掌控學校的財政權。

然而考量到全國各縣市、地區之間的社經狀況差異，如果硬性規定各級學校（尤其是國中小）都要設置經費管理委員會，對於位處偏遠或經濟狀況不佳地區的國中小而言，可能因為規模偏小，教師的行政負擔已經很重，還要為經費而增加工作，誠屬不當。再者，偏遠學校的社區經濟狀況普遍不佳，委員會的設置並不能增加學校社會資源的收入，可以說是未蒙其利，先受其害。此外，全國教師會的成立，對於學校造成的紛擾，早已經不是新聞，如果貿然成立經費管理委員會，其紛擾勢必增加，因此學者在討論法案立法時，都不主張成立（蓋浙生、陳麗珠，1999）。

最後，《教育經費編列與管理法》經過立法與行政部門協商後，採取折衷方式允許學校設置校務發展基金，但是不加以強制。其條文如下：

「地方政府所屬學校得設置校務發展基金，其設置辦法由主管教育行政機關定之。」（第十四條）

確立中央政府對地方政府教育經費之補助原則

我國中央政府對縣市政府辦理國民教育的補助款制度，因為牽涉到龐大的公共教育經費移轉，往往都是各界關注的議題。過去的國民教育補助款分成兩部分，一為不限定用途的一般補助，稱為「平衡省市基金」，一為指定用途之專案補助，依政策重點而有不同的補助計畫名稱，例如：「發展與改進國民教育六年計畫」等。補助計畫可隨時依施政重點而變更，也可能來自不同的中央部會，疊床架屋的重複補助情況時常發生。

在分配補助款於二十五個直轄市、縣（市）時，過去我國各級政府教育經費支出之分配，係由行政機關全權決定。我國國民教育補助款的分配，截至目前為止，僅有一個公式：

縣市之國教經費補助＝（班級數%＋學校數%＋人事費%／3）×全省補助總額

此一公式由 1993 年起使用。此公式中採用的三個決定補助款多寡的變數為：班級數、學校數、學生數，因此對人口多、學生人數多的大縣市有利，但是以公平的原則檢視之，並不符合水平公平原則，亦不符合垂直公平之原則（陳麗珠，1994，1996）。此公式使用期間雖然有許多縣市反映公式不盡理想，但是因為國民教育補助款逐年遞增，數額龐大，其間牽涉的利益很大，反而不易修訂。此公式沿用至 1999 年，及至 2000 年新政府採用地方補助款制度化政策之後才廢止。

即使如此，此公式仍然不失為一個客觀的依據，其實國民教育經費補助制度中，最為人詬病的是許多補助專案的補助項目疊床架屋，而且許多補助款項不列入年度預算中，而是視年度中間的需要隨時機動撥給。這些補助款不但無法對其使用績效加以考核，而且分配的依據也不盡客觀，其分配過程的公平性往往受到質疑。再者，這類補助款的核撥時間如果太過接近會計年度結束，又會產生消化預算的情形，經費使用的效能當然大打折扣，凡此種種原因，都使得站在第一線的國民教育工作者感到困擾，所以即使是在全國教育經費最充裕的 1990 年代初期，許多國民中小學校仍對教育經費感到不足，由此可見國民教育補助款問題之複雜性。

《教育經費編列與管理法》在立法時，考量到國民教育補助款制度的複雜性，認為這樣的補助過程中，牽涉不同教育層級、內容、教育類科，也應因地制宜，考量到各縣市與區域的經濟、社會特質，不可能在單一的法令內完全規範，所以各類補助公式的制訂應屬教育經費基準委員會之職責，委員會應集各委員之專長，集思廣益，制訂適當之補助公式，以決定教育經費之分配。因此對教育補助之種類與經費基準委員會計算教育補助基準的規範條文如下：

「中央政府對地方政府之教育補助分為一般教育補助及特定教育補助：

一、一般教育補助，用於直轄市、縣（市）政府所需之教育經費，不限定其支用方式及項目，並應達成教育資源均衡分配之目的。

二、特定教育補助，依補助目的限定用途。」（第八條）

有關一般教育補助的分配規範在第十條：「行政院教育經費基準委員會應衡酌各地區人口數、學生數、公私立學校與其他教育機構之層級、類別、規模、所在位置、教育品質指標、學生單位成本或其他影響教育成本之因素，研訂教育經費計算基準，據以計算各級政府年度教育經費基本需求，並參照各級政府財政能力，計算各級政府應分擔數額，報請行政院核定之。

各級主管教育行政機關應依前項核定之基本需求及分擔數額，編列年度預算。各級政府編列之教育預算數額不得低於前項核定之基本需求。

中央政府應就第一項計算之直轄市、縣（市）政府教育經費基本需求，扣除直轄市、縣（市）政府應分擔數額後之差額，編列對於直轄市、縣（市）政府之一般教育補助。」

有關特定教育補助的規範在第十一條：「中央主管教育行政機關教育預算經完成立法程序後，除維持中央主管教育行政機關與所屬教育機構、公立學校運作所需者外，對於公私立教育事業特定教育補助，應由中央主管教育行政機關教育經費分配審議委員會審議之。」（第十一條）

檢視前述條文，可以發現中央對地方政府教育補助款分成兩種，一為「一般教育補助」，一為「特定教育補助」，前者不限定經費支用方式及項目，用以補足地方政府辦理國民教育之龐大需求，每年由行政院教育經費基準委員會根據學生單位成本，計算教育基本需求與地方政府應分擔數額，其餘額再由中央政府編列對地方政府之一般補助款；後者針對政策執行需求而分配，指定用途，由教育部分配審議委員會負責審議。

同時，本法參考美國的州教育補助款制度中的財政努力（fiscal effort）獎勵設計，對於地方籌措教育經費較努力者發給較優惠的補助款：

「中央主管教育行政機關對於直轄市、縣（市）政府辦理國民教育績效優良者，或國民教育經費支出占該直轄市、縣（市）政府決算歲出比重成長較高者，於分配特定教育補助時，應提撥相當數額獎勵之。」（第四條）

各項優先原則

優先原則之訂定，代表立法時認定某一類對象必須受到法令保障，用較多的資源來彌補其不利的狀態。《教育經費編列與管理法》中，列舉了對國民基礎教育、偏遠及特殊地區、原住民、身心障礙者及其他弱勢族群之經費優先編列預算原則，其條文如下：

「直轄市、縣（市）政府應依憲法增修條文第十條第十項規定，優先編列國民教育經費。」（第四條）

「為兼顧各地區教育之均衡發展，各級政府對於偏遠及特殊地區教育經費之補助，應依據教育基本法之規定優先編列。」（第五條）

「為保障原住民、身心障礙者及其他弱勢族群之教育，並扶助其發展，各級政府應依據原住民族教育法、特殊教育法及其他相關法令之規定，從寬編列

預算。」（第六條）

獎勵私人興學原則

隨著國家財政狀況的惡化，教育經費的緊縮乃是必然趨勢。政府的因應之道，一方面縮減各級公立學校的開支，一方面引進民間資金辦理教育，乃有制訂獎勵私人興學原則之必要。本法第七條：

「政府為促進公私立教育之均衡發展，應鼓勵私人興學，並給予適當之經費補助與獎勵。」

財務監督與評鑑制度之建立

本法立法時對於國內長期以來教育經費只問執行率而不問執行成效的積習特別重視，因此以第十五和第十六條規範財務監督與評鑑機制的建立：

「各級主管教育行政機關對公私立學校及其他教育機構應依法進行財務監督。

公私立學校及其他教育機構，應定期造具財務報表，載明其經費收支使用情形，送請該管主管教育行政機關公告之。

各級主管教育行政機關，得依法派員或委託會計師查核公私立學校及其他教育機構財務報表及經費收支狀況，並公告其查核結果，其有違反前項規定或其他法令者，應依相關法令規定辦理，並公告周知。

中央主管教育行政機關，得視前項情節輕重，停止公私立學校及其他教育機構之特定教育補助一年至三年；直轄市、縣（市）主管教育行政機關對所轄學校、教育機構，得準用之。

第二項、第三項財務報表格式及公告方式，由中央主管教育行政機關定之。」（第十五條）

「各級主管教育行政機關為提升教育經費使用績效，應建立評鑑制度，對於公私立學校及其他教育機構進行評鑑。

前項評鑑工作得委託相關學術團體辦理，但應於評鑑前公布評鑑項目，並於評鑑後公布評鑑結果。評鑑工作之進行方式、程序及獎補助等相關事項，由各級主管教育行政機構定之。」（第十六條）

財務資訊之公開

配合 21 世紀網際網路時代的來臨，本法規範教育財務應上網公開：

「各級政府教育預算、地方教育發展基金及校務發展基金之全部項目及金額，應於年度決算後公開於資訊網路。」（第十七條）

《教育經費編列與管理法》的執行與議題

在《教育經費編列與管理法》立法通過之時，學者對於此法有一番期許（陳麗珠，2001a）：如果相關行政機關與學校、教育機構都能夠確實執行，幾年之後我國的教育財政制度將會呈現另一番新的風貌。

首先：(1)全國教育經費範圍定義明確，數額受到保障；(2)政府經費的分配根據客觀標準，以委員會的方式決定之；(3)教育經費補助款有一般教育補助達到水平公平，也有特定教育補助達成垂直公平；(4)地方政府與學校發展基金的設置，可以促成各縣市、各學校發展自身的特色，達到自由化的鬆綁目的。

其次，各種先天或後天條件不利的學生，例如：偏遠及特殊地區、原住民、身心障礙者及其他弱勢族群，包括在入學制度中失利以至於必須進入私立學校就讀的學生，都有相關的經費保障原則，以扶助其發展，使其教育機會不落於一般學生之後。

第三，教育財務監督與評鑑制度使教育資源的使用不但重視執行程度的「效率」問題，也重視執行結果的「效能」達成程度。

最後，在網路時代來臨時，各種教育財政訊息公告於訊息網路中，有助於監督與意見交流。

這一套教育財政改革藍圖的願景，在於早日達成需求本位的補助公式以及學校本位的財務管理，使教育專業在教育資源充足的情況下，達成教育好每一個學生、使其天賦潛能充分發揮的目的。

本法自實施以來，已重新建構多年來教育財政的分配制度，對照當初的期許與今日的執行情形，本法的成就表現有下列各項：

一、建立中央政府教育經費分配機制：行政院依本法成立教育經費基準委員會，教育部則成立教育經費分配審議委員會。

二、建立地方政府教育經費分配機制：各地方政府除了依據《教育基本法》成立了教育審議委員會之外，亦依本法設立地方教育發展基金，編列基金預算。

三、公式計算並保障全國教育經費：行政院教育經費基準委員會每年依照規定計算當年度的全國教育經費下限，並根據教育經費基本需求責成地方政府編列當年度應分擔之教育經費。

四、建立教育補助款之分配機制：中央政府對地方的一般教育補助款由行政院教育經費基準委員會分配，特定教育補助款由教育部教育經費分配審議委員會分配，而且補助款之分配與發放都有相關法規作為依據。

五、實踐優先原則：在教育部的特定教育補助中，針對原住民、特殊教育、低收入戶等弱勢學生、家長與社會民眾等，都有配套補助計畫給予補助。

六、建立教育經費評鑑制度：各縣市政府定期實施國中小學教育經費評鑑制度。

即使如此，各項依法執行措施的背後卻仍隱含若干問題：由於新制度實施之後，重新建構分配資源的權力大局，難免遭受相關勢力的阻撓與抗拒，且新制度之建立亦為新勢力開啟機會之窗，加入分享權力之列。其施行結果就是執行方式與本法立法當初標榜資源分配公開與自由的初衷漸行漸遠；不僅如此，若干條文在執行時由於時空背景轉換造成新的問題，例如：近年來教師退撫支出急遽增加排擠教育經費總額等。2004 年，立法委員乃提案修法，希望修正部分條文俾能更加符合問題現狀，但此次提案未能於當次會期通過（立法院，

2004）。截至2009年為止，本法仍按原來未修法前的版本執行，問題也依舊存在。以下討論本法執行以來的問題與爭議，並將修法建議一併討論。

《教育經費編列與管理法》實施以來，已經部分更動立國多年以來教育財政的分配制度，其具體的表現在於中央與地方教育分配機制的建立，然而最大的爭議（如：教育經費之保障等）問題還是沒有完全解決，亦因此多次引發修法的提議。以下分別敘述政策執行時引發的政策議題。

教育經費之定義

本法第二條已明確規範教育經費採取「機關別」計算，確實止息了政事別的爭議，然關於教育經費定義的爭議卻未完全消弭。部分多重目的或多功能的支出項目仍難免引發爭議，例如：興建臺大兒童醫院究竟屬教育或是醫療支出（全國教師會，2005）、地方政府辦理鄉土文化特色活動究竟屬教育或是文化支出等。

然而，教育經費定義的最大問題卻是在立法時未曾預料的人事費支出。在立法當時的時空背景下，教師退休金的問題尚未浮現，近年來退休人數堆疊極快，退休金支出遽增，現行條文之實施係將教師的退撫支出計入教育經費保障額度中，因此，本法實施四年後已增加到730億左右，約占全部教育經費的17%（立法院，2004），未來預估仍將持續激增。此一局勢使原來法定的下限額度在不久的未來將被教育人員薪資及退撫等人事費法定義務支出所占據，相對排擠設備設施等改善教學品質的非人事費支出。

退撫支出屬於法定義務支出，1995年，我國公教人員的年資修訂為舊制與新制兩階段。近年來，教育改革衝擊學校教育生態，中小學教師退休人數逐漸走向高峰，這一批退休人員大部分有相當比例的退休年資是屬於恩給支付制的舊制年資，必須由政府依法支出，可視為歷史性責任。因此，將退撫支出、學校一般教師薪資與建築設備等資本門支出，一併列計於同一下限額度內，會使學校教育活動經費相對受到排擠。我國國防經費項下並不計入國防單位退職人員給付，因此，2004年修法提案中建議統一體制，將退撫支出比照國防預算另計於教育經費法定保障下限之外，以免於計算本法第三條之總額度時產生排擠，第二條文字修正為「……不包含退休撫卹經費」。但此次修法並未成功，目前仍將退撫支出計入。

教育經費保障額度之計算

我國《憲法》第一六四條對教科文經費的保障於 1997 年修憲後凍結，據此精簡省府層級組織，牽動原來《憲法》保障省級教科文經費不得少於總預算 25% 的下限；1999 年起，省立高級中等學校在精省後改制為國立，但學校預算經費於改制國立後不增反減，高職甚至多年未編列資本門預算。2001 年後，教育經費的計算改以本法第三條規範，以歲入值為保障計算基礎。然而，我國各級政府同期歲入受到景氣衰退的影響而逐年下降，教育經費總額保障額度亦隨之減少。

表 5-1 為本法實施以來全國教育經費數額分析，顯示從 2002 年實施法令保障以來，依照前三年度各級政府歲入淨額平均值計算出來的法令保障額度由 2002 年的 4,239 億元，往後逐漸遞減到 2005 年的 3,965 億元，2006 年方始回升，2007 年才回到 2002 年的水準，顯見保障額度受到政府歲入減少之影響而減少，是一種相當保守的保障方式。

教育事業屬勞力密集產業，人事費等法定支出需求龐大，加上教師退撫支出的增加，乃使行政院核定全國教育經費總額比法令保障額度高（見表 5-1 中的 C），加上為使教師不受縣市財政限制得以順利退休，行政院於 2004 年編列 300 億元預算以支應縣市教師專案退休補助經費，2006 年亦編列改建老舊危險教室經費，故預算實編數（見表 5-1 中的 D）比核定數更多。比較法令保障下限與全國教育預算實編數，除了 2002 年保障數稍多於實編數外，2003 年開始實編額度高於保障數 181 億元，且差距逐年增大，近四年間差距都在 400 億元左右。同時，2004 年為 417 億元，2005 年為 497 億元，2006 年甚至達到 529 億元。這種情形顯示以歲入為計算基準的保障方式並未發揮應有功能，難免引發爭議，亦因此種下日後修法的倡議。同表亦顯示，近六年來的教育經費實際支

表 5-1 《教育經費編列與管理法》立法以來全國教育經費數額分析

單位：億元

年度	2002		2003		2004		2005		2006		2007	
前三年歲入決算數	年度	經費	年度	經費	年度	經費	年度	經費	年度	經費	年度	經費
	1998	20,535	1999	20,044	2000	18,566	2001	18,968	2002	17,879	2003	18,482
	1999	20,044	2000	18,566	2001	18,968	2002	17,879	2003	18,482	2004	19,716
	2000	18,566	2001	18,968	2002	17,879	2003	18,482	2004	19,716	2005	21,152
前三年歲入淨額平均值(A)	19,715		19,193		18,471		18,443		18,962		19,783	
決定下限(B)＝(A)×21.5%	4,239		4,126		3,971		3,965		4,019		4,253	
行政院核定全國教育經費總額(C)	4,243		4,127		4,193		4,221		4,264		4,364	
預算實編數(D)	4,230		4,307		4,388		4,462		4,548		4,606	
法定下限與實編數差距(D)－(B)	-9		181		417		497		529		353	
決算數(E)	3,986		4,074		4,107		4,217		4,260		—	
決算數占前三年歲入之%	20.22		21.22		22.24		22.86		22.79		—	
法定下限與決算數之差距(E)－(B)	-253		-52		136		252		241			

註：1. 本表因四捨五入之故，部分總計數字容不等於細項數字之和。
2. 2004 年教師專案退撫 60 億元，已撥付 46.48 億元，未分配數計 13.52 億元。2005 年度教師專案退撫 60 億元，已撥付 23.39 億元，未分配數計 36.61 億元。2006 年度老舊危險校舍增改建 13 億元，已撥付 11.34 億元。2007 年度增改建老舊危險校舍 10 億元，教師專案退撫 20 億元，合計 30 億元。
3. 2007 年決算資料截至定稿前尚未公布。

資料來源：教育部（2009）；財政部（2009）。

用數額（全國教育經費決算數，見表 5-1 中的E）。由於經費在中央與政府間的移轉與撥付進度落差，影響經費執行進度，故決算數額遠低於預算實編數，2002 年與 2003 年甚至低於保障額度，且預算與決算之間差距可以達到 200 億元以上（吳忠泰，2008）。不僅如此，表 5-2 將全國教育經費法定保障數、預算實編

表 5-2　全國教育經費法定保障數、預算實編數、決算數占國內生產毛額比率

單位：億元；%

年度	法令保障下限	預算實編數	決算（實支）數	預算實編數占 GNP%	預算實編數占 GDP%
2000	—	4,015	42,611	4.19	4.25
2001	—	4,093	43,961	4.37	4.46
2002	4,239	4,230	3,986	4.32	4.42
2003	4,126	4,307	4,074	4.29	4.42
2004	3,971	4,388	4,107	4.15	4.29
2005	3,965	4,462	4,217	4.18	4.28
2006	4,019	4,548	4,260	4.08	4.19
2007	4,253	4,606	—	—	—

註：2000 年與 2001 年實支數係來自教育經費占國民（內）生產毛額比率。
資料來源：教育部（2008b）。

數、決算數占國內生產毛額比率加以對照，也可以發現教育經費占GNP與GDP的比率並沒有隨著法定保障而增加。

中央與地方政府教育經費之計算

本法規畫建立新的教育財政制度中，很重要的一環就是中央與地方政府的教育財政責任分攤。根據第三、九、十、十一條的規定，地方政府教育經費必須併同中央政府合併計算全國教育經費保障額度的下限，同時地方政府「自行負擔之教育經費，應逐年成長」（第三條）；至於在分配經費時，行政院教育經費基準委員會負責「教育經費計算基準之研訂、各級政府之教育經費基本需求之計算、各級政府之教育經費應分攤數額之計算」，然在實施過程中，仍然面臨下列問題：

一、許多縣市首長對於保障額度的認知錯誤，誤認為保障係以「各縣市」計算，所以認為只要該縣市的教育經費達到前三年度歲入淨額平均值的 21.5%即可。以縣市多年來教育預算占政府縣（市）政府歲出總預

算多在50%以上的情況之下，這樣的保障顯然相當容易達成。

二、縣市政府由於財政狀況不佳，多年來沿襲「虛列預算」的做法，亦即在編列預算時，先將中央的補助款（如：統籌分配稅款、一般補助含一般教育補助）預先列入年度歲入預算中，期使預算能通過。但在法令規定全國總額有下限保障的情形下，難免產生若干問題，一是高估地方財政能力，一是重複列計教育經費。後者在第三條條文中已加以排除，但前者卻是多年來一直存在的老問題。且隨著縣市政府舉債額度節節升高，此問題年年惡化，財政缺口也逐漸擴大。

三、地方政府常將財政惡化問題歸咎於國民教育學生人數過多、班級規模縮小、教師人事費居高不下所致。然而，近年來國民教育學生人數隨著人口出生率下降而逐年減少，縣市財政仍持續惡化，財政缺口亦隨之擴大，顯見原因係縣市政府其他之非教育因素造成。本法原條文第三條僅規定「除自有財源減少外，其自行負擔之教育經費，應逐年成長」，係將地方政府教育經費的保障以自有財源為計算基準，然而，縣市年度歲入預算既屬虛列，歲入數據的參照價值亦值得商榷，而且逐年「成長」並未明確規定其成長幅度，所以本法對地方政府教育經費的保障實際效果相當有限。

四、過去《憲法》第一六四條中，將三級政府的教育科學文化支出依照其總預算分級保障，係以歲出規模為參照標準；但是在《教育經費編列與管理法》中，僅對全國總額加以保障，亦規範地方政府之教育經費必須不低於自有財源之成長，但條文中並無對中央政府之規範。

五、教育經費全國總額雖然有第三條的保障，但是如何分配卻沒有明確規範，最明顯的問題在於退撫支出年年成長，以致排擠其他經費，若未將經費總額擴大，已實質減少教育活動的正常開支。其次，中央政府在通盤考量地方財政問題時，將地方政府的補助款由特定補助改為一般補助（落差近200億元，見下文），由於一般補助未規範使用用途，地方首長依其政治考量，未必將一般教育補助款完全用於國民教育，使國民中小學經費實質上已經減少。

六、經費的挪用與排擠效應顯現於教育現場的現象，一方面是刪減建築設備等「資本門」預算，進一步則對學校辦公費等經常門預算以折扣方式刪減。學校資本門的支出刪減，造成校舍老舊無法改建，設備也不易更新；而「經常門」經費不足，學校乃將學生學習活動的費用轉由家長負擔，其他教師專業成長等提升教學品質所需的經費則大多仰賴中央政府特定教育補助支應。

中央對地方政府教育補助制度

本法第八條規定中央對地方政府之教育補助分成「一般教育補助」與「特定教育補助」兩種。前者不限定支用方式及項目，後者依補助目的限定用途；前者的功能在於達成教育資源均衡分配，後者則在於執行教育政策，視為政策工具之一種。現行的一般教育補助款的分配由行政院教育經費基準委員會負責，依照本法第十條的規定，委員會應先研訂教育經費計算基準，再據以計算各級政府年度教育經費基本需求。基本需求併同各級政府財政能力，再計算出各級政府應分擔教育經費數額。行政院核定的分擔數額確定後，各級政府據以編列年度預算，其中教育預算不得低於行政院核定之基本需求額度。一般教育補助款之分配，即是依據基本需求與應分擔數額之間的差額而在縣市之間分配。在二十五個地方政府當中，除臺北市未獲一般教育補助款外，其餘縣市都依據教育基本需求計算其分配數額，大致而言，學生人數多、班級數多的大縣（市）獲得的一般補助款也多。

現行的教育財政制度中，對於地方政府未能編足國民教育經費預算的不當做法並沒有適當的處置措施。加上本法第四條規定的財政努力原則，對未編足國教經費預算的縣市政府並沒有確實發揮遏阻作用，因此，2004 年修法建議在第十條加入懲罰條款：「直轄市、縣（市）政府未依第一項核定之基本需求及應分攤數編足年度預算時，中央政府得暫停撥付其中央統籌分配稅款、補助款，或扣減其本年度或以後年度所獲分配之中央統籌分配稅款或補助款。」

至於特定教育補助依據本法規定由教育部教育經費分配審議委員會負責審

議，2002 年初，教育部成立第一屆委員會，一方面審議教育部各司處頒布的補助辦法形式與內容，並將性質相同或是單位之間重複的計畫加以適度整併，另一方面逐步建立制度，將長期以來被詬病為黑箱作業的特定補助款作業方式逐漸推上軌道。特定教育補助由第一年的 400 個計畫整併至 2007 年的 200 多個計畫，包含對象與性質各異，隱含的政策價值觀也不相同，大致上包含公平、效率（卓越）、教育改革、硬體建設及例行學校事務等類。近年來社會貧富差距加大，弱勢照顧政策補助種類的增加最受矚目，但以金額而言，仍以硬體建設的金額為最大宗（陳麗珠，2007）。至於特定補助計畫的分配方式，大多由符合條件的對象主動申請，因此，受補助對象本身的積極程度會影響接受補助款的金額；近年來由於縣市財政狀況不佳，學校年度預算大多未編列資本門預算，縣市教育局要求中小學校積極提出計畫以申請經費補助。另外，社會型態多元化，各種民間社團或文教團體如雨後春筍般成立，因此利益團體（interest groups）也是搶食特定補助大餅的重要群體。

2002 至 2007 年全國教育經費預算實編數之分配情形請見表 5-3。由表中數據可知，自從本法立法實施以來，法令保障下限成長相當有限（不到 1%），全國教育經費總額、中央政府教育經費與地方政府教育經費六年間則各成長約 8%，教育部編列之預算額度約減少 2%，可見教育經費總額度並沒有太大變動；變動最大的則是中央對地方之補助款，六年間中央對地方政府的一般補助增加 200 億元，變動幅度 47%，但同時特定補助款亦相對減少 200 億元，變動幅度 40%。可見六年來教育經費的分配，大致上是將特定教育補助移轉到一般教育補助。由於中央政府縮減對地方政府的特定補助——大部分為國教補助款，即使總補助款規模不變，對於國民教育實質上仍有不利影響。

進一步檢討近六年間各地方政府的教育經費實際分配情形（見表 5-4），可以發現各直轄市、縣市政府因為地理、人文條件不同，財政狀況差異頗大，教育經費的數額也不相同。但兩個直轄市（臺北市與高雄市）的教育經費顯然比臺灣地區各縣市多，城鄉差距由此可證。同時，預算與決算數之間相差很多，不僅反映出補助款撥款與使用的制度有時間的落差（黃耀輝、孫克難，2007），也可能是因為地方政府習於高編人事費用預算所致。

表 5-3　全國教育經費預算分配（2002-2007 年）　單位：億元

年度	法令保障下限	全國各級政府教育經費總額	中央政府教育經費	對地方政府一般教育補助款	教育部編列之教育經費	地方政府教育經費	特定教育補助分配與審議數
2002	4,239	4,230	1,913	435	1,478	2,317	497
2003	4,126	4,307	1,999	524	1,475	2,308	524
2004	3,971	4,388	1,994	642	1,352	2,394	435
2005	3,965	4,462	2,015	644	1,371	2,447	321
2006	4,019	4,548	2,057	657	1,400	2,491	291
2007	4,253	4,606	2,081	640	1,441	2,525	296
02-07 變動%	0.33	8.89	8.52	47.13	-2.50	8.98	-40.44

註：1. 表列教育經費數額係預算實編數。
2. 中央政府教育經費＝教育部編列之教育經費＋中央對地方一般教育補助款。
3. 地方教育經費不含中央政府補助。

資料來源：教育部（2008a）。

行政院教育經費基準委員會之運作

呼應教育改革公開與自由的精神，建立教育經費分配機制，做法就是以代表制的委員會負責分配與審議的任務，使教育經費得以在專業學術理論基礎研究之下，由委員公開討論以合理分配。這也就是本法第九條規定行政院教育經費基準委員會「……置委員……其中學者及專家人數不得少於委員總數三分之一……」，以及第十一條規定教育部教育經費分配審議委員會「……置委員……其中學者專家及社會公正人士人數合計不得少於委員總數二分之一……」的原因。行政院教育經費基準委員會任務包括：教育經費計算基準之研訂、各級政府教育經費基本需求與各級政府教育經費應分擔數額之計算（第九條）、教育部層級的教育經費分配審議委員會負責審議對公私立教育事業特定教育補助（第十一條）。經過六年多來的運作，兩個委員會在建立教育經費分配機制的制度

表 5-4 地方政府教育經費支出（2002-2007 年）

單位：億元

會計年度	2002 年		2003 年		2004 年		2005 年		2006 年		2007 年
項目	預算	決算	預算	決算	預算	決算	預算	決算	預算	決算	預算
地方政府	2,914.7	2,726.5	2,964.3	2,813.9	3,102.6	2,875.9	3,145.1	2,960.8	3,183.3	2,981.4	3,237.7
直轄市	744.6	692.8	744.00	719.31	744.59	700.55	759.81	737.95	762.86	748.72	777.01
臺北市	514.9	471.7	524.62	499.39	518.97	492.83	519.04	509.69	527.74	514.20	533.36
高雄市	229.7	221.1	219.38	219.93	225.62	207.73	240.76	228.27	235.12	234.52	243.65
臺灣地區	2,148.3	2,015.4	2,199.8	2,076.5	2,337.9	2,157.4	2,364.0	2,203.3	2,397.9	2,212.5	2,438.0
臺北縣	318.7	308.1	369.00	351.78	352.58	338.27	347.69	342.31	348.62	340.81	372.08
宜蘭縣	68.0	63.7	65.47	62.59	70.12	68.08	73.99	70.02	71.43	67.20	86.07
桃園縣	206.0	197.8	193.17	190.23	239.72	219.40	237.23	218.32	251.04	226.52	241.00
新竹縣	64.3	59.2	66.45	61.56	70.90	64.08	75.31	68.68	79.84	71.05	83.77
苗栗縣	77.4	69.8	79.37	75.55	78.98	73.20	77.89	73.27	87.20	75.72	89.05
臺中縣	179.13	161.0	178.07	167.01	205.84	177.91	198.06	177.05	203.08	174.00	189.15
彰化縣	140.60	132.0	149.81	132.03	161.86	140.15	158.95	148.12	156.99	145.64	162.27
南投縣	71.76	75.1	71.32	70.82	77.84	74.95	84.25	74.43	85.29	81.50	85.60
雲林縣	91.60	85.6	89.61	86.24	104.02	96.91	102.65	93.05	97.11	87.72	95.92
嘉義縣	72.14	65.9	73.36	69.25	71.85	69.06	74.88	69.51	79.63	74.14	79.67
臺南縣	121.75	111.3	119.63	115.80	130.68	119.98	136.53	120.97	138.17	122.17	142.00
高雄縣	135.84	129.1	142.68	131.18	149.76	138.91	153.12	145.79	149.82	141.94	158.15
屏東縣	117.28	112.5	114.76	107.76	123.09	114.19	124.38	113.51	125.27	117.54	125.44
臺東縣	49.33	45.6	43.39	40.50	43.08	39.94	44.04	41.52	44.94	43.08	46.27
花蓮縣	57.36	55.63	54.59	55.50	59.16	56.15	58.24	56.42	58.20	56.30	60.71
澎湖縣	21.76	19.47	22.11	19.66	22.36	18.70	21.05	18.67	20.96	19.34	21.80
基隆市	56.88	48.62	57.83	49.61	59.11	52.29	56.79	54.18	56.20	54.43	55.75
新竹市	56.23	52.04	54.35	51.18	55.67	52.24	64.72	61.11	61.20	57.52	62.06
臺中市	122.68	109.21	129.09	116.25	132.72	120.45	142.93	129.83	140.47	128.83	143.03
嘉義市	35.28	35.35	35.99	34.05	37.25	34.62	37.26	35.00	48.99	36.91	41.28
臺南市	85.24	81.58	89.77	87.95	91.33	87.64	93.99	91.52	93.48	90.18	96.94
金門縣	15.47	13.63	15.55	13.73	15.75	14.34	17.11	15.81	18.04	16.20	18.47
連江縣	5.32	4.58	4.96	4.32	4.37	3.57	4.27	3.76	4.44	3.89	4.24
重複部分	163.06	161.50	132.29	198.74	80.47	110.31	90.98	106.67	83.68	108.13	103.55

註：重複部分係指地方政府教育經費支出包含教育部計畫型補助款部分，在全國教育經費中已扣除。

資料來源：教育部（2008a）。

上確實發揮部分成效，也有具體的流程規範；然而，兩個委員會在運作時也遭遇到若干運作的瓶頸無法解決，讓本法公平公開的精神大為削弱，這些問題如果沒有及時且有效解決，則中央政府分配機制仍然無法完全落實當初所揭櫫的改革精神，以下討論之：

一、教育專業性的問題：教育部於民國 90 年已制訂基準委員會之設置要點（教育部，2001），基準委員會的功能在於訂定教育經費分配的原則規範，但目前委員十三至十七人中，直轄市、縣市副首長代表二至五人，財政部、教育部、行政院主計處、經建會、研考會副首長代表各一人，其餘為學者專家二至五人。學者專家中，全國教師會、全國家長團體聯盟、教改團體（振鐸學會）各占一席，教育（或財政）學者僅聊備一格。委員既以機關團體代表身分出席，難免以自身利益立場發言，僅關心分配結果（各縣市分配數）而不關心分配過程（如：計算基準、基本需求與分擔數額），使議事過程淪為經費爭取的競技場。況且本法規定委員會：「……應衡酌各地區人口數、學生數、公私立學校與其他教育機構之層級、類別、規模、所在位置、教育品質指標、學生單位成本或其他影響教育成本之因素，研訂教育經費計算基準，據以計算各級政府年度教育經費基本需求，並參照各級政府財政能力，計算各級政府應分擔數額，報請行政院核定之。」（第十條）這些教育與財政數據都需要相當專業知識詮釋與計算，現行之機關團體代表身分委員能否確實掌握法條規範的教育專業知能，了解教育現場之需求，有待商榷。

二、幕僚作業的問題：基準委員會於 2001 年起成立第一屆委員會，立即遭遇草創制度的困難。由於各縣市教育經費計算基準、基本需求等非現成數據，必須從頭設計公式並試算，非一蹴可及。因此，教育部一方面委託學者進行各級學校教育經費計算基準之計算、地方政府教育經費基本需求之計算，以及地方政府財政能力之計算外；同時以行政院六組、經建會、財政部、主計處、研考會、教育部、縣市教育局等單位的相關承辦人員組成「研究小組」，負責委員會的幕僚工作。2002

年開始，委託研究專案陸續完成並提出計算建議（陳麗珠，2002；曾巨威、李顯峰，2002；蓋浙生等，2001），但精密的學術統計公式不易了解，加上繁複的計算過程，未獲完全採計，僅以簡化公式計算之，研究小組的計算工作又由教育部「委託」振鐸學會辦理，會同主計處與教育研究院籌備處之少數人員負責作業，五年下來基準委員會「不但蕭規曹隨，且進入為研究小組背書的階段」（全國教師會，2005），所以研究小組開會僅視為被動告知主計處對一般教育補助款分配的計算結果，並無「研究」可言；而委員會正式召開會議又僅是為「確認」研究小組提出的計算結果，必要時就分配金額協商一番，與當初立法規範的制訂教育經費分配基準的原意大相逕庭，遑論與教育專業有關。

三、基準委員會層級問題：基準委員會主任委員「由行政院長指定之」（「設置要點」第三條），第一屆委員會由政務委員擔任主任委員，後來幾經更迭，遂由教育部長擔任，與當初設定在行政院層級已有所落差；由於教育部為中央政府行政部會之一，教育預算仍必須與其他部會競爭中央政府總預算，因此，基準委員會主任委員一職仍有賴中立的政務委員擔任，以肩負與財政部、主計處等單位協調仲裁之責，若由教育部長兼任，受到雙重身分的限制難以發揮功能。

四、任務規定不清：省思本法規定委員會的功能為：教育經費計算基準之研訂、各級政府之教育經費基本需求之計算及各級政府之教育經費應分攤數額之計算，應是希望透過公式計算的公開方式，依據教育實際需求，爭取所需之全國教育經費數額並做成合理分配；但六年來實際運作與原條文規定已有落差，無法達成法令所賦予的積極任務。換句話說，基準委員會的功能已限縮到法條並無明文規定的一般教育補助款之分配，但又將各縣市分配額度計算工作「委託」某一利益團體代辦，實與立法精神相去甚遠。

教育部教育經費分配審議委員會之運作

本法規定特定教育補助由教育部教育經費分配審議委員會負責審議。委員會設置於教育部之下，委員會成員除教育部各司處主管外，另聘各教育專長領域學者，以及全國教師會、家長協會與教改團體（振鐸學會）代表各一席。委員會審議之特定補助對象為：

一、教育部所屬教育機關（構）、學校。

二、地方政府及所屬教育機關（構）、學校。

三、私立學校、教育機構。

四、其他辦理教育事業之團體。

至於審議程序分成兩階段：

一、教育部各單位應於年度預算完成法定程序後，將各項特定補助計畫，提交本會審議。

二、本會應於教育部各單位提出補助計畫後盡速完成審議，並經教育部部長核定後執行。

在 2002 年初成立之後，陸續訂定了相關辦法與規定，將過去疊床架屋、重複補助、補助對象界定不清的計畫、甚或沒有計畫（辦法）亦可補助的諸多亂象重新整理，建構起一套新的補助系統。每一年度開始之前先進行前置作業，包括聘請部外委員、確定免逐項審議事項與下一年度大型重要計畫之補助原則或要點。當年度開始之後，委員分成三組審查各司處提報新增及修正補助原則或要點、個案補助計畫。同時，各司處每年度應就補助計畫篩選 20%屬大型之重要計畫，提請審議委員會審查，其餘 80%以提報審議委員會備查方式辦理。委員會的大會每年依預定時程召開四次，討論下列事項包括：上次會議紀錄、補助計畫執行情形、各分組審議結果、前述 80%之備查案件、首長指示急需辦理案件之備查、小額補助案件之備查、特殊急需案件之審議、每年 5 月中旬提報下一年度概算之特定教育補助計畫、每年 9 月中旬以後開始準備下一年度之前置作業（教育部，2006）。

表 5-5 教育經費分配審議委員會審議情形彙總表　　單位：億元

年度 \ 審議情形	已審議通過之補助原則或要點	應提審議之預算數	經審議委員會審議通過之預算數	尚未審議之預算數
2002	172	496.71	495.45	1.26
2003	191	524.32	524.01	0.31
2004	193	435.09	433.53	1.56
2005	164	320.50	319.64	0.86
2006	176	291.74	291.37	0.37
2007	191	294.26	293.88	0.38
2008	193	299.43	296.64	2.79
合計	1,280	2,662.05	2,650.76	11.29

資料來源：教育部（2009）。

2002 至 2008 年教育部教育經費分配審議委員會審議情形如表 5-5 所示。在這七年間，審議通過之補助原則或要點數雖然都在 200 個以下，但實際上計畫個數透過修正、刪除或整併等做法由立法時的 359 個減少到 2008 年的 193 個；實際提交審議通過的預算數也從 2002 年的 496.71 億元減少到 2008 年的 296.64 億元（教育部，2009），但是各年度審議通過的預算數大致上與提交審議數相近，委員會審議功能的發揮空間並不大。

教育經費分配審議委員會最大的成就在於建立特定補助審議機制，而且制度已漸趨成熟，但仍存在若干本質上的問題。

審議權與行政權之協調問題

教育部設置的教育經費分配審議委員會由教育部政務次長兼任主任委員，除教育部司處代表、相關機關代表之外，亦聘請學者專家與社會公正人士，本法第十一條規定第三類委員數合計不得少於委員總數之二分之一。審議委員會主任委員既由政務次長擔任，委員組成又是教育部司處與學者專家人數約各占一半，審議過程中，部外委員提出意見難免會使司處代表認為是對行政單位的質疑或責難，此種情形在成立初期經常發生；後來制度逐漸建立，相關的規定如：審議辦法、作業準則、補助經費評等原則、撰寫要點之共同架構、審查作業注意事項，以及運作流程等都有明文規定，此類爭議已逐漸減少。

只有審議，沒有分配

依本法規定，本委員會的全稱為「教育部教育經費分配審議委員會」，但是在第十一條條文中卻只有規範委員會之功能為「審議」。這種只有審議但沒有分配的制度，使審議委員僅能就補助原則或要點之文字架構加以審查，對於該項特定補助計畫和教育政策之關聯，以及在教育資源分配中的配置與相關權重等，並無從了解，造成委員會名稱與法定功能之間不一致的現象。

缺乏補助計畫成效的回饋機制

在委員會審議各項補助計畫的格式與內容之後，即交由各行政單位執行，至於執行之成效卻無系統化的考核。2007 年會議中曾針對部分補助計畫執行結果繳回賸餘款金額及占計畫總金額比率偏高，決議請相關單位檢討改善，建立控管機制，但成效仍無從查考，由此亦可見，本委員會功能仍有改善空間。

整批補助知易行難

整批補助（block grant）的精神在於將性質相同的特定補助計畫加以合併，給予補助對象較大彈性運用空間，以達到經費有效運用的效果。以 2007 年實施的 227 個補助計畫而言，還是有相當多的計畫之間存在名稱雷同、補助對象重複或是執行單位分散的情形，尤其是對於某些政策議題焦點，例如，近年來對於外籍配偶、外配子女、原住民學生、原住民社區、幼兒教育等，相關的補助計畫很多，各單位重複補助的情形時常發生（教育部，2008c）。同年，曾為此做成決議，要求對性質相同或類似者確實檢討，盡量整併，並於 7 月間另外召開協調會議，結果仍因各單位堅持對象相同但補助重點不同無法合併，或是補助對象雖然相同但補助項目繁多易生混淆等原因而徒勞無功。

委員會之成員組成

依本法第十一條規定，學者專家與社會公正人士之委員數合計不得少於委員總數之二分之一。然而，由於各教育利益團體，包括：全國教師會、家長團體聯盟、教改團體（振鐸學會）代表以「專家」身分占去三席，也相對壓縮了學者的席次。這種情形在行政院教育經費基準委員會更為嚴重，學者僅賸一至二席。由於利益團體的本質就是某一群人在為共同的特定目的而運作，當進入委員會後，代表是為自身團體利益而發聲，能否通盤考量資源分配對教育整體發展的影響，值得思考。

地方政府教育經費分配機制之運作

本法第十二條規定，地方政府所屬教育機構與公立學校應訂定中長程教育發展計畫報請教育局審查通過後，提送地方教育審議委員會。委員會審議通過後，依基本需求及分攤數額提出預算數額建議案。然則審度《教育基本法》第十條的精神，地方教育審議委員會負責地方主管教育事務的審議、諮詢、協調與評鑑，對於教育預算、基本需求計算等財政事務並不嫻熟，未必能將學校提出的校務發展計畫轉化成為多年度經費需求之規畫。同時，依據法條規定之流程，委員會必須完成審議並核定基本需求與分擔數額後，才能提出預算建議案，縣（市）政府方能作為編列年度預算之依據。但實際的狀況是，委員會為配合行政單位編列預算準備送交議會審查的時程，常常流於形式審查或逐漸回復到昔日「科員政治」的運作型態，與本法當初規畫的建立地方政府教育經費分配機制的理想漸行漸遠。此外，本法第十三條規定，地方政府之各項教育經費收入及支出，應設立地方教育發展基金，依法編列預算辦理。經過六年的執行，研究發現：各直轄市與縣（市）政府對地方教育發展基金的定位、專戶設置與管理機關都不一致，基金收入來源亦不相同，年度賸餘款滾存機制尤其未曾建立，各地方政府之執行方式仍有很大的差異（陳麗珠，2007）。2004 年修法提案中，針對第十三條建議加入「……基金款項應專戶存儲，年度終了之賸餘並滾存基金於以後年度繼續使用；……」，以確保教育經費之專款專用。

學校校務發展基金

本法立法時考量國民教育階段仍屬義務教育的範圍，學校自籌能力有限，若由學校自籌經費並自由支用，將造成學校之間貧富差距加大，所以第十四條僅以「得」設置校務發展基金規範之。近年來整體教育經費縮減，教育部為充裕學校經費，已要求國立高中職成立校務發展基金，自籌部分經費；2004 年修法提案中建議各級政府「應」訂定高級中等以下學校校務基金設置辦法，「鼓勵」所屬學校設置，顯然政府態度已從消極轉向積極，但仍由學校自擇是否設置（立法院，2004）。至於國中小學是否比照高等教育與高級中等教育設置基金，其實在第十三條落實實施地方教育發展基金之後應可解套，因為地方政府六年來陸續依法成立地方教育發展基金，各級縣（市）屬學校亦已比照編列基金預算，學校在基金預算制度下，依法可自籌經費並跨年度滾存運用。

財務監督、教育經費評鑑與財務資訊之公開

本法第十五條規定主管教育行政機關對學校的財務監督，第十六條規定對公私立學校的教育經費評鑑，以及第十七條規定的教育財務資訊之公開，皆希冀藉此使教育資源使用更有效能，以杜絕浪費。經過六年的執行，已有部分地方政府訂定相關辦法並進行教育經費評鑑或訪視，或是併同校務評鑑執行。然而，大部分縣市與學校都不願公開預算與基金收支，亦未在網路公布。

民國 100 年《教育經費編列與管理法》的修訂

《教育經費編列與管理法》實施後，對於前述各種問題的爭議從未間斷，尤其是國家財政狀況並不寬裕，景氣緊縮，教育資源難免受到排擠；加上教育改革帶來教學生態的改變，加速教師申請退休，退撫支出急遽增加，修訂本法第三條有關教育經費保障方式勢在必行。2012 年開始，國中小教師恢復課徵所得稅，對於政府增加的稅收應否計入教育經費總額，亦有修法的必要。同時，為使中小學教師課稅增加稅收能確實用於學校教育（尤其是幼稚教育與國民教育階段），因此，民國 100 年 4 月 13 日立法院增訂本法第 3-1 條條文：

「中央政府就公私立幼稚園、國民小學及國民中學教職員之薪資依法課徵所得稅所增收入額度，不計入前條第二項百分之二十二點五算定之金額，並以外加方式編列專款，專用於提升幼稚教育及國民教育品質。」

第 3-1 條之施行日期，由行政院於同年 8 月訂定自 2012 年 1 月 1 日施行。

民國 100 年 12 月 28 日立法院再修正公布本法第 3、3-1、4、10、13、14、18 等條條文，各條文修正情形如下：

第三條係針對教育經費之保障下限與用途，為了因應本法立法以來多年度的教育經費實編數都遠高於本法第三條所規定的下限，使保障機制形同具文，因此在條文中將原來 21.5% 的保障下限提高一個百分點，俾使保障下限能更加貼近教育現場之實際需求。同時，為了因應民國 103 年將全面推動的十二年國教，在亦特別加註「中華民國一百零一年一月一日修正施行之前項規定所增加之教育經費預算，應優先用於推動十二年國民基本教育」，條文如下：

「各級政府教育經費預算合計應不低於該年度預算籌編時之前三年度決算歲入淨額平均值之百分之二十二點五。中華民國一百零一年一月一日修正施行之前項規定所增加之教育經費預算，應優先用於推動十二年國民基本教育。」

修訂後第四條除維持原條文的國民教育經費優先編列原則外，另明確規範獎勵三個標準，包括：評鑑績優、國民教育經費支出占決算歲出比重較高，以及自願開徵《財政收支劃分法》規範之國民教育附加稅捐等。條文如下：

「直轄市、縣（市）政府應依憲法增修條文第十條第十項規定，優先編列國民教育經費。

直轄市、縣（市）政府辦理國民教育有下列成效之一者，中央主管教育行政機關應於分配特定教育補助時，提撥相當數額獎勵之：

一、依第十六條規定接受評鑑，績效表現優良者。

二、國民教育經費支出占該直轄市、縣（市）政府決算歲出比重成長較高者。

三、依國民教育法第十六條第一項及財政收支劃分法第十八條第一項之規定開徵附加稅捐，籌措辦理國民教育所需經費者。」

本法第十條係規範行政院教育經費基準委員會計算各級政府應分攤教育經費數額、基本需求與一般補助款等，修訂後第十條另外對地方政府違背第三條或第八條規定時之罰則，以及明定開徵教育附加捐不會影響各地方政府應分攤數額等。新訂定之各款如下：

「直轄市、縣（市）政府於前一年度違反第三條或第八條規定時，應於當年度教育經費計算中，增加其應分擔數額或扣減其一般教育補助。

前項增加或扣減之實際金額，由行政院教育經費基準委員會議決。

直轄市、縣（市）政府依第一項計算之應分擔數額，不得因其依第四條第二項第三款開徵附加稅捐而增加。」

本法第十三條係規範地方政府教育發展基金。有鑑於本法實施前十年內，部分地方政府並未落實基金預算之精神，難免影響教育經費籌措與分配之獨立性，因此修正後的第十三條內文明確規定地方政府應該專帳管理，並應將自行分攤之教育經費、一般教育補助款與特定教育補助款等都納入基金收入。修正後之條文如下：

「直轄市、縣（市）政府之各項教育經費收入及支出，應設立地方教育發展基金，基金應設專帳管理。地方政府自行分擔之教育經費、一般教育補助、特定教育補助均應納入基金收入，年度終了之賸餘並滾存基金於以後年度繼續運用；其收支、保管及運用辦法由直轄市、縣（市）政府定之。」

本法第十四條規定校務發展基金之設置辦法由主管機關訂定，修訂後條文如下：

「各級政府所屬學校得設置校務發展基金，除法律另有規定外，其設置辦法，由主管教育行政機關定之。」

修訂後的第十八條規定施行日期。修正後之條文內容如下：

「本法中華民國一百年三月二十九日修正之條文，其施行日期由行政院定之。

本法中華民國一百年十二月九日修正之條文，自一百零一年一月一日施行。」

《教育經費編列與管理法》的效應

《教育經費編列與管理法》自 2001 年開始實施，由於本法規定的各項措施，包括補助款之計算與委員會之成立與運作等，都和我國行之多年的教育財政制度有所扞格，衝突難免發生；加上國家財政日益緊縮，中央與地方政府內對於教育資源分配的優先順序未必與教育界的期許一致，因此本法實施十年之後，在教育現場確實產生下列各種效應。

自籌部分經費成為各級學校新職責，學校行政事務更繁忙

本法規定中央政府對地方政府教育補助係以教育經費基本需求額度計算，採取的是「基本」額度的精神，加上近年來政府財政緊縮，乃積極在各級學校推動實施基金預算制度，旨在鼓勵學校自籌經費，用以彌補政府撥款各校年度預算額度之不足。

學校自籌經費重要來源之一即為教育部與其他行政機關的特定補助計畫，但各個計畫之執行與經費之申請核銷等都必須付出更多時間與精力，難免會使學校行政事務更加繁忙。近年來，部分補助計畫對於各校執行成果會以訪視或

評鑑方式到校檢視，一所學校在學期內必須應付多個評鑑訪視工作，學校行政的負擔與壓力更是大幅增加。

爭取補助與募款已然形塑學校行政人員的新角色

學校自籌經費除政府行政機關之特定補助計畫外，學校行政人員，包括校長與主任，還必須對外多方爭取經費與捐贈，捐贈對象包括：公益團體、宗教團體、企業、校內家長會、地方人士等。為了募款，學校行政人員除校內正常教學與學生學務工作外，還必須積極與各界建立關係，爭取資源。爭取資源成為學校行政人員的新任務，經費爭取成效成為考核校長與學校辦學的指標之一，長此以往已經逐漸改變學校行政人員的角色與形象。

學生參與教學活動必須自行負擔部分成本，師生關係產生質變

當學校從體制內獲得的資源緊縮時，部分學校對於各班級的教學支出（如：教材、影印）會要求班級教師對學生收費，牽動班級教學的生態，亦引發家長微詞，師生關係於焉產生質變。

家長的負擔加重

當學校必須自籌部分經費的同時，學校為撙節開支，亦將部分學生活動支出改由家長負擔。例如：學生的戶外教學、課後活動、補救教學等活動的成本，就會要求學生家長負擔。當政府對教育經費總額保障機制實施後，反而增加家長對子女教育投資的負擔。

教育財政改革的未來展望

我國教育財政改革正式啟動於 2001 年開始實施的《教育經費編列與管理法》，經過十年之後回顧，這段時間以來我國教育財政部分問題已解除，但也面臨新挑戰。尤其我國中央與地方政府財政皆面臨缺口擴大、舉債額度增加的難題，各級學校與教育行政機關應對於教育資源的籌措與分配有一番新的體認。教育經費為國家財政支出的一部分，應與財政建立緊密連動的關係，既然國家財政緊縮，教育財政理應適度反映，其途徑不外二者：增加財源或是減少開支。在增加教育財源方面，近年來鼓勵學校成立校務（發展）基金與學校自籌經費，適度引進私部門資源；在減少開支方面，部分縣市政府曾要求學校年度業務費用統刪 10%。為確保我國未來的教育發展獲得足夠的財源支持，以下提出對我國教育財政系統與運作政策方向的建議。

確立教育投資觀並加強績效責任制

分析我國近年來教育經費總額與分配，發現成長幅度有限，不僅跟不上消費者物價指數與國內生產毛額的成長比率，年增率更近乎原地踏步，比對同一時期的學生人數卻快速增加，每一學生分攤的教育經費實質上是減少的。論者或許會認為，我國在此時期的經濟成長遲滯，國家歲入減少，本法第三條以政府歲入作為教育經費保障之計算基礎，展現「量入為出」的謹慎理財觀念，應是合理的做法。然則，公共教育事業的本質其實不能與其他政府部門相提並論，教育事業為培植人力資本的投資，也是知識經濟的基礎，其特性是投資期長，從國民教育至高等教育可能超過十年以上，且人才培育有時間差距，今日人力市場缺乏的人力不可能在今日教育完成，故必須事先培育。另一方面，人力資本的回收期也很長，從完成學業到退休都是投資回收期，不但對個人的所得收入有助益，對於社會整體經濟乃至文化素養之提升都有影響。雖然，學校對學生收取之學雜費與代收代辦費等有限，而支出的人事費與營運費用亦居高不下，但政府不宜僅以「花錢的單位」視之，反而必須積極地將學校教育視為國家培育人力資本的重要投資事業，也是國家競爭力的契機。此外，教育投資觀亦代表教育支出須講求成本效益，使資源的效用極大化，其具體做法包括：教育產出（學生學習成果）品質不佳的學校（類型與制度）要重新檢討；特定教育補助活動（如：教師、家長研習座談）的辦理要檢討其成效，尤其避免重複辦理；區域間（內）資源的配置（設校與廢校）要有通盤的考量。同時，要求學校須負起績效責任，設定「獲得資源」與「課以責任」之間的對稱關係（Fuhrman & Elmore, 2004）。

建立公私部門之教育經費分攤原則

在制訂教育投資政策時，須將義務教育與選擇教育區隔思考。前者指國民教育階段，適齡國民一律強迫入學，為國家培養國民的基礎教育，教育成本主要由國家負擔，學生不宜負擔過高；後者則由學生及家長自行決定是否入學，其設置必須考量經濟發展與社會需求，因此，政府與學生分攤教育成本。我國的教育經費總額在教育部改革之後實質成長有限，但同一時間高等教育學生人數卻顯著成長，導致每一學生分攤的政府公部門經費是減少的，學校教育所需之教育成本轉而倚賴私部門（家庭）繳交的學雜費。建議未來我國應確立公部門（政府）與私部門（學生及家長）的教育成本分攤原則，回歸到本法第十條規範的教育經費基準計算流程，以精確掌握學生就學的經濟負擔責任。

建立「以教學為主」的教育經費界定與內涵

在全國教育經費總額度成長有限下，2001 年以後又遭逢退撫支出的膨脹，使「實質上使用於學生教育活動的經費」相對受到排擠。展望未來趨勢，隨著退休教師人數的累積，退撫支出的膨脹勢不可免。故須正視此一問題，提出有效解決對策，例如，重新界定教育經費，將教師退撫支出視為雇主（政府）契約義務，排除在教育經費總額之外，同時研議改變給付方式。另外，地方政府常以「教育人事費過高」為由，不願編列學校教學所需之設備與設施等資本門預算，但若排除退撫基金等縣（市）政府統籌支出的人事費支出後，學校預算的經費已所賸無幾。建議將來討論「教育經費」定義時，應更積極地朝向「與學生教學有直接相關」的方向去思考（Odden & Busch, 1998），包括學生教學活動、教學設備與重要設施（與學校校務發展計畫相配合）等，這些經費應占學校預算支出一定的比率下限保障，這才是「教育經費」的真諦。

檢討中央對地方政府教育補助款的分配原則

本法實施以來，教育經費總額度並未有太大變動，然中央卻減少特定補助而轉為一般補助款，由於一般補助未限定用途，地方政府是否支用於國民教育實不得而知。同時，特定補助不但總金額減少，也改變過去以硬體建設計畫為主的型態，轉變多元化辦理活動等方式補助，這種轉變一方面讓學校的建築設備修繕維修速度減緩，另一方面則要申請辦理各類活動以充裕學校業務支出，增加教學以外的工作負擔。同時，特定補助項目繁多，補助單位包括教育部各司處、其他中央部會、地方政府與民間團體等，活動內容重疊性很高，缺乏具體成效考核形同資源浪費。未來改進之道一方面應在本法第八條中加入特定補助與一般補助之間比例的規定，以確保補助款確實用於學校教育，另一方面則要確實檢討統整教育部各司處與其他部會對同一層級學校的補助計畫，避免疊床架屋重複補助，每年亦應以零基（zero-based）的精神重新檢討每一補助計畫是否有繼續實施的必要，並且思考如何建立一套中央對地方政府的補助方案，方案中以分配公式計算補助款以通盤建立機制（King, Swanson, & Sweetland, 2003）。

落實地方教育發展基金與學校基金預算

各地方政府依據本法實施的地方教育發展基金制度進度不一，定位也不相同，發揮的功能其實有限。未來應要求地方政府確實將中央之一般補助與特定補助皆納入專戶，專款使用，對於未能配合的地方政府亦可施以適度的懲戒規範。同時，地方教育發展基金制度如能落實，學校依法可編列基金預算。研究發現，許多縣市不允許學校將租借場地等自籌經費自由支配，必須繳回縣庫，顯見此間仍有矛盾之處。建議未來一方面要落實縣市政府的基金運作，另一方面在學校實施基金預算，鼓勵學校自籌並可滾存，給予更多學校本位財政的空間。

健全教育經費分配機制

本法規範的教育經費分配機制，在中央政府成立行政院教育經費基準委員會、教育部教育經費分配審議委員會，在地方政府成立教育審議委員會，以委員會制度導引經費分配的公開與自由。然而，經過數年的運作，委員會的功能與發展受到相當限制，甚至逐漸淪為形式審查。

為了使教育資源得以適當分配，建議將來應回歸本法條文規範的精神，建立相關制度，以加強委員會審議與監督的功能；其中，行政院教育經費基準委員會必須強化本法所規範的任務功能，回歸到制訂計算基準與計算基本需求的職責，每年依據物價波動等因素重新審視各項基準與基本需求，再據以計算各縣市分配之一般教育補助款，並且使委員會與研究小組之運作緊密結合，共同達成本法所賦予之使命。至於教育部教育經費分配審議委員會則應加強分配與審議的職責，一方面不侷限於目前僅檢查補助辦法之條文，而應確實檢討施政重點、政策目標與分配資源分配間的關係，另一方面則應同時逐步走向經費執行後的成效考核，建立特定補助的績效責任制，真正落實審議功能。

加強經費考評與資訊公開

目前學校財務還是由財主單位負責分配，因此，地方政府對學校實施的經費評鑑或考評仍然流於帳目查核等形式，對於經費使用效能結果則無從評鑑，此類評鑑其實意義不大。同時，財務資訊之公開程度並無太多進展，學校預算、決算數據與學校實際支用的經費之間仍有一段差距。將來的財政系統應與績效責任系統相結合，依據學校教育、補助計畫的目的建立評鑑機制，使經費的支用都能與學生的教育活動相關聯。

參考文獻

立法院（2004）。**提案院總第一六〇五號，委員提案第五六〇八號**。臺北市：立法院。

全國教師會（2005）。**教育預算成長遲滯，教育發展再三受限**。2008 年 7 月 1 日，取自 http://www.nta.org.tw

吳忠泰（2008）。**如此教育預算該給予掌聲？**。2009 年 2 月 20 日，取自 http://www.taotc.org/xoops/modules/newbb/dl_attachment.php? attachid=1219933969&post_id=445

行政院教育改革審議委員會（1997）。**教育改革總諮議報告書**。臺北市：作者。

財政部（2009）。**各級政府歲入歲出淨額**。2009 年 2 月 20 日，取自 http://www.mof.gov.tw/public/Data/statistic/Year_Fin/96 電子書/htm/3010.htm

教育部（2001）。**行政院教育經費基準委員會設置要點**。2009 年 2 月 20 日，取自 http://www.ptivs.tnc.edu.tw/teacher/edulaw/basic/900525.doc

教育部（2008a）。**各級政府教育經費支出**。2008 年 7 月 15 日，取自 http://www.edu.tw/files/publication/B0013/97edu_1.pdf

教育部（2008b）。**教育經費占國民（內）生產毛額比率**。2008 年 7 月 15 日，取自 http://www.edu.tw/files/publication/B0013/97edu_1.pdf

教育部（2008c）。**特定教育補助辦法**。2008 年 7 月 15 日，取自 http://www.edu.tw/budget_list.aspx? site_content_sn=99

教育部（2009）。**教育部教育經費分配審議委員會運作簡介**。2009 年 2 月 20 日，取自 http://www.edu.tw/files/site_content/EDU01/簡介內容.doc

陳麗珠（1998）。**我國國民教育財政改革之研究**。行政院國家科學委員會補助專題研究計畫，未出版。

陳麗珠（1999）。**我國高級中學教育財政改革之研究**。行政院國家科學委員會補助專題研究計畫，未出版。

陳麗珠（2000a）。**我國教育財政改革之研究（三）：高等教育財政改革**。行政院國家科學委員會補助專題研究計畫，未出版。

陳麗珠（2000b）。**美國教育財政改革**。臺北市：五南。

陳麗珠（2001a）。教育經費編列與管理法之評析。**教育學刊，17**，125-145。

陳麗珠（2001b）。**精省效應對臺灣省中小學教育財政影響之研究（I）：精省效應對臺灣省高級中等教育財政之影響**。行政院國家科學委員會補助專題研究計畫，未出版。

陳麗珠（2001c）。**精省效應對臺灣省中小學教育財政影響之研究（II）：精省效應對國民教育財政之影響**。行政院國家科學委員會補助專題研究計畫，未出版。

陳麗珠（2002）。**九十二年度地方政府國民教育經費基本需求試算**。教育部委託專題研究報告。臺北市：作者。

陳麗珠（2007）。地方教育發展基金立法與實施之檢視。**財稅研究，39**（1），191-212。

陳麗珠（2009）。我國教育財政改革之回顧與展望：教育經費編列與管理法實施之檢視。**教育學刊，33**，1-34。

陳麗珠、陳世聰（2009）。地方政府財政能力與教育經費關係之探究：財政中性觀點。載於臺灣師大師資培育與就業輔導處主編，**地方教育發展研究**（28-53 頁）。臺北市：高等教育文化。

陳麗珠（2010）。地方政府教育經費評鑑之實施與檢討。**導航雙月刊，6**，14-29。

陳麗珠、陳明印（2013）。我國教育財政政策之變革與展望。**臺灣教育雙月刊，681**，2-12。

曾巨威、李顯峰（2002）。**地方政府財政能力與教育經費負擔能力之分析**。教育部委託專題研究報告。臺北市：作者。

黃耀輝、孫克難（2007）。**中央統籌分配稅款對調節地方財政之成效評估**。行政院研考會委託研究報告書。臺北市：行政院研考會。

蓋浙生、張鈿富、陳麗珠、王如哲、王保進、吳政達（2001）。**教育經費計算基準之研究**。教育部委託專題研究報告。臺北市：作者。

蓋浙生、陳麗珠等（1999）。**我國教育經費籌措及其運作之研究：憲法第一六四條凍結後之因應**。教育部委託專題研究報告。臺北市：作者。

Chen, Li Ju (2014). *Adecade after education finance reform in Taiwan: In retrospect and prospect*. Paper presented at the Association for Education Finance and Policy 39th Annual Conference. March 13, 2014. San Antonio, Texas, U.S.A.

Fuhrman, S. H., & Elmore, R. (Eds.) (2004). *Redesigning accountability systems for education*. New York, NY: Teachers College Press.

King, R. A., Swanson, A. D., & Sweetland, S. R. (2003). *School finance: Achieving high standards with equity and efficiency* (3rd ed.). Boston, MA: Allyn & Bacon.

Odden, A. R., & Busch, C. (1998). *Financing schools for high performance: Strategies for improving the use of educational resources*. San Francisco, CA: Jossey-Bass.

Chapter 6

教育經費基本需求

「教育經費基本需求」一辭緣起於民國 90 年度通過的《教育經費編列與管理法》，法條中明文規定教育經費基本需求為政府計算對地方政府與各級學校的補助依據，其重要性由此可見一斑。本章介紹促成教育經費基本需求的背景、教育經費基本需求的理論依據與計算模式，以及以二十五個地方政府 2003 年度資料的試算結果。

教育經費基本需求的緣起

我國向來以文教立國，對於教育事業的重視充分表現於政府歷年來教育經費支出數額的成長。然而此種教育經費的成長僅是根據遞增預算的精神，逐年依據當年的教育需求而編列，並沒有一套基準可以依循。在相關法令方面，僅有《憲法》第一六四條規範的對教科文經費保障的條文，其內容為：「教育、科學、文化之經費，在中央不得少於其預算總額百分之十五，在省不得少於其預算總額百分之二十五，在市、縣不得少於其預算總額百分之三十五。其依法設置之教育文化基金及產業，應予以保障。」但是直到 1989 年，中央政府才完全落實此項條文的規範；此外，此條文保障的是各級政府中總預算支出的一定百分比必須用於教育科學文化事業，並未考慮到教育、科學、文化事業發展過程中之實際需求，因此往往引發各方爭議。民國 86 年，國民大會第二次臨時會議將此條文的效力凍結，另以《憲法增修條文》第十條第八項「教育、科學、文化之經費，尤其國民教育之經費應優先編列，不受憲法第一百六十四條規定之限制」取代之。此後教育界以及全國有識之士對於教育經費的編列、保障與運作方式多所關心，並力促政府進行全國教育財政系統之建構工作。

民國 89 年 11 月 28 日，立法院通過《教育經費編列與管理法》，以取代《憲法》第一六四條對教育經費的保障，並制度化規範教育經費的來源與支用系統。此一法案之特色有三：

一、改變教育經費編列機制，從教育經費基本需求估算教育經費編列的基準。

二、改變教育經費分配機制，以合議制分配教育經費及其補助款項。

三、改變財務監督機制，公私立學校一律必須定期由主管教育行政機關監督之。（蓋浙生等，2001）

根據此法案之規定，行政院應設「教育經費基準委員會」，其任務如下：

一、教育經費計算基準之研訂。

二、各級政府之教育經費基本需求之計算。

三、各級政府之教育經費應分擔數額之計算。

前項委員會置委員十三至十七人，由學者、專家、直轄市政府、縣（市）政府、行政院主計處、財政部、中央主管教育行政機關及相關機關代表組成，其中學者專家人數不得少於委員總數三分之一；其組織及會議等相關事項，由行政院定之（《教育經費編列與管理法》第九條）。行政院教育經費基準委員會應衡酌各地區人口數、學生數、公私立學校與其他教育機構之層級、類別、規模、所在位置、教育品質指標、學生單位成本或其他影響教育成本之因素，研訂教育經費計算基準，據以計算各級政府年度教育經費基本需求，並參照各級政府財政能力，計算各級政府應分擔數額，報請行政院核定之。各級主管教育行政機關應依前項核定之基本需求及分擔數額，編列年度預算。各級政府編列之教育預算數額不得低於前項核定之基本需求。中央政府應就第一項計算之直轄市、縣（市）政府教育經費基本需求，扣除直轄市、縣（市）政府應分擔數額後之差額，編列對於直轄市、縣（市）政府之一般教育補助預算（《教育經費編列與管理法》第十條）。

《教育經費編列與管理法》於民國 89 年底一通過之後，教育部與行政院相關部門即依法著手組織成立法案中所規範的各個委員會，教育經費基準委員會雖然於 2001 年間依法成立，但是法案中所規定的「教育經費計算基準」內涵究竟為何、如何計算，在目前的法規中並沒有明確的規範，所以在第一年成立的教育經費基準委員會中曾引起多方討論。

早在《教育經費編列與管理法》立法通過之前，教育部已經於 2000 年委託學者專家，著手進行各級教育經費基本需求之試算，並且於 2001 年初完成（蓋浙生等，2001）。在國民教育部分，教育經費基本需求計算模式主要的精神在於呼應世界各國教育改革所揭櫫「提供充足的教育資源，以發揮學生最大潛能」的精神，先以網路調查蒐集全國國民中小學的基本資料，再根據樣本學校的資料，以統計方式預測來年的經費需求，以達到每一所學校「充足」的教育資源為目標。然而教育經費基準委員會在計算 2002 年度的各級教育預算數額時，並未完全採納該研究之建議方式，其中原因在於國家近年來的經濟發展趨緩，產業結構急需轉型，加以適逢全球性的經濟不景氣，使財政情況急遽惡化，資源緊縮，限制政府的公共支出已在所難免。

上述模式在 2001 年初建構完成後，雖經過各地區的試算，但試算結果所需額度超出政府在教育部門之分配額度，並未能完全為行政當局所採納。此外，全國校園網路雖然早已建構完成，但是仍有一部分的國民中小學校資訊教師的電腦資訊知能未必充足，部分地區的網路又未必順暢，引致網路調查過程狀況迭起，回收的情形也不夠理想；加上學校行政人員對於學校預算等財政數據未必了解，填答的資訊必須經過逐一檢查判斷，耗費人力時間甚鉅。由此可見，以學校為計算單位的途徑並不容易，若要逐年進行一次全國國民教育資源網路調查，在實務上實在有其困難。再一次，在經費計算需求外，《教育經費編列與管理法》第三條，各級政府教育經費預算合計應不低於該年度預算籌編時之前三年度決算歲入淨額平均值之 21.5%之規定，在當前財政未見改善下，以過去較佳的財政狀況，做未來預算之計算基礎，以及第十條教育經費從「需求面」，推算「供給面」的精神，在籌編預算之實際運作中，的確也產生部分競合的現象（陳麗珠、陳明印，2001）。2002 年度的概算，在其他部會均呈負成長，唯獨教育經費受法律保障得以正成長下，的確對教育的發展帶來正面的意義，顯見該法已發揮對教育經費保障的初步成效。然 2002 年度各級政府教育經費自行負擔數額之核計，限於時間及編列期程等因素，雖以 2001 年度預算及財政能力估算，但此做法乃屬權宜措施。行政院教育經費基準委員會為此特決議，2003 年度起，應依據《教育經費編列與管理法》規定計算。教育部依據此一決議，於 2001 年 10 月起，進行地方政府教育經費基本需求之試算。此後逐步建立教育經費基本需求的計算機制，每一年度各縣市政府的一般補助款分配，大致上依循此一模式，僅視當年度需要進行微調。

國民教育經費基本需求模式之建構

教育經費基本需求項目之選取原則

「教育經費基本需求」係屬於各校日常運作所需之基本經費項目，因此必須遵循下列原則：

一、便於全國各地方政府一體計算的共同項目，如計算人事費時，以全國標準決定之，因此，可能會有部分地區低估（如：教師年資較高；領有地域加給之偏遠、高山、離島等地區），而部分地區高估（如：教師年資較低）之情形。

二、教育經費基本需求的項目數不宜過多，一旦項目多，不但計算過程繁瑣，也不容易比較、分析與統整。因此僅包括人事費、業務費與修繕設備費等三項。

三、教育經費基本需求項目與現行的中小學會計制度中所使用的項目不一定要一致，但是必須有某種程度的相關，以便於教育局與學校計算與比較。

四、使用到的計算基準必須便於蒐集，不會使地方政府在提供資料時必須耗費許多時間彙整所屬學校的資料，例如，學校校齡、學校校地面積就不是非常理想的項目。

五、使用到的計算基準數也不宜過多，一旦太多，不但不易進行全國需求總額的統計，亦不易顯現政策的真正精神。因此，計算基本需求實際計算公式則選擇可以量化、便於計算者為主。在「計算單位」方面，採用「班級數」與「學生數」兩個指標作為基本需求計算基準；在計算教育局本部的預算時，則是加入學校數與教育層級作為計算基準。

六、有一些項目牽涉到法令的執行情形在各縣市之間的差異，就必須採取多數縣市的執行情形為計算標準，例如有些縣市成立「走動式」的資源班，亦即這種班級的學生同時也在普通班級內上課，僅是部分時間在資源班接受輔導，部分縣市對資源班編有專任教師，但是更多的縣市是以原有教師的人力支援，或是本來就沒有成立資源班。因此在計算特殊班級的經費時，僅以正式的特教班、特才班為限，「空班」（意即有班級但沒有學生）則不列入計算。特殊教育班之資優班與障礙班，或是各類障礙班之間則不加以細分。

教育經費基本需求層次之建構

教育經費基本需求分成三個層次，沿襲Maslow的動機層次概念，做成「教育經費需求層次圖」（見圖6-1）。需求層次圖中，最基本的需求為人事費用，包括一般的人事費與退撫支出。在一般的人事費中，又分成教師人事費與職員工人事費。因為教育為一種勞力密集（labor intensive）的產業，教育活動中最主要的投入因素還是人力，尤其是教師的教學勞務是教育活動最重要的決定因素；至於職員工等輔佐人力，則具有輔助教學活動使其順利進行的功能。人事

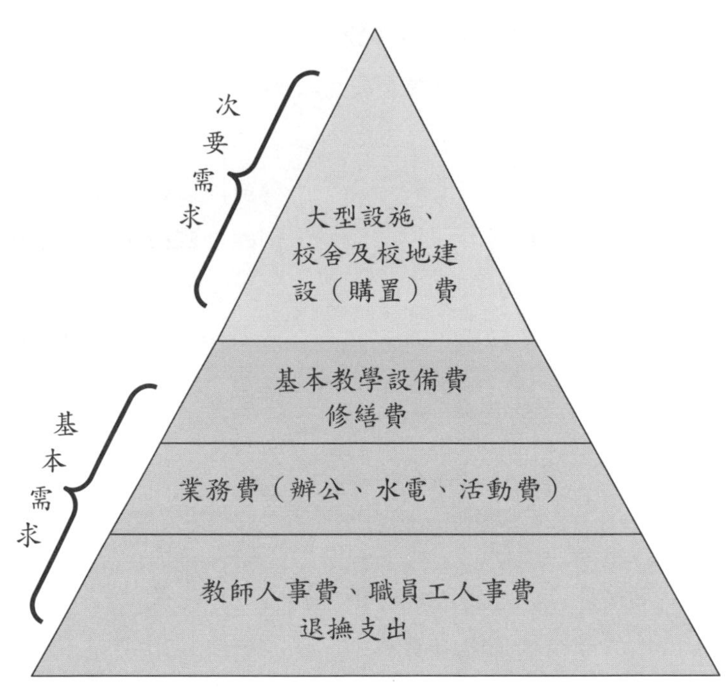

圖 6-1　學校教育經費需求層次圖

資料來源：陳麗珠（2002b）。

費用因此定為基本需求的最基本層次。

第二層的業務費是教育經費基本需求中僅次於教師人事費用的重要項目，其中又包括辦公費、學生活動費與水電費。辦公費用能使教育活動順利進行，其中，水電、文具、紙張等支出，便利教學活動與評量之進行；教師之旅運費用，使教師得以參加進修研習，提升專業知能；尤其學生活動費用能豐富學生的學習經驗，讓教學效果更為提升。學生活動費用對於文化刺激不足的不利地區尤其重要，因為在這一類地區，學生的文化素養大部分要靠學校來養成，因此如果學校能夠進行各類教育訓輔活動，就會使教學活動的效果相得益彰。因此，本研究將業務費用界定為基本需求的第二層。

再一次，在業務費用具備之後，教學活動的進行還需要購置一些教學所需的基本教材、教具與設備，以及維修這些設備的修繕費用。修繕費還需用於維修學校校舍建築設施，使這些建築設施得以妥善使用，達到法定之使用年限；

另外，零件的修理替換也是屬於修繕費用的支出範圍。本研究將修繕設備費用列為基本需求層次的第三層。

以下依序討論三層基本需求之內涵。

人事費與退撫支出

第一個層次為教育人事費用，包括：教師人事費、職員工人事費、教職員工退撫支出等，在計算時，以每一位教師（職員工）一年所需的人事費用計算之。

人事費之計算，包括：薪津、考績獎金、年終獎金以及偏遠地區的地域加給等，約為教師月薪的 14.5 倍。教師、職員、工友的退撫支出應屬於基本需求的範疇，但並未將其列入計算。

業務費

第二個層次為學校的業務費用，此一項目應該包括：

一、辦公費：學校行政所需之辦公費用，包括：行政之郵電、紙張、耗材、器材、文具、清潔用具、交通導護等所需之經費；以及教學所需之辦公費，包括：學生教學費用、學生日常教學之文具和紙張（如：印製測驗卷）等耗材費用。

二、水電費：其中電費為支出大宗。學校的水電費用長期以來都是不足的，主要癥結在於政府為照顧學童視力，改善學校照明，增加電燈之使用，加上推行視聽教育與資訊教育，增加視聽器材與電子設備之使用；此外，學校行政單位使用之冷氣、電梯與飲水機等耗電量大的設備逐年增加，本研究主張應該藉此建立制度之時，將學校所需之水電費覈實計列。

三、學生活動費：指學生的教學活動與校內外競賽等相關費用。這一部分的經費在實施九年一貫課程之後，學生的活動增加，也愈形重要。目前部分縣市向學生收取活動費用（國小每人收 150 元），但是金額不敷學校所需，尤其是小型學校的活動費用僅夠購買學生清潔用具，已經將學生活動的原始精神完全抹煞。職是之故，本研究特別將學生活動費列為教育經費基本需求項目之一。

設備及維修費

第三層的教育經費基本需求為學校教學必需的相關設備，例如：教具、儀器、器材等，以及維修學校設備設施、校舍等之修繕費用。此一層級的設備（購置）費為多年使用之經費，屬於會計項目之資本門支出，而維修、修繕費如用於部分替換零件之經費，屬於資本門支出，部分整修維護費用，則屬於經常門支出。以我國的經濟開發程度，以及我國的教育發展水準，在計算教育經費基本需求時，仍應適度計入購置基本教學設備的費用；再者，為了維護設備、設施、校舍的正常使用壽命，亦應將維護經費計入。

最後，大型校舍建築之購置與建設經費，因為各地區需求不同，加以近年來人口出生率下降導致減班，部分地區學校校舍閒置時有所聞，因此並不計入。

教育經費基本需求項目之計算基準

教師人事費

學校教育為一種勞力密集的產業，其中教師乃學校活動的主力，是不可或缺的學校經費投入項目，本研究主張將教師人事費列為最基本的需求，是以必須編列。目前我國的教師薪給制度大致上全國一致，僅有下列幾種例外：

一、特殊地區加給：對於偏遠、離島、高山地區的教師依其偏遠程度給予不同金額之地域加給。

二、特殊職務加給：對於教師兼任行政工作者依其職務與薪級，給予職務加給。

三、富裕地區額外發給項目：部分地方政府因為財政較為寬裕，額外發給經費，例如，臺北、高雄兩市的教師可以獲得交通補助費等。

在計算一般教師人事費用時，考量到目前各縣市的財政狀況不一，各縣市教師、職員、工友之編制並不一致，因此原則上統一採取教育部的法令標準，且全國統一計算，亦即幼稚園每班編制教師 2 人，國小每班教師編制 1.5 人，國中每班教師編制 2 人，高中高職每班教師編制 2.5 人；各級特殊班（含特殊教育班、資源班與特殊才能班）國小編制 2 人，國中以上每班教師編制 3 人；高中職教官比照教師編制。其次，在計算教師薪給額時，最大的困擾應屬平均每位教師薪資單價。在制訂公式時，事先訪問過數個縣市，結果發現各縣市在編列年度預算時，各縣市的教師薪資單價並不相同，且有很大的出入。參考各縣市的教師薪資預算編列情形後，以每一個月約 55,000 元，一年 14.5 個月為 800,000 元的標準編列每年每位教師薪資，作為教師人事費用的基本需求額度。再次，偏遠地區學校教師與職員工人事費用額外加權 20%計算作為地域加給。至於職務加給，則將校長計入職員工之中，每一所學校每年多編 1,000,000 元之人事費用。最後，在富裕地區額外發給項目，例如，臺北市的中小學教師交通補助費因屬該地區特殊待遇，故不計入基本需求。

職員工人事費

職員（幹事）、工友為學校教學活動外，行政支援的必須支出。目前我國中小學校行政人員的編制相當紊亂，而且各縣市政府因為歷年來地方選舉制度造成各縣市的公立學校安插的職員工人數各有不同，已無法維持中央政府訂定的「四員一工」的原則，各縣市的職員工編制差距相當大，所需經費也各不相同。其次，職員工的編制與學校規模間有很密切的關係。小型學校因為規模不經濟的影響，職員工的單價偏高；隨著學校規模愈擴大，每班平均職員工經費就愈遞減。最後在計算職員工的經費需求時，採取基價以上遞增式的計算方式，亦即以六班為基價，六班以上每一班增加一定的計算金額，此基價與金額依學校教育層級而異。此外，校長人事費用計算在職員工費用中，每一位以每年1,000,000元計算。

辦公費

辦公費用為學校使用於教學與行政之日常運作所需之經費。目前各地方政府對於中小學校辦公費用之計算辦法差異相當大，主要是受到地方財政狀況之影響，必須考量到全國的公平，將全國同一層級的學校辦公費都以齊一標準計算。

水電費

各級學校的水電費不足是長久以來存在的問題。地方政府在撥給學校經費時，因為財政的困難，往往低估學校之真正需求；學校為了因應水電費不足的問題，只好以各種合法（如：學生午餐費、家長會費支應）或是不甚合法的方法另闢財源支應。因此將水電費之計算以臺電之契約容量規定，採取基價以上遞增式的計算方式，亦即是以六班為基價，六班以上每一班增加一定的計算金額，此基價與金額依學校教育層級而異。

學生活動費

學生活動費指學生參與教學相關活動時所需之經費。目前各地方政府受限於財政能力，往往忽略此一經費項目，甚至要求學生於註冊時繳交若干費用，但是如果僅以學生繳交為經費唯一來源，不但經費不足，對於小型學校尤其不利。因此將學生活動費之計算依學校規模分級，以每班每年所需之數額計列之。

在計算業務費時，本研究以「每班」為計算單位，每班的學生人數以教育部建議之標準為原則。為了呼應《教育基本法》與《教育經費編列與管理法》所規範的對於不利地區的照顧，本研究將不足教育部規定班級規模（國小三十五人）為一班的學校，仍以三十五人計算之；此外，除了水電費與職員工人事費用以六班為基準以外，大部分學校的最低規模以十二班計算，不足十二班時仍以最低規模計算之。至於因為財政狀況不佳或是人口增加過度快速的學校，其編班人數超過教育部制訂之班級規模者，則除了計算每一個班級的基本需求外，也須額外多計算每多一位學生所需要的經費，這些項目應該包括：學生活動費、水電費、辦公費、修繕費等，俾使學生的基本教學品質不受到影響。至於其他規模效應較不明顯的項目，例如，教師與職員工人事費、基本教學設備費等，因為班級規模增加如果沒有增班，則此類經費支出不會增加，所以不列入調整之列。

修繕費

修繕費用中，一部分屬於經常門經費，一部分屬於資本門經費，為了因應政府的財政狀況，本研究建議寬編修繕費用，引導學校珍惜物力，勿輕言報廢學校登列的財產，所以修繕費以每班每年計算。

基本教學設備費

基本教學設備費為學校教學所需之基本設備經費，不包括學校建築設施等大項支出。1981 年底至 1991 年初乃教育經費寬裕時期，學校大致都已充實該有的大項設備，因此基本教學設備費僅限於購置小項設備，金額不至於太多。基本教學設備費的計算以每班每年為基準，而且考量到設備的共用，所以每班的基準額依學校規模的增加（分成四級）而遞減。

實習材料費（高職專用）

實習材料費專門用於高職，專指高職學生在實習時所需用到的耗材經費。實習材料費依其科別而異，工科、農科、海事、護理等科需要較高的實習材料費，而家事、商業等科則較低。

學校所需的設備數量多寡與學生人數有很大的關係。實習材料費的計算以每班每年所需經費為基準額。為了保護規模過小學校的需求，本研究仍採用「每班」為計算單位，且因設備的使用有延續性，所以計算設備費是以每年為時間單位。

地方政府教育經費基本需求計算之過程

依據《教育經費編列與管理法》的精神，本研究之教育經費基本需求計算前後的流程，如圖 6-2 所示。

在圖 6-2 中，本研究所試算的 2003 年度地方政府教育經費支出，包括三大部分：

一、教育局本部預算。

二、地方政府所屬學校，以國民教育（國中小及其附屬幼稚園）為主，臺北、高雄兩個院轄市亦包括了高級中等教育，臺北市還有兩所高等教育機構。此外，部分縣市近年間陸續成立了六年一貫的完全中學學制，亦有少數的九年一貫的「國中小」學校。

三、教育局附屬機構，各縣市的情況不一，但是數量都不多。

至於單獨設立的特殊學校（如：啟明、啟聰學校），雖然屬性上應為學校教育機構，但是考量到其實施之特殊性，所以將特殊學校視為附屬機構，單獨計算。

本研究將此三大類的教育經費基本需求，分成三大項目：

一、人事費：包括教師、行政人員之人事費，以及教育人員之退撫支出（但不含地方政府之公教人員退撫支出）。

二、業務費：包括機關學校日常運作所需之事物費（包括：統籌事物費用、用具費用、文具紙張、印刷、郵資、消耗與其他）、水電費用、學生活動費用等。

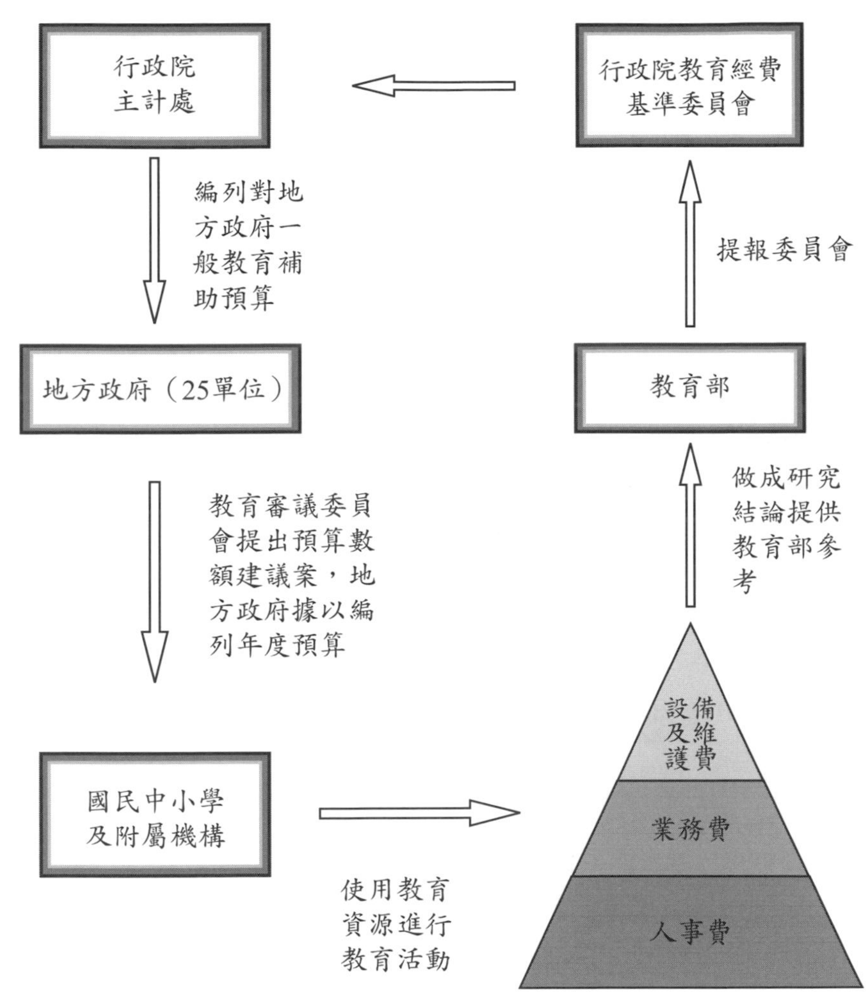

圖 6-2　地方政府教育經費基本需求計算流程圖

資料來源：陳麗珠（2002b）。

三、設備及維護費：包括日常教學必備之基本教學設備之購置，以及學校一般設備之維修保養費用等。

彙整全國二十五個地方政府（即兩個直轄市、臺灣省二十一個縣市，以及福建省之金門、連江縣）之三大項教育經費基本需求，本研究將研究結論送交委辦單位——教育部，教育部各業務單位參酌業務實際運作情形加以調整之後，呈報教育經費基準委員會，委員會根據《教育經費基準法》之精神，決定各縣市政府應該編足之教育經費基本需求預算數額。中央政府行政院主計處根據基準委員會之建議，決定 2003 年度對各地方政府之一般補助數額。

教育經費基本需求計算公式

延續上一節的基本需求模式，本節討論本研究的兩個計算教育經費基本需求的公式。本研究發展出來的試算公式有二，第一個為「最適班級規模公式」，第二個為「學生邊際單位成本公式」。

最適班級規模公式

根據以上理念，本研究發展的第一個公式，稱為「最適班級規模公式」，也就是將根據學校規模，算出學校裡的所有班級每年所需的最基本營運經費。其公式為：

每班每年教育經費基本需求
＝教師人事費（每人單價×每班編制，偏遠地區乘上地域調整）
　＋職員工人事費（六班以內依基本費計算，六班以上按班級數增加，
　　　　　　　　偏遠地區乘上地域調整）
　＋辦公費（每班每年固定額）
　＋水電費（六班以下依基本費計算，六班以上按班級數增加）
　＋活動費（按班級區間而異）
　＋修繕費（每班每年固定額）
　＋基本教學設備費（按班級區間而異）
　＋實習材料費（高職專用，依科別而異）

上述公式中，學校的職員工人事費、水電費、活動費、基本教學設備費等項目，都是依學校規模而異。國中小學校規模分成四群：十二班以下、十三到二十四班、二十五到四十八班，以及四十九班以上。各個學校之教育經費總需求，可依上述公式計算出來；各縣市之教育經費需求原始值，就是將各種不同規模學校的總需求經費加總即可。此外，各縣市的人口分布稠密度不一，為了對人口分布不均的縣市有額外的照顧，本研究設計一個指數，稱為「縣市規模調整值」。將縣市規模調整值乘以縣市教育經費總需求的基準數額，就是縣市教育經費基本需求值。縣市規模調整值公式如下：

縣市規模調整值＝（實際班級數／法定班級數）

當縣市規模調整值之值小於 1 時以 1 計算。

縣市教育經費基本需求值＝縣市教育經費基本需求×縣市規模調整值

學生邊際單位成本公式

此公式以學生為計算單位，將每一個學生的教育經費基本需求視為一個基準值，將此基準值乘以學生人數，就是縣市教育經費總需求的基準數額。同時，將小型學校（十二班以下）中的過小班級加以調整為標準規模人數，以及特殊班調整為標準規模人數，就是縣市教育經費需求原始值。

縣市教育經費需求原始值＝學生人數×學生基本單價
＋小型學校班級規模調整
＋特殊班級規模調整
＋超大班級規模調整

最後，考量到各縣市的人口分布稠密度不一，為了對人口分布不均的縣市有額外的照顧，本研究設計一個指數，稱為「縣市規模調整值」。將縣市規模調整值乘以縣市教育經費總需求的基準數額，就是縣市教育經費基本需求值。縣市規模調整值公式如下：

縣市規模調整值＝（實際班級數／法定班級數）

當縣市規模調整值之值小於 1 時以 1 計算。

縣市教育經費基本需求值＝縣市教育經費基本需求
×縣市規模調整值

上述公式中的每一學生標準支出，是參考前述最適班級規模公式中，標準規模（二十五到四十八班）的學生成本所計算而成。但是決策者可以視當年財政狀況決定每一學生的單位價格，機動調整之。表 6-1 就是本研究在試算 2003 年度所用的數據，每一個教育層級都使用兩個（或三個）單價，供決策者選擇，特別要說明的是，表中的高級中學與高級職業學校的價格是以臺北市、高雄市的學校現狀計算而來，可能會比全國的標準（國立高中高職）高，職是之故，

表 6-1　學生邊際單位成本公式中計算的每生價格　　單位：元

每生價格	幼稚園	國民小學	國民中學	高級中學	高級職業學校
第一個單價	35,000	45,000	52,000	82,000	92,000
第二個單價	40,000	50,000	55,000	85,000	95,000
第三個單價	—	—	58,000	88,000	98,000
每班人數	30 人	35 人	36 人	40 人	40 人

說明：1. 每班人數係根據教育部現行的規定。
2. 完全中學（六年一貫制學校）的國中部學生單價以國中標準計算之，高中部學生單價以高級中學標準計算之。
3. 國中小（九年一貫實驗學校）國小部學生單價以國小標準計算之，國中部學生以國中標準計算之。
4. 綜合中學（高中與高職合併）高中部學生單價以高中標準計算之，高職部學生單價以高職標準計算之。

設在縣與省轄市內的完全中學高中部，比照直轄市高中職標準計算，可能會比現行的經費標準明顯偏高，當然，這也顯示目前完全中學高中部辦理的困境——以國中的經費水準來辦高中。

公式之基本理念分析

上述兩個試算公式：「最適班級規模公式」與「學生邊際單位成本公式」，都是以教育活動基本需求經費的計算為基礎，以下分別說明這兩個公式之基本理念。

每班基準額（class foundation）之計算

最適班級規模公式的基本理念，就是以「一個典型的班級」所需的營運費用來計算教育經費基本需求。這些營運費用項目包括：教師人事費、職員工人事費、辦公費、修繕費、活動費、基本教學設備費（高中高職另加資訊教學設備費，高職另加實習材料費）。由此可知，每班基準額會因教育層級而異。

每生基準額（student foundation）之計算

學生邊際單位成本公式的理念，就是以「一個學生」所需的教學成本來計算。學生的教學成本中，還是包括上述各個項目：教師人事費、職員工人事費、辦公費、修繕費、活動費、基本教學設備費（高中高職另加資訊教學設備費，高職另加實習材料費）。與上述公式唯一不同的是，上述公式的每班基準額依學校規模分級，而本公式則是採取全部學生單一價格的設計。當然，全國各地區的教育狀況都不相同，僅採單一價格並不能反映教育現狀，所以必須加上過小班級規模調整與特殊班規模調整。

學校分布程度調整（縣市規模調整值）

這個因素類似英美國家公式撥款中的離散程度（sparsity），也就是指一些地區因為人口稀少，學校分布過度分散，小型學校偏多，每班平均學生人數偏低，因此必須做出一個調整值來加以調整。本研究稱此為「縣市規模調整值」，此數值是將縣市內的實際班級數除以「法定班級數」，如果縣市規模調整值小於或等於 1，則不調整；如果縣市規模調整值大於 1，則將此數值乘以全縣的教育經費整需求值。至於法定班級數的計算，則是將普通班人數除以部定班級規模人數，如除不盡則進 1（意即採整數計算），加上特殊班級數，就是該縣（市）的法定班級數。縣市規模調整值將同時使用於上述兩個公式，俾使全國教育經費的分配更切合實際狀況。縣市規模調整值之計算結果見表 6-2。

學校規模調整

學校規模調整使用於最適班級規模公式。學生的成本與學生就讀班級的規模，以及與學校的規模有關，因此本研究將學校依照規模分為四組，分別是：十二班以下、十三到二十四班、二十五到四十八班、四十九班以上，這四種學校的每班教育成本隨著學校規模的增加而遞減。此外，十二班以下的學校歸為一組，主要的考量在於照顧特別小型的學校（指六班以下的學校），因為這一類學校在目前被獨立成一組，資源特別貧乏，所以將十二班以下的學校歸為一組，適度增加其資源。另外，考量到分配的現狀，在計算職員工人事費與水電費時，則是以六班之需求為基數，六班以上再依照班級數多寡遞增。

小型學校班級規模調整

每一位學生在不同規模的班級中，其成本也不相同，通常是班級規模愈大，學生單位成本愈低。目前國民中小學校內，規模過小的班級，往往就在偏遠地區（包括山地或鄉間、離島、沿海等地區），這些地區往往也是教育的不利地

表 6-2　各縣市規模調整值計算結果

縣市別	國小法定班級數	國小實際班級數	國小縣市規模調整值	國中法定班級數	國中實際班級數	國中縣市規模調整值
臺北市	5,874	6,827	1.16224	2,367	2,885	1.218842
高雄市	3,880	3,978	1.02525	1,517	1,564	1.030982
臺北縣	9,691	10,177	1.05015	3,341	3,335	0.998204
宜蘭縣	1,283	1,527	1.190179	529	537	1.015122
桃園縣	5,271	5,501	1.043635	1,968	1,961	0.996443
新竹縣	1,280	1,522	1.189063	456	482	1.057017
苗栗縣	1,481	1,772	1.196489	493	524	1.062880
臺中縣	4,245	4,603	1.084335	1,635	1,700	1.039755
彰化縣	3,358	3,683	1.096784	1,517	1,559	1.027686
南投縣	1,340	1,877	1.400746	545	595	1.091743
雲林縣	1,574	2,044	1.298602	631	671	1.063391
嘉義縣	1,209	1,826	1.510339	460	487	1.058695
臺南縣	2,755	3,288	1.193466	891	845	0.948372
高雄縣	3,140	3,520	1.121019	1,080	1,077	0.997222
屏東縣	2,185	2,795	1.279176	1,003	1,018	1.014955
臺東縣	564	899	1.593972	250	264	1.056
花蓮縣	890	1,228	1.379775	398	442	1.110552
基隆市	1,072	1,184	1.104478	366	361	0.986338
新竹市	1,038	1,093	1.052987	351	374	1.065527
臺中市	2,998	3,027	1.009673	1,016	991	0.975393
嘉義市	754	763	1.011936	285	279	0.978947
臺南市	1,877	1,937	1.031966	897	890	0.992196
澎湖縣	219	375	1.712329	108	125	1.157407
金門縣	173	247	1.427745	77	87	1.129870
連江縣	16	45	2.812500	9	18	2.000

說明：1. 本表之計算包括國中小。
　　　2. 實際班級數據為 2001 年度資料。

區。本研究基於垂直公平之濟弱扶傾的精神，對於班級規模小於教育部訂定的編班人數（幼稚園三十人，國小為三十五人，國中為三十六人，高中高職為四十人）的普通班（特殊班則無規模限制，不列入調整），則以標準規模的成本計算，使這一類不利地區的學生的教育品質不至於因為班級人數過少而受到影響。例如，一個六班的小學，實際學生人數為六十七人，如果以學生邊際單位成本每生 45,000 元計算，則此學校僅能得到 3,015,000 元，與目前實際編列的預算經費相差太遠。因此在過小班級規模調整中，將此類學校的學生人數，以 6×35 人（210 人）計算，所以學校的總需求經費為 9,450,000 元。當然，這一類小班的學校成本非常高，將其比照標準規模計算，不過是反映事實現狀而已。

超大班級規模調整

在全國各地方政府中，有一些地區的班級規模是過大的。這一類的地區大都屬於都會地區，或是人口急速增加的地區（如：臺北縣），因為校舍建築建設不及，或是地方財政無力支應，使得每一班的學生人數超過教育部訂定的規模人數。對於這類學校，本研究考量到學生可在這類班級中共用教師與設備等經費，但是學生活動費用仍必須支應，因此對於超過法定規模的每一位學生，多計算一份辦公費、水電費、修繕費、學生活動費；而每多一人的經費，依教育層級而異。

特殊班規模調整

「特殊班」指特殊教育班與特殊才能班。姑且不論這些班級實際的辦理情形如何，為了貫徹教育機會均等的理想，仍必須保障特殊班學生的受教權益。因此在學生邊際單位成本公式中，除了過小、過大班級規模調整之外，也加上特殊班級規模調整的設計，其計算方式比照過小班級規模調整。

高職科別調整

在最適班級規模公式中，高職還分成兩類，第一類為家事商業類科，第二類為工業、海事、護理、農業類科。這兩類的經費需求不同，尤其後者需要更多的實習材料費。此外，這兩類學校中，都可能設有資訊科，而資訊科班級的經費中，資訊教學設備費又比其他類科的計算基準為高。

偏遠地區人事費之計算

偏遠地區（尤其是離島地區）的人事費用，明顯高於一般地區。如果將其硬性納入公式，不但對於這一類地區不公平，也會影響研究的正確性，因此本研究將學校領有地域加給者，其人事費加權 20%。

圖 6-3 為本研究之試算公式概念圖。本公式之基本理念，類似美國的基準補助方案——也就是認定全國各地方政府中，同一層級的學校教育經費基本需

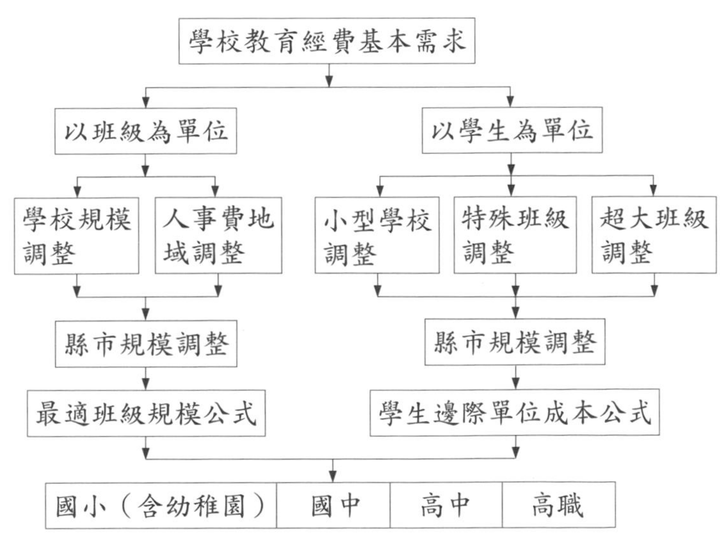

圖 6-3 試算公式概念圖

資料來源：陳麗珠（2002b）。

求值應該相同，但並不禁止地方政府在基準額之上另外增加支出。這樣的設計，一方面可以保障財政不利地區的教育品質達到全國的水準，另一方面又可鼓勵地方政府增加教育經費支出以追求卓越。根據圖 6-3 的架構，本研究設計著重「選擇」的自由，將來公式運作時，學校教育經費基本需求的計算，可以允許地方政府選擇以「班級」為計算單位，或是以「學生」為計算單位。

以班級為計算單位

地方政府內每一個班級一年內所需的經費項目，包括人事費（教師、職員工）、業務費（辦公費、活動費、水電費），以及修繕設備費（修繕費、基本教學設備費，高職另加實習材料費）全部加總，就可以算出其基本需求原始值；但因為班級的單位成本深受此班級所在學校規模的影響，所以要將學校依其規模分成四組，每一組的每班單位成本各有不同。另外，學校所在地區如果有地域加給，則要另加人事費地域調整。最後，考量到此一縣市內學校的分布離散程度，將原始值乘上縣市規模調整值，就是以班級為單位計算的縣市教育經費基本需求。這一組公式稱為「最適班級規模公式」。

以學生為計算單位

考量的是每一個學生的單位成本，所以一方面依據前述公式（最適班級規模公式）將一個學生在一個標準規模（國小三十五人，國中三十六人）班級中的單價計算出來，然後針對規模過小（十二班以下）學校的學生人數加以調整；同理，也針對特殊班（特殊教育與特殊才能班）的學生人數進行調整，使這些班級的經費不至於因為人數過少而銳減；然後再對規模過大的班級，額外計算每多出標準規模的學生人數，額外計算其經費。經過上述三個調整之後，可以算出地方政府教育經費基本需求的原始值，最後要加以縣市規模調整之後——也就是以學生人數為單位計算的縣市教育經費基本需求。這一組公式稱為「學生邊際單位成本公式」。

為了讓地方政府有所選擇，也是便於調適當年度的全國地方政府教育總經費，本研究在學生邊際單位成本公式中，還使用高、中、低三種單價供地方政府選擇，一方面也便於給予決策者（中央政府中的資源分配者）依據當年的政府預算選擇最合宜的單價作為計算基準。

各級學校教育經費基本需求之計算

以下介紹各級學校教育經費基本需求之計算標準。

國民小學教育經費基本需求之計算

國民小學的教育經費基本需求，包括國小部與附設幼稚班。幼稚園的教師編制與班級規模都與國小不同，必須分開計算，最後再加總成學校經費需求。表 6-3 為國民小學基本需求項目計算標準說明，表 6-4 為每班計算基準額。

表 6-3 中，各欄位之代表意義如下：

欄	名稱	欄	名稱	欄	名稱
A	班級數	J	國小學生總人數	S	學生活動費
B	編號	K	幼稚班學生數	T	人事費（地域調整）
C	校名	L	教師數	U	國小超大班級調整值
D	是否領有地域加給	M	職員工數	V	幼稚班超級大班級調整值
E	普通班級數	N	教師人事費	W	設備費
F	特殊班級數	O	職員工人事費	X	學校基本需求
G	幼稚班班級數	P	辦公費	Y	法定班級數
H	國小普通班人數	Q	修繕費	Z	最適班級規模計算模式
I	國小特殊班人數	R	水電費	AA	小型學校調整值

表 6-3　國民小學基本需求項目計算標準說明　　單位：千元

經費項目	公式	意義
教師人事費	= (E×1.55 + F×2 + G×2)×800	〔普通班級數×1.5（人）＋特殊班級數×2（人）＋幼稚班班級數×2（人）〕×800

（續下頁）

表 6-3 國民小學基本需求項目計算標準說明（續） 單位：千元

經費項目	公式	意義
職員工人事費	= IF (B ≤ 6, 1000 + B × 150, 1000 + 1500 + (B − 6) × 40)	（普通班級數＋特殊班級數＋幼稚班班級數）×每班單價（6 班為基數，以上則依班級數而異)
辦公費	= (E + F + G) × 12	（普通班級數＋特殊班級數＋幼稚班班級數）×12
修繕費	= (E + F + G) × 40	（普通班級數＋特殊班級數＋幼稚班班級數）×40
水電費	= IF (B3 ≤ 6, 240, 240 + (B − 6) × 20	（普通班級數＋特殊班級數＋幼稚班班級數）×每班單價（6 班為基數，以上則依班級數而異）
學生活動費	= (E + F + G) × 每班單價	（普通班級數＋特殊班級數＋幼稚班班級數）×每班單價
人事費（地域調整）	= IF (D = 1, (N + O) × 1.2, N + O)	領有地域加給之學校教職員人事費×1.2
國小超大班級調整值	=IF ((H − E × 35) > 0, (H − E × 35) × 2.97, 0)	普通班學生人數超過 35 人時，每一位學生加計單價（依班級區間而異）
幼稚班超大班級調整值	=IF ((K − G × 30) > 0, (K − G × 30) × 3.46, 0)	普通班學生人數超過 30 人時，每一位學生加計單價（依班級區間而異）
設備費	= (E + F + G) × 每班單價	（普通班級數＋特殊班級數＋幼稚班級數）×每班單價（按班級區間而異）
最適班級規模公式	= IF (((E43 + F43 + G43)/X45) < 1, X43, ((E43 + F43 + G43)/X45) × X43)	辦公費＋修繕費＋水電費＋學生活動費＋人事費（地域調整）＋國小超大班級調整值＋幼稚班超大班級調整值＋設備費
學生邊際單位成本公式	=IF (((E + F + G)/Y ≤ 1, 43 × J, 43 × J × (1 + ((E + F + G)/Y) − 1))	（每一學生之單價支出）×該縣市之國小學生人數＋〔（每一學生之標準支出）×該縣市之國小學生人數×（縣市規模調整值−1）〕＋小型學校人數調整＋特殊班人數調整

表 6-4 國民小學每班每年教育經費基本需求

單位：元

學校規模	班級性質	教師人事費	職員工人事費	辦公費	修繕費	水電費	活動費	基本教學設備費	每增加一人之額外需求
12 班以下	普通班	1,240,000	6 班以上依班級數而異	12,000	40,000	6 班以上依班級數而異	12,000	36,000	2,970
	特殊班	1,600,000	6 班以上依班級數而異	12,000	40,000	6 班以上依班級數而異	12,000	36,000	—
	幼稚班	1,600,000	6 班以上依班級數而異	12,000	40,000	6 班以上依班級數而異	12,000	36,000	3,460
13 到 24 班	普通班	1,240,000	6 班以上依班級數而異	12,000	40,000	6 班以上依班級數而異	10,000	32,000	2,230
	特殊班	1,600,000	6 班以上依班級數而異	12,000	40,000	6 班以上依班級數而異	10,000	32,000	—
	幼稚班	1,600,000	6 班以上依班級數而異	12,000	40,000	6 班以上依班級數而異	10,000	32,000	2,600
25 到 48 班	普通班	1,240,000	6 班以上依班級數而異	12,000	40,000	6 班以上依班級數而異	8,000	30,000	2,110
	特殊班	1,600,000	6 班以上依班級數而異	12,000	40,000	6 班以上依班級數而異	8,000	30,000	—
	幼稚班	1,600,000	6 班以上依班級數而異	12,000	40,000	6 班以上依班級數而異	8,000	30,000	2,460
49 班以上	普通班	1,240,000	6 班以上依班級數而異	12,000	40,000	6 班以上依班級數而異	7,000	28,000	2,020
	特殊班	1,600,000	6 班以上依班級數而異	12,000	40,000	6 班以上依班級數而異	7,000	28,000	—
	幼稚班	1,600,000	6 班以上依班級數而異	12,000	40,000	6 班以上依班級數而異	7,000	28,000	2,360

說明：1. 普通班每班以三十五人、幼稚班每班以三十人為原則，特殊班則無規模限制。
2. 每增加一人之額外需求，係指在法定規模之外的學生，每增加一人可以額外計算的需求經費，包括：辦公費、修繕費、水電費、學生活動費等。
3. 職員工人事費六班以下每班以 150,000 計算，六班以上每班增加 40,000 元，另外每校加計校長人事費 1,000,000 元。
4. 水電費六班以下每班以 60,000 計算（配合契約容量規定不足六班者以六班計算），六班以上每增加一班加計 20,000 元。

國民中學教育經費基本需求之計算

國民中學的教育經費需求比國民小學高，主要原因不外乎因為教師的編制比較高，以及學生的活動量比較大，活動經費比較高。表 6-5 為國民中學基本需求項目計算標準說明，表 6-6 為每班計算基準額。

表 6-5 中，各欄位之代表意義如下：

欄	名稱	欄	名稱	欄	名稱
A	班級數	J	教師數	S	設備費
B	編號	K	職員工數	T	國中超大班級調整值
C	校名	L	教師人事費	U	學校基本需求
D	是否領有地域加給	M	職員工人事費	V	法定班級數
E	普通班級數	N	辦公費	W	最適班級規模計算模式
F	特殊班級數	O	修繕費	X	小型學校調整值
G	國中普通班人數	P	水電費		
H	國中特殊班人數	Q	學生活動費		
I	國中學生總人數	R	人事費（地域調整）		

表 6-5　國民中學基本需求項目計算標準說明　　單位：千元

經費項目	公式	意義
教師人事費	= (E×2 + F×3)×800	〔普通班級數×2（人）＋特殊班級數×3（人）〕×800
職員工人事費	= IF (B ≤ 6, 1000 + B×250, 1000 + 1500 + (B−6)×80)	（普通班級數＋特殊班級數）×每班單價（6 班為基數，以上則依班級數而異）
辦公費	= (E + F)×12	（普通班級數＋特殊班級數）×12
修繕費	= (E + F)×40	（普通班級數+特殊班級數）×40

（續下頁）

表 6-5 國民中學基本需求項目計算標準說明（續） 單位：千元

經費項目	公式	意義
水電費	= IF (B < 6, 240, 240 + (B−6)×20)	（普通班級數＋特殊班級數）×每班單價（6 班為基數，以上則依班級數而異）
學生活動費	= (E + F)×每班單價	（普通班級數＋特殊班級數）×每班單價（依班級區間而異）
人事費（地域調整）	= IF (D = 1, (L + M)×1.2, L + M)	領有地域加給之學校教職員人事費×1.2
設備費	= (E + F)×每班單價	（普通班級數＋特殊班級數）×每班單價（依班級區間而異）
國中超大班級調整值	= IF ((G−E×36) > 0, (G3−E×36)×2.89, 0)	普通班學生人數超過 36 人時，每一位學生加計單價（依班級區間而異）
最適班級規模公式	= N + O + P + Q + R + S + T	辦公費＋修繕費＋水電費＋學生活動費＋人事費（地域調整）＋設備費＋國中超大班級調整值
法定班級數	= ROUNDUP (G/36, 0) + F	普通班每班 36 人時之班級數＋特殊班級數之總和
學生邊際單位成本公式	= IF (((E + F)/V) ≤ 1, U, U×((E + F)/V))	（每一學生之標準支出）×該縣市之國中學生人數＋〔（每一學生之標準支出）×該縣市之國中學生人數×（縣市規模調整值−1）〕＋小型學校人數調整＋特殊班人數調整

表 6-6 國民中學每班每年教育經費基本需求

單位：元

學校規模	班級性質	教師人事費	職員工人事費	辦公費	修繕費	水電費	活動費	基本教學設備費	每增加一人之額外需求
12 班以下	普通班	1,600,000	6 班以上依班級數而異	12,000	40,000	6 班以上依班級數而異	12,000	50,000	2,890
	特殊班	2,400,000	6 班以上依班級數而異	12,000	40,000	6 班以上依班級數而異	12,000	50,000	—
13 到 24 班	普通班	1,600,000	6 班以上依班級數而異	12,000	40,000	6 班以上依班級數而異	10,000	45,000	2,160
	特殊班	2,400,000	6 班以上依班級數而異	12,000	40,000	6 班以上依班級數而異	10,000	45,000	—
25 到 48 班	普通班	1,600,000	6 班以上依班級數而異	12,000	40,000	6 班以上依班級數而異	8,000	40,000	2,050
	特殊班	2,400,000	6 班以上依班級數而異	12,000	40,000	6 班以上依班級數而異	8,000	40,000	—
49 班以上	普通班	1,600,000	6 班以上依班級數而異	12,000	40,000	6 班以上依班級數而異	7,000	35,000	1,970
	特殊班	2,400,000	6 班以上依班級數而異	12,000	40,000	6 班以上依班級數而異	7,000	35,000	—

說明：1. 普通班每班以三十六人為原則，特殊班則無規模限制。

2. 每增加一人之額外需求，係指在法定規模之外的學生，每增加一人可以額外計算的需求經費，包括：辦公費、修繕費、水電費、學生活動費等。

3. 職員工人事費六班以下每班以 250,000 計算，六班以上每增加一班則加計六班以上每班增加 80,000 元，另外每校加計校長人事費 1,000,000 元。

4. 水電費六班以下每班以 60,000 計算（配合契約容量規定不足六班者以六班計算），六班以上每增加一班加計 20,000 元。

高級中學教育經費基本需求之計算

目前地方政府成立的高級中學，以臺北市、高雄市為主，由於這兩個直轄市的財政狀況明顯優於其他縣市，所以現有高級中學的經費與設施相當充裕。

臺北市、高雄市內所有的高級中學都在二十四班以上（完全中學另計），所以以下都是以二十四班以上的規模計算，不另依規模分組。表 6-7 為高級中學基本需求項目計算標準說明，表 6-8 為每班計算基準額。

表 6-7 中，各欄位之代表意義如下：

欄	名稱	欄	名稱	欄	名稱
A	班級數	J	職員工數	S	高中超大班級調整值
B	編號	K	教師人事費	T	基本需求總經費
C	校名	L	職員工人事費	U	最適班級規模計算模式
D	普通班級數	M	辦公費		
E	特殊班級數	N	修繕費		
F	普通班學生數	O	水電費		
G	特殊班學生數	P	活動費		
H	高中學生總人數	Q	基本教學設備費		
I	教師數	R	資訊教學設備費		

表 6-7　高級中學基本需求項目計算標準說明　　單位：千元

經費項目	公式	意義
教師人事費	$=D\times2875+E\times3450$ $=(D\times2.5+E\times3)\times1150$	〔普通班級數×2.5（人）＋特殊班級數×3（人）〕×每人金額（$1,150）
職員工人事費	$=(D+E)\times375$	（普通班級數＋特殊班級數）×每人金額（$375）
辦公費	$=(D+E)\times50$	（普通班級數＋特殊班級數）×50
修繕費	$=(D+E)\times80$	（普通班級數＋特殊班級數）×80

（續下頁）

表 6-7 高級中學基本需求項目計算標準說明（續） 單位：千元

經費項目	公式	意義
水電費	=(D+E)×40	（普通班級數＋特殊班級數）×每班單價（40）
活動費	=D×20+E×30	普通班級數×20 ＋特殊班級數×30
基本教學設備費	=(D+E)×100	（普通班級數＋特殊班級數）×每班單價（100）
資訊教學設備費	=(D+E)×20	（普通班級數＋特殊班級數）×每班單價（20）
高中超大班級調整值	=SUM (IF((F−D×40)>0, (F−D×40)×4.75, 0))	普通班學生人數超過 40 人時，每一位學生加計單價（依班級區間而異）
基本需求總經費	=K+L +M+N+O+P+Q+R+S	教師人事費＋職員工人事費＋辦公費＋修繕費＋水電費＋活動費＋基本教學設備費＋資訊教學設備費＋高中超大班級調整值
最適班級規模計算模式	=(F+G)×82	（普通班級數＋特殊班級數）×82

表 6-8 高級中學每班每年教育經費基本需求 單位：元

項目	普通班	特殊班
教師人事費	2,875,000	3,450,000
職員工人事費	375,000	375,000
辦公費	50,000	50,000
修繕費	80,000	80,000
水電費	40,000	40,000
活動費	20,000	30,000
基本教學設備費	100,000	100,000
資訊教學設備費	20,000	20,000
每增加一人之額外需求	4,750	—

說明：1. 普通班每班以四十人為原則，特殊班則無規模限制。
2. 每增加一人之額外需求，係指在法定規模之外的學生，每增加一人可以額外計算的需求經費，包括：辦公費、修繕費、水電費、學生活動費等。

高級職業學校教育經費基本需求之計算

截至 2003 年為止，地方政府成立的高級職業學校，以臺北市、高雄市為主，另有一所位於臺北縣鶯歌鎮。由於臺北與高雄兩個直轄市的財政狀況明顯優於其他縣市，所以現有高級職業學校的經費與設施相當充裕。臺北市、高雄市內所有的商業職業學校，包括高級家事科（含商業類科）與工科（包括：工業、護理、海事、農業類科）兩類都在二十四班以上，所以以下都是以二十四班以上的規模計算，不另依規模分組。表 6-9 為高級職業學校基本需求項目計算標準說明，表 6-10 為每班計算基準額。

表 6-9 中，各欄代表意義如下：

欄	名稱	欄	名稱	欄	名稱
A	班級數	J	特殊班學生人數	S	活動費
B	編號	K	全校學生數	T	基本教學設備費
C	校名	L	教師數	U	實習材料費
D	資訊科班級數	M	職員工數	V	資訊教學設備費
E	家事商業類科班級數	N	教師人事費	W	高職超大班級調整值
F	工業類科班級數	O	職員工人事費	X	基本需求總經費
G	特殊班級數	P	辦公費	Y	最適班級規模計算模式
H	全校班級數	Q	修繕費		
I	普通班學生人數	R	水電費		

表 6-9　高級職業學校基本需求項目計算標準說明　　單位：千元

經費項目	公式	意義
教師人事費	=(D+E+F)×2875+G×3450	（資訊科班級數＋家事商業類科班級數＋工業類科班級數）×2875＋特殊班級數×3450

（續下頁）

表 6-9　高級職業學校基本需求項目計算標準說明（續）　單位：千元

經費項目	公式	意義
職員工人事費	= (D + E + F + G)×375	全校班級數×每人金額（$375）
辦公費	= (D + E + F + G)×50	全校班級數×50
修繕費	= (D + E + F + G)×70	全校班級數×70
水電費	= (E + G + D)×72 + F×96	（家事商業類科班級數＋特殊班級數＋資訊科班級數）×72 ＋工業類科班級數×96
活動費	= H×30	全校班級數×30
基本教學設備費	= H×70	全校班級數×70
實習材料費	= (D + E + G)×50 + F×100	（資訊科班級數＋家事商業類科班級數＋特殊班級數）×50 ＋工業類科班級數×100
資訊教學設備費	= D×100 + (E + F + G)×50	資訊科班級數×100 ＋（家事商業類科班級數＋工業類科班級數＋特殊班級數）×50
高職超大班級調整值	= IF ((I−(D + E + F)×40) > 0, (I−(D + E + F)×40)×7.5, 0)	普通班學生人數超過 40 人時，每一位學生加計單價（依班級區間而異）
基本需求總經費	= N + O + P + Q + R + S + T + U + V + W	教師人事費＋職員工人事費＋辦公費＋修繕費＋水電費＋活動費＋基本教學設備費＋實習材料費＋資訊教學設備費＋高職超大班級調整值
最適班級規模計算模式	= K×92	全校學生數×92

表 6-10　高級職業學校每班每年教育經費基本需求　　單位：元

學校性質	班級性質	教師人事費	職員工人事費	辦公費	修繕費	水電費	活動費	基本教學設備費	實習材料費	資訊教學設備費	每增加一人之額外需求
商業家事類	普通班	2,875,000	375,000	50,000	70,000	72,000	30,000	70,000	50,000	50,000	7,500
	資訊班	2,875,000	375,000	50,000	70,000	72,000	30,000	70,000	50,000	100,000	7,500
	特殊班	3,450,000	375,000	50,000	70,000	72,000	30,000	70,000	50,000	50,000	—
工、海、農、護類	普通班	2,875,000	375,000	50,000	70,000	96,000	30,000	70,000	100,000	50,000	7,500
	資訊班	2,875,000	375,000	50,000	70,000	72,000	30,000	70,000	50,000	100,000	7,500
	特殊班	3,450,000	375,000	50,000	70,000	72,000	30,000	70,000	50,000	50,000	—

說明：1. 普通班每班以四十人為原則（資訊科屬普通班），特殊班則無規模限制。
2. 每增加一人之額外需求，係指在法定規模之外的學生，每增加一人可以額外計算的需求經費，包括：辦公費、修繕費、水費、學生活動費、實習材料費等。

完全中學（六年一貫）教育經費基本需求之計算

「完全中學」是指同時設立國中部與高中部，且二部在統一的行政系統下運作的中學。完全中學的理念與二級制中學最大的不同在於，完全中學強調校內的國中部與高中部合併設立於一個校區，統一運作，共用資源。

在最適班級規模公式中，本研究將完全中學的教育經費基本需求分成兩部分，國中部人事費以外的教育經費基本需求以國民中學的試算標準依其班級數計算，高中部則比照高中的試算標準，亦以高中部的班級計算之；至於人事費用，教師人數按照班級數編制計算，職員工則僅以高中的標準計算一次。

在學生邊際單位成本公式中，本研究將學生單價分別比照國中與高中部計算，兩個單價分別是國中 52,000 元、高中 72,000 元。表 6-11 為完全中學基本需求項目計算標準說明，表中各欄代表意義如下：

欄	名稱	欄	名稱	欄	名稱
A	班級數	K	高中部特殊班級數	U	全校修繕費
B	編號	L	高中部普通班人數	V	全校水電費
C	校名	M	高中部特殊班人數	W	國中部學生活動費
D	國中部普通班級數	N	高中部學生總數	X	高中部學生活動費
E	國中部特殊班級數	O	高中部教師數	Y	國中部基本教學設備費
F	國中部普通班人數	P	職員工數	Z	高中部基本教學設備費
G	國中部特殊班人數	Q	國中部教師人事費	AA	高中部資訊教學設備費
H	國中部學生總數	R	高中部教師人事費	AB	全校基本需求總經費
I	國中部教師數	S	職員工人事費	AC	全校最適班級規模計算模式
J	高中部普通班級數	T	全校辦公費		

表 6-11　完全中學基本需求項目計算標準說明

經費項目	公式	意義
國中部教師人事費	= (D3×2 + E3×3)×800	（國中部普通班級數×2 ＋國中部特殊班級數×3）×800
高中部教師人事費	= J3×2875 + K3×3450	高中部普通班級數×2875 ＋高中部特殊班級數×3450
職員工人事費	= (D3 + E3 + J3 + K3)×每班單價	（國中部普通班級數＋國中部特殊班級數＋高中部普通班級數＋高中部特殊班級數）×每班單價（依班級區間而異）

（續下頁）

表 6-11 完全中學基本需求項目計算標準說明（續）

經費項目	公式	意義
全校辦公費	= (D3 + E3 + J3 + K3)×12	（國中部普通班級數＋國中部特殊班級數＋高中部普通班級數＋高中部特殊班級數）×12
全校修繕費	= (D3 + E3 + J3 + K3)×40	（國中部普通班級數＋國中部特殊班級數＋高中部普通班級數＋高中部特殊班級數）×40
全校水電費	= (D3 + E3 + J3 + K3)×每班單價	（國中部普通班級數＋國中部特殊班級數＋高中部普通班級數＋高中部特殊班級數）×每班單價（依班級區間而異）
國中部學生活動費	= (D3 + E3)×每班單價	（國中部普通班級數＋國中部特殊班級數）×每班單價（依班級區間而異）
高中部學生活動費	= J3×20 + K3×30	高中部普通班級數×20 ＋高中部特殊班級數×30
國中部基本教學設備費	= (D3 + E3)×每班單價	（國中部普通班級數＋國中部特殊班級數）×每班單價（依班級區間而異）
高中部基本教學設備費	= (J3 + K3)×100	（高中部普通班級數＋高中部特殊班級數）×100
高中部資訊教學設備費	= (J3 + K3)×20	（高中部普通班級數＋高中部特殊班級數）×20
全校基本需求總經費	= SUM (Q3:AA3)	國中部教師人事費＋高中部教師人事費＋職員工人事費＋全校辦公費＋全校修繕費＋全校水電費＋國中部學生活動費＋高中部學生活動費＋國中部基本教學設備費＋高中部基本教學設備費＋高中部資訊教學設備費
全校最適班級規模計算模式	= H43×52 + N43×72	國中部學生總數×52 ＋高中部學生總數×72

國中小（九年一貫）學校教育經費基本需求之計算

「九年一貫國中小學」（簡稱「國中小」）是指一所學校內同時設立國小部與國中部，且二部在統一的行政系統下運作的學校。這類學校可能實施於人口流失的地區（如：山地鄉）或是新興的城市邊緣。目前全國僅有九所國中小，其中高雄縣的茂林、三民與桃源國中小，以及金門縣的金寧國中小、連江縣的中正、東引、敬恆、介壽國中小都是屬於人口稀少地區，只好將國中小合併辦理，以共用資源，有效運作為目的。至於高雄市的翠屏國中小則屬於人口遷入之新興地區，學生人數逐年增加，目前已經達到六十班以上，已失去當初共用資源的初衷，而是一種實驗性質的學校了。

在最適班級規模公式中，本研究將國中小學的教育經費基本需求分成兩部分，人事費以外的國小教育經費基本需求以國民小學的試算標準依其班級數計算，國中部則比照國中的試算標準，以國中部的班級計算之；至於人事費用，教師人數按照班級數編制計算，職員工則僅以國中的標準計算一次。

在學生邊際單位成本公式中，本研究將學生單價分別比照國小部與國中部計算，並有兩個單價可供選擇，第一個單價是：幼稚園 35,000 元、國小 45,000 元、國中 55,000 元；第二個單價是：幼稚園 40,000 元、國小 50,000 元、國中 58,000 元。

教育局本部教育經費基本需求之計算

在計算教育局本部教育經費基本需求時，研究者遭遇到下列問題：地方政府教育局本部所編列的年度預算中，往往有一部分是供所屬學校使用的經費，這一類經費包括學校資本門建設，或是委託學校辦理活動等，而且這一部分的比重，各縣市之間有相當大的差異，如果在計算基本需求時，不將學校使用的部分剔除，則會使基本需求失真。其次，各地政府的主政者不同，對於經費的使用理念不一，有些縣市的人員編制高，連約聘約僱的人員數也多，影響人事費用的支出，所以也無法完全根據教育局編制內外人員人數計算人事費。最後，也是最根本的困擾，地方政府未必願意提供最精確的教育局本部預算，本研究人員亦曾遭某一縣市府拒絕前往了解教育局編列預算的方式，因此即使縣市府已經提供教育局本部的預算，仍然很難有一致的處理標準。

檢討各地方政府的教育經費內容，其中包括了經常門經費與資本門經費，經常門經費又分成人事費、業務費以及其他經常門等三部分，資本門經費則分成修繕設備與大項工程建設。但是對教育局本部而言，除非教育局在該年度進行辦公室修繕或是辦公室內的設備購置，否則教育局的預算如果完全不計對學校的補助，則教育局預算中應該不會有資本門預算。此外，經常門中也不應將一些非例行性的開支列入，例如：舉辦區運就應該屬於非例行性的開支。據此，本研究在計算教育局本部的教育經費基本需求時，僅包括兩部分，一部分為教育局本身的教育行政人員「人事費用」，一部分則是教育局主管其相關機構所需的「業務費用」，其他的經費項目都不計入。

為避免單一年度的經費波動，本研究決定依照各教育局提供過去三年在人事費與業務費上的經費預算平均值，作為計算的「實際值」，將各縣市實際值加總，就是全國地方政府人事（業務）費的「實際值總額」。接著，分別計算各縣市的學校數、班級數、學生數占全國地方政府的加權學校數、班級數、學生數之百分比，其中加權學校數的百分比乘以兩倍（亦即加權學校數之百分比之比重占了全部的一半），然後將三個百分比（加權學校百分比乘以2、班級數百分比、學生數百分比）加起來再除以4，就是這一個縣（市）的「教育局業務量」（以百分比表示之），將「教育局業務量」乘以全年的人事費（或是業務費）實際值總額，就是這一個縣（市）的人事費（業務費）基本需求值。以下以公式表示之：

設 X_i ＝縣（市）加權學校數占全國地方政府加權學校數之百分比

Y_i ＝縣（市）班級數占全國地方政府班級數之百分比

Z_i ＝縣（市）學生數占全國地方政府學生數之百分比

縣市人事費＝全國地方政府人事費實際值總額×

〔（2Xi ＋ Yi ＋ Zi）／4〕

縣市業務費＝全國地方政府業務費實際值總額×

〔（2Xi ＋ Yi ＋ Zi）／4〕

上述公式中，學校加權方式為：國小不加權，國中加權兩倍，高中、高職、完全中學、國中小加權四倍，高等教育機構加權十倍。

全國地方政府人事費、業務費實際值總額為前三年之平均值。

各地方政府之加權學校數、學生數、班級數如表 6-12 所示。

教育局附屬單位、高等教育機構教育經費基本需求之計算

目前地方政府成立教育局附屬單位者，僅有臺北市的啟聰學校、啟智學校、啟明學校（文山特教）、教師研習中心；高雄市的空中大學、人力資源發展中心與三所特殊學校；新竹縣的教育研究發展暨網路中心；嘉義縣的縣立體育場；高雄縣的縣立體育場、特殊學校；以及金門縣的體育場等。有鑑於這些附屬單位的經費支出型態在歷年來相當穩定，加以其中有多所為特殊教育學校，所以本研究將附屬單位過去三年的單位決（預）算數，扣除大項建設經費之後加以平均，即為教育經費基本需求。

此外，臺北市有兩所市立高等教育機構（即師範學院、體育學院），本研究在計算其教育經費基本需求時，亦比照附屬單位之計算方法。

各級學校教育經費基本需求試算結果

以下介紹各級學校教育經費基本需求之試算標準。

表 6-12 地方政府教育局業務量計算之基本資料

縣市別	加權學校數加總	學生數加總	班級數加總
臺北市	396	345,269	11,605
高雄市	221	223,657	6,644
臺北縣	383	494,988	14,587
宜蘭縣	122	60,511	2,079
桃園縣	286	260,629	7,721
新竹縣	138	61,878	2,060
苗栗縣	185	71,651	2,395
臺中縣	272	212,337	6,525
彰化縣	253	169,284	5,242
南投縣	215	66,457	2,515
雲林縣	223	79,002	2,794
嘉義縣	188	56,770	2,313
臺南縣	256	126,766	4,202
高雄縣	269	160,331	4,892
屏東縣	266	113,110	3,910
臺東縣	138	27,630	1,172
花蓮縣	153	42,773	1,672
基隆市	81	51,278	1,653
新竹市	59	51,459	1,589
臺中市	119	144,792	4,166
嘉義市	35	35,332	1,042
臺南市	84	96,386	2,827
澎湖縣	67	10,446	500
金門縣	31	8,131	334
連江縣	26	1,349	90
總計	4,466	2,972,216	94,529

國民小學教育經費基本需求試算結果

我國根據《憲法》規定，國民有受義務教育的權利，國民小學因為屬於最基礎的教育且為使年幼學童就學方便，所以分布的情形相當分散。各地方政府中，許多情況特殊的國民小學在計算基本需求時，一度產生若干爭議，其中討論最多的是小型學校經費的計算問題。目前雖然地方政府財政條件有限，但仍必須為學生設置學校，因而在偏遠地區仍存在許多小型的學校（包括分校與分班），這些學校的學生人數少，以學校經費除以學生人數所求得的「每生平均分攤經費數額」偏高，近年來迭受各界抨擊，甚至有廢校的倡議。然而本著保障學生受教育之權利的理念，這些學校實有其存在必要，所以本研究在計算時仍秉持此一理念，對於小型學校的教育經費基本需求予以合理的數額，不拘泥於學生人數過少的事實。同理，對於特殊教育班與特殊才能班的經費也是以標準規模班級視之，不以其實際學生人數計算。

表 6-13 為國民小學教育經費基本需求試算結果。國民小學之計算結果有三種，分別是：最適班級規模公式、學生邊際單位成本公式（低單價）、學生邊際單位成本公式（高單價）。其中，低單價以幼稚園每生 35,000 元、國小每生 45,000 元計算；高單價以幼稚園每生 40,000 元、國小每生 50,000 元計算。結果可以發現，除了嘉義縣、花蓮縣、澎湖縣、金門縣與連江縣因為小型規模的班級數過多，選取最適班級規模公式較有利之外，其餘二十個縣市都是以選取按照學生人數計算的學生邊際單位成本公式高單價較為有利。最後，將三種公式中對縣市最有利的（最高值）經費計算結果，彙整成為「最惠公式」（見表中最右欄），根據最惠公式，國小總基本需求經費值為 126,465,943（千元）。

國民中學教育經費基本需求試算結果

表 6-14 為國民中學教育經費基本需求試算結果。國民中學之計算結果有四種，分別是：最適班級規模公式、學生邊際單位成本公式（低單價）、學生邊

表 6-13 國民小學教育經費基本需求試算結果

單位：千元

縣市別	國小最適班級規模公式	國小學生邊際單位成本公式（低單價）	國小學生邊際單位成本公式（高單價）	國小最惠公式
臺北市	11,564,206	10,710,824	11,898,947	11,898,947
高雄市	5,923,664	6,179,047	6,864,742	6,864,742
臺北縣	15,447,759	16,478,769	18,296,190	18,296,190
宜蘭縣	2,783,697	2,607,582	2,889,910	2,889,910
桃園縣	8,419,992	9,024,416	10,009,764	10,009,764
新竹縣	2,758,614	2,789,344	3,090,136	3,090,136
苗栗縣	3,258,646	3,374,051	3,734,768	3,734,768
臺中縣	7,346,387	7,644,439	8,478,628	8,478,628
彰化縣	6,020,286	6,361,949	7,050,060	7,050,060
南投縣	4,193,283	4,043,058	4,471,266	4,471,266
雲林縣	4,104,916	4,052,600	4,481,736	4,481,736
嘉義縣	4,342,684	3,836,239	4,242,996	4,342,684
臺南縣	5,955,750	5,862,158	6,497,136	6,497,136
高雄縣	5,889,720	6208909	6,884,955	6,884,955
屏東縣	5,565,360	5,167,558	5,720,975	5,720,975
臺東縣	2,385,993	2,225,981	2,458,701	2,458,701
花蓮縣	3,174,370	2,616,661	2,894,355	3,174,370
基隆市	1,968,603	1,918,842	2,129,698	2,129,698
新竹市	1,687,000	1,741,266	1,933,231	1,933,231
臺中市	4,426,428	4,772,846	5,299,976	5,299,976
嘉義市	1,130,069	1,201,695	1,334,187	1,334,187
臺南市	2,913,107	3,072,219	3,411,411	3,411,411
澎湖縣	1,237,586	1,044,384	1,153,579	1,237,586
金門縣	665,974	479,700	532,558	665,974
連江縣	108,912	89,900	99,200	108,912
總計	113,273,006	113,504,437	125,859,105	126,465,943

表 6-14 國民中學教育經費基本需求試算結果　　單位：千元

縣市別	國中最適班級規模公式	國中學生邊際單位成本公式（低單價）	國中學生邊際單位成本公式（中單價）	國中學生邊際單位成本公式（高單價）	國中最惠公式
臺北市	6,586,886	5,487,370	5,799,941	6,112,512	6,586,886
高雄市	3,043,454	2,911,669	3,077,745	3,243,820	3,243,820
臺北縣	6,233,084	6,338,244	6,700,335	7,062,426	7,062,426
宜蘭縣	1,058,057	1,037,362	1,095,922	1,154,481	1,154,481
桃園縣	3,714,689	3,740,428	39,533,95	4,166,362	4,166,362
新竹縣	1,003,560	966,076	1,020,165	1,074,253	1,074,253
苗栗縣	1,102,855	1,048,077	1,106,703	1,165,329	1,165,329
臺中縣	3,314,132	3,237,461	3,421,539	3,605,616	3,605,616
彰化縣	3,006,073	2,962,067	3,130,584	3,299,101	3,299,101
南投縣	1,272,681	1,224,084	1,292,815	1,361,546	1,361,546
雲林縣	1,378,833	1,303,331	1,376,683	1,450,034	1,450,034
嘉義縣	1,028,767	959,106	1,012,912	1,066,718	1,066,718
臺南縣	1,648,740	1,740,244	1,838,335	1,936,426	1,936,426
高雄縣	2,070,897	2,064,360	2,181,150	2,297,940	2,297,940
屏東縣	2,000,560	1,971,416	2,082,810	2,194,203	2,194,203
臺東縣	575,087	542,083	572,077	602,072	602072
花蓮縣	1,160,972	890,215	940,100	989,985	1,160,972
基隆市	717,223	705,276	745,215	785,154	785,154
新竹市	763,223	715,216	755,864	796,511	796,511
臺中市	1,866,668	1,923,912	2,033,580	2,143,248	2,143,248
嘉義市	545,372	541,936	572,740	603,544	603,544
臺南市	1,661,727	1,702,188	1,799,295	1,896,402	1,896,402
澎湖縣	366,667	289,912	305,770	321,627	366,667
金門縣	205,672	152,184	160,703	169,222	205,672
連江縣	12,663	9,924	10,410	10,896	12,663
總計	46,338,542	44,464,141	46,986,788	49,509,428	50,238,046

際單位成本公式（中單價）、學生邊際單位成本公式（高單價）；其中低單價以國中每生 52,000 元計算，中單價以國中每生 55,000 元計算，高單價以國中每生 58,000 元計算。我國之國民中學分布情形比國民小學分布較為集中，小型學校的問題也較不嚴重。試算結果顯示除了臺北市、花蓮縣、澎湖縣、金門縣與連江縣因為現有班級規模平均偏小，選取最適班級規模公式較有利之外，其餘二十個縣市都是以選取依照學生人數計算的學生邊際單位成本公式高單價較為有利。最後，將四種公式中對縣市最有利的經費結果，彙整成為「最惠公式」（見表中最右欄），根據最惠公式，國中總需求值為 50,238,046（千元）。

高級中學教育經費基本需求試算結果

目前辦理高級中學教育的地方政府，僅有臺北市、高雄市、花蓮縣與連江縣等四個縣市，而又以兩個直轄市為主，花蓮縣與連江縣的高中僅各有一所。表 6-15 為高級中學教育經費基本需求試算結果。高級中學之計算結果有四種，分別是：最適班級規模公式、學生邊際單位成本公式（低單價）、邊際學生單位成本公式（中單價）、學生邊際單位成本公式（高單價）；其中低單價以每生 82,000 元計算，中單價以每生 85,000 元計算，高單價以每生 88,000 元計算。臺北市、高雄市因為人口集中，每班學生人數多，所以以高單價的學生邊際單

表 6-15　高級中學教育經費基本需求試算結果　　單位：千元

縣市別	高中最適班級規模公式	高中學生邊際單位成本公式（低單價）	高中學生邊際單位成本公式（中單價）	高中學生邊際單位成本公式（高單價）	高中最惠公式
臺北市	3,062,082	2,996,898	3,106,065	3,215,232	3,215,232
高雄市	1,538,332	1,446,034	1,498,645	1,551,256	1,551,256
花蓮縣	8,120	5,346	5,505	5,664	8,120
連江縣	43,300	24,370	25,225	26,080	43,300
總計	4,651,834	4,472,648	4,635,440	4,798,232	4,817,908

位成本公式較為有利；反之，花蓮縣與連江縣因為學生人數少，班級規模小，以最適班級規模公式較為有利。最後，將四種公式中對縣市最有利的經費結果，彙整成為「最惠公式」（見表中最右欄），根據最惠公式，高中總需求值為4,817,908（千元）。

高級職業學校教育經費基本需求試算結果

目前辦理高級職業學校教育的地方政府，僅有臺北市、高雄市與臺北縣等三個縣市，而又以兩個直轄市為最主要，臺北縣僅有一所高職。表 6-16 為高職教育經費基本需求試算結果。高職之計算結果有四種，分別是：最適班級規模公式、學生邊際單位成本公式（低單價）、學生邊際單位成本公式（中單價）、邊際學生單位成本公式（高單價）；其中低單價以每生 92,000 元計算，中單價以每生 95,000 元計算，高單價以每生 98,000 元計算。計算結果顯示，此三個地區都為人口集中地，學生人數多，所以以高單價的學生邊際單位成本公式較為有利。值得注意的是，本研究採用的高中高職經費計算基準，是以臺北市與高雄市為標準，因此計算出來的基本需求值會比全國一百多所國立高中職為高。最後，將四種公式中對縣市最有利的經費結果，彙整成為「最惠公式」（見表中最右欄），根據最惠公式，高職總需求值為 3,101,882（千元）。

表 6-16 高級職業學校教育經費基本需求試算結果　　單位：千元

縣市別	高職最適班級規模公式	高職學生邊際單位成本公式（低單價）	高職學生邊際單位成本公式（中單價）	高職學生邊際單位成本公式（高單價）	高職最惠公式
臺北市	1,489,110	1,579,004	1,630,265	1,681,526	1,681,526
高雄市	1,133,969	1,140,820	1,177,825	1,214,830	1,214,830
臺北縣	183,326	193,004	199,265	205,526	205,526
總計	2,806,405	2,912,828	3,007,355	3,101,882	3,101,882

完全中學教育經費基本需求試算結果

完全中學與國中小都是屬於複合型的學校型態，包含兩個部分。為簡化計算程序起見，本研究在學生邊際單位成本公式中，僅採用一個單價，所以完全中學的試算結果有三，分別是：最適班級規模公式、學生邊際單位成本公式、完全中學最惠公式。最後在完全中學的試算結果發現（見表 6-17），由於大部分的縣市都是將比較偏遠地區的學校改制為完全中學，學校規模與班級規模偏小，所以採取最適班級規模公式較為有利，僅有臺南縣唯一的一所完全中學（大

表 6-17 完全中學教育經費基本需求試算結果　　單位：千元

縣市別	完全中學最適班級規模公式	完全中學學生邊際單位成本公式	完全中學最惠公式
臺北市	1,758,717	1,518,436	1,758,717
高雄市	842,883	643,772	842,883
臺北縣	2,412,257	2,242,432	2,412,257
宜蘭縣	37,625	25,292	37,625
桃園縣	640,959	589,280	640,959
新竹縣	129,699	124,304	129,699
苗栗縣	233,598	219,464	233,598
臺中縣	527,541	467,276	527,541
南投縣	92,814	74,836	92,814
雲林縣	175,124	143,228	175,124
臺南縣	151,620	156,848	156,848
高雄縣	720,377	611,848	720,377
屏東縣	233,296	199,176	233,296
臺東縣	22,585	10,388	22,585
基隆市	274,952	220,876	274,952
新竹市	298,309	232,976	298,309
臺中市	384,964	381,444	384,964
總計	8,937,320	7,861,876	8,942,548

灣中學）班級與學校規模都很大，採用學生邊際單位成本公式較為有利。最後，將兩種公式中對縣市最有利的經費結果，彙整成為「最惠公式」（見表中最右欄），根據最惠公式，完全中學總需求值為 8,942,548（千元）。

國中小教育經費基本需求試算結果

國中小的教育經費基本需求計算分成兩部分，在最適班級規模公式中，本研究將國中小學的教育經費基本需求分成兩部分，人事費以外的國小部教育經費基本需求以國民小學的試算標準按其班級數計算，國中部則比照國中的試算標準，以國中部的班級計算之；至於人事費用，教師人數按照班級數編制計算，職員工則僅以國中的標準計算一次，最後再乘上該縣市國小的縣市規模調整值。另一方面，在學生邊際單位成本公式中，則分成兩組單價，低單價為：幼稚園每生 35,000 元、國小每生 45,000 元、國中每生 55,000 元；高單價為：幼稚園每生 40,000 元、國小每生 50,000 元、國中每生 58,000 元。

表 6-18 為國中小教育經費基本需求試算結果。表中數據顯示，現有的國中小除了高雄市的翠屏國中小為一所大型學校之外，大部分的縣市都是為了處理過度偏遠的地區學生人數不足的問題，將學校改為國中小，學校規模與班級規模偏小，所以採取最適班級規模公式較為有利，僅有高雄市的翠屏國中小班級與學校規模都很大，採用學生邊際單位成本公式較為有利。最後，將三種公式

表 6-18　國中小教育經費基本需求試算結果　單位：千元

縣市別	國中小最適班級規模公式	國中小學生邊際單位成本公式（低單價）	國中小學生邊際單位成本公式（高單價）	國中小最惠公式
高雄市	94,559	107,135	116,218	116,218
高雄縣	85,940	63,150	70,822	85,940
金門縣	57,431	31,945	34,442	57,431
連江縣	217,933	86,150	93,720	2,17,933
總計	455,863	288,380	315,202	477,522

中對縣市最有利的經費結果，彙整成為「最惠公式」（見表中最右欄），根據最惠公式，九年一貫國中小學校總需求值為 477,522（千元）。

教育局本部教育經費基本需求試算結果

在計算地方政府教育局教育經費基本需求時，本研究參考 1993 年以來沿用的國民教育補助公式之精神，建議以「教育局業務量」來計算其教育經費基本需求。教育局業務量之計算方式請見表 6-19，表中各縣市政府內的加權學校數、學生數、班級數等三個變項，分別占全國加權學校數、學生數、班級數之百分比合計（其中加權學校數的百分比乘以 2），再除以 4，所獲得之百分比即是「教育局業務量」。

表 6-20 將教育局業務量分別乘以二十五個地方政府教育局填報過去三年人事費、業務費平均值的總和（分別是人事費 1,103,563 千元，業務費 1,220,288 千元），如此就可求得 2003 年度教育局本部人事費與業務費的教育經費基本需求。

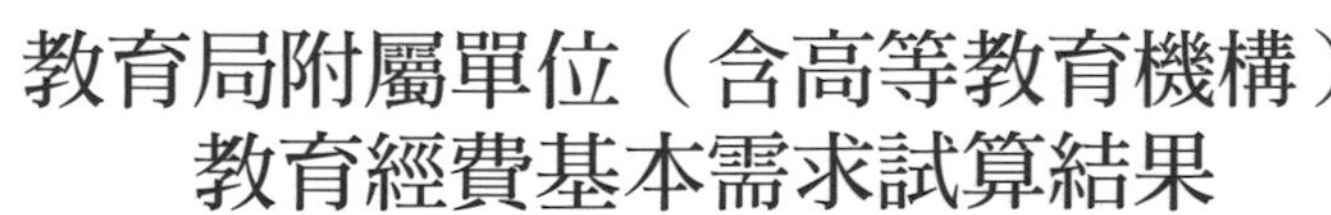

教育局附屬單位（含高等教育機構）教育經費基本需求試算結果

教育局附屬單位教育經費基本需求的計算方法，係以過去三年的預決算數，扣除大項工程建設之後，求其三年度的平均值而來，表 6-21 為地方政府教育局附屬單位（含高等教育機構）教育經費基本需求計算結果，其中臺北市的附屬單位數最多，其次為高雄市，再次為高雄縣，其餘的縣市則僅有一所。2003 年度地方政府附屬單位及高等教育機構教育經費基本需求值為 2,330,014（千元）。

表 6-19 地方政府「教育局業務量」之計算過程

縣市別	加權學校數加總	學生數加總	班級數加總	加權學校數百分比	學生數百分比	班級數百分比	教育局業務量
臺北市	396	345,269	11,605	0.088670	0.116166	0.122767	0.104068
高雄市	221	223,657	6,644	0.049485	0.075249	0.070285	0.061126
臺北縣	383	494,988	14,587	0.085759	0.166538	0.154312	0.123092
宜蘭縣	122	60,511	2,079	0.027318	0.020359	0.021993	0.024247
桃園縣	286	260,629	7,721	0.064039	0.087688	0.081679	0.074361
新竹縣	138	61,878	2,060	0.030900	0.020819	0.021792	0.026103
苗栗縣	185	71,651	2,395	0.041424	0.024107	0.025336	0.033073
臺中縣	272	212,337	6,525	0.060905	0.071441	0.069026	0.065569
彰化縣	253	169,284	5,242	0.056650	0.056955	0.055454	0.056427
南投縣	215	66,457	2,515	0.048142	0.022359	0.026606	0.036312
雲林縣	223	79,002	2,794	0.049933	0.026580	0.029557	0.039001
嘉義縣	188	56,770	2,313	0.042096	0.019100	0.024469	0.03194
臺南縣	256	126,766	4,202	0.057322	0.042650	0.044452	0.050437
高雄縣	269	160,331	4,892	0.060233	0.053943	0.051751	0.05654
屏東縣	266	113,110	3,910	0.059561	0.038056	0.041363	0.049635
臺東縣	138	27,630	1,172	0.030900	0.009296	0.012398	0.020874
花蓮縣	153	42,773	1,672	0.034259	0.014391	0.017688	0.025149
基隆市	81	51,278	1,653	0.018137	0.017252	0.017487	0.017753
新竹市	59	51,459	1,589	0.013211	0.017313	0.016810	0.015136
臺中市	119	144,792	4,166	0.026646	0.048715	0.044071	0.036519
嘉義市	35	35,332	1,042	0.007837	0.011887	0.011023	0.009646
臺南市	84	96,386	2,827	0.018809	0.032429	0.029906	0.024988
澎湖縣	67	10,446	500	0.015002	0.003515	0.005289	0.009702
金門縣	31	8,131	334	0.006941	0.002736	0.003533	0.005038
連江縣	26	1,349	90	0.005822	0.000454	0.000952	0.003262
合計	4,466	2,972,216	94,529				

表 6-20 2003 年度地方政府教育局本部教育經費基本需求試算結果　單位：千元

縣市別	教育局本部 人事費預測值(1)	教育局本部 業務費預測值(2)	教育局本部 教育經費基本需求 (1)+(2)
臺北市	114,845.6	126,992.9	241,838.5
高雄市	67,456.5	74,591.49	142,048
臺北縣	135,840	150,208	286,048
宜蘭縣	26,757.86	29,588.07	56,345.9
桃園縣	82,062.57	90,742.42	172,805
新竹縣	28,806.12	31,852.97	60,659.1
苗栗縣	36,497.93	40,358.36	76,856.3
臺中縣	72,359.6	80,013.15	152,372.8
彰化縣	62,271.26	68,857.76	131,129
南投縣	40,072.59	44,311.11	84,383.7
雲林縣	43,039.75	47,592.11	90,631.9
嘉義縣	35,247.96	38,976.18	74,224.1
臺南縣	55,659.93	61,547.14	117,207.1
高雄縣	62,395.54	68,995.18	131,390.7
屏東縣	54,775.63	60,569.3	115,344.9
臺東縣	23,035.41	25,471.89	48,507.3
花蓮縣	27,753.6	30,689.12	58,442.7
基隆市	19,591.89	21,664.14	41,256.0
新竹市	16,703.77	18,470.54	35,174.3
臺中市	40,301.52	44,564.26	84,865.8
嘉義市	10,645.1	11,771.04	22,416.2
臺南市	27,576.03	30,492.78	58,068.8
澎湖縣	10,706.88	11,839.36	2,2546
金門縣	5,559.653	6,147.703	11,707.4
連江縣	3,600,233	3,981.033	7,581.3
總計	1,103,563	1,220,288	2,323,851

表 6-21 2003 年度地方政府教育局附屬單位教育經費基本需求試算結果

單位：千元

縣市別	附屬單位經費	附屬單位名稱
臺北市	1,633,933	啟聰、啟智、啟明（文山特教）、市立啟明學校、教師研習中心、師範學院、體育學院
高雄市	518,792	空中大學、人發中心、特殊學校（三所）
新竹縣	42,159	教育研究發展暨網路中心
嘉義縣	24,488	體育場
高雄縣	66,323	體育場、特殊學校
金門縣	44,319	體育場
總計	2,330,014	

地方政府教育經費基本需求總額試算結果

根據前述試算結果，本節討論地方政府 2003 年度教育經費基本需求總額，並將試算結果與前一年度加以比較。

各級學校教育經費基本需求總額

表 6-22 為 2003 年度二十五個地方政府學校教育經費基本需求試算結果，表中計算之學校教育經費基本需求有四種結果：

一、「學校基本需求總額：班級」：這種方法係將各級學校教育的「最適班級規模公式」結果加總。

二、「學校基本需求總額（一）人數」：這種方法係將國小學生邊際單位成本公式（低單價），加上國中學生邊際單位成本公式（低單價）、高中學生邊際單位成本公式（低單價）、高職學生邊際單位成本公式（低單價）、完全中學學生邊際單位成本公式（僅一個單價）、國中小學生邊際單位成本公式（低單價）之總和。

表 6-22 2003 年度地方政府學校教育經費基本需求試算結果 單位：千元

縣市別	學校基本需求總額：班級	學校基本需求總額（一）人數	學校基本需求總額（二）人數	學校基本需求總額（三）人數	學校基本需求最惠公式
臺北市	24,461,001	22,292,532	23,953,654	24,426,653	25,141,308
高雄市	12,576,861	12,428,477	13,378,947	13,634,638	13,833,749
臺北縣	24,276,426	25,252,449	27,438,222	27,806,574	27,976,399
宜蘭縣	3,879,379	3,670,236	4,011,124	4,069,683	4,082,016
桃園縣	12,775,640	13,354,124	14,552,439	14,765,406	14,817,085
新竹縣	3,891,873	3,879,724	4,234,605	4,288,693	4,294,088
苗栗縣	4,595,099	4,641,592	5,060,935	5,119,561	5,133,695
臺中縣	11,188,060	11,349,176	12,367,443	12,551,520	12,611,785
彰化縣	9,026,359	9,324,016	10,180,644	10,349,161	10,349,161
南投縣	5,558,778	5,341,978	5,838,917	5,907,648	5,925,626
雲林縣	5,658,873	5,499,159	6,001,647	6,074,998	6,106,894
嘉義縣	5,371,451	4,795,345	5,255,908	5,309,714	5,409,402
臺南縣	7,756,110	7,759,250	8,492,319	8,590,410	8,590,410
高雄縣	8,766,934	8,948,267	9,748,775	9,865,565	9,989,212
屏東縣	7,799,216	7,338,150	8,002,961	8,114,354	8148474
臺東縣	2,983,665	2,778,452	3,041,166	3,071,161	3,083,358
花蓮縣	4,343,462	3,512,222	3,839,960	3,890,004	4,343,462
基隆市	2,960,778	2,844,994	3,095,789	3,135,728	3,189,804
新竹市	2,748,532	2,689,458	2,922,071	2,962,718	3,028,051
臺中市	6,678,060	7,078,202	7,715,000	7,824,668	7,828,188
嘉義市	1,675,441	1,743,631	1,906,927	1,937,731	1,937,731
臺南市	4,574,834	4,774,407	5,210,706	5,307,813	5,307,813
澎湖縣	1,604,253	1,334,296	1,459,349	1,475,206	1,604,253
金門縣	929,077	663,829	727,703	736,222	929,077
連江縣	382,808	210,344	228,555	229,896	382,808
加總	176,462,970	173,504,310	188,665,766	191,445,725	194,043,849

三、「學校基本需求總額（二）人數」：這種方法係將國小學生邊際單位成本公式（中單價），加上國中學生邊際單位成本公式（中單價）、高中學生邊際單位成本公式（中單價）、高職學生邊際單位成本公式（中單價）、完全中學學生邊際單位成本公式（僅一個單價）、國中小學生邊際單位成本公式（中單價）之總和。

四、「學校基本需求總額（三）人數」：這種方法係將國小學生邊際單位成本公式（高單價），加上國中學生邊際單位成本公式（高單價）、高中學生邊際單位成本公式（高單價）、高職學生邊際單位成本公式（高單價）、完全中學學生邊際單位成本公式（僅一個單價）、國中小學生邊際單位成本公式（高單價）之總和。

五、「學校基本需求最惠公式」：係選取各縣市在前述四種計算結果中最有利者，彙整成一欄，就是最惠公式。

將四種公式的計算結果加以比較，選取對各縣市最有利的計算結果，成為學校教育經費基本需求最惠公式，根據最惠公式，總計需要 194,043,849（千元）。

地方政府教育經費基本需求總額

表 6-23 為 2003 年度地方政府教育經費基本需求總額的試算結果。地方政府教育經費總需求值包括：學校基本需求最惠公式（由表 6-22 而來）、教育局本部人事費和業務費（由表 6-20 而來）、附屬單位（含高等教育機構）經費（由表 6-21 而來），將上述各項加總，即得 2003 年度的基本需求總值為 198,697,714（千元），其中學校教育經費基本需求高達 194,043,849（千元），占總需求之 97.66%。在二十五個地政府中，基本需求值最高者，依序是：臺北縣、臺北市、桃園縣、高雄市、臺中縣、彰化縣與高雄縣，這些縣市的特徵都是人口眾多、學校及學生數多，所以基本需求值高。然而基本需求值之比較，必須回歸到學校型態與學生的組成，不宜逕以絕對數值比較之。

表 6-23 2003 年度地方政府教育經費基本需求總額試算結果　　單位：千元

縣市別	學校基本需求最惠公式	教育局本部人事費	教育局本部業務費	附屬單位（含高等教育機構）經費	2003 年度地方政府教育經費基本需求總額
臺北市	25,141,308	114,846	126,993	1,633,933	27,017,080
高雄市	13,833,749	67,457	74,591	518,792	144,945,89
臺北縣	27,976,399	135,840	150,208		28,262,447
宜蘭縣	4,082,016	26,758	29,588		4,138,362
桃園縣	14,817,085	82,063	90,742		14,989,890
新竹縣	4,294,088	28,806	31,853	42,159	4,396,906
苗栗縣	5,133,695	36,498	40,358		5,210,551
臺中縣	12,611,785	72,360	80,013		12,764,158
彰化縣	10,349,161	62,271	68,858		10,480,290
南投縣	5,925,626	40,073	44,311		6,010,010
雲林縣	6,106,894	43,040	47,592		6,197,526
嘉義縣	5,409,402	35,248	38,976	24,488	5,508,114
臺南縣	8,590,410	55,660	61,547		8,707,617
高雄縣	9,989,212	62,396	68,995	66,323	10,186,926
屏東縣	8,148,474	54,776	60,569		8,263,819
臺東縣	3,083,358	23,035	25,472		3,131,865
花蓮縣	4,343,462	27,754	30,689		4,401,905
基隆市	3,189,804	19,592	21,664		3,231,060
新竹市	3,028,051	16,704	18,471		3,063,225
臺中市	7,828,188	40,302	44,564		7,913,054
嘉義市	1,937,731	10,645	11,771		1,960,147
臺南市	5,307,813	27,576	30,493		5,365,882
澎湖縣	1,604,253	10,707	11,839		1,626,799
金門縣	929,077	5,560	6,148	44,319	985,103
連江縣	382,808	3,600	3,981		390,389
總計	194,043,849	1,103,563	1,220,288	2,330,014	198,697,714

2003 年度基本需求試算結果與 2002 年度之比較

表 6-24 為 2003 年度地方政府教育經費基本需求總額，與 2002 年度之比較。2003 年度之總基本需求值為 198,697,714（千元），與 2002 年度的地方政府教育經費總數 275,649,000（千元）相比較，約為前一年之 72.08%，各縣市的個別比率不一，其中比率較高的為臺北縣、桃園縣、臺中縣、南投縣、花蓮縣、澎湖縣與連江縣等，這些縣市的共同特徵為：學生人口數眾多（如：臺北縣、桃園縣），小型學校偏多（如：南投縣、花蓮縣、澎湖縣、連江縣），以致地方財政狀況不佳，前一年度的教育經費預算編列較少。另一方面，2003 年度基本需求總值與 2002 年度比較，比率較低者為：臺北市、嘉義市、基隆市、苗栗縣、新竹市、高雄市、臺南市、臺中市等，其中兩個直轄市與五個省轄市的共同特徵不外是：縣市財政狀況佳，教育經費高，加上學校分布集中（或是人口少但是學校分布集中，如：苗栗縣），所以以一個全國一致的公式去計算教育經費基本需求時，就會使其占去年的總預算值比率偏低。這個與教育經費分配現狀的落差有關，建議由教育行政主管機關另以行政考量，將本年度預算總額的餘額 76,951,286（千元）〔即 2002 年總預算的 275,649,000（千元）扣除基本需求的 198,697,714（千元）〕，在扣除退撫支出的實際需求後，依據各地方政府的個別狀況，分配給各地方政府。

其次，表 6-24 中最右欄顯示 2003 年度縣市政府總基本需求與 2002 年度自籌教育經費之比率，其中比率值超過 1 的縣，包括：臺北縣、桃園縣、臺中縣、南投縣、嘉義縣、臺南縣、高雄縣、屏東縣、臺東縣、花蓮縣、澎湖縣，顯示這些縣的地方自籌教育經費支出偏低，除了一方面鼓勵地方增加財政努力，充足地方政府歲入之外，對於財力確實不佳者，則應由中央政府以一般補助款補助之，以維持全國基礎教育「充足」的基本水準，並維護學生不限居住地域的基本受教權利。

表 6-24 2003 年度地方政府教育經費基本需求總額試算結果與 2002 年度之比較

單位：千元

縣市別	2003 年度地方政府教育經費基本需求總額	2002 年自籌教育經費	2002 年度教育經費	2003 年總需求／2002 年總經費	2003 年總需求／2002 自籌經費
臺北市	27,017,080	51,355,000	51,355,000	0.526084703	0.526084703
高雄市	14,494,589	20,840,000	21,750,000	0.666417887	0.695517708
臺北縣	28,262,447	25,999,000	31,450,000	0.898646964	1.087059003
宜蘭縣	4,138,362	4,681,000	6,418,000	0.644805535	0.884076463
桃園縣	14,989,890	14,928,000	17,796,000	0.842317936	1.0041459
新竹縣	4,396,906	4,604,000	5,685,000	0.773422356	0.9550187
苗栗縣	5,210,551	6,370,000	7,980,000	0.65295129	0.817982934
臺中縣	12,764,158	10,891,000	14,850,000	0.859539243	1.171991347
彰化縣	10,480,290	10,547,000	14,060,000	0.745397583	0.993674981
南投縣	6,010,010	4,924,000	7,088,000	0.847913332	1.220554365
雲林縣	6,197,526	6,465,000	8,400,000	0.737800698	0.958627357
嘉義縣	5,508,114	5,041,000	7,100,000	0.775790724	1.092662991
臺南縣	8,707,617	8,234,000	10,900,000	0.798863952	1.057519683
高雄縣	10,186,926	9,295,000	12,760,000	0.79834841	1.095957581
屏東縣	8,263,819	7,196,000	10,723,000	0.770662961	1.148390624
臺東縣	3,131,865	2,660,000	3,947,000	0.793479933	1.177392968
花蓮縣	4,401,905	3,407,000	5,140,000	0.856401696	1.292017822
基隆市	3,231,060	4,443,000	5,491,000	0.588428343	0.727224855
新竹市	3,063,225	4,573,000	4,795,000	0.638837394	0.669850275
臺中市	7,913,054	11,682,000	12,196,000	0.648823695	0.677371493
嘉義市	1,960,147	3,251,000	3,600,000	0.544485318	0.60293668
臺南市	5,365,882	7,587,000	8,286,000	0.647584095	0.707246845
澎湖縣	1,626,799	1,337,000	2,051,000	0.793173691	1.216753359
金門縣	985,103	1,443,000	1,433,000	0.687441281	0.682677308
連江縣	390,389	395,000	395,000	0.988327256	0.988327256
總計	198,697,714	232,148,000	275,649,000	0.72083597	0.855909654

教育經費基本需求試算結果之檢討

在分配二十五個地方政府教育經費基本需求於學校、局本部與附屬單位之後，對於使用比例最重的學校教育經費之分配結果，值得進一步檢討。本節深入討論學校教育經費基本需求試算結果之各種效果，包括教育基本需求經費試算結果之分配情形分析、分配結果之公平性分析，以及學校預算與基本需求之對照等。

教育經費基本需求試算結果分配情形之分析

圖 6-4 為 2003 年度教育經費基本需求值與前一年度（2002）自籌經費之對照。根據《教育經費編列與管理法》第三條「直轄市及縣（市）政府以其歲入總預算扣除上級政府補助為自有財源」，圖中顯示有十一個縣的 2003 年度教育

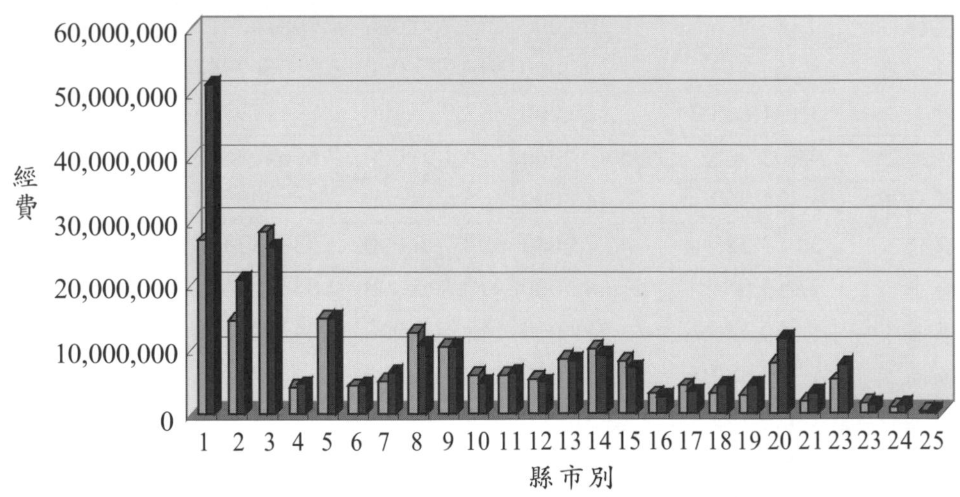

圖 6-4　地方政府 2003 年度教育經費基本需求與 2002 年度自籌教育經費之比較

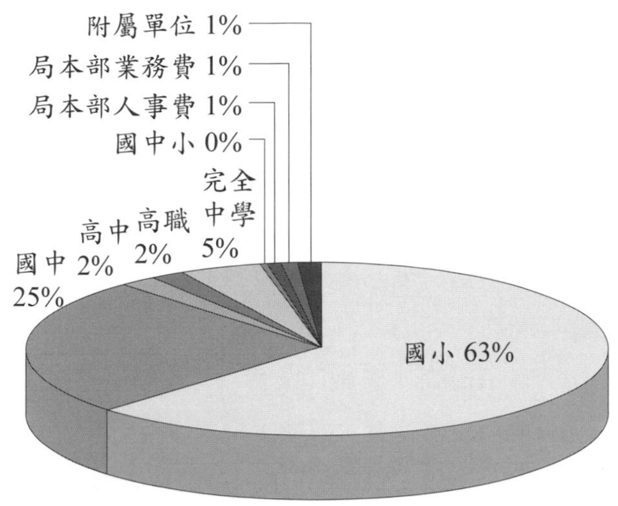

圖 6-5　地方政府 2003 年度教育經費基本需求之分析

經費基本需求超過 2002 年度自籌經費值，顯示這些縣如果在 2003 年度自籌經費能力沒有改善的話，則必須仰賴中央政府的補助才能達到基本需求的水準。對於這些基本需求值超過自籌經費的縣，就是行政院「教育經費基準委員會」應該以一般補助款彌補其不足的重點對象。

圖 6-5 為地方政府 2003 年度教育經費基本需求之分析。如果將 2003 年度全部基本需求經費 198,697,714 千元加以區分，其中國民小學占了 63%，國民中學占 25%，高中、高職、完全中學分別占 2%、2%與 5%，其餘的教育局本部人事費、業務費與附屬單位經費則分別為 1%左右。所以可以說，地方政府教育經費基本需求中，使用於學生與學校的經費占了 98%左右，可見教育經費基本需求確實絕大部分用於學校經費。

基本需求經費結果之財政公平效果分析

教育財政之目的，一方面在於籌措充足的資源供教育活動使用，一方面則在於公平地分配資源於各個使用單位，使用單位可能是學生、教室（班級）、學校或是地區，以下以地區為單位分析 2003 年度基本需求經費試算結果的公平程度。

財政公平衡量的相關研究，最完整的應該屬 R. Berne 和 L. Stiefel（1984）所著的 *The Measurement of Equity in School Finance: Conceptual, Methodological, and Empirical Dimensions* 一書。書中將財政的公平劃分為三個向量：水平公平（horizontal equity）、機會公平（equality of opportunity）與垂直公平（vertical equity）。水平公平的量數為分散（dispersion）量數，包括全距、限制全距、聯合全距比例、相對平均差、麥克倫（McLoone）指數、變異數、變異係數、吉尼（Gini）係數、泰爾（Theil's）量數與艾肯遜（Atkinson's）指數等。機會公平的量數為關係（relationship）量數，包括：相關係數、斜率、彈性係數與調整關係量數等。至於垂直公平的衡量，則是使用分散量數與關係量數，但是分配單位（學生）的人數計算採用加權處理，對於特殊需求的不利學生另外加權計算，以凸顯其需求量的不同。至於國內對於教育財政公平的相關研究，陳麗珠（1992，1993，1997）將 Berne 和 Stiefel 的模式用於檢查我國 1980 年代的中小學教育財政之公平性，之後也有一些相關研究出現。

國民小學基本需求試算結果之公平性分析

表 6-25 為 2003 年度教育經費基本需求試算結果中，國民小學教育經費每班平均、每生平均基本需求值之分析。由表中數據可知，國小每生平均基本需求值較高的縣市，依序是：連江縣、澎湖縣、臺東縣、金門縣、花蓮縣、嘉義縣，以上這些縣市的每生平均基本需求值都在 100,000 元以上，都屬於偏遠學校偏多縣市或是離島地區。另一方面，每生平均基本需求值最低的縣市依序是：臺中市、高雄市、嘉義市、臺南市、臺北縣、新竹市與桃園縣，這些縣市的每生基本需求值都在 55,000 元上下，都屬於都會地區或是人口密度高的地區。其次，國小每班平均基本需求值雖然有差異，但是差異的程度不如每生平均高，每班平均基本需求值最高的縣市依序是：連江縣、澎湖縣、金門縣、臺東縣、花蓮縣、南投縣與嘉義縣等，其中三個離島區的基本需求值遠高於本島地區；而每班平均基本需求值最低的縣市依序是：高雄市、臺北市、嘉義市、臺中市、

表 6-25　2003 年度國小教育經費每班平均、每生平均基本需求值　　單位：千元

縣市別	國小教育經費基本需求	國小學生數（含幼稚園）	國小實際班級數	國小每生平均基本需求	國小每班平均基本需求	1999 學年度國小每生平均分攤經費
臺北市	11,898,947	199,948	6,827	59.510	1,742.925	75.530
高雄市	6,864,742	131,863	3,978	52.060	1,725.677	59.760
臺北縣	18,296,190	333,979	10,177	54.782	1,797.798	48.661
宜蘭縣	2,889,910	41,669	1,527	69.354	1,892.541	57.996
桃園縣	10,009,764	181,428	5,501	55.172	1,819.626	51.911
新竹縣	3,090,136	43,796	1,522	70.557	2,030.313	53.119
苗栗縣	3,734,768	50,440	1,772	74.044	2,107.657	62.170
臺中縣	8,478,628	146,410	4,603	57.910	1,841.979	49.104
彰化縣	7,050,060	115,555	3,683	61.010	1,914.217	45.956
南投縣	4,471,266	45,927	1,877	97.356	2,382.134	59.206
雲林縣	4,481,736	54,265	2,044	82.590	2,192.630	61.610
嘉義縣	4,342,684	41,234	1,826	105.318	2,378.250	67.735
臺南縣	6,497,136	93,083	3,288	69.799	1,976.015	60.052
高雄縣	6,884,955	112,563	3,520	61.165	1,955.953	49.522
屏東縣	5,720,975	74,781	2,795	76.503	2,046.860	68.307
臺東縣	2,458,701	18,939	899	129.822	2,734.929	87.279
花蓮縣	3,174,370	29,433	1,228	107.851	2,584.992	75.642
基隆市	2,129,698	35,251	1,184	60.415	1,798.731	62.574
新竹市	1,933,231	35,268	1,093	54.815	1,768.738	52.690
臺中市	5,299,976	102,714	3,027	51.599	1,750.901	52.053
嘉義市	1,334,187	25,597	763	52.123	1,748.607	53.861
臺南市	3,411,411	64,406	1,937	52.967	1,761.183	53.780
澎湖縣	1,237,568	7,023	375	176.219	3,300.229	111.007
金門縣	687,511	5,511	247	124.752	2,783.445	—
連江縣	236,040	492	45	479.756	5,245.333	—
總計	126,614,608	1,991,575	65,738	63.57511	1,926.049	—

說明：1. 表中國小基本需求經費數、學生數、班級數都包含國中小的國小與幼稚園部分。

2. 1999 學年度資料來源：教育部中部辦公室（2000：40）。

3. 1999 學年度臺北、高雄市數據由教育部統計處提供。

臺南市、新竹市、臺北縣與基隆市等，這些都是人口稠密的地區。最後，表中最右一欄為1999學年度教育部所發表的官方數據，顯示當年的各地方政府每生平均教育經費值除了臺北市、高雄市、臺中市、嘉義市、臺南市較教育經費基本需求值高之外，其餘都比較低，顯示政府確實有增加教育投資之必要，但是當年資料並不包括金門與連江縣，所以無法通盤對照。

表6-26將表6-25的三種經費項目：國小每生平均基本需求、國小每班平均基本需求、1999學年度國小每生平均分攤經費，再加上將每生平均基本需求剔除金門、連江後之每生平均基本需求值，進行水平公平分析。水平公平的量數包括：全距、限制全距、聯合全距比例、麥克倫指數與變異係數等。這些量數顯示的公平程度，除了麥克倫指數之外，都是愈小愈公平。然而每一個量數所代表的意義各不相同，其中全距代表極大值與極小值之間的差異，限制全距代表扣除上下5%極端值之後的極大值與極小值之間的差異，聯合全距比例代表限制全距除以第五百分位數值，麥克倫指數代表將低於中位數以下學生所獲得經費除以這些學生如果全部獲得中位數經費之總數值，變異係數代表變異數的開平方值除以平均數。所以全距與限制全距檢視的是前後兩個極端值的距離，聯合全距比例檢視極端值與最小值之比例，麥克倫指數關心的是中位數以下學生

表6-26 2003年度國小教育經費基本需求分配結果之水平公平程度分析

經費 量數 \ 公平程度	國小每生平均基本需求	國小每生平均基本需求（扣除：金門、連江）	1999學年度國小每生平均分攤經費	國小每班平均基本需求
平均數	93.498	75.345	61.718	2,211.266
標準差	86.135	30.383	14.727	749.483
中位數	69.354	61.165	59.206	1,955.953
全距	428.157	124.620	65.051	3,519.657
限制全距	114.867	75.559	37.410	1,452.811
聯合全距比例	2.206	1.451	0.768	0.833
麥克倫指數	0.824	0.912	0.884	0.919
變異係數	0.921	0.403	0.239	0.339

所獲得的經費比例，而變異係數則關心全體學生分配狀況。

以水平公平而言，學生／班級之間的差距愈小表示愈公平，檢討表 6-26 的經費分配公平程度，以全體分配的變異係數而言，最公平的為 1999 學年度的分配，其次是每班平均基本需求值，再其次是扣除金門、連江之後的每生平均基本需求值，最不公平的則是每生平均基本需求值。然而，如果以中位數以下的分配為重點的麥克倫指數而言，對中位數以下學生較為有利（指其經費落後程度不至於太大）的分配，最公平的反而是每班平均基本需求值，以及扣除金門、連江之後的每生平均基本需求值，1999 年度的經費與 2003 年度的每生平均基本需求值則相對落後。至於距離量數（以聯合全距比例為代表）則還是以 1999 學年度的每生平均分攤經費最小最公平，其次是每班平均基本需求，再次是扣除金門、連江的每生平均基本需求值，最後還是每生平均基本需求值的分配最不符合水平公平。在此間值得注意的是，每生平均基本需求值最不符合水平公平的原因，有一大部分是因為包含了三個離島地區的極端值，這可以由扣除金門、連江之後基本需求值的水平公平程度大幅度提高可以得到佐證。然而計算基本需求本來就應該加入離島地區，而且以人權的觀點而言亦應該考量其實際需求與特殊需要，所以僅以水平公平而言，基本需求的計算結果並不是最公平，但是另有其人性考量。

歸納國小教育經費基本需求水平公平性分析，可以獲致下列結論

1. 以全體分配的變異係數而言，最公平的為 1999 學年度的分配，其次是每班平均基本需求值。
2. 以中位數以下的分配為重點的麥克倫指數而言，對中位數以下學生較為有利的分配，最公平的反而是每班平均基本需求值，以及扣除金門、連江之後的每生平均基本需求值。
3. 以聯合全距比例為代表的距離量數而言，是以 1999 學年度的每生平均分攤經費最小最公平，其次是每班平均基本需求。
4. 每生平均基本需求值最不符合水平公平的原因，有一大部分是因為包含了三個離島地區的極端值。

表 6-27 為機會公平的考驗。機會公平指教育經費的分配不得與可疑因素相

表 6-27 國小教育經費基本需求分配結果之縣市財政中立程度之機會公平分析

財政 \ 公平量數 \ 經費項目		國小每生平均基本需求	國小每班平均基本需求
2000年度縣市總歲入	相關係數	-0.26047043	-0.314358
	斜率	-1.61319E-07	-2.51E-06
	彈性係數	-0.059850042	-0.039418
2000年度縣市補助及協助收入	相關係數	-0.195462229	-0.160674
	斜率	-1.28596E-06	-1.36E-05
	彈性係數	-0.089337521	-0.040076
2000年度縣市扣除補助及協助收入後之歲入	相關係數	-0.199160011	-0.265147
	斜率	-3.58359E-07	-4.15E-06
	彈性係數	-0.09941105	-0.048693

關聯，最常被引用的可疑因素，當然是地區的財富狀況，以我國財政的實際資料而言，則是指縣市政府的歲入。所以表中數據係將縣市政府的三種歲入項目（2000 年度縣市總歲入、2000 年度縣市補助及協助收入、2000 年度縣市扣除補助及協助收入後之歲入）與國小每生平均基本需求、國小每班平均基本需求，進行關係量數之考驗（金門、連江的財政資料無法獲得，所以此處每生平均基本需求值並不包括金門與連江縣的資料）。三個關係量數分別為：相關係數、斜率、彈性係數，其中相關係數代表兩個變項之間的關係程度，但不盡然代表其間的因果關係；斜率代表自變項改變時對依變項的影響程度；彈性係數則將改變程度以百分比制式說明，此三種量數之衡量結果應該相當一致。

由表 6-27 中的數據可知，以教育經費基本需求試算結果的兩個項目，與三個縣市財政歲入項目進行關係量數之考驗，結果發現，以縣市自有財源（總歲入扣除補助及協助收入）和基本需求經費之間的相關而言，每生平均基本需求值比每班平均基本需求值的相關較低，所以比較符合機會公平。換句話說，以學生為單位計算的基本需求值，比較不受縣市自有財源之影響；相同地，以縣市總歲入來看，也是每生平均基本需求比每班平均基本需求較不受縣市總歲入多寡之影響。準此現象，我們可以推論，本研究發展的學生邊際單位成本公式所獲得之結果會比最適班級規模公式更符合機會公平之理念。

綜合比較三種縣市財政狀況的經費項目和兩個基本需求經費項目之間的關係，可以發現補助及協助收入和兩個基本需求經費項目的相關最小，也就是教育經費基本需求的計算和補助款的分配狀況沒有太大的相關。

另一方面，以垂直公平的觀點而言，教育經費的分配，應該具有濟弱扶傾的效果，所以教育經費項目和地方財政之間的關係，應該是「和縣市自籌財源負相關愈高愈公平」。依此標準，以班級為計算單位的最適班級規模公式試算的基本需求，會比以學生人數為單位的學生邊際單位成本公式試算出來的結果更符合縣市財政狀況的垂直公平。這種情形在縣市總歲入和基本需求之間的關係也是相同。準此現象，我們可以推論，本研究發展的最適班級規模公式所獲得之結果會比學生邊際單位成本公式更符合縣市財政狀況之垂直公平理念。

教育基本需求和補助款之間的關係則是另一種思考。補助款的功能應在於消弭縣市之間財政能力的差異，使其間的貧富狀態不至於太過懸殊。經過相關量數的考驗，發現基本需求和補助款之間的關係還是呈現微幅的負相關，這種情形有兩種原因，一種是在獲得補助經費較少的縣市基本需求較高，另一種解釋則是補助款的功能沒有完全發揮，所以基本需求高的縣市補助款反而較少。

過去國內外關於學生邊際單位成本的研究，都以「每一位學生」作為計算單位，然而以我國二十五個地方政府懸殊的先天與後天條件，僅以學生邊際單位成本作為計算基本需求之單位，不能涵蓋所有地區的狀況，尤其是偏遠地區的小型學校並不適用，所以必須以班級作為計算單位。另一方面，完全以班級為單位亦不適用於人口快速增加的都會地區與其外環城鎮，因此以學生人數作為計算單位仍然有其必要。本研究兼採此兩種計算單位，最後才視試算結果由縣市選擇其最高者（詳見前章之說明）。結果以班級為計算單位的基本需求值和縣市自有財源（縣市扣除補助及協助收入後之歲入）之間的相關為負值，代表縣市的自籌財源能力愈差，每班基本需求值有較高之傾向（因為規模不經濟之影響）；而縣市之自籌財源能力愈好，每班基本需求值則有較低之傾向（因為規模經濟之影響）。這與教育實施現況、研究設計理念是完全符合的。另外，每生與每班平均基本需求值和縣市政府總歲入、每生平均基本需求值和縣市補助協助收入之間的相關亦為負值，代表基本需求之計算具備垂直公平之濟弱扶傾精神。

再者，每生與每班平均基本需求值和補助協助收入間之相關較低，代表基本需求值之計算，採取全國一致之標準，所以和補助協助收入較無直接相關。這也與研究設計理念完全相符。

歸納國小教育經費基本需求縣市財政機會公平性分析，可以獲致下列結論

1. 以學生為單位計算的基本需求值，較不受到縣市自有財源之影響；相同地，以縣市總歲入來看，也是每生平均基本需求比每班平均基本需求較不受到縣市總歲入多寡之影響。可見本研究發展的學生邊際單位成本公式所獲得之結果會比最適班級規模公式更符合機會公平之理念。
2. 如果比較每生平均基本需求和每班平均基本需求值之機會公平衡量，可以發現每生平均基本需求值比每班平均基本需求值與縣市財政之間的關係更不明顯，也就是比較符合機會公平的理念。準此現象，我們可以推論，本研究發展的學生邊際單位成本公式所獲得之結果會比最適班級規模公式更符合機會公平之理念。另一方面，每班平均基本需求值比每生平均基本需求值與縣市財政之間的關係更呈現負相關，也就是比較符合縣市財政狀況的垂直公平理念。準此現象，我們可以推論，本研究發展的最適班級規模公式所獲得之結果會比學生邊際單位成本公式更符合縣市財政狀況之垂直公平理念。
3. 綜合比較三種縣市財政狀況的經費項目和兩個基本需求經費項目之間的關係，可以發現補助及協助收入和兩個基本需求經費項目的相關最小，可以推論基本需求公式能夠做到「全國一致」教育充足性基礎，達到預設的研究目的。
4. 以班級為計算單位的基本需求值和縣市自有財源（縣市扣除補助及協助收入後之歲入）之間的相關為負值，代表縣市的自籌財源能力愈差，每班基本需求值有較高之傾向（因為規模不經濟之影響）；而縣市之自籌財源能力愈好，每班基本需求值則有較低之傾向（因為規模經濟之影響）。這與

教育實施現況、研究設計理念是完全符合的。另外，每生與每班平均基本需求值和縣市政府總歲入、每生平均基本需求值和縣市補助協助收入之間的相關亦為負值，代表基本需求之計算具備垂直公平之濟弱扶傾精神。

國民中學基本需求試算結果之公平性分析

表 6-28 為 2003 年度教育經費基本需求試算結果中，國民中學教育經費每班平均、每生平均基本需求值之分析。由表中數據可知，國中每生平均基本需求值較高的縣市，依序是：連江縣、澎湖縣、金門縣、花蓮縣、臺北市、南投縣、臺東縣等，以上這些縣市的每生平均基本需求值都在 70,000 元以上，其中除了臺北市之外，都是人口較分散的縣，可見學生分散程度確實影響教育經費需求。引人注意的是，臺北市的國中每生平均基本需求值在全國排名第五，這是因為臺北市國中每班班級人數低於全國平均值所致。另一方面，每生平均基本需求值最低的縣市依序是：臺北縣、臺南市、臺中市、桃園縣、彰化縣、高雄縣、嘉義市等，這些縣市的每生基本需求值都在 61,000 元上下，都屬於都會地區或是人口密度高的地區。其次，國中每班平均基本需求值雖然有差異，但是差異的程度不如每生平均高，每班平均基本需求值最高的縣市依序是：連江縣、澎湖縣、金門縣、花蓮縣、南投縣、臺北市、臺東縣等，其中三個離島區的基本需求值遠高於本島地區；而每班平均基本需求值最低的縣市依序是：高雄市、彰化縣、臺北縣、臺中縣、桃園縣等，這些都是人口稠密但是財政能力不高的地區。最後，表中最右一欄為 1999 學年度教育部所發表的官方數據，顯示 1999 年的各直轄市、縣市政府的每生平均教育經費值都比 2003 年度的基本需求值低，顯示政府的國民教育投資確實有增加的必要，但是 1999 年度的資料並不包括金門與連江縣，所以無法完整對照。

表 6-29 將表 6-28 的三種經費項目：國中每生平均基本需求、國中每班平均基本需求、1999 學年度國中每生平均分攤經費，再加上將每生平均基本需求值（扣除金門、連江後），進行水平公平分析。水平公平的量數包括：全距、限制全距、聯合全距比例、麥克倫指數與變異係數等。這些量數顯示的公平程度，

表 6-28 2003 年度國中教育經費每班平均、每生平均基本需求值 單位：千元

縣市別	國中縣市自選公式	縣市國中學生數	國中實際班級數	國中每生平均基本需求	國中每班平均基本需求	1999 學年度國中每生平均分攤經費
臺北市	6,586,886	81,655	2,885	80.667	2,283.149	93.240
高雄市	3,243,820	50,941	1,564	63.678	2,074.054	74.230
臺北縣	7,062,426	120,426	3,335	58.645	2,117.669	68.944
宜蘭縣	1,154,481	18,426	537	62.655	2,149.872	79.931
桃園縣	4,166,362	69,511	1,961	59.938	2,124.611	80.332
新竹縣	1,074,253	15,940	482	67.394	2,228.741	80.532
苗栗縣	1,165,329	17,444	524	66.804	2,223.910	89.791
臺中縣	3,605,616	58,024	1,700	62.140	2,120.951	67.650
彰化縣	3,299,101	53,729	1,559	61.403	2,116.165	64.325
南投縣	1,361,546	19,142	595	71.129	2,288.313	69.427
雲林縣	1,450,034	22,198	671	65.323	2,161.004	71.655
嘉義縣	1,066,718	15,536	487	68.661	2,190.386	89.348
臺南縣	1,936,426	30,889	845	62.690	2,291.628	75.475
高雄縣	2,297,940	37,404	1,077	61.436	2,133.649	98.686
屏東縣	2,194,203	34,921	1,018	62.833	2,155.406	70.148
臺東縣	602,072	8,522	264	70.649	2,280.576	77.593
花蓮縣	1,160,972	13,287	442	87.377	2,626.633	85.282
基隆市	785,154	12,284	361	63.917	2,174.942	99.251
新竹市	796,511	12,278	374	64.873	2,129.709	95.304
臺中市	2,143,248	35,891	991	59.715	2,162.712	84.036
嘉義市	603,544	9,735	279	61.997	2,163.240	98.209
臺南市	1,896,402	31,980	890	59.300	2,130.789	82.166
澎湖縣	366,667	3,423	125	107.119	2,933.336	122.047
金門縣	241,566	2,659	87	90.848	2,776.621	—
連江縣	103,468	151	18	685.219	5,748.222	—
總計	50,364,745	776,396	23,071	64.869918	2,183.0326	—

說明：1. 1999 學年度資料來源：教育部中部辦公室（2000：40）。

2. 1999 學年度臺北、高雄市數據係由教育部統計處提供。

表 6-29　2003 年度國中教育經費基本需求分配結果之水平公平程度分析

量數＼項目／結果	國中每生平均基本需求	國中每生平均基本需求（扣除金門、連江）	1999 學年度國中每生平均分攤經費	國中每班平均基本需求
平均數	93.056	67.406	83.374	2,391.451
標準差	123.905	11.010	13.581	730.925
中位數	63.917	63.678	80.532	2,163.240
全距	626.573	48.473	57.722	3,674.169
限制全距	44.482	27.364	31.415	785.527
聯合全距比例	0.749	0.461	0.463	0.371
麥克倫指數	0.953	0.963	0.911	0.993
變異係數	1.332	0.163	0.163	0.306

除了麥克倫指數之外，都是愈小愈公平。然而每一個量數所代表的意義各不相同，其中全距代表極大值與極小值之間的差異，限制全距代表扣除上下 5%極端值之後的極大值與極小值之間的差異，聯合全距比例代表限制全距除以第五百分位數值，麥克倫指數代表將低於中位數以下學生所獲得經費除以這些學生如果全部獲得中位數經費之總數值，變異係數代表變異數的開平方值除以平均數。所以全距與限制全距檢視的是前後兩個極端值的距離，聯合全距比例檢視極端值與最小值之比例，麥克倫指數關心的是中位數以下學生所獲得的經費比例，而變異係數則關心全體學生分配狀況（陳麗珠，1992，1993）。

以水平公平而言，學生／班級之間的差距愈小表示愈公平，檢討表 6-29 的經費分配公平程度，以全體分配的變異係數而言，最公平的是 1999 學年度的分配，及扣除金門、連江之後的每生平均基本需求值，再次是每班平均基本需求值，最不公平的則是每生平均基本需求值。然而，如果以中位數以下的分配為重點的麥克倫指數而言，對中位數以下學生較為有利（指其經費落後程度不至於太大）的分配，最公平的反而是每班平均基本需求值，以及扣除金門、連江之後的每生平均基本需求值，2003 年度的每生平均基本需求值與 1999 年度的經費則相對落後。至於三個距離量數的聯合全距比例以每班平均基本需求值最公平，其次是扣除金門、連江的每生平均基本需求值，再次是1999學年度的每生平均分攤經費，最後是每生平均基本需求值的分配。另外，比較三個計算單位相同（都是以每生平均教育經費）的項目計算出來的限制全距值（剔除前後極端值），卻發現扣除金門、連江的每生平均基本需求值比1999學年度的分配更為公平。

和國小公平考驗結果相同的是，每生平均基本需求值最不符合水平公平的原因，有一大部分是因為包含了三個離島地區的極端值，這可以由扣除金門、連江之後基本需求值的水平公平程度大幅度提高可得到佐證。然而計算基本需求本就應加入離島地區，而且以人權的觀點而言亦應該考量其實際需求與特殊需要，所以僅以水平公平而言，基本需求的計算結果並不是最公平，但是另有其人性考量。

比較四個教育經費項目的公平程度可以發現很有趣的現象：每生平均基本需求值在以麥克倫指數衡量時最為公平，顯示每生平均基本需求對於照顧不利地區（中位數以下）確實已經達到效果；扣除金門、連江後之每生基本需求值也是對中位數以下的地區較為公平，另外在以限制全距與聯合全距比例衡量時也顯示相當公平，可見金門與連江縣的教育基本需求和其餘的二十三個地方政府差異性頗大，實有分別考量的必要。國中每班平均基本需求值在以聯合全距比例和麥克倫指數衡量時都是最公平的一種分配，可見以班級為單位計算之基本需求有利於水平公平。但是以全部二十五個地方政府而言，變異係數顯示每班平均基本需求值的變異量增大，可能是由於加入金門與連江縣計算所致。

歸納國中教育經費基本需求水平公平性分析，可以獲致下列結論

1. 以全體分配的變異係數而言，最公平的為扣除金門、連江之後的每生平均基本需求值和1999學年度的分配。
2. 以中位數以下的分配為重點的麥克倫指數而言，對中位數以下學生較為有利的分配，最公平的是每班平均基本需求值，以及扣除金門、連江之後的每生平均基本需求值。
3. 以聯合全距比例而言，則以每班平均基本需求最小最公平，其次是扣除金門、連江之後的每生平均基本需求值、1999學年度的每生平均分攤經費。

4. 以限制全距而言，則以扣除金門、連江之後的每生平均基本需求值最小最公平，其次是 1999 學年度的每生平均分攤經費。
5. 四種教育經費項目所代表的水平公平意義各不相同，對中位數以下的不利地區而言，每班平均基本需求值算法較公平；若以全體的二十五個地方政府而言，則以扣除金門、連江之後的每生平均基本需求值的分配最公平。
6. 每生平均基本需求值最不符合水平公平的原因，有一大部分是因為包含了三個離島地區的極端值。

表 6-30 為機會公平的考驗。機會公平指教育經費的分配不得與可疑因素相關聯，最常被引用的可疑因素，當然是地區的財富狀況，以我國財政的實際資料而言，應該是指縣市政府的歲入。表中數據係將縣市政府的三種歲入項目（2000 年度縣市總歲入、2000 年度縣市補助及協助收入、2000 年度縣市扣除補助及協助收入後之歲入）與國中平均每生基本需求、國中平均每班基本需求，進行關係量數之考驗。三個關係量數分別為：相關係數、斜率、彈性係數，其中相關係數代表兩個變項之間的關係程度，但不盡然代表其間的因果關係，斜率代表自變項改變時對依變項的影響程度，而彈性係數則將改變程度以百分比制式說明，此三種量數之衡量結果應該相當一致。

表 6-30 國中教育經費基本需求分配結果之縣市財政中立程度之機會公平分析

財政 \ 公平量數 \ 經費項目		國中每生平均基本需求	國中每班平均基本需求
2000 年度縣市總歲入	相關係數	0.1047365	-0.092617
	斜率	2.35051E-08	-3.59333E-07
	彈性係數	0.0087619	-0.0052122
2000 年度縣市補助及協助收入	相關係數	-0.3883797	-0.3069098
	斜率	-9.25892E-07	-1.2649E-05
	彈性係數	-0.064628	-0.0343559
2000 年度縣市扣除補助及協助收入後之歲入	相關係數	-0.1050451	-0.1412161
	斜率	-2.71896E-07	-2.15623E-06
	彈性係數	-0.0757838	-0.0233858

由表 6-30 中的數據可知，以教育經費基本需求試算結果的兩個項目，與三個縣市財政歲入項目進行關係量數之考驗，結果發現，兩種教育經費項目和縣市自有財源（縣市扣除補助及協助收入後之歲入）之間的關係都是負值，表示當縣市的自有財源愈多，每生平均基本需求值就愈低。其中以每生平均基本需求和縣市自有財源之相關較低，而每班平均基本需求值和縣市自有財源之相關較高。換句話說，以學生為單位的每生平均基本需求值比較符合機會公平。再者，比較兩個教育經費項目和縣市總歲入之間的關係，卻發現兩個教育經費項目和縣市總歲入的關係並不一致，國中每生平均基本需求值和總歲入之間的相關為正值，代表當縣市總歲入愈高，每生平均基本需求值即愈多；國中每班平均基本需求值和縣市總歲入之間的相關為負值，代表當縣市總歲入愈高，每班平均基本需求值即愈低。比較此兩組之關係，結果發現，以每班平均基本需求的相關係數較低，比較符合機會公平的原則。

另一方面，以垂直公平的觀點而言，教育經費的分配應該具有濟弱扶傾的效果，所以教育經費項目和地方財政之間的關係，應該是「負相關愈高愈公平」。所以在縣市自有財源部分，兩個基本需求經費分配都和縣市自有財源呈現負相關的情形，都符合濟弱扶傾的垂直公平原則，其中又以以班級為計算單位的每班平均基本需求更加符合垂直公平的理念。以班級為計算單位的基本需求值和縣市自有財源（縣市扣除補助及協助收入後之歲入）之間的相關為負值，代表縣市的自籌財源能力愈差，每班基本需求值有較高之傾向（因為規模不經濟之影響）；而縣市之自籌財源能力愈好，每班基本需求值則有較低之傾向（因為規模經濟之影響）。這與教育實施現況、研究設計理念是完全符合的。同理，比較縣市總歲入和兩個基本需求經費項目之間的關係，則僅有每班平均基本需求值符合（對財政狀況不佳的縣市有利）垂直公平理念，每生平均基本需求值則不符合。

綜合考量機會公平、垂直公平的衡量結果可以發現，以班級為計算單位的每班平均基本需求值的分配，比以學生人數為計算單位的每生平均基本需求值的分配，更加符合機會公平與垂直公平。

檢討上述結果，可以發現，教育經費基本需求試算結果，一方面符合縣市財政之機會公平，一方面也符合縣市財政之垂直公平，這種特質，以國中每班平均基本需求最為明顯。再者，每生與每班平均基本需求值和補助協助收入間之負相關值相當高，代表基本需求值之計算和縣市所獲得的補助協助收入是呈現反向的關係，當縣市補助與協助收入值愈高，則基本需求愈低。這一種關係之解釋應該是補助及協助辦法對於大縣較為有利，所以獲得的補助數額較多，所以該縣中的每生平均基本需求值因為規模經濟的關係而較低。小型的縣因為人口少，學校規模不經濟，學生基本需求較高。

歸納國中教育經費基本需求縣市財政機會公平性分析，可以獲致下列結論

1. 以機會公平而言，每生平均基本需求值比較符合縣市自有財源的機會公平；每班平均基本需求值則比較符合縣市總歲入的機會公平。
2. 以垂直公平而言，以班級為計算單位的每班平均基本需求值比每生平均基本需求值更加符合縣市自有財源的垂直公平；以縣市總歲入而言，亦以每班平均基本需求值較為符合縣市總歲入之垂直公平。
3. 準此現象，我們可以推論，本研究發展的學生邊際單位成本公式所獲得之結果會比最適班級規模公式更符合機會公平之理念，而本研究發展的最適班級規模公式所獲得之結果會比學生邊際單位成本公式更符合縣市財政狀況之垂直公平理念。

教育經費基本需求計算之結論

2003 年度地方政府教育經費基本需求總額，經過本章的試算過程與討論已經確定為 198,697,714（千元）（見表 6-23），約占前一年度全國地方政府教育總經費的 72.08%。

過去國內外關於學生邊際單位成本的研究均以「每一位學生」作為計算單位，然而以我國二十五個地方政府懸殊的先天與後天條件，僅以學生邊際單位成本作為計算基本需求之單位，不能涵蓋所有地區的狀況，尤其是偏遠地區的

小型學校並不適用，所以必須以班級作為計算單位。另一方面，完全以班級為單位亦不適用於人口快速增加的都會地區與其外環城鎮，因此以學生人數作為計算單位仍然有其必要。本研究兼採此兩種計算單位，最後才視試算結果由縣市選擇其最高者。本研究已經完成二十五個地方政府 2003 年度教育經費基本需求的試算，以下提出研究結論，分別說明之。

一、**2003 年度地方政府教育經費基本需求試算結果**。本研究計算出 2003 年度地方政府教育經費基本需求總額為 198,697,714（千元）（見表 6-23），其中國民小學教育經費基本需求值為 126,465,943（千元）（見表 6-13），國民中學教育經費基本需求值為 50,238,046（千元）（見表 6-14），高級中學教育經費基本需求值為 4,817,908（千元）（見表 6-15），高級職業學校教育經費基本需求值為 3,101,882（千元）（見表 6-16），完全中學教育經費基本需求值為 8,942,548（千元）（見表 6-17），國中小學校教育經費基本需求值為 477,522（千元）（見表 6-18），教育局基本需求值為 2,323,851（千元）（見表 6-20），附屬單位（含高等教育機構）基本需求值為 2,330,014（千元）（見表 6-21）。

二、**2003 年度教育經費基本需求計算模式設計與特色**。本研究發展之 2003 年度教育經費基本需求計算模式中，包含兩種公式：最適班級規模公式與學生邊際單位成本公式，前者設計三種調整：學校規模調整、人事費地域調整、縣市規模調整值；後者設計四種調整：小型學校人數調整、特殊班級人數調整、超大班級人數調整、縣市規模調整值。

本研究發展之地方政府教育經費基本需求試算公式，具有下列各項特色：

1. 建立全國一致之教育經費基準：本公式適用於全國二十五個地方政府，凡是辦理教育業務之機關學校都根據其確實需要，計算其基本需求經費。
2. 適應地區特殊需求：根據各地方政府的特殊情形，「最適班級規模公式」加入學校規模調整與人事費地域調整；「學生邊際單位成本公式」加入小型學校人數調整、特殊班級人數調整與超大班級人數調整。

3. 融入濟弱扶傾情懷：本研究的兩組公式，都針對偏遠、小型學校、離島地區之特殊需求，設計調整機制。對於特殊教育班之經費亦從寬量計。

4. 充足都會區教育需求：本研究的公式中，針對都會地區大型學校居多，一方面加入超大班級調整，一方面在水電費、職員工人事費、修繕設備費等，都是在一個基數之上按照班級數遞增計算，使都會地區的學校確實受惠。

5. 提供選擇機會：本研究設計了兩組公式，在學生邊際單位成本公式中又有一個以上的單價可供選擇。最後在加總各級學校教育經費基本需求總額時，又有「最惠公式」可供選擇。

6. 尊重行政職權：本研究計算之全國地方政府教育經費基本需求總額，約占前一年度全國地方政府教育經費支出之72%，扣除一成（10%）的退撫支出之外，行政機關還有18%（約500億）的經費未計入基本需求之內，這一部分仍然可供行政主管機關依據重要政策決定分配方向。

三、**教育局教育經費基本需求的計算，採取以加權學校數、學生數、班級數百分比計算之「業務量」為計算基準，力求揚棄現行教育局預算編列之窠臼**。本研究在試算教育局本部基本需求經費時，發現各教育局的預算編列現況差異很大，如果使用教育局的現行預算資料進行統計分析，未必能發現教育局執行業務確實需要的經費。因此本研究採用縣市現有的加權學校數、學生數、班級數分別占全部地方政府總數之百分比平均值為「教育局業務量」，根據業務量的多寡，再去計算各教育局需要的基本需求經費。

四、**2003年度教育經費基本需求總額，約占2002年度地方政府教育經費總額之72.08%，其中各縣市之基本需求總額占前一年總額之百分比並不一致。此外，2003年度各縣市政府教育經費基本需求總額與前一年**

地方政府自籌教育經費數做比較，結果各縣市之百分比亦不一致。本研究分析 2003 年度地方政府教育經費基本需求和 2002 年度教育經費預算之差異，結果發現 2003 年度教育經費基本需求總額，約占 2002 年度地方政府教育經費總額之 72.08%，其中各縣市基本需求經費值和占 2002 年度經費總額之百分比差異很大，可見地方政府之間現存的教育財政差異很大。另外，2003 年度各縣市政府教育經費基本需求數與前一年地方政府自籌教育經費數之比較，結果各縣市求得之百分比亦不一致，有些縣的基本需求值已經超出自籌經費，對於這些地區，應該給予一般補助款以使全國教育水準都能在一定的水準以上。

五、**比較各縣市 2003 年度教育經費基本需求數和 2002 年度教育經費預算總額，可以發現縣市之間教育經費基本需求的差異程度較小，而 2002 年度教育經費預算額的差異程度較大**。本研究比較 2002 年度二十五個地方政府教育經費預算總額，以及 2003 年度試算之教育經費基本需求總額之分配狀況，發現後者（2003 年）之差異程度明顯縮小了，可見教育經費基本需求能夠縮小城鄉差距，均衡區域發展。

六、**以水平公平原則去檢驗基本需求值的分配，結果發現不論是國小或是國中，每班平均基本需求值都比每生平均基本需求值更符合水平公平的原則，然而，造成每生平均基本需求不均程度過高的原因，則因為包含了金門縣與連江縣兩個極端值所致**。本研究使用分散量數衡量教育經費基本需求的計算結果，發現二十五個地方政府的每生平均基本需求值最不符合水平公平，在扣除金門與連江縣資料之後，水平公平程度明顯改善，但是最公平的還是每班平均基本需求值。其次，比較國民中學和國民小學的教育經費基本需求值分配，發現我國國民中學分布較為集中，所以基本需求分配比國民小學更符合水平公平。

七、**以機會公平原則檢驗基本需求值的分配，結果發現不論是國小或國中，每生平均基本需求值比每班平均基本需求值更符合機會公平的原則**。本研究使用關係量數衡量教育經費基本需求計算結果的機會公平效果，發現以學生為單位的每生平均需求比以班級為單位的每班平均基本需求較不受到縣市財政狀況的影響，所以比較符合機會公平，這種情形在國小和國中都相同。

八、**以垂直公平原則檢驗基本需求值的分配，結果發現不論是國小或是國中，都是以每班平均基本需求值更能夠發揮濟弱扶傾的精神**。本研究使用關係量數衡量教育經費基本需求計算結果的垂直公平效果，結果發現，不論是縣市總歲入或是自有財源，每班平均基本需求值都比每生平均基本需求值更加呈現「利貧」的效果，也就是濟弱扶傾的垂直公平精神。

九、**教育經費基本需求計算工作若能逐年形成制度，能夠使學校經費預算之計算制度化，免除校長必須奔走鑽營以爭取經費之弊，使校長專心辦學**。在校長代表座談會中，校長代表表示，教育經費基本需求計算工作若能逐年形成制度，使學校經費預算之計算制度化，便能免除校長必須奔走鑽營以爭取經費之積弊，使校長專心辦學。

十、**將教育經費基本需求之計算結果和學校現行之2002年度預算做比較，可以發現教育經費基本需求能夠滿足大部分學校所需，達到充足性的目的。僅在部分地區教師年資較高、人事費需求較高的學校，教育經費基本需求計算標準中的人事費略顯不足**。經過縣市分區座談和校長代表座談會之討論，本研究發現，比較教育經費基本需求之計算結果和學校現行之2002年度預算，教育經費基本需求能夠滿足大部分學校所需，達到充足性的目的。僅有部分地區教師平均年資較高、人事費需求較高者，教育經費基本需求計算標準中的教師人事費略顯不足。因此有必要由「未分配額度」中，根據各縣市實際狀況加以補足。

對計算基本需求之建議

根據上述之研究結論，本研究謹提出下列各項建議供教育決策機關參考。

建立一套「教育經費基本需求計算機制」

最後，本研究建議，從 2004 年度起，應該將地方政府教育經費基本需求試算工作建立制度，其步驟如下：

1. 教育部相關單位訂定計算年度之教育經費基本需求計算基準，提報行政院教育經費基準委員會。
2. 教育經費基準委員會審核教育部所訂定之計算基準，教育部根據審核結果建立試算空白檔。
3. 教育部將內含計算標準之試算空白檔案傳送給地方政府，輔導地方政府教育局自行填報並進行Excel試算，完成後將完成檔案上傳給教育部。教育部負責檢查填報資料與計算過程的正確性。
4. 教育部彙整後，將全國計算結果提報行政院教育經費基準委員會。

建立縣市填報學校基本資料檔案之查核原則

本研究之設計係完全依照地方政府提供之學校資料加以分析並彙整，所以地方政府資料來源的正確性非常重要。在研究期間，研究人員發現，部分縣市會將新設學校的預估班級數高估，也有部分縣市將完全中學以高級中學標準計算，以膨脹基本需求，這些都會使估算結果失真，所以基本需求試算的成敗實在完全繫於地方政府提供的資料是否確實。今年度本研究已經建立一套基本計算模式，將來除非縣市財政發生巨大的變動，否則一律以今年之資料為準，地方政府來年提報之資料如有更動（如：增班設校等），一旦變動之幅度超過一定的比率（如：5%），就必須提報計算單位特別加以審核。

關於「未分配數額」之分配原則，應該優先用於補足縣市不足之教師人事費用

本研究計算的2003 年度教育經費基本需求總額198,697,714（千元），和預計的地方政府教育經費總額275,649,000（千元）之間，尚有76,951,286（千元）之未分配數額，這一部分除了供教育人員退撫支出（約 300 億元）之用外，尚餘約 500 億元的「未分配數額」，經過和學校校長座談並對照今年度各學校的實際預算數額，結果發現基本需求各項目中，僅有部分學校的教師人事費用稍不足夠，建議將來在分配這些未分配數額時，以用在補足縣市教師人事費的不

足數為優先。至於學校職員工人事費，則因為各縣市進用人員的政策差異很大，暫時不建議列為補足的重點。

「教育經費基本需求」的意義有待宣導

經過多場的縣市分區座談與學校代表座談，研究者發現《教育經費編列與管理法》所規範「教育經費基本需求」的內涵，經常被混淆與誤解。最常見的錯誤是認為教育經費基本需求數等於學校預算數，所以希望提高教育經費基本需求；其次是認為地區的特殊需求應該計入基本需求，但是卻又認為其他地區的需求不應計入；還有一些是將各個基本需求項目和現行會計項目逐一比對之後產生詮釋的混淆，這一些都是有待加強宣導的。

2003 年度地方政府教育經費基本需求的計算，應該採用各級學校「最惠公式」，以達成國民教育財政公平的政策目標

本研究檢驗教育經費基本需求的試算結果，發現根據水平公平、機會公平與垂直公平原則，以學生為計算單位的「每生平均基本需求值」和以班級為計算單位的「每班平均基本需求值」都分別符合財政「公平」的一部分定義，這是因為我國二十五個地方政府的自然與人文條件太過懸殊，所以無論是最適班級規模公式或是學生邊際單位成本公式都無法完全符合每一種財政公平的定義。最好的解決方法是採用本研究所發展的「最惠公式」，依照該地方政府的特性採用對其最有利的計算方式，一來能夠達到財政的充足性與公平性，二來也能夠給予選擇機會，切合地方的實際需求，對於中央政府與地方政府之間良好的互動有正向的裨益。

參考文獻

教育部中部辦公室（2000）。**臺灣省各縣市教育統計指標**。臺中市：作者。

陳麗珠（1992）。**我國國民教育財政系統公平性之研究**。行政院國家科學委員會補助專題研究計畫，未出版。

陳麗珠（1993）。**我國中小學教育財政公平之研究**。高雄市：復文。

陳麗珠（1997）。**我國國民教育經費補助公式之模擬研究：垂直公平考量**。行

政院國家科學委員會補助專題研究計畫，未出版。

陳麗珠（2002a）地方政府國民教育經費基本需求財政公平效果之檢討。**教育研究集刊，48**（4），135-162。

陳麗珠（2002b）。**九十二年度地方政府國民教育經費基本需求試算**。教育部委託專題研究報告。臺北市：作者。

陳麗珠、陳明印（2001）。我國國民教育經費基本需求試算之探討：提供充足教育資源以發揮學生最大潛能。**主計月報，551**，49-52。

陳麗珠、謝旻蒼（2002）。網路調查應用於教育研究之可行性：以全國中小學教育經費基本需求調查為例。**教育研究資訊，10**（6），85-110。

蓋浙生、張鈿富、陳麗珠、王如哲、王保進、吳政達（2001）。**教育經費計算基準之研究**。教育部委託專題研究報告。臺北市：作者。

Berne, R., & Stiefel, L. (1984). *The measurement of equity in school finance: Conceptual, methodological, and empirical dimensions*. Baltimore, MD: The Johns Hopkins University Press.

Odden, A. R., & Picus, L. O. (1992). *School finance: A policy perspective*. New York, NY: McGraw-Hill.

Odden, A. R., & Picus, L. O. (2000). *School finance: A policy perspective* (2nd ed.). New York, NY: McGraw-Hill.

Chapter 7

我國教育經費之保障機制

我國教育經費保障機制的發展

我國教育經費保障機制的發展，以《憲法》第一六四條凍結與《教育經費編列與管理法》立法的時間來區隔，約可分成三個階段：第一個階段始於民國36年《憲法》公布實施，到民國77年立法院質詢《憲法》條文未能落實的問題而引發違憲之爭議，此時期可稱為「憲法落實前期」；第二階段始於民國78年首次達到中央政府總預算的保障下限，一直持續到民國86年國民大會修憲通過凍結第一六四條的權限止，此時期可稱為「憲法落實期」；民國86年修憲之後進入無法令保障的空窗期，直到民國89年底立法院通過《教育經費編列與管理法》，才進入第三階段的「法令保障期」迄今。以下分別敘述之。

第一階段：《憲法》第一六四條落實前期

回顧我國有關教育經費保障的問題，約始於 1920 年左右（蔡菁芝，

1999）。民國初年，有鑑於義務教育推行不力、國民文盲比例過高，以及教育經費嚴重不足又遭挪用等問題，為了避免退還的庚子賠款無法用在教育上，遂有教育經費獨立與執行機關必須獨立的倡議。1920 年，第六次全國教育會議第六次會議中，教育界認為教育經費若不確定則教育難謀發展，國基即不能鞏固，因此決議「教育經費應占全省區行政費百分之四十以上」（教育雜誌，1920，引自蔡菁芝，1999）。其間經歷多次的更迭，最後在民國 36 年 1 月公布的《憲法》中，第十三章第五節（教育文化）第一六四條規定：「教育、科學、文化之經費，在中央政府不得少於其預算總額的百分之十五，在省不得少於其預算總額的百分之二十五，在市、縣不得少於其預算總額的百分之三十五。」

教育經費的保障至此雖然已經入憲，但未立即達成。制憲之後數十年間，經歷政府播遷來臺與文教事業的發展，縣市與省政府教育科學文化（教科文）經費支出占總預算的百分比先後達成，但是中央政府的教科文經費都沒有達到憲法規定的百分比；1988 年立法委員朱高正質詢時，指稱行政部門違憲，當時的行政院長俞國華表示要在三年後達到憲法對中央教科文預算的最低下限規定。1990 年以後，15%的中央政府教科文預算經費逐漸穩定。

第二階段：《憲法》第一六四條落實期

1988 年開始的中央教科文預算論述都聚焦於政府對教育事業不重視，至於教育經費增加之後該如何分配則尚未深入討論。1988 至 1989 年，以及 1989 至 1990 年會計年度，兩年之間中央政府教科文預算之比率遽增 1%以上，也連帶使得各級學校教育經費都有顯著的增加，校舍建築等硬體設備設施的建築與更新更是顯著。不僅如此，國內自 1989 年起推動國家建設六年計畫，各種重大工程先後開工，債務利息與還本的支付成為政府財政的沉重負擔，但依據《憲法》條文規定都必須視為中央政府歲出，一時也使教育經費水漲船高。為減緩《憲法》第一六四條對中央政府資源分配的約束力，此財主單位的對應方式就是將重大支出項目列為「特別預算」，以規避憲法之歲出「總預算」的條文規範；或是將中央政府對地方的教育經費補助款列入地方政府的預算中，在三級政府間就成為重複計算三次的情形，使每一級政府的教科文預算都達到《憲法》規定的下限；或是由「機關別」改採「政事別」的預算分類，使教育科學文化經費不僅限由主管機關支出，視為廣義的詮釋（陳麗珠，2001）。因此自 1993 年起，國內的公共教育經費支出成長幅度即趨緩慢。

教育經費的增加對於教育界而言固然是美事一樁，但教育界以外的其他相關單位卻持相反的意見，並宣稱應該廢除《憲法》第一六四條。回顧在民國 86 年修憲前後，針對教育經費保障究竟應否入憲問題，有正反兩方的學術論述（如：王作榮，1997；黃英紳，1992；蔡菁芝，1999；謝森中，1992；韋端，1996），與學術研究（如：蓋浙生、陳麗珠、黃世鑫、丁志權，1999；蔡菁芝，1999）。蔡菁芝（1999）將支持與反對意見分成經濟學、法學、行政學與一般概念等各分面加以分析：

一、在經濟學方面的理由包括經費保障會造成資源分配不均與使用效率不彰，也導致預算排擠效應。

二、在法學方面的理由則認為《憲法》規定比率會使行政機關的「政策形成自由」受到限制，也導致民主制度受到限制。

三、就行政學的觀點而言，保障會造成消化預算的弊端，有礙國家整體資源的運用。

四、就一般概念而言，教育素質與經費多寡並不一定有絕對正相關，而且制憲保障距離當時已經有一段時間，時空改變已經「不符需要」（謝森中，1992）。

1997 年，當時國內政治的情勢正處於精省的爭議之中，執政黨與在野的民進黨國大代表聯手將精省條例納入修憲議程內，教育科學文化支出的保障條款亦在包裹表決的運作之下，逕付二讀，雖然此時國內教育界人士呼籲翻案，但是執政黨恐怕精省條例亦比照翻案，故仍然強力運作使其增修條文通過，凍結原來《憲法》第一六四條的效力（陳麗珠，2001），並且以增修條文第十條第八項「教育、科學、文化之經費應優先編列，不受憲法第一百六十四條規定之限制」取代之。增修條文僅以「優先編列」籠統規範經費保障，實質上已經解除法條的效力。此時，教育界才大夢初醒，並且由民間團體發起遊行運動抗議修憲凍結教育經費保障，但由於行政部門口頭保證隔年（1998）的中央教科文預算一定不低於 15%，向來習慣於配合政府政策行動的教育界對於《憲法》第一六四條的動向並未表現太多憂慮。

《憲法》第一六四條被凍結後，有鑑於《憲法》為國家的根本大法，修訂不易，想要在短時間內恢復並不容易，因此退而求其次就應該尋求立法院立法的途徑來解決，至此應否廢除的論辯暫時告一段落，重新面對的課題應該是如何在法律層級保障教育經費。

第三階段：《教育經費編列與管理法》法令保障期

歸納教育經費的保障方式，包括：百分比率保障、公式保障、教育價格指數保障等（蓋浙生等人，1999），各種保障方式都各有其意涵，也代表不同的政策考量。1998 至 2000 年之間，多種對教育經費立法的草案版本紛紛提出，條文中又以對經費保障的設計為各草案版本的核心，因為保障的機制設計牽動整體教育資源的籌措來源。在冗長的立法過程中，各個版本分成兩種主張，一種主張政策性的宣示而不做明確的數值規範，例如「政府應於國家財政能力範圍內，充實、保障並致力推動全國教育經費之穩定成長」（行政院版草案），此種政策性的宣示版本較為財主單位所喜愛，財政學者亦傾向於此種方式，原因是沒有具體的數據規範，在政府的資源分配上比較能夠靈活用。另一種的保障方式，是明確規定出具體的標準，各個草案版本中，一方面延續《憲法》規定「下限保障」的方式，一方面卻另定保障數值的標竿，例如「前三年度名目國民生產毛額平均數的百分之六」（《教育經費國庫與負擔法》草案），又如「教育支出預算應不低於自有財源百分之三十」（《教育經費編列與保障基準法》，教育部版草案）等（陳麗珠，2001）。

民國 89 年 11 月 28 日立法院通過《教育經費編列與管理法》，同年 12 月 13 日總統公布實施，其中最重要的條文為第二條（教育經費定義及主管機關）：「本法所稱教育經費，係指中央及地方主管教育行政機關與所屬教育機構、公立學校，由政府編列預算，用於教育之經費。本法所稱主管教育行政機關：在中央為教育部；在直轄市為直轄市政府教育局；在縣（市）為縣（市）政府。」與第三條（政府之教育支付責任）：「中央、直轄市及縣（市）政府（以下簡稱「各級政府」））應於國家財政能力範圍內，充實、保障並致力推動全國教育經費之穩定成長。**各級政府教育經費預算合計應不低於該年度預算籌編時之前三年度決算歲入淨額平均值之百分之二十一點五。**前項所稱歲入淨額為各級政府決算及特別決算中，不含舉債及移用以前年度歲計賸餘，扣除重複列計部分。直轄市及縣（市）政府以其歲入總預算扣除上級政府補助為自有財源，並依教育基本需求，衡量財政狀況，優先支應教育經費，**除自有財源減少外，其自行負擔之教育經費，應逐年成長。**」自此正式進入法令保障時期。

現行保障機制運作下教育經費結構之分析

以下分就各項重點解析現行保障機制運作下的教育經費結構：預算與決算、公私立教育經費與政府教育經費、教育經費成長與國家財政能力之關係、教育經費成長與政府財政收支之關係、保障設計之檢討、教育經費占各級政府歲出比率、各級政府間的教育經費結構、地方教育補助款的變動、國民教育優先原則之檢驗、每生平均分攤教育經費之變動，以及人事費與非人事費之變動等。

全國教育經費之保障結果：預算與決算之分析

《教育經費編列與管理法》於民國 90 年開始實施，也為我國的教育財政制度寫下新的一頁。最受各界關注的教育經費保障問題，在依法成立的「行政院教育經費基準委員會」及其研究小組運作之下，自 2002 年開始依據各級政府前三年歲入平均值的 21.5%計算全國教育經費總額的下限，再計算各級政府分攤的教育經費。至此，教育經費保障的爭議似乎已經劃下句點。自 2006 年開始，教育部依據同法第十七條（資訊公開）之規定，將教育經費的保障計算情形以「各級政府教育經費支出」為題公布於各年度的教育統計之中（見表 7-1）。表

表 7-1 各級政府教育經費支出

單位：億元

會計年度	2002 年		2003 年		2004 年		2005 年		2006 年		2007 年		2008 年
	預算	決算	預算	決算	預算	決算	預算	決算	預算	決算	預算	決算	預算
占前三年歲入百分比(%)	21.52	20.24	22.49	21.26	24.04	22.32	24.34	22.88	24.4	22.79	23.39	22.22	22.73
全國教育經費	4,243	3,990	4,316	4,080	4,440	4,122	4,489	4,220	4,567	4,260	4,628	4,396	4,726
教育部本部(A)	1,478	1,421	1,475	1,458	1,352	1,342	1,371	1,362	1,400	1,387	1,441	1,430	1,478
教育支出	1,391	1,336	1,388	1,371	1,254	1,248	1,257	1,253	1,264	1,255	1,285	1,274	1,324
退撫支出	88	86	86	86	94	94	110	110	132	132	156	156	153
未分配數 (B)	-	-	-	-	13.23	-	36.89	-	48.31	-	21.60	-	26.00
地方政府(C)	2,928	2,730	2,974	2,821	3,159	2,891	3,177	2,964	3,206	2,981	3,268	3,081	3,282
重複部分(D)	163	161	132	199	80	110	91	107	84	108	104	116	59

說明：1. 本表因四捨五入關係，部分總計數字容不等於細項數字之和。
2. 根據教育部部會計處資料修正。
3. 全國教育經費 E = A + B + C − D。
4. 重複部分係指地方政府教育經費支出包含教育部計畫型補助款部分，在全國教育經費中已扣除。

資料來源：教育部（2008a）。

中數據顯示，從 2002 年開始，全國教育經費的總額預算都在前三年中央與地方政府（直轄市與縣市）歲入平均值的 21.5%以上，全國教育經費包括教育部本部、行政院未分配數、地方政府並扣除重複列計部分。同時，各年度的教育預、決算數，除了 2002、2003 年的決算數未達 21.5%之外，其餘年度都符合法令規範的下限。就此而言，教育經費的法令保障已經落實執行將近七年。然而表中值得注意的是，每一年度的預算與決算差距逐漸加大，預算籌編時計入的教育經費，到年度決算後卻大幅減少，但現行保障機制對於這類現象並無規範糾正的功能。此外，2004 年以後決算數雖較預算數短少許多，卻仍在法令保障下限之上，顯見法令保障數額太低、不敷教育體系運作實際所需，並有特別預算納入計算、執行落差大，以及部分縣市支出低於核定應編數等問題。

近二十年間的教育經費分析：政府教育經費與公私立教育經費之分析

為了檢視近年間的教育經費保障成效，表 7-2 分析我國近二十年間（1986-2007）的教育經費成長情形。表中數據顯示，我國的公私立教育經費（包括政府教育經費與私部門教育經費）與政府教育經費在此時間內大致上都逐年遞增（未計入物價因素），唯一例外減少的年度為 2000 年，應是當年恰逢精簡省府層級，將原來省政府的財政併入中央，致使原來由省政府支出的高級中等教育經費急遽衰退所致。然而值得注意的是，政府教育經費占公私立教育經費的比重，從 1986 年的八成以上（81.91%）逐年下降，到最近幾年已經降到七成以下，例如最近的兩年度，2006 年僅 66.52%，2007 年為 66.69%，可見教育事業經費的來源已經由公部門逐漸移轉到私部門。2007 年的公私部門教育經費成長比率都偏低，值得持續觀察。

進一步對照前文所述三個經費保障階段時期：《憲法》第一六四條落實前期、《憲法》第一六四條落實期、《教育經費編列與管理法》法令保障期，亦即是以 1988 與 1997 與 2001 年作為劃分，可以發現超過 10%的年度成長率都發生於第二階段的《憲法》落實期，尤其在 1988 至 1993 年間政府教育經費成長快速，應是受到《憲法》第一六四條保障，落實中央政府總預算 15%用於教科文支出之惠。反而是 2001 年以後進入第三階段的《教育經費編列與管理法》第三條法令保障期，政府教育經費的成長卻大幅衰退，成長率都未及 5%，2003 年以後，除 2004 年超過 2%之外，各年度成長率都不及 2%，如果計入物價因素，應該是不增反減的。這些數據顯示，政府近年來的教育投資方向相當保守，不僅未見積極前瞻地投入資源，政府教育經費之成長率甚至不如私部門教育經費之成長。此與《教育經費編列與管理法》第一條所宣示的「為維護教育健全發展之需要，提升教育經費運用績效，特制訂本法」，與第三條所規範的「（各級政府）應於國家財政能力範圍內，充實、保障並致力推動全國教育經費之穩定成長」的目的背道而馳，教育經費成長於法令保障後反而衰退。

表 7-2 我國的教育經費（1986-2007 年） 單位：百萬元

年度	公私立教育經費	公私立教育經費成長率%	政府教育經費	政府教育經費成長率%	私部門教育經費	私部門教育經費成長率%
1986	137,899	11.29	112,949	12.55	24,950	5.89
1987	148,048	7.36	119,030	5.38	29,017	16.3
1988	168,383	13.74	135,970	14.23	32,412	11.7
1989	200,550	19.10	163,094	19.95	37,455	15.56
1990	245,280	22.30	202,364	24.08	42,915	14.58
1991	300,965	22.70	247,488	22.30	53,477	24.61
1992	351,140	16.67	290,020	17.19	61,121	14.29
1993	401,130	14.24	332,463	14.63	68,667	12.35
1994	428,110	6.73	350,053	5.29	78,057	13.67
1995	449,691	5.04	366,902	4.81	82,789	6.06
1996	503,589	11.99	407,596	11.09	95,993	15.95
1997	545,187	8.26	420,906	3.27	124,282	29.47
1998	565,960	3.81	430,676	2.32	135,284	8.85
1999	598,684	5.78	453,090	5.20	145,594	7.62
2000	546,601	-8.70	381,935	-15.70	164,666	13.1
2001	581,141	6.32	399,939	4.71	181,202	10.04
2002	613,923	5.64	424,311	6.09	189,613	4.64
2003	637,476	3.84	431,591	1.72	205,884	8.58
2004	658,065	3.23	443,969	2.87	214,096	3.99
2005	672,644	2.22	448,941	1.12	223,703	4.49
2006	686,450	2.05	456,694	1.73	229,756	2.71
2007	693,874	1.08	462,782	1.33	231,092	0.58

資料來源：教育部（2008b）。

全國教育經費之成長與國家財政能力之關係

教育財政應為公共財政的一部分，當隨公共財政的狀況而調整，不宜一味要求成長。換句話說，當國家財政不寬裕時期，教育經費理應縮減。《教育經費編列與管理法》第三條亦規定：……（各級政府）應於「國家財政能力範圍內」，充實、保障並致力推動全國教育經費之穩定成長。

為了確認前述教育經費成長於法令保障後反而衰退的問題，以下進一步分析我國政府財政狀況與教育經費之間的關係。國家經濟景氣與國民生產息息相關，表現於數據上的為國民生產毛額（Gross National Product, GNP），係指本國常住居民經營之生產機構或單位，在國內及國外從事生產之結果；至於國內生產毛額（Gross Domestic Product, GDP）則指在本國（或一定地區）疆域以內所有生產機構或單位之生產成果，不論這些生產者係本國人或外國人所經營者。表 7-3 為近二十年間我國的國民生產毛額（GNP）與國內生產毛額（GDP）之分析。表中數據顯示，除了 2001 年出現負成長外，我國的 GNP 與 GDP 在近二十年間亦呈現逐年成長的趨勢，但是在 1994 年以後成長幅度趨緩，未見兩位數字的成長率，反倒是最近兩年（2006、2007）的成長幅度略微加大，與教育經費的成長幅度不同。

為了進一步比較政府教育經費與經濟景氣之消長關係，圖 7-1 將三種教育經費（公私立教育經費、政府教育經費、私部門教育經費）與兩個國家經濟景氣（GNP、GDP）之成長率繪成對照圖。圖中線條顯示 GNP 與 GDP 的幅度相當接近，反而是三種教育經費的變動差異性較大。一般而言，二十年間 GDP 與 GNP 的變動（成長）幅度都比教育經費變動幅度小，可見後者受到《憲法》與法令的保障而改變。在 2001 年以前的變動幅度比 2001 年以後的幅度大，而且最後五年內，教育經費的變動幅度縮小近乎停滯，與 GNP 或 GDP 的成長並不一致。可見《教育經費編列與管理法》第三條規定的「國家財政能力範圍內」的原則並未獲得遵行。

表 7-3 我國國民生產毛額與國內生產毛額（1986-2007 年） 單位：百萬元

年度	GNP	GNP 成長率%	GDP	GDP 成長率%
1986	2,982,365	16.1	2,911,773	15.2
1987	3,365,162	12.84	3,299,182	13.3
1988	3,687,179	9.57	3,598,836	9.08
1989	4,123,857	11.84	4,033,429	12.08
1990	4,528,695	9.82	4,423,743	9.68
1991	5,059,138	11.71	4,942,042	11.72
1992	5,623,664	11.16	5,502,802	11.35
1993	6,207,950	10.39	6,094,146	10.75
1994	6,781,348	9.24	6,673,939	9.51
1995	7,363,955	8.59	7,252,757	8.67
1996	8,054,095	9.37	7,944,595	9.54
1997	8,699,750	8.02	8,610,139	8.38
1998	9,307,023	6.98	9,238,472	7.3
1999	9,731,411	4.56	9,640,893	4.36
2000	10,171,562	4.52	10,032,004	4.06
2001	10,054,207	-1.15	9,862,183	-1.69
2002	10,535,848	4.79	10,293,346	4.37
2003	10,848,447	2.97	10,519,574	2.2
2004	11,437,647	5.43	11,065,548	5.19
2005	11,745,593	2.69	11,454,727	3.52
2006	12,229,296	4.12	11,917,597	4.04
2007	12,968,534	6.04	12,635,768	6.03

資料來源：中華民國統計資訊網（2008）。

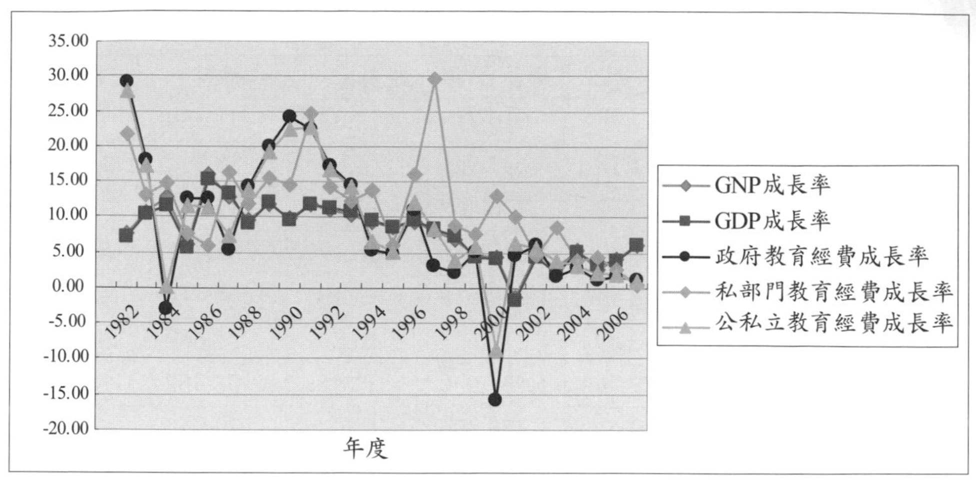

圖 7-1 政府教育經費成長率與經濟景氣指標之比較

資料來源：中華民國統計資訊網（2008）；教育部（2008b）。

全國教育經費之成長與政府財政收支之關係

表 7-4 為我國各級政府歲入歲出與餘絀。由表中數據可知，我國近二十年間的政府收支，除了少數幾個年度外，大部分都是歲出大於歲入，餘絀額度持續增加。2001 年以後，也就是《教育經費編列與管理法》的保障階段，政府歲入成長趨緩，連帶影響教育經費的成長幅度。

表 7-5 檢視我國公私立教育經費總額與政府經費和政府財政收支指標之間的相關，其中又分成 1986-2000 年《教育經費編列與管理法》立法保障前、2001-2007 年《教育經費編列與管理法》立法保障後，以及 1986-2007 年全部時期等三階段。表中數據顯示兩種經費與GNP、GDP的相關都相當高，甚至高過與政府歲入與歲出之相關，但是立法保障後反而相關降低，教育經費與經濟景氣之連結反而變少。此外，兩種經費與各級政府歲入、歲出的關係更值得注意，《教育經費編列與管理法》立法保障前的 1986-2000 年之間，有一部分為《憲法》第一六四條的保障期，因此與各級政府歲入、歲出的相關係數都在 0.8 以上，到了 2001 年立法保障後，教育經費與政府歲出的相關驟降，尤其各級政府

表 7-4　各級政府歲入歲出與餘絀（1986-2007 年）　單位：百萬元

會計年度	歲入淨額	成長率%	歲出淨額	成長率%	餘絀	成長率%
1986	584,838	7.78	616,718	12.88	-31,880	753.55
1987	650,203	11.18	641,911	4.09	8,292	-126.01
1988	765,439	17.72	726,468	13.17	3,8971	369.98
1989	921,575	20.40	1,207,351	66.19	-285,775	-833.30
1990	1,092,401	18.54	1,097,518	-9.10	-5,116	-98.21
1991	1,049,931	-3.89	1,275,613	16.23	-225,682	4311.30
1992	1,257,568	19.78	1,561,930	22.45	-304,362	34.86
1993	1,416,334	12.62	1,756,306	12.44	-339,972	11.70
1994	1,502,754	6.10	1,826,367	3.99	-323,613	-4.81
1995	1,559,429	3.77	1,910,066	4.58	-350,637	8.35
1996	1,604,184	2.87	1,843,786	-3.47	-239,602	-31.67
1997	1,704,759	6.27	1,878,764	1.90	-174,005	-27.38
1998	2,053,458	20.45	1,992,593	6.06	60,865	-134.98
1999	2,004,394	-2.39	2,050,004	2.88	-45,609	-174.93
2000	2,784,863	38.94	3,140,936	53.22	-356,074	680.71
2001	1,896,841	-31.89	2,271,755	-27.67	-374,915	5.29
2002	1,787,919	-5.74	2,144,994	-5.58	-357,075	-4.76
2003	1,848,199	3.37	2,206,223	2.85	-358,024	0.27
2004	1,971,648	6.68	2,238,904	1.48	-267,256	-25.35
2005	2,100,783	6.55	2,278,439	1.77	-177,655	-33.53
2006	2,154,852	2.57	2,232,586	-2.01	-77,734	-56.24
2007	2,249,269	4.38	2,296,077	2.84	-46,808	-39.78

資料來源：財政部（2008a）。

教育經費與各級政府歲出總額之相關係數僅 0.29，公私立教育經費與各級政府歲出總額之相關係數僅 0.37，應是已經有效凍結《憲法》第一六四條的約束。通盤檢討立法保障前後的相關係數，可以發現立法保障後的各種相關係數都比立法保障前低，顯示我國的教育經費在《教育經費編列與管理法》立法保障後反而與經濟景氣指標、政府財政收支的相關降低，教育財政政策方向趨於保守。

表 7-5 公私立教育經費與政府教育經費和政府財政收支之相關係數

項目	1986-2000 立法保障前	2001-2007 立法保障後	1986-2007 全部時期
公私立教育經費與 GDP	0.98336	0.950077	0.986644
公私立教育經費與 GNP	0.983446	0.959766	0.985249
公私立教育經費與各級政府歲入總額	0.909185	0.840992	0.912436
公私立教育經費與各級政府歲出總額	0.885158	0.37344	0.894225
各級政府教育經費與GDP	0.954425	0.943973	0.940249
各級政府教育經費與GNP	0.954669	0.954533	0.936186
各級政府教育經費與各級政府歲入總額	0.861512	0.803354	0.896143
各級政府教育經費與各級政府歲出總額	0.85033	0.297143	0.887579

資料來源：作者自行整理。

全國教育經費保障基準設計之檢討：歲入與 GNP 保障之分析

1997 年修憲之前的教育經費論戰中，討論的焦點除了應否立法保障教育經費之外，也包括如何保障，尤其是保障的計算基準。雖然立法當初考慮過百分比率保障、公式保障、教育價格指數保障等，但最後國民生產毛額為基準的百分比保障成為各版本的大宗，例如：《教育經費國庫負擔法》（草案）採用「前三年度名目國民生產毛額平均數的百分之六」；教育部版《教育經費編列與保障基準法》（草案）則提出甲、乙兩案：甲案：「公私部門教育經費總預算數合計應不低於國民生產毛額之百分之七。直轄市及縣（市）政府以其歲入總預算扣除上級政府補助為自有財源，教育支出預算應不低於自有財源百分之三十。」乙案：「各級政府教育經費總預算數合計應不低於國民生產毛額之百分之六。直轄市及縣（市）政府以其歲入總預算扣除上級政府補助為自有財源，教育支出預算應不低於自有財源百分之三十。」另外，行政院版《教育經費編列與保障基準法》（草案）則是「中央主管教育行政機關每年編列教育經費之預算成長率，應不低於中央政府歲出總預算之成長率」（陳麗珠，2001）。到了最後通過的保障方式，是以「各級政府歲入」作為計算基準，而非國民生產毛額或是歲出總預算。以政府歲入作為保障基準計算方式和國家財政收入息息相關，但我國近年來的財政收入狀況並不理想，成長有限（見表 7-4），也是種下教育經費法令保障效果不彰的主因。

表 7-6 以朝野政黨提出的草案版本都使用的國民生產毛額的百分比保障基準，計算出不同的保障設計產生的經費差異。表中有三種版本，除了現行以前三年度歲入平均值 21.5%得到的保障額度外，另以兩種版本做對照：「公私部門教育經費總預算數合計應不低於國民生產毛額之百分之七」（教育部版本甲案）與「各級政府教育經費總預算數合計應不低於國民生產毛額之百分之六」（教育部版本乙案）。從「公私立教育經費與 GNP 7%」、「政府教育經費與 GNP 6 %」間之差異作比較（見圖 7-2），可以發現以 GNP 為計算基準保障額

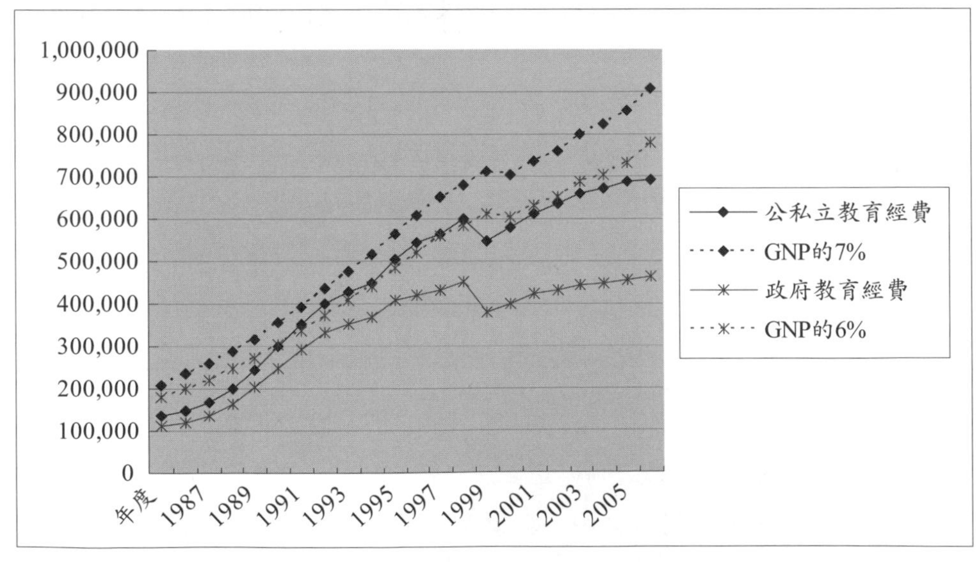

圖 7-2　以 GNP 為計算基準的保障試算與現行保障間之比較

表 7-6 以 GNP 為計算基準的保障試算與現行保障間之比較　　單位：百萬元

年度	公私立教育經費(a)	GNP 7% (b)	差額 (b-a)	政府教育經費(c)	GNP6% (d)	差額 (d-c)
1986	137,899	208,766	70,867	112,949	178,942	29,824
1987	148,048	235,561	87,513	119,030	201,910	33,651
1988	168,383	258,103	89,720	135,970	221,231	36,872
1989	200,550	288,670	88,120	163,094	247,431	41,239
1990	245,280	317,009	71,729	202,364	271,722	45,287
1991	300,965	354,140	53,175	247,488	303,548	50,592
1992	351,140	393,656	42,516	290,020	337,420	56,236
1993	401,130	434,557	33,427	332,463	372,477	62,080
1994	428,110	474,694	46,584	350,053	406,881	67,813
1995	449,691	515,477	65,786	366,902	441,837	73,640
1996	503,589	563,787	60,198	407,596	483,246	80,541
1997	545,187	608,983	63,796	420,906	521,985	86,998
1998	565,960	651,492	85,532	430,676	558,421	93,071
1999	598,684	681,199	82,515	453,090	583,885	97,314
2000	546,601	712,009	165,408	381,935	610,294	101,715
2001	581,141	703,794	122,653	399,939	603,252	100,542
2002	613,923	737,509	123,586	424,311	632,151	105,358
2003	637,476	759,391	121,915	431,591	650,907	108,484
2004	658,065	800,635	142,570	443,969	686,259	114,376
2005	672,644	822,192	149,548	448,941	704,736	117,456
2006	686,450	856,051	169,601	456,694	733,758	122,293
2007	693,874	907,797	213,923	462,782	778,112	129,685

說明：第二、五欄取自表 7-2，GNP 數據計算自表 7-3。

度遠比現行保障額度高，而且其間的差異逐年擴大，應是政府教育投資成長不及國民生產毛額成長快速所致。

教育經費占各級政府歲出之比率

在現行的以政府歲出百分比保障教育經費的機制運作之下，自 2002 年以來不僅影響整體教育經費的總額，也已經改變教育經費分配的面貌。首先要檢討的是教育經費在各級政府歲出所占的比率。為了保障教育事業在經費充實的情況之下正常運作，因此乃有立法保障教育經費在政府歲出的一定比率的做法，《憲法》第一六四條就是以歲出總預算比率規範，在國家財政支出膨脹時，教育經費水漲船高，具有一定的保障成效。條文中將教育與科學、文化支出併計，簡稱為教科文支出。1997 年以後《憲法》第一六四條效力被凍結，教科文支出占政府歲出的比率不復受到重視，但由教科文支出占政府歲出之比率亦可一窺政府教育財政發展現況。

表 7-7 為近二十間（1986-2007）各級政府教育科學文化支出比率，中央政府的教科文支出比率在 1990 年首度達到 15%以上，1997 年修憲之後，仍然維持在 15%以上並且持續成長，2007 年時甚至將近 20%（19.31%）。然而這不應僅代表「中央重視教科文事業」，其他的相關因素，例如，精省後原來省立高級中等學校改制國立，學校預算編入中央，以及原來省教育廳負責分配的對縣市（主要是國民教育）補助款都由中央負責，相對提高了比率。其次，臺北市與高雄市的教科文支出比率在修憲後的變化並不相同，臺北市的比率持續成長，近年來接近三成，可見持續投入教育經費，反而是高雄市的教科文支出在修憲之後就降低比率，不能維持原來的憲法規定 25%下限。最後，各縣市政府主辦國民教育，多年來都以「教育拖垮財政」之名解釋地方財政惡化的主因，但財政部公布的數據顯示，1997 年以後教科文支出占歲出比率卻逐年降低，甚至不到原來《憲法》規定的 35%下限。中央對地方政府的教育補助款在決算後卻未能歸類為教育科學文化之用。逐年降低的教科文支出占歲出比率當然會對國民中小學校運作造成不利的影響。

進一步就教育經費比率的消長趨勢探討箇中原因。表 7-8 為教育部公布的各級政府教育經費占歲出比率，表中數據亦顯示，中央政府的教育經費成長有

表 7-7 各級政府教科文支出之比率

年度	中央政府	臺北市政府	高雄市政府	臺灣省政府	各縣市政府
1986	—	—	—	15.33	45.37
1987	—	—	—	15.67	43.27
1988	12.2	—	—	19.24	42.29
1989	12.32	—	—	8.79	16.77
1990	13.24	—	—	18.22	37.13
1991	13.72	—	—	16.16	37.53
1992	10.9	—	—	21.31	41.69
1993	13.31	18.03	32.13	21.97	37.13
1994	13.46	19.09	31.31	20.49	38.16
1995	13.48	21.32	30.1	21.48	39.72
1996	13.42	22.86	29.46	22.83	37.71
1997	11.64	21.28	27.67	20.67	41.62
1998	12.48	23.5	24.21	22.79	40.56
1999	14.87	23.28	29.08	22.07	39.41
2000	13.9	27.7	28.21	—	39.62
2001	12.6	23.51	25.49	—	35.65
2002	16.13	30.15	26.24	—	37.20
2003	17.91	30.48	26.69	—	37.81
2004	18.07	25.57	22.37	—	35.16
2005	16.43	29.57	22.79	—	33.89
2006	18.61	31.92	24.22	—	33.50
2007	19.31	29.88	22.55	—	—

資料來源：財政部（2008a, 2008b, 2008c）。

限，修憲後並無太大變動，與教科文支出成長比率不同，可以視為科學與文化支出增加所致；臺北市政府教育經費比率情形和中央政府相同；高雄市教育經費支出比率反而逆勢成長，與財政部發布的教科文支出並不一致；至於各縣市政府的教育經費比率在 2000 年以後驟降，與教科文支出的變動情形相當一致，可見地方政府教育經費的支出比重變低，以教育之名保障的教育經費在國民教

表 7-8　各級政府教育經費占歲出比率

會計年度	總計	中央政府	臺北市政府	高雄市政府	臺灣省政府	各縣市政府	各鄉鎮	金門馬祖
1991	17.77	7.81	26.85	31.21	27.17	48.61	2.22	32.97
1992	17.86	8.40	26.36	32.45	28.47	48.22	2.14	36.98
1993	18.43	9.06	26.43	31.67	27.81	48.15	2.21	35.33
1994	18.58	9.21	23.80	32.23	27.60	48.33	2.82	34.82
1995	19.36	9.49	23.53	32.37	28.52	45.35	2.39	32.10
1996	19.50	8.90	27.38	31.17	29.25	45.59	2.90	33.69
1997	18.91	8.08	27.96	29.89	28.80	44.63	2.59	33.18
1998	18.54	8.13	28.36	27.13	25.09	45.89	2.51	33.22
1999	18.80	9.02	27.92	27.90	25.01	46.32	2.97	30.13
2000	16.11	7.96	24.55	33.16	—	35.37	不計	併各縣市政府
2001	17.17	8.41	25.98	32.02	—	34.82		
2002	19.14	9.61	31.01	31.44	—	35.88		
2003	18.88	9.65	31.43	30.02	—	34.01		
2004	18.99	8.99	31.03	26.72	—	36.53		
2005	19.28	9.18	33.09	35.77	—	35.79		
2006	19.46	9.54	29.71	28.53	—	36.99		
2007	19.18	9.20	29.67	34.07	—	36.45		

資料來源：教育部（2008c）。

育階段並沒有落實用在教育事務。

各級政府間的教育經費結構

在 1999 年精省之前，臺灣省政府主辦高級中等教育以及分配縣市政府的國教補助款，精省之後高級中等學校預算納入中央政府，也改變各級政府間的教育經費結構（見表 7-9）。1999 年之前，臺灣省政府支出全國教育經費的五分之一，到了最後一年也就是 1999 年時，還有 18.71%；同一年，中央政府支出

表 7-9 各級政府間的教育經費結構

會計年度	總計	中央政府	臺北市政府	高雄市政府	臺灣省政府	各縣市政府	各鄉鎮	金門馬祖
1991	100.00	26.12	10.81	4.54	21.69	36.17	0.41	0.26
1992	100.00	28.42	10.08	4.49	21.76	34.54	0.44	0.27
1993	100.00	29.17	9.65	4.36	20.91	35.18	0.47	0.26
1994	100.00	28.03	8.72	4.67	21.32	36.28	0.67	0.32
1995	100.00	26.63	8.56	4.65	21.70	37.53	0.60	0.33
1996	100.00	24.79	9.85	4.31	21.26	38.68	0.76	0.34
1997	100.00	22.92	10.31	4.16	21.92	39.53	0.73	0.43
1998	100.00	23.14	10.62	4.00	21.95	39.08	0.71	0.50
1999	100.00	26.23	10.45	4.22	18.71	39.10	0.82	0.47
2000	100.00	33.07	12.21	5.49	—	48.74	不計	0.49
2001	100.00	31.27	11.96	5.25	—	50.99	不計	0.53
2002	100.00	30.99	12.14	5.41	—	50.92	不計	0.54
2003	100.00	31.10	12.16	5.08	—	51.13	不計	0.53
2004	100.00	28.85	11.72	5.09	—	53.82	不計	0.51
2005	100.00	29.23	11.57	5.37	—	53.35	不計	0.49
2006	100.00	29.81	11.56	5.15	—	52.98	不計	0.49
2007	100.00	29.38	11.52	5.26	—	53.32	不計	0.51

資料來源：教育部（2008d）。

26.23%，臺北市為 10.45%，高雄市為 4.22%，各縣市政府為 39.10%。次年（2000）以後，臺灣省政府不再計入，中央政府在八年間增加 3%至 5%，臺北市、高雄市各增加 1%，各縣市則逐年遞增到 53.32%，比八年前增加 14%。

圖 7-3 將各級政府間的教育經費結構圖示，亦顯示縣市政府大幅度的增長。其他各級政府則變動有限。

表 7-9 的數據有幾點意義值得討論：

一、中央政府增加高級中等教育階段的財政責任，經費卻僅增加 3%，可以具此推論此階段學校財政已經縮減，如果加上考量同一時期高等教育擴充，更足以推論高級中等教育財政在 2000 年以後是開支緊縮的。

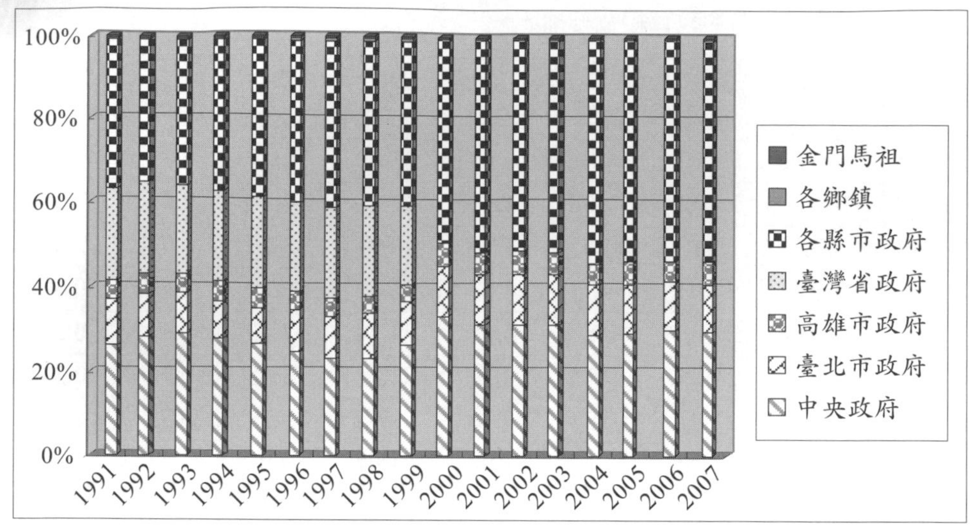

圖 7-3　各級政府間的教育經費結構

二、將表 7-9 與表 7-8 的數據相比對，可以發現就總教育經費的分配而言，由各縣市政府支出的教育經費已經占全國教育經費的一半以上，但是各縣市教科文支出或是教育經費支出卻僅達 30%以上。

可見「以教育之名義」支出的教育經費分配到各縣市政府，但是縣市政府將教育補助款用於平衡縣市財政（或舉債後償還債務利息）之用，年度結算顯示縣市庫支出卻未能用於教育（或教科文）事務，因此其支出比率反而變低。檢討造成這種現象的主要原因，修憲凍結保障效力固然是原因之一，然而主要原因還是在於中央對地方政府一般補助款的補助辦法於 2001 年以後改變所致。

中央對地方政府補助款的變動

《地方制度法》於民國 88 年立法通過，同年《財政收支劃分法》亦修正通過，開啟了地方自治、財政自主的時代，亦牽動了中央對地方補助款的方式。新實施的「中央對直轄市及縣（市）政府補助辦法」中，規定其中非屬《財政收支劃分法》第三十條規定「計畫效益涵蓋面廣、跨越二以上縣市、具示範性及配合中央重大政策或建設」四項原則之補助款，調整改由行政院直接依公式設算補助臺灣省各縣市，即為所謂中央對臺灣省各縣市「一般性補助款」。一般性補助款之補助類別主要分為三部分：

一、補助各縣市基本財政收支差短。

二、設算各縣市教育設施、社會福利與基本設施等補助經費。

三、縣市退休公教人員優惠存款差額利息繳款補助等。

而上述三項補助款如以其支出性質劃分，則可分為教育補助經費、社會福利補助經費、經濟發展補助及專案補助（李泰興，2005）。2001 年開始，中央對地方教育補助經費編列方式，一方面將教育部原編計畫型補助款中由地方政府因地制宜之計畫項目與經費，改為「一般教育補助」經費，並依公式分配給縣市，再由縣市政府依據各項教育施政計畫之優先緩急次序逐次推動辦理；另一方面則訂定「中央對臺灣省各縣（市）政府計畫及預算考核要點」，透過教育部與行政院主計處針對縣市政府年度教育計畫及預算之擬定執行，進行書面及實地考核。

2001 年補助制度開始改變，中央政府賦予縣市政府更大施政空間，一般教育補助係按公式計算後，分配給各縣市政府，除人事費等基本收支差短補助，以及具特殊性之學童營養午餐及老舊危險建物整建等計畫經費（後來項目逐漸擴充）以特別匡列方式規定縣市政府應專款專用外，其餘一般教育補助經費則授權縣市政府依其教育施政計畫之優先緩急自行分配運用。這種改變有利於縣市政府資金周轉與施政推動，由於教育經費總額在保守的法令保障機制之下無法擴大資源，致使其間分配產生板塊的移動。為了開闊縣市政府施政空間，乃增加一般教育補助款，但這些增加的額度並非額外增加，而是將原來教育部特定教育補助經費移轉而來。特定教育補助係教育部推動政策的工具之一，為確保執行的效果，通常規定專款專用，現在轉移以無規範項目與用途的一般教育補助後，政策效果當然無法貫徹。

表 7-10 為 2002 年以後一般教育補助款與特定教育補助款之間的消長情形。六年之間，特定補助減少 200 億元，亦是一般教育補助之成長額度。雖然有上述的考核要點防止縣市挪用教育經費，但由表 7-7、表 7-8、表 7-9 之數據可以

表 7-10 全國教育經費預算分配（2002-2007 年） 單位：億元

年度	法令保障下限	全國各級政府教育經費總額	中央政府教育經費	對地方政府一般教育補助款	教育部編列之教育經費	地方政府教育經費	特定教育補助分配與審議數
2002	4,239	4,230	1,913	435	1,478	2,317	497
2003	4,126	4,307	1,999	524	1,475	2,308	524
2004	3,971	4,388	1,994	642	1,352	2,394	435
2005	3,965	4,462	2,015	644	1,371	2,447	321
2006	4,019	4,548	2,057	657	1,400	2,491	291
2007	4,253	4,606	2,081	640	1,441	2,525	296
02-07 變動%	0.33	8.89	8.52	47.13	-2.50	8.98	-40.44

說明：1. 表列教育經費數額係預算實編數。
2. 中央政府教育經費＝教育部編列之教育經費＋中央對地方一般教育補助款。
3. 地方教育經費不含中央政府補助。
資料來源：教育部（2008h）。

發現，一般教育補助款計入全國教育經費總額中，但在各縣市政府公庫中，卻未必用於教育（或教科文）項目，對於國民教育的發展相當不利。

「國民教育優先」原則之檢驗

我國《憲法》增修條文第十條第八項規定：「教育、科學、文化之經費應優先編列，不受憲法第一百六十四條規定之限制。」《教育經費編列與管理法》第三條規定：「……地方政府（直轄市及縣市政府）以其歲入總預算扣除上級政府補助為自有財源，並依教育基本需求，衡量財政狀況，優先支應教育經費，除自有財源減少外，其自行負擔之教育經費，應逐年成長。」第四條規定：「直轄市、縣（市）政府應依憲法增修條文第十條第十項規定，優先編列國民教育經費。」「國民教育優先」原則至此已經有法源支持。

表 7-11 檢視修憲之後，以及《教育經費編列與管理法》實施之後，國民教育經費占整體教育經費結構中的比率。1998 年（修憲之後次年），國民教育階

表 7-11 各級學校間的教育經費結構

學年度	總計	幼稚園	國民小學	國民中學	高級中學	職業學校	專科學校	大學及獨立學院	特教學校
1991	100.00	3.18	28.32	19.63	8.59	9.93	8.75	21.13	0.48
1992	100.00	2.80	30.31	19.95	8.51	9.48	8.54	19.86	0.55
1993	100.00	2.67	29.80	20.06	8.58	9.91	9.04	19.36	0.58
1994	100.00	2.91	30.16	20.37	8.51	10.06	8.28	19.12	0.60
1995	100.00	2.83	30.61	20.10	9.44	9.97	8.47	17.79	0.79
1996	100.00	2.90	28.39	18.87	9.67	10.53	8.69	20.13	0.82
1997	100.00	2.86	29.08	18.76	9.70	10.25	7.98	20.20	1.17
1998	100.00	2.75	29.91	18.35	10.08	10.23	7.83	19.93	0.92
1999	100.00	2.76	28.65	17.83	10.18	10.03	4.40	25.44	0.71
2000	100.00	2.85	27.57	17.05	10.43	8.01	1.95	31.62	0.54
2001	100.00	3.17	27.61	17.31	10.61	6.21	1.88	32.63	0.59
2002	100.00	3.17	26.52	17.22	10.26	5.68	1.25	35.29	0.61
2003	100.00	3.21	26.32	17.17	10.40	5.43	1.31	35.52	0.64
2004	100.00	3.17	26.44	16.86	10.54	5.31	0.89	36.12	0.66
2005	100.00	2.88	26.22	16.43	10.47	5.29	0.85	37.22	0.62
2006	100.00	2.82	26.17	16.42	10.56	5.17	0.68	37.58	0.59

資料來源：教育部（2008e）。

段（國小與國中）合計占全國教育經費支出的 48.26%，將近總經費之一半；2006 年時，國小與國中合計為 42.59%，國小與國中都有減少，可見「國民教育經費優先」的原則顯然沒有遵循（見圖 7-4）。

不僅如此，十年間除高級中學經費比重維持不變（應是高級中學學生人數增加所致）之外，職業學校與專科學校都大幅減少，前者因為改制高中或綜合高中，後者則因為改制技術學院與科技大學所致。最明顯的結果就是大學及獨立學院的經費占全國總教育經費的比率高達 37.58%，已經顯現失衡的狀態。

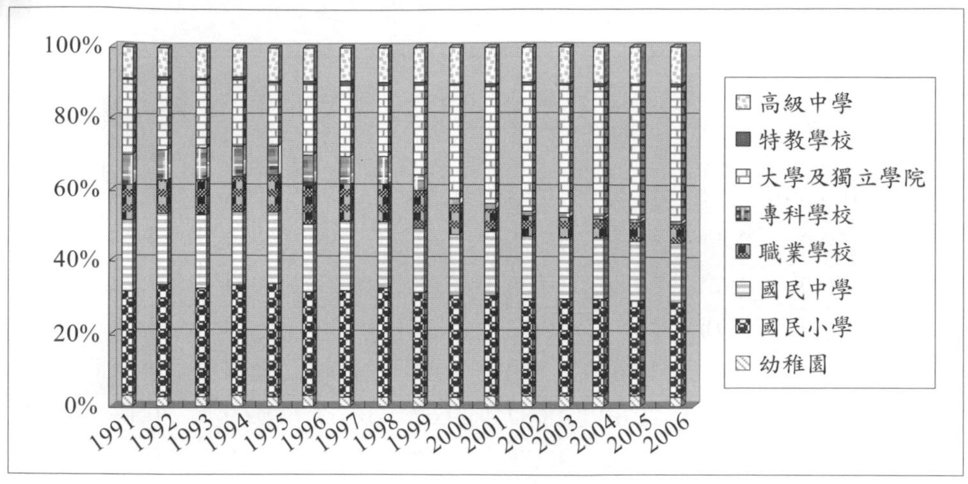

圖 7-4　各級學校間的教育經費結構

各級學校每生平均分攤教育經費之變動

為持續探討高等教育經費比率近年內急遽增加的原因，表 7-12 檢討高等教育階段學生人數在近年間的變動情形。表中數據顯示 2000 年以後，全國學生人數由於少子化趨勢的影響，基礎教育學生數減少，致使全國學生人數年增率極低，2004 年以後已經呈現負成長；對照高等教育階段，大學本科學生人數快速增加，七年間成長總人數的四分之三，碩博士班學生數更是成長一倍以上。雖然 2006 年以後成長趨緩，但高等教育階段學生數擴增，在現行的高等教育財政制度運作之下，對於公共教育資源分配有極大的需求壓力，也連帶排擠到其他學校教育階段。

進一步探討高等教育學生人數擴增之後對教育資源分配產生的效應。表 7-13 為近二十年間各級學校每生平均分攤教育經費。表中數據係將官方發表教育統計中，各級學校教育經費除以當年學生人數，逐年統計而來。又為了求其準確，特別以消費者物價指數（Consumer Price Index, CPI）加以調整。表中數據顯示，各級學校教育每生平均分攤經費在近二十年間有顯著的成長，僅以各級學校平均數值而言，就有三倍以上的成長，幼稚園、國民小學、國民中學、高級中學、

表 7-12 全國各級學校學生人數（2000-2007 學年度） 單位：人／%

學年度	全國學生總人數	大學校院學生人數	大學本科學生人數	碩士班學生人數	博士班學生人數	全國學生數年增率	大學生年增率	大學校院學生年增率
2000	5,303,001	647,920	564,059	70,039	13,822	—	—	—
2001	5,354,091	780,384	677,171	87,251	15,962	0.96	20.05	20.44
2002	5,376,947	893,045	770,915	103,425	18,705	0.43	13.84	14.44
2003	5,384,926	981,169	837,602	121,909	21,568	0.15	8.65	9.87
2004	5,372,346	1,054,929	894,528	135,992	24,409	-0.23	6.80	7.52
2005	5,319,438	1,115,672	938,648	149,493	27,531	-0.98	4.93	5.76
2006	5,287,226	1,160,015	966,591	163,585	29,839	-0.61	2.98	3.97
2007	5,242,944	1,192,139	987,914	172,518	31,707	-0.84	2.21	2.77
0-7 變動%	-1.13	83.99	75.14	146.32	129.40			

資料來源：教育部（2008f）。

職業學校的成長更是顯著。僅專科與大學以上的成長有限，專科應是因為近年改制所致，而大學教育階段每生平均分攤經費雖然在 1991 年前後數年間，亦即是前述第二階段（《憲法》第一六四條落實期）曾經達到每生平均 230,000 元以上的高點，其後就逐漸減少。比較最後一年（2007）和二十年前（1986）的高等教育每生平均分攤經費，變動百分比僅 31.58%，由此亦可知我國高等教育經費雖然已經占全國總教育經費的一大部分，但以長期資源投入的變化而言，仍屬低度保守的投資（見圖 7-5）。

教育經費中的人事費與退撫支出之變動

我國公共教育經費發展過程中的另一個問題在於教育經費的組成。教育活動所投入的經費中，依照其用途可以粗分成經常門與資本門，經常門中又分成人事費與非人事費兩種。民國 88 年《教育經費編列與管理法》立法保障教育經費時，中小學教師退休僅止於無法順利退休的問題，退休金的支付尚未納入議

表 7-13 各級學校每生平均分攤教育經費　　單元：千元（CPI 調整後實編數）

年度	幼稚園	國小	國中	高中	高職	專科	大學以上	各級學校平均
1986	26.5	18.7	29.4	67.4	39.4	63.8	134.9	32.7
1987	26.0	19.3	30.3	70.9	44.6	71.5	161.4	35.5
1988	29.7	23.0	31.1	75.4	49.4	60.4	196.3	39.8
1989	36.9	27.8	34.7	88.4	54.9	66.9	182.6	44.7
1990	42.6	31.9	39.3	109.8	68.3	75.4	197.7	52.1
1991	43.7	38.3	49.3	112.9	64.8	75.7	226.6	59.9
1992	46.1	43.1	55.8	125.3	66.5	84.1	232.8	66.8
1993	44.2	53.9	63.1	133.8	69.0	87.2	231.6	75.0
1994	43.6	56.3	65.4	134.0	72.6	91.5	217.7	77.3
1995	47.6	60.1	69.2	131.1	75.5	82.5	210.8	79.8
1996	50.5	66.5	75.4	148.0	80.5	86.2	195.4	85.5
1997	56.9	67.5	79.5	150.4	93.7	90.7	215.9	92.3
1998	53.9	68.5	83.6	140.1	93.5	79.4	196.1	91.2
1999	57.8	75.9	93.8	148.6	107.1	83.8	181.4	98.7
2000	59.3	84.7	98.6	147.4	120.0	50.1	152.1	99.3
2001	61.5	92.6	95.1	146.6	103.8	23.8	214.5	109.6
2002	71.2	93.9	91.5	142.4	88.8	19.4	207.4	110.6
2003	72.0	95.1	92.8	143.8	94.0	25.2	200.1	113.5
2004	86.5	69.0	75.5	140.2	90.8	21.4	190.1	101.1
2005	82.1	81.6	83.8	139.5	90.1	27.9	201.0	111.8
2006	90.6	75.8	72.7	141.9	89.1	24.5	180.6	104.8
2007	82.9	84.0	97.0	143.5	85.8	28.7	177.5	112.4

資料來源：作者整理自教育部（2008g）各年度各級學校教育經費與學生人數。

題。2001 年之後，多種原因促成教師人力快速代謝，退撫經費增加，亦排擠教育經費保障總額的計算。

表 7-14 係 2002 年以來人事費、退撫經費以及其他教育經費（非人事費的經常門、資本門經費）的變化，表中數據顯示 2002 年以後至 2007 年間，全國

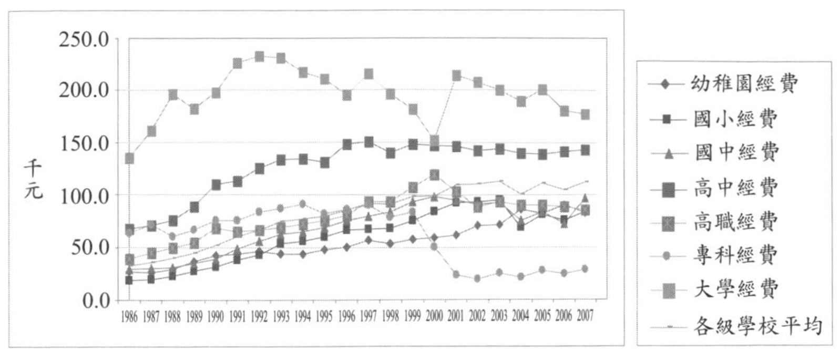

圖 7-5　各級學校教育每生平均分攤經費額度（CPI 調整後）

表 7-14　全國人事、退撫與其他教育經費執行情形（2002-2007 年）　單位：億元

年度 項目	2002 決算數	2003 決算數	2004 決算數	2005 決算數	2006 決算數	2007 決算數	2002 與 2007 比 較
全國教育經費	3,986	4,073	4,107	4,217	4,260	4,603	617
1. 人事費	2,133	2,175	2,174	2,219	2,231	2,337	204
(1)中央	300	302	299	299	306	297	-3
(2)地方	1,833	1,873	1,875	1,920	1,925	2,040	207
2. 退撫經費	510	535	642	661	723	856	346
(1)中央	86	87	94	110	132	176	90
(2)地方	424	448	548	551	591	680	256
3. 其他教育經費	1,343	1,363	1,291	1,337	1,306	1,410	67
(1)中央	1,036	1,069	948	954	949	996	-40
(2)地方	468	493	453	489	465	518	50

資料來源：教育部（2008i）。

教育經費增加 617 億元，其中退撫支出就占 346 億元，人事費也成長 204 億元，反而是其他教育經費僅有微幅成長，由地方政府支出的退撫支出與人事費合計高達 463 億元。

表 7-15 亦顯示全國各地方政府，除了少數縣市與福建省的金門與連江縣之外，各地方政府支出的人事費約在總教育經費的六成左右，加上退撫支出都在

表 7-15　各縣市教育人事費占縣市總歲出經費及教育總經費比率（2006 年決算數）

單位：億元／%

縣市別	縣市總歲出經費(A)	教育總經費(B)	教育人事經費(C)	退撫支出(D)	教育人事費占教育總經費%(E=C/B)	退撫支出占教育總經費%(F=D/B)	人事及退撫占教育總經費%(G=E/B)	教育人事費占縣市總歲出經費%(H=C/A)	教育總經費占縣市歲出%(I=B/A)
合計	7,320.18	2,981.35	1,925.30	590.81	64.58	19.82	84.39	26.30	40.73
直轄市	2,160.26	748.72	482.86	135.74	64.49	18.13	82.62	22.35	34.66
臺北市	1,355.99	514.20	327.98	95.40	63.78	18.55	82.34	24.19	37.92
高雄市	804.27	234.52	154.88	40.34	66.04	17.20	83.24	19.26	29.16
臺灣省	5,059.11	2,212.54	1,430.07	452.70	64.64	20.46	85.10	28.27	43.73
臺北縣	701.00	340.81	249.99	55.27	73.35	16.22	89.57	35.66	48.62
宜蘭縣	162.71	67.20	41.85	14.60	62.27	21.73	84.00	25.72	41.30
桃園縣	436.20	226.52	152.68	32.16	67.40	14.20	81.60	35.00	51.93
新竹縣	182.12	71.05	41.28	14.04	58.10	19.76	77.87	22.67	39.01
苗栗縣	178.85	75.72	48.69	17.09	64.30	22.57	86.87	27.22	42.34
臺中縣	356.69	174.00	128.40	26.41	73.79	15.18	88.97	36.00	48.78
彰化縣	290.25	145.64	94.10	36.29	64.61	24.92	89.53	32.42	50.18
南投縣	185.11	81.50	52.46	17.73	64.37	21.75	86.12	28.34	44.03
雲林縣	213.19	87.72	55.47	24.27	63.23	27.67	90.90	26.02	41.15
嘉義縣	206.45	74.14	42.94	19.14	57.92	25.82	83.75	20.80	35.91
臺南縣	294.04	122.17	74.16	27.75	60.70	22.71	83.42	25.22	41.55
高雄縣	309.69	141.94	91.89	31.94	64.74	22.50	87.25	29.67	45.83
屏東縣	269.93	117.54	61.72	29.26	52.51	24.89	77.39	22.86	43.54
臺東縣	113.17	43.08	25.04	10.47	58.14	24.30	82.45	22.13	38.07
花蓮縣	150.15	56.30	33.64	13.80	59.75	24.51	84.26	22.41	37.50
澎湖縣	62.53	19.34	11.22	4.02	58.02	20.79	78.80	17.94	30.93
基隆市	161.36	54.43	31.11	10.28	57.16	18.89	76.04	19.28	33.73
新竹市	146.30	57.52	31.26	12.58	54.34	21.87	76.22	21.36	39.32
臺中市	303.36	128.83	83.42	26.23	64.75	20.36	85.11	27.50	42.47
嘉義市	99.22	36.91	21.20	9.77	57.42	26.47	83.91	21.36	37.20
臺南市	236.81	90.18	57.56	19.58	63.82	21.71	85.54	24.31	38.08
福建省	100.81	20.09	12.37	2.37	61.55	11.80	73.37	12.27	19.93
金門縣	77.36	16.20	9.95	2.16	61.40	13.33	74.75	12.86	20.94
連江縣	23.45	3.89	2.42	0.21	62.16	5.40	67.61	10.32	16.59

資料來源：教育部（2008i）。

八成以上，連財政狀況較佳的直轄市與省轄市都不例外。各方檢討這種現象所隱含的問題容易歸因於教師的待遇制度過於優渥所致，然而教育本為勞力密集的產業，需要大量的教師人力投入，而且不易取代，如果教育經費支出結構中的人事費比重過高，顯示學校運作與教學活動所需的相關經費，包括業務費與資本門等的投入過低，對於教育事業的發展有所妨礙，不宜以人事費過高逕將解決之道歸納為教育經費不應持續投入，而應該檢討其他非人事費項目經費投入是否足以支應教育永續發展所需，亦即是近年來教育適足性（adequacy）所倡議的，將經費投入與產出做緊密的結合。

我國教育經費保障機制之檢討結果

本章發現我國教育經費在現行法令保障機制運作之下，雖有形式上的保障比率計算與運作，但仍然存在下列問題：

一、教育經費保障發生於預算編列時，對於決算未能審議稽核，致使經費未必實際用於教育支出。

二、政府的統計將公私立教育經費與政府教育經費並列，其實兩者的成長幅度不同。

三、教育經費成長與國家財政能力（經濟景氣指標之變動）並不一致。

四、法令保障之後教育經費成長與政府財政收支之相關不高。

五、檢討保障機制之設計，歲入保障相當保守，漲幅有限。

六、教育經費占各級政府歲出比率在法令保障後，中央政府逐年提高，縣市政府卻明顯下降，國教經費有移作他用之情形。

七、各級政府間的教育經費結構分析顯示，縣市政府支出教育經費占全國總額之一半以上，中央承接高級中等教育，保障後之成長卻很有限，可見教育經費轉移用於地方其他用途相當明顯。

八、地方教育補助款的變動亦顯示一般補助款大幅成長，特定補助相對萎縮。

九、國民教育經費比重降低，優先原則並沒有落實，高教比重增加，幾近失衡。

十、近年內各級學校教育每生平均分攤教育經費之成長趨緩，亦有部分衰退。

十一、近年內教育經費之成長僅在於人事費與退撫經費，其餘業務費與資本經費等幾乎未能成長，實為減少。

由此可見，重新檢討現行教育經費保障機制有其必要，未來應該以國家發展與競爭力所需人才為基礎，確實計算教育資源需求用於教育事業上，期能厚植國力，為我國下一階段的經濟成長做準備。

參考文獻

中華民國統計資訊網（2008）。**國民所得常用資料**。2009 年 3 月 19 日，取自 http://www.stat.gov.tw/public/Attachment/8123015303671.xls

王作榮（1997）。預算固定比率豈有此理。**教育資料文摘，238**，3-8。

行政院主計處（2009）。**統計資料背景說明**。2009 年 3 月 19 日，取自 http://www.dgbas.gov.tw/public/Attachment/85207495271.doc

李泰興（2005）。一般教育補助經費概況及改進方向。**主計月刊，597**，33-39。

林孟儀（2006）。省下來的經費卻從人間蒸發。**遠見，243**，172-175。

韋端（1996）。教育資源的現況與探討。**教改通訊，16**，11-13。

財政部（2008a）。**各級政府歲入與歲出**。2009 年 3 月 1 日，取自 http://www.mof.gov.tw/public/Data/statistic/Year_Fin/96 電子書/htm/yearmenu.htm

財政部（2008b）。**國庫收支**。2009 年 3 月 15 日，取自 http://www.mof.gov.tw/public/Data/statistic/Year_Fin/96 電子書/htm/yearmenu.htm

財政部（2008c）。**臺灣省各縣市庫收支**。2009 年 3 月 15 日，取自 http://www.mof.gov.tw/public/Data/statistic/Year_Fin/96 電子書/htm/3390.htm

教育部（2008a）。**各級政府教育經費支出**。2009 年 3 月 16 日，取自 http://www.edu.tw/statistics/publication.aspx? publication_sn=659

教育部（2008b）。**教育經費**。2009 年 3 月 16 日，取自 http://www.edu.tw/statistics/publication.aspx? publication_sn=659

教育部（2008c）。**各級政府教育經費占歲出比率**。2009 年 3 月 16 日，取自 http://www.edu.tw/EDU_WEB/EDU_MGT/STATISTICS/EDU7220001/data/serial/f.xls? open

教育部（2008d）。**各級政府教育經費結構**。2008 年 10 月 22 日，取自 http://www.edu.tw/EDU_WEB/EDU_MGT/STATISTICS/EDU7220001/data/serial/f.xls? open

教育部（2008e）。**各級學校教育經費結構**。2009 年 03 月 22 日，取自 http://www.edu.tw/EDU_WEB/EDU_MGT/STATISTICS/EDU7220001/data/serial/f.xls? open

教育部（2008f）。**全國各級學校學生人數**。2009 年 3 月 22 日，取自 http://www.edu.tw/EDU_WEB/EDU_MGT/STATISTICS/EDU7220001/data/serial/f.xls? open

教育部（2008g）。**教育統計**。2009 年 3 月 16 日，取自 http://www.edu.tw/statistics/publication.aspx? publication_sn=924

教育部（2008h）。**教育經費簡介**。2009 年 03 月 22 日，取自 http://140.111.34.34/docdb/files/dmaa7a7547a02c

教育部（2008i）。**保障教育經費提升教育品質**。2009 年 03 月 22 日，取自 http://140.111.34.34/budget/index.php

陳麗珠（2001）。教育經費編列與管理法之評析。**教育學刊，17**，125-145。

陳麗珠（2009）。**論我國教育經費在立法保障下之變遷與發展**。2009 年 5 月 16 日發表於「教育行政的力與美國際學術研討會」。臺灣師範大學主辦，臺北市。

黃英紳（1992）。憲法教育科學文化預算比例平議。**立法院院聞，20**（5），39-47。

蓋浙生、陳麗珠等（1999）。**我國教育經費籌措及其運作之研究：憲法第一六四條凍結後之因應**。教育部委託專題研究報告。臺北市：作者。

蔡菁芝（1999）。論憲法 164 條不應凍結。**中等教育，50**（2），16-26。

謝森中（1992）。這個條款的時代任務應已結束應予廢除。**教育資料文摘，29**（3），4-14。

Chapter 8

地方政府國民教育財政問題

本章介紹我國國民教育財政之現況與問題，包括現行的國民教育財政制度、國民教育財政問題之檢討，並分析地方政府辦理國民中小學教育的財政問題。

國民教育財政制度與運作

教育事業向來被視為國家的百年大計，是厚植人力資本、增加國民所得的投資，也是知識經濟時代國家競爭力的決定因素。我國學校教育依其屬性可以分成兩種，其一為義務教育性質的國民教育，具有強迫及免費的特質；其二為選擇性質的教育階段，學生可以自由選擇入學。我國國民教育的發展始於 1968 年，將原來六年制的國民學校併同三年制的初級中學，成為九年制的國民教育，其中前六年為國民小學，後三年為國民中學。民國 68 年後，更進一步制訂《國民教育法》以及《強迫入學條例》等，這些法令使國民教育政策的執行更加完善，已經成為每一位國民在六至十五歲之間都必須接受的基礎教育。《國民教育法》規定，凡六至十五歲之國民，應受國民教育；國民教育分為二階段，前六年為國民小學教育，後三年為國民中學教育；其教育以養成德、智、體、群、美五育均衡發展之健全國民為宗旨。《強迫入學條例》亦規定適齡國民必須接受國民教育且強迫入學，對於因故未能入學的學生有各種相關的規定。雖然近年來我國人口出生率逐年下降，基礎教育學生人數減少，但國民教育學生人數仍維持在我國總人口數的 12%。

國民教育屬義務教育，依法必須由政府負擔學生的學費，此部分的費用主要用於教師的人事費，也是此一教育階段主要的經費支出項目。依照《國民教育法》、《地方制度法》等相關法令規定，國民教育由地方（縣市）政府主辦，由於各縣市的自然人文等發展條件優劣懸殊，財政狀況各不相同，各地方的教育品質難免有所差異。其次，相較於中央政府，縣市政府的財源貧瘠，除少數都會地區（如：臺北市）之外，大部分縣市政府無法獨力支應國民教育龐大的教師人事費用，因此自開辦以來即已實施各項中央政府補助國民教育的專案計畫，以挹注地方財政。國民教育補助款的分配問題，由於牽涉層面甚廣，一直是各界關心、眾所爭議的問題。

國民教育為全國國民都必須接受的教育階段，其普及教育的本質應無疑義；但國民教育究屬中央或地方政府之權責？根據《地方制度法》第十八條規定，直轄市之學前教育、各級學校教育、社會教育之興辦及管理……屬直轄市自治事項；同法第十九條規定，縣（市）學前教育、各級學校教育、社會教育之興辦及管理……屬縣（市）自治事項。《國民教育法》第四條第二項又規定，公立國民小學及國民中學，由直轄市或縣（市）政府依據人口、交通、社區、文化環境、行政區域及學校分布情形，劃分學區，分區設置。因此，在我國，國民教育屬地方主管事項。復依《教育基本法》第九條規定：「（第一項）中央政府之教育權限如下：一、教育制度之規畫設計。二、對地方教育事務之適法監督。三、執行全國性教育事務，並協調或協助各地方教育之發展。四、中央教育經費之分配與補助。五、設立並監督國立學校其他教育機構。六、教育統計、評鑑與政策研究。七、促進教育事務之國際交流。八、依憲法規定對教育事業、教育工作者、少數民族及弱勢群體之教育事項，提供獎勵、扶助或促其發展。（第二項）前項列舉以外之教育事項，除法律另有規定外，其權限歸屬地方。」由此可知，中央政府對國民教育重大決策權限與責任。

由於國民教育不獨屬中央或地方政府之權責，其財政責任亦必須由兩級政府分攤。我國國民教育階段包含的國民小學與國民中學，除少數國立中學附屬小學之外，大部分國中與國小皆為縣市立學校，隸屬地方政府。再者，國民教育之採強迫入學之普及方式，學生人數眾多，且學生組成多元，財政負擔相當沉重。因此國民教育的經費如何由中央與地方政府分攤、其比率為何？或是哪些經費支出項目必須由中央負擔？中央對地方政府補助款如何分配？全國各縣市的發展程度與財政能力等條件相當懸殊，究竟應該依據何種條件分配？凡此種種國民教育財政問題一直都是我國重大的教育議題。

我國國民教育發展現況與資源分配趨勢

我國國民教育正式實施於 1968 年，將原來六年制的國民學校併同三年制的初級中學，合稱「九年制國民教育」，其中前六年為國民小學，後三年為國民中學。至 2010 年為止，計有 3,401 所國民中小學，分布在二十五個地方（縣／市）政府，大致上依照人口分布狀況而設立，因此學校規模差異甚大。在學生人數方面，國民小學自從實施九年國民教育以來，學生人數快速增加，直到 1988 年達到最高點，之後受到人口出生率下降的影響，學生人數逐年減少；同樣情形也可以在國中教育的發展看出，國中教育在 1993 年達到最高點之後，學生人數亦逐年減少。近五年來國民教育校數、班級數與學生數詳見表 8-1「國民教育發展概況」。由表中數據可知，2010 年我國國民教育學生總人數為 2,439,258 人，其中國小為六年制，學生人數 1,519,456 人，國中為三年制，學生人數 919,802 人。全國有 740 所國中，2,661 所國小，國民教育學生人數約占我國總人口的 10.53%（教育部，2011a）。

國民教育屬於義務教育階段，以免學費為原則，六至十五歲的學生都必須入學，依據《強迫入學條例》的規定，學齡兒童或青少年如果應入學而未入學，或是因故中輟學業，其家長或監護人將受到罰鍰，學生亦須限期入學。2010 年國民小學學生在學率為 97.95%，國民中學為 97.45%，已經接近普及教育全部入

表 8-1 國民教育發展概況（2005-2010 年） 單位：校／人

項目		2005 年	2006 年	2007 年	2008 年	2009 年	2010 年
國小	校數	2,655	2,651	2,651	2,654	2,658	2,661
	教師數	101,662	100,692	101,360	100,206	99,155	99,541
	學生數	1,831,873	1,798,393	1,754,095	1,677,439	1,593,398	1,519,456
	學齡人口在學率	98.46	97.77	97.79	97.74	98.01	97.95
	畢業生升學率	99.31	99.54	99.66	99.79	99.85	99.91
國中	校數	732	736	740	740	740	740
	教師數	48,797	49,749	51,327	51,777	51,899	51,991
	學生人數	951,202	952,344	953,277	951,976	948,534	919,802
	學齡人口在學率	96.51	96.65	96.86	96.83	97.47	97.45
	畢業生升學率	94.88	96.23	96.26	95.38	97.63	98.15
合計	校數	3,387	3,387	3,391	3,394	3,398	3,401
	教師數	150,459	150,441	152,687	151,983	151,054	151,532
	學生人數	2,783,075	2,750,737	2,707,372	2,629,415	2,541,932	2,439,258

資料來源：教育部（2011a）。

學的水準。此外，同年度國小學生升入國中比率為 99.91%，國中畢業生升學率為 98.15%，顯見國民教育已經具備國民基礎教育的功能。

即使近年來學生人數逐年減少，教育經費的成長仍然相當可觀。2010 年全國公私立教育經費支出為 772,575,068（千元），約占國民生產毛額（GNP）之 5.51%；其中公共教育經費支出為 510,995,530（千元），為總教育支出的 66%，平均對每一國民支出為 22,062 元，占政府歲出比率 19.91%。如果進一步分析 2008 年教育經費在各級學校的分配情形：國民教育合占總教育經費支出的 42.19%，高中與高職教育合占總教育支出的 16.98%，而高等教育則占 39.59%（教育部，2011b），國民教育經費占教育總支出的大宗，主要是因其義務教育的本質。《憲法》第二十一條規定：「人民有受國民教育之權利與義務」，又於第一六〇條規定：「六歲至十二歲之學齡兒童，一律受基本教育，免納學費。其貧苦者，由政府供給書籍。」國民教育以免學費為原則，因此學生在學期間所需之學校費用大部都由政府負擔。表 8-2 顯示 2008 年國小經費占總教育支出的 26.21%，國中經費占總教育經費支出的 15.98%。如果將經費平均分配於每一國民教育學生，國小學生每一學生分攤 101,684 元，國中每一學生分攤 122,951 元。

每一學生分攤經費的多寡，與學生所處班級規模大小有關。教育部從 2000 年開始執行小班小校政策，降低班級人數成為教育資源分配的主要目標。表 8-3 為近年各縣市國中小每班學生人數。由表中數據可知，我國國小班級大小之全國平均歷年來呈現逐年下降趨勢，然而各地區（縣市）之間仍然存在差異，一般而言，人口集中地區的班級規模比較大，人口分布疏散的地區則規模小，唯一的例外為臺北市，因為財政資源豐沛，臺北市的班級人數比起其他都會地區（直轄市與省轄市）都低。在國中部分，國民中學的班級規模比國小略大，全國平均亦呈現逐年下降趨勢；但 2004 年平均呈現上升（38.7 人），2005 年又下降為 36.1 人，整體而言，各縣市的班級規模差異不似國小明顯。

前述各縣市的班級規模，係以全國縣（市）的平均值而言，同一縣（市）之內，學校之間的班級規模受到所在城鄉位置之影響，班級規模差異性極大。而班級規模的大小與教育經費的多寡有密切的關係，教育屬勞力密集的產業，國民教育尤其需要大量的教師人力投入，目前全國規定的國民教育班級教師編制，國小每班為 1.5 人，國中為 2.0 人。目前全國教師平均服務年資，國小為 11.8 年，國中為 12.1 年（教育部，2006），對照當年教師薪給表支領標準（行政院人事行政局，2006），若將教師學歷以學士計算，則每班每年教師人事費國小為 1,280,668 元，國中為 1,819,829 元。現將表 8-3 中 2005 年之班級規模數據計入，則全國平均每一學生分攤經費，國小為 43,121 元，國中為 50,411 元。但是全國各縣市之間的情形差異很大，例如，臺南市的國小班級人數 33.1 人，全國最高，每生平均教師人事費為 38,691 元，澎湖縣國小每班僅有 17.8 人，還要加計教師地域加給，依據行政院人事行政局「各機關學校員工地域加給表」之規定，澎湖各島分屬於第一、二級。此處每師加給基本數額若以每月 5,000 元

表 8-2 國民教育投入教育經費（2000-2010 年） 單位：元

項目		2000 年	2002 年	2004 年	2006 年	2008 年	2010 年
全國教育經費支出（千元）		558,968,090	639,876,507	662,108,151	704,470,012	741,178,348	772,575,068
全國公共教育經費（千元）		401,537,000	438,074,000	436,918,000	519,093,823	544,740,737	510,995,530
占政府支出比率（%）		19.18	19.76	18.61	21.20	20.53	19.91
對每一國民支出（元）		18,175	19,452	19,257	20,519	20,882	22,062
國小	教育經費（千元）	163,224,353	179,802,868	N/A	160,682,822	164,539,304	N/A
	占總教育支出（%）	N/A	31.90	25.04	27.06	26.21	N/A
	每一學生分攤（元）	84,696	92,976	81,659	91,402	101,684	N/A
國中	教育經費（千元）	91,661,633	87,363,870	N/A	98,460,605	100,361,680	N/A
	占總教育支出（%）	N/A	15.50	13.92	16.58	15.98	N/A
	每一學生分攤（元）	113,833	114,351	102,417	127,391	122,951	N/A
合計	教育經費（千元）	254,885,986	267,266,738	N/A	259,143,427	264,900,984	N/A
	占總教育支出（%）	N/A	47.40	38.96	43.64	42.19	

資料來源：教育部（2011b）。

表 8-3　我國近年國中小每班學生人數　單位：人

學校別	國小					國中				
年度	2005	2004	2003	2002	2001	2005	2004	2003	2002	2001
總平均	29.7	29.9	30.2	30.5	30.9	36.1	38.7	35.7	34.9	35.0
臺北市	29.1	29.4	29.4	29.7	29.9	33.4	33.3	32.8	32.1	31.9
高雄市	32.4	32.6	32.4	31.6	31.4	36.7	36.6	35.4	33.2	33.3
臺北縣	32.5	32.7	32.7	33.2	33.7	37.7	37.5	37.0	36.2	36.6
宜蘭縣	27.1	27.6	27.9	28.4	28.9	34.4	34.6	35.1	34.8	34.5
桃園縣	32.0	32.4	32.9	33.3	33.6	37.6	37.6	37.0	36.3	36.0
新竹縣	28.5	28.4	28.4	29.0	29.4	34.7	34.8	34.4	34.2	34.0
苗栗縣	25.7	26.4	27.0	27.5	28.4	34.7	35.0	35.1	34.7	35.9
臺中縣	30.8	30.9	31.2	31.8	32.4	36.9	38.6	36.1	34.8	35.7
彰化縣	30.0	30.3	30.7	31.6	32.3	36.3	36.0	35.7	34.8	35.6
南投縣	24.3	24.2	24.5	24.5	25.0	33.7	33.0	32.5	31.9	31.8
雲林縣	25.8	25.9	26.2	26.6	27.1	35.2	35.0	34.6	34.7	34.9
嘉義縣	23.6	23.4	23.5	23.6	23.7	34.3	34.1	33.3	32.3	32.6
臺南縣	28.0	28.3	28.7	29.0	29.4	38.4	39.1	39.4	39.3	39.1
高雄縣	29.7	30.0	30.4	30.7	30.9	35.6	36.1	36.1	34.8	34.0
屏東縣	27.0	26.9	27.0	27.6	27.9	35.6	35.5	36.1	36.1	36.4
臺東縣	21.2	21.5	21.4	21.4	20.7	31.3	32.3	32.0	32.2	30.7
花蓮縣	24.2	24.3	24.5	25.3	24.6	33.1	32.5	31.0	30.7	30.3
澎湖縣	17.8	18.3	17.8	18.2	18.4	25.4	26.4	26.9	27.3	26.8
基隆市	30.5	30.3	30.5	30.8	31.6	36.0	36.3	36.4	36.5	35.5
新竹市	31.9	32.0	32.5	32.5	33.6	35.2	35.2	34.5	32.6	32.9
臺中市	32.6	32.8	33.4	34.1	35.2	38.1	38.1	38.3	37.8	38.3
嘉義市	32.8	32.7	33.3	33.9	34.1	37.3	37.9	38.8	37.7	37.9
臺南市	33.1	33.4	33.9	33.6	33.8	37.0	37.1	37.5	37.4	37.0

資料來源：教育部（2011c）。

計，則每生平均分攤 80,094 元，為臺南市的 2.07 倍。在國中部分，全國最多的班級人數為臺南縣 38.4 人，每生平均分攤 47,391 元，澎湖縣每班僅 25.4 人，加計教師地域加給，每生分攤為 77,355 元，為臺南縣的 1.63 倍。由此可見城鄉差距、班級規模、教師薪給與學生分攤經費之間的關係。

教師平均授課節數，國小級任為每週十八至十九節，科任為每週二十二至二十三節；國中教師依其任教科目而略有差異，兼任導師者每週為十三至十六節，專任教師每週為十八至二十二節，但各縣市與不同規模學校之間教師授課負擔仍存在相當差異（陳麗珠等，2005）。依此計算教師與學生比例，國小生師比於 2005 年為 18.3：1，國中為 16.2：1。

再進一步檢視學校之內的經費結構，亦可發現國中小學校的支出經費中，教師人事費為學校年度總支出的八成多，約為學校經費預／決算的九成。現以一所縣立國民小學學校年度內各項經費的用途分析（見表 8-4）加以說明。首先，學校經費收入來源，全年度有 86.28%的經費是來自縣（市）政府編列學校年度預（決）算，其餘 13.72%係來自其他機關的補助。至於在學校支出方面，全年中 85.72%之支出係用在「一般行政」上，其中包括 83.20%的「人事費」與 2.52%的「業務費」。進一步檢視人事費項目，用在教師薪資為 57.87%，教師福利（年終、考績、保險）占 17.66%，另退休金占 3.61%。學校資本門經費在年度預算中只占 0.35%，因此必須仰賴其他政府機關補助（7.14%），合計 7.49%。補助款中可用於支援教學經費僅有 3.47%，可用在行政支援亦僅占 2.31%。一般而言，國民中小學校之內的預算結構情形，公部門教育經費分配到學校層級，其用途概均固定，學校本位自行調配的空間非常有限。

國民教育財政的現存問題

國民教育財政的問題有一大部分為補助制度的問題。國民教育由地方政府辦理，校數、教師數、學生人數多，在現行財政收支劃分制度下，地方財政實在無力自行負荷，必須仰仗中央政府的教育補助。因而衍生出各種與補助制度

表 8-4　一所公立國民小學學校經費用途分析　　單位：%

科目	計畫	項目	細項	占學校經費%
歲入類	財產收入	財產孳息	利息收入	0.01%
學校經費類				86.28%
	一般行政	合計		85.92
		人事費	合計	83.20
			法定編制人員待遇	57.87
			約聘僱人員待遇	0.22
			技工及工友待遇	2.56
			獎金	12.35
			其他給與	0.94
			加班值班費	1.27
			退休退職資遣給付	3.61
			保險費	4.37
		業務費	合計	2.52
			水電費	0.44
			一般事務費	2.08
		獎補助費	慰問金	0.20
	一般建築及設備費		合計	0.35
			房屋建築及設備費	0.28
			雜項設備費	0.07
其他公務機關補助（代辦費）				13.72%
			資本門	7.14
			教學支援	3.47
			行政支援	2.31
			其他個人捐助	0.81
		不計代收款		

說明：1. 其他公務機關補助之資本門未計入學校建築設備。前者多用於購置或新建，後者則用於一般維修。
2. 其他機關補助未計入縣府統籌經費、學生代收款。

資料來源：整理自 2005 年度 XX 縣政府地方單位決算（XX 縣地方教育發展基金）XX 國（小）分決算。修正自陳麗珠等（2005：46）。

有關的問題（陳麗珠，1998）：上級政府過度涉入地方教育事務、一般補助款的挪用問題、經費分配受各種無關因素之干預、過度偏重硬體補助、經費使用未能依據實際需求進行整體而長遠的規畫、補助公式不符合各項公平原則、學校在補助經費使用上缺乏自主空間、補助款核發時間太遲、縣市政府以補助款取代原應支出之國教經費、各地區之間補助款分配不均等（補助制度之相關討論請見下一章）。另外，在校內經費收支情形方面，亦有下列問題：各項法規增加學校支出、學校不得使用經費之賸餘款、國民中小學人員編制缺乏、校長並未掌握學校人員的實質任用權，以及總務、會計人員之專業知能問題（陳麗珠，1998）。

我國教育資源的分配一向掌握在教育行政機關的手中，雖然自 1994 年行政院成立「教育改革審議委員會」以來，教育改革朝向「多元、鬆綁」的方向，各種教育政策都以鬆綁為尚，以教育財政制度而言，就是使教育資源的籌措與分配更加多元，符合各地區、縣市與學校的特色。然而經歷 1990 年代，甚至到 2000 年代的今天，國民教育財政系統仍然相當保守，與其他教育政策領域相比，各校之間的同質性很高，無法配合學校特色發展之需求，對學校行政體系而言，推動校務卻無資源做後盾，難免有縛手縛腳之感。歸納相關文獻之探討結果（陳麗珠等，2005；陳麗珠，2009a，2011；鄭建良，2006），我國國民中小學校財政存在下列各種問題，以下依序討論。

一、國民教育經費存在顯著地區與縣市差異

國民教育主要由地方政府辦理。政府財源仰賴地方稅收，而財源多寡決定於地方產業發展情形。因此，城鄉差距顯見於地方經濟條件與政府財力之差異，進而反映於地方教育經費的多寡，造成縣市教育財源不均之現象。由於教育成效短期難以顯現，政府為求政績往往不願大力挹注經費於教育，加上國民中小學校內的人事費（包括薪資與福利）屬於法定義務支出，必須優先支應，扣除人事費用後其餘的學校日常開支（如：業務費、非用人費）與資本門經費（尤其是修繕費用）時常不敷所需，致使學校的辦公費、水電費等嚴重不足，將直

接影響學校的基本運作，降低教育品質。

各種特定教育補助計畫之間缺乏協調

特定教育補助乃依據特定教育目標及學校需求進行撥給，加上該補助款須於限定用途內支用，有確保教育目標達成及滿足學校需求之功效。然而，中央與地方政府各部門於制訂政策時，缺乏協調的情事時常發生，於同一時間（年度）內對同一種對象（如：外籍配偶子女），或是對校內各單位同時推動多項計畫，又加上各計畫之間欠缺整合，學校依規定申請後，同時執行同質性很高的活動，在核銷經費時，又必須流用或消化經費，難免造成浪費，犯了F. Fowler（2004）所謂的「政策執行大忌」。在現今國家財政緊縮之際，經費應花在刀口上，唯須避免經費重複編列，造成不必要之浪費。

政策焦點更迭過快

我國教育政策之更迭頻繁，眾多政策極需時間與資源的長期投入，始能產生顯著成效，一旦政策因喪失經費支持而停止執行，不僅浪費過去所挹注之資源，亦失去政策初衷的信念與目的。尤其是當主管全國教育政策的首長人事更動，政策重點旋即改變，這種彈性的做法對教育改革與永續經營固然有機動調整的優點，然而過於頻繁的人事更動往往導致重點政策汰換率高，不但使執行政策的教育基層人員無所適從，更會降低政策效率，造成教育資源浪費。

政治力干預教育專業

教育經營與管理之運作本應回歸教育信念，始能確保教育目標的實現。然實務推動過程中，資源有限卻需求者眾，使得專業場域經常陷入政治角逐戰，隱藏複雜的利益糾葛。由於經費編列權限掌握於教育主管行政機關，民意代表又有監督之責，遂有「地方基層建設建議經費」之制度產生；學校校長為爭取經費，往往求助於議員之協助，然而往往會因此犧牲若干學校利益，得不償失。學校校長極力開拓財源對學校校務發展固為美事一樁，唯須避免政治力量干預、侵犯教育專業的運作。

經費管理與教育目標脫節

學校經費預算由政府依據學校規模進行編列，無法因應學校發展特色之需求。學校運用經費的同時亦受到預算制度有關經費流用之限制，造成有些科目之賸餘經費無法流用而必須消化，有些科目卻支用不足。在僵化的經費管理制度下，學校難以根據學校教育活動發展需求彈性運用資源，其經費思維漸失教育目標，而受限於預算規定的框架之中。當學校經費編列維持傳統百分比的編列方式，未因應年度需求彈性調整，也未檢討經費使用成效，實無法保證學校能於經費支持下實現教育目標。

學校經費使用與教育目標脫節

學校預算制度多採行公務預算制，使得學校財務體系附屬於政府，須依照政府相關規定辦理，較少獨立運作與彈性調度的空間。礙於制度束縛，學校行政人員久而久之養成聽命行事的心態，難以依據自主需求發展整體性的經費管理計畫。加上經費管理知能僅建立於學校部分成員，多為接觸到經費編列相關工作之人，如：校長、總務主任、會計人員等，第一線熟識教學活動的教師反而欠缺經費概念。當經費決策權掌握於學校部分成員，無法廣納眾員智慧與意見時，經費支用遂與學校教育目標脫節。

預算制度桎梏了學校資源之運作

學校基於預期心理擔憂所編經費預算向上級機關呈報後，可能會遭到刪減，因而多有浮報預算之現象，喪失預算管理之真義。另，公務預算制規定學校年度賸餘款須全數繳庫，對經費執行不力之學校採行懲處動作，種種束縛致使學校於會計年度終了時不得不消化預算。由此可見，浮報預算與消化預算此等經費管理態度均非以成本效益進行考量，投機做法造成經費在浮報與消化動作一來一往之間浪費掉。此外，部分縣市政府規定學校收入全數繳入公庫之規定，也降低學校廣向外界籌措財源之意願。其次，縱使獲得上級政府補助，學校在執行核准的活動或購置設備時，所需經費經常無法即時撥到，進而影響學校教育活動的推行。當學校面臨經費無法順利核撥之窘境時，折衷之計則是代墊款項、挪用其他經費，甚至是延宕活動的執行，可說對行政管理造成極大困擾，阻礙學校教育活動的運作更是損及學生的受教權益。

綜上所述，從中央、地方乃至學校之經費配置與管理過程，隱含政治性與制度性之因素，不僅形成學校經費「不足」與「不均」的配置結果，亦造成學校運用經費之阻礙。政治性的因素包括教育首長汰換率高、經費關說之風等，制度性因素包括補助款制度未整合、公務預算制度僵化等，種種因素終而引發學校無法適當編列與管理經費，致使經費額度不符合學校需求，學校亦無法因應情境彈性活用經費，該問題攸關教育品質，極需政府當局與學校正視。

地方政府教育經費問題分析：以合併前高雄縣市為例

前述國民教育財政的諸多問題屬於全國普遍性的問題，以下再以 2010 年 12 月 25 日縣市合併前的高雄縣市為例，分析其國中小學校經費現況，檢討其間隱含的問題，俾發現國民教育財政問題的解套途徑。

高雄縣市國民中小學校經費現況

以下分別就高雄市國中、高雄市國小、高雄縣國中與高雄縣國小 2008 年度決算資料，分析各校之每班平均經費與每生分攤經費。至於經費項目則分成三種：學校總決算數、學校非用人費、學校資本門，藉以了解目前高雄縣市所屬國民中小學的學校平均支出經費，茲探討如下（陳麗珠，2010）。

高雄市國民中學學校經費

高雄市國民中學全市有 1,574 班，最大規模為三民區陽明國中 108 班，最小規模為小港區鳳林國中 13 班，全市國中平均規模為 46 班；全市學生人數為 52,551 人，其中陽明國中學生數 4,139 人最多，鳳林國中 325 人最少，各校平均學生人數為 1,546 人。

國民中學屬於國民教育階段，根據《憲法》第一六〇條與《國民教育法》第四條、第五條之規定，國民教育以政府辦理為原則，學生免繳學費，因此學校營運所需之經費必須由政府負擔大部分。又依據《教育經費編列與管理法》之規定，政府編列學校預算係依照學校基本需求計算，基本需求又依照學校學生數、班級數與教師數計算，因此學校營運成本與學校規模息息相關。表 8-5 計算 2008 年度高雄市國民中學的學校年度總決算支出經費，各校平均為 135,563（千元），非用人費經費每校平均為 12,054（千元），資本門經費每校平均為 9,969（千元）。再從學生加權平均分攤支出數（算術平均數，即總經費除以總人數）觀之，2008 年度決算經費每班平均分攤支出為 2,928.30（千元），其中最大值為鼓山區壽山國中 5,917.35（千元），最小值為鼓山區明華國中 2,202.86（千元）。每生平均分攤支出全市平均值為 87.71（千元），最大值為前鎮區興仁國中 186.18（千元），最小值為鼓山區明華國中之 58.38（千元）。一般而言，學校班級平均支出與每生平均支出都是學校規模的反映，但每班與每生平均決算支出經費的最大值並不是學校規模最小的鳳林國中，而每班與每生平均決算支出經費的最小值亦不是規模最大的陽明國中，這是因為各校年度預算除了依照班級數編列的人事費與非用人費（主要為業務費）之外，還有資本門經費，用以購置或新建設備、設施或校舍等，由教育局每年依照學校建築使用年限與實際需求，不定期編入各校年度預算中，由於校舍建築經費龐大，所以相同規模的學校理應有相同的人事費與用人費支出，但資本門預算卻有很大的差異。

表 8-5 高雄縣市國中小每班／每生平均分攤經費

單位：千元

項目	總計／校平均	班級數	學生數	決算總計	非用人費	資本門	每班決算經費	每生決算經費	每班非用人費經費	每生非用人費經費	每班資本門經費	每生資本門經費
高雄市國中	全市總計	1,574	52,551	4,609,145.00	409,840.00	338,944.00	—	—	—	—	—	—
	校平均	46	1,546	135,563.00	12,054.00	9,969.00	2,928.30	87.71	260.38	7.80	215.34	6.45
高雄市國小	全市總計	3,450	103,738	8,097,461.00	492,123.00	951,518.00	—	—	—	—	—	—
	校平均	40	1,206	94,157.00	5,722.00	11,064.00	2,347.09	78.06	142.64	4.74	275.80	9.17
高雄縣國中	全縣總計	1,143	37,181	3,027,322.64	86,985.26	1,917.50	—	—	—	—	—	—
	校平均	27	865	70,402.85	2,022.91	44.59	2,648.58	81.42	76.10	2.34	1.68	0.05
高雄縣國小	全縣總計	3,109	84,944	6,338,037.73	147,206.65	—	—	—	—	—	—	—
	校平均	20	559	41,697.62	968.46	—	2,038.61	74.61	47.35	1.73	—	—
高雄縣市國中	縣市總計	2,717	89,732	7,636,467.64	496,825.24	340,861.50	—	—	—	—	—	—
	校平均	35	1,165	99,174.90	6,452.28	4,426.77	2,810.63	85.10	182.86	5.54	125.46	3.80
高雄縣市國小	縣市總計	6,559	188,682	14,435,498.73	639,329.59	—	—	—	—	—	—	—
	校平均	28	793	60,653.36	2,686.26	—	2,200.87	76.51	97.47	3.39	—	—

註：高雄縣國小決算資料中資本門經費並無編列。
資料來源：陳麗珠（2010）。

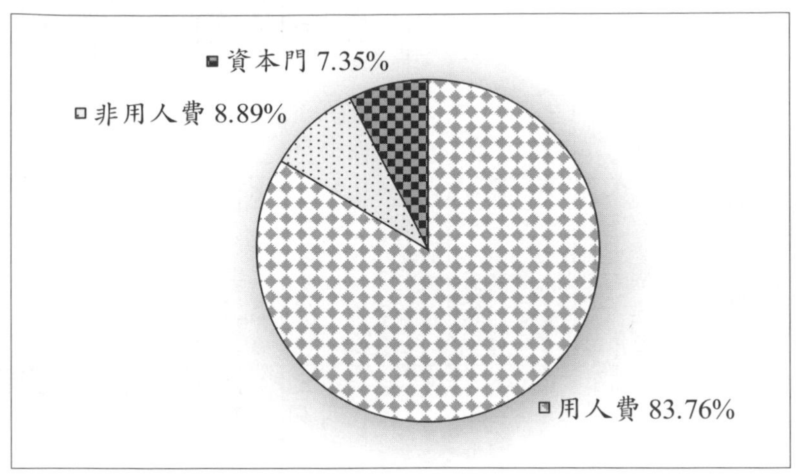

圖 8-1　高雄市國中經費結構圖

2008 年度高雄市國民中學非用人費經費每班平均分攤支出全市平均為 260.38（千元），其中最大值為楠梓區翠屏國中小 379.29（千元），最小值為苓雅區五福國中 183.14（千元）；每生平均分攤支出全市平均值為 7.80（千元），最大值為前金區前金國中 14.74（千元），最小值為苓雅區五福國中 5.37（千元）。相較於總決算支出，各校的非用人費支出差距顯然小了許多。

2008 年度高雄市國民中學資本門支出全市每班平均為 215.34（千元），其中最大值為前鎮區前鎮國中 2,716（千元），最小值為楠梓區國昌國中 30.27（千元）；每生平均分攤資本門支出全市平均值僅 6.45（千元），最大值為前鎮區前鎮國中 86.34（千元），最小值為小港區明義國中 1.31（千元）。可見資本門支出之校際差異很大，前鎮國中支出最多，係因為年度中進行大型校舍建築工程所致，但反觀資本門支出最少的學校，每生平均僅 1.31（千元），又有經費不足之疑慮。圖 8-1 為高雄市國中經費之結構圖分析，其中非用人費僅占全部決算之 8.89%，資本門支出亦僅占 7.35%，其餘都為人事費支出，占 83.76%。

高雄市國民小學學校經費

高雄市國民小學全市有 3,450 班，最大規模為左營區新莊國小 93 班，最小規模為鼓山區壽山國小與前鎮區紅毛港國小，皆為 6 班，全市國小平均規模為 40 班；全市學生人數為 103,738 人，其中新莊國小學生數 2,976 人最多，紅毛港國小 83 人最少，各校平均學生人數為 1,206 人。

表 8-5 計算 2008 年度高雄市國民小學的學校年度總決算支出經費各校平均為 94,157（千元），非用人費經費每校平均為 5,722（千元），資本門經費每校平均為 11,064（千元）。再從平均分攤支出觀之，2008 年度決算經費每班平均分攤支出為 2,347.09（千元），其中最大值為前鎮區獅甲國小 8,052.27（千元），最小值為小港區鳳陽國小 1,314.78（千元）。每生平均分攤支出全市平均值為 78.06（千元），最大值為前鎮區獅甲國小 332.74（千元），最小值為小港區鳳陽國小之 45.75（千元）。學校總決算在於每班及每生平均分攤支出上，最大值皆為獅甲國小，原因在於獅甲國小在 2008 年度有資本門經費 78,346（千元），該經費額度名列當年度全市國小第三，但是獅甲國小全校當時僅有 15 班，學生 363 人，屬於中小型規模學校，因此在每班及每生平均分攤支出上方為全市最大值。相較之下，鳳陽國小在 2008 年度僅有資本門經費 1,206（千元），班級數卻有 23 班，學生 661 人，因此在每班及每生平均分攤支出上方為全市最小值。

2008 年度高雄市國民小學非用人費經費每班平均分攤支出全市平均為 142.64（千元），其中最大值為前金區建國國小 510.58（千元），最小值為前鎮區瑞豐國小 77.28（千元）；每生平均分攤支出全市平均值為 4.74（千元），最大值為鼓山區壽山國小 18.93（千元），最小值為楠梓區楠梓國小 2.42（千元）。有此情形，乃是因為學校規模所影響，例如，在 2008 年度建國國小班級數僅有 12 班，瑞豐國小班級數卻有 82 班，但是兩所國小的非用人費卻相去不遠，分別是 6,127（千元）與 6,337（千元），導致在每班平均分攤支出上，兩所國小分別成為全市的最大值與最小值。

2008 年度高雄市國民小學資本門支出全市每班平均為 275.80（千元），其中最大值為前鎮區獅甲國小 5,223.07（千元），最小值為左營區勝利國小 16.38（千元）；每生平均分攤資本門支出全市平均值僅 9.17（千元），最大值為前鎮區獅甲國小 215.83（千元），最小值為左營區勝利國小 0.47（千元）。可見

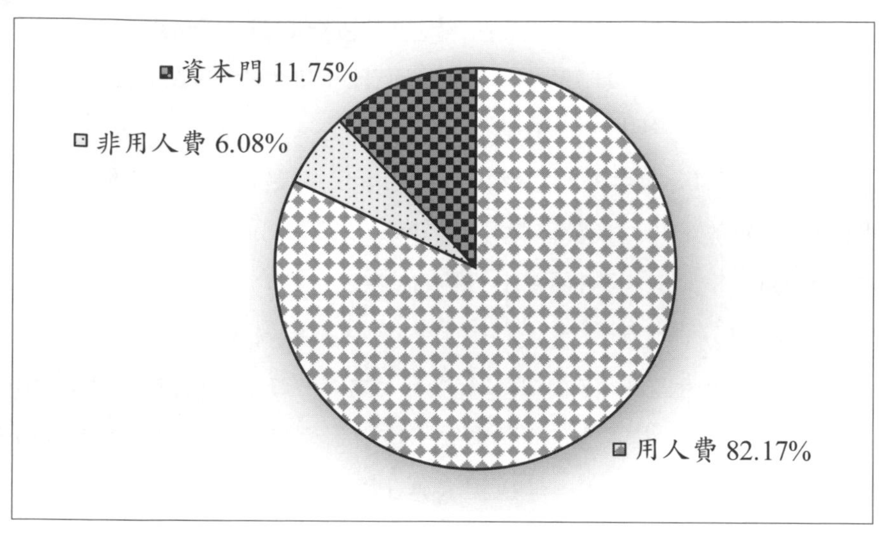

圖 8-2　高雄市國小經費結構圖

資本門支出之校際差異很大，獅甲國小平均支出最多，除了係因為年度中進行大型校舍建築工程以外，更有學校規模偏小的影響所致；反觀資本門支出最少的學校，勝利國小的班級數為 48 班，學生 1,673 人，學校規模屬於大型學校，但是當年度資本門支出 786（千元），該經費額度卻為全市國小倒數第二低，相較之下，勝利國小在資本門支出上顯有不足。圖 8-2 為高雄市國小經費之結構圖分析，其中非用人費僅占全部決算之 6.08%，資本門支出亦僅占 11.75%，其餘都為人事費支出，占 82.17%。

高雄縣國民中學學校經費

表 8-5 計算 2008 年度高雄縣國民中學全縣有 1,143 班，最大規模為鳳山市鳳西國中 92 班，最小規模為田寮鄉田寮國中、旗山鎮大洲國中與茂林鄉茂林國中，皆為 3 班，全縣國中平均規模為 27 班；全縣學生人數為 37,181 人，其中鳳西國中學生數 3,183 人最多，茂林國中 46 人最少，各校平均學生人數為 865 人。

2008 年度高雄縣國民中學的學校年度總決算支出經費各校平均為 70,402.85（千元），非用人費經費每校平均為 2,022.91（千元），資本門經費每校平均為

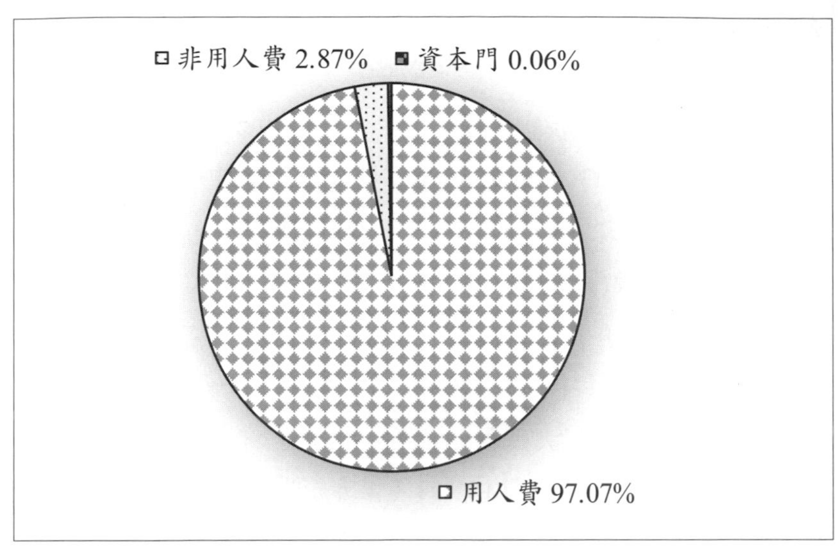

圖 8-3　高雄縣國中經費結構圖

44.59（千元）。再從平均分攤支出觀之，2008 年度決算經費每班平均分攤支出為 2,648.58（千元），其中最大值為六龜鄉寶來國中 7,611.39（千元），最小值為岡山鎮前峰國中 1,925.00（千元）。每生平均分攤支出全市平均值為 81.42（千元），最大值為六龜鄉寶來國中 345.97（千元），最小值為岡山鎮前峰國中之 54.32（千元）。

2008 年度高雄縣國民中學非用人費經費每班平均分攤支出全縣平均為 76.10（千元），其中最大值為旗山鎮大洲國中 215.67（千元），最小值為鳳山市青年國中 57.03（千元）；每生平均分攤支出全市平均值為 2.34（千元），最大值為茂林鄉茂林國中 12.41（千元），最小值為鳳山青年國中 1.49（千元）。

2008 年度高雄縣國民中學資本門支出全縣每班平均為 1.68（千元），其中最大值為茂林鄉茂林國中 18.33（千元），最小值為鳳山市鳳西國中 0.43（千元）；每生平均分攤資本門支出全市平均值僅 0.05（千元），最大值為茂林鄉茂林國中 1.20（千元），最小值為鳳山市鳳西國中 0.01（千元）。圖 8-3 為高雄縣國中經費之結構圖分析，其中非用人費僅占全部決算之 2.87%，資本門支出亦僅占 0.06%，其餘都為人事費支出，占 97.07%。

高雄縣國民小學學校經費

表 8-5 計算 2008 年度高雄縣國民小學全縣有 3,109 班，最大規模為鳳山市新甲國小 88 班，最小規模為桃源鄉寶山國小 4 班，全縣國小平均規模為 20 班；全縣學生人數為 84,944 人，其中新甲國小學生數 2,881 人最多，寶山國小 14 人最少，各校平均學生人數為 559 人。

2008 年度高雄縣國民小學的學校年度總決算支出經費各校平均為 41,697.62（千元），非用人費經費每校平均為 968.46（千元），無資本門經費。再從平均分攤支出觀之，2008 年度決算經費每班平均分攤支出為 2,038.61（千元），其中最大值為鳳山市大東國小 3,019.71（千元），最小值為美濃鎮龍肚國小 1,291.29（千元）。每生平均分攤支出全市平均值為 74.61（千元），最大值為桃源鄉寶山國小 757.38（千元），最小值為岡山鎮壽天國小之 46.67（千元）。

2008 年度國民小學非用人費經費每班平均分攤支出全縣平均為 47.35（千元），其中最大值為鳳山市五甲國小 510.40（千元），最小值為大樹鄉興田國小 9.62（千元）；每生平均分攤支出全市平均值為 1.73（千元），最大值為桃源鄉寶山國小 34.61（千元），最小值為大樹鄉興田國小 0.48（千元）。圖 8-4 為高雄縣國小經費之結構圖分析，其中非用人費僅占全部決算之 2.32%，其餘都為人事費支出，占 97.68%。

高雄縣市國民中學學校經費之討論

表 8-5 計算 2008 年度高雄縣市國民中學合併後的總決算經費每校平均為 99,174.90（千元），非用人費經費每校平均為 6,452.28（千元），資本門經費每校平均為 4,426.77（千元）。

從平均分攤支出觀之，2008 年度高雄縣市國民中學的學校年度總決算支出經費全縣市平均每班為 2,810.63（千元）、每生平均分攤支出 85.10（千元）；非用人費經費每班平均分攤支出為 182.86（千元）、每生平均分攤支出為 5.54（千元）；資本門經費每班平均分攤支出為 125.46（千元）、每生平均分攤支

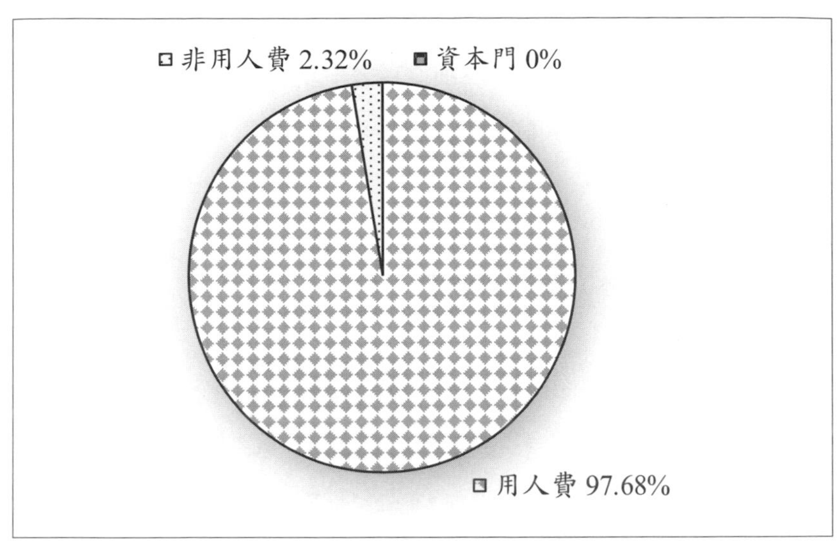

圖 8-4　高雄縣國小經費結構圖

出僅為 3.80（千元）。縣市國民中學資料合併分析後，縣市平均值皆大於高雄縣國民中學平均，特別是在非用人費及資本門的經費都頗具提升，但其平均值皆小於高雄市國民中學平均。

高雄市國民中學的總決算支出經費高於高雄縣國民中學，以每校平均支出觀之，高雄市國中為 135,563（千元），高雄縣國中為 70,402.85（千元），高雄市國中總決算支出經費為高雄縣國中的 1.93 倍；在非用人費支出經費方面，高雄市國中每校平均支出 12,054（千元），高雄縣國中為 2,022.91（千元），高雄市為高雄縣的 5.96 倍；在資本門支出經費高雄市國中每校平均支出 9,969（千元），高雄縣國中為 44.59（千元），高雄市為高雄縣的 223.57 倍，顯示高雄市國民中學的資源遠高於高雄縣國民中學。

特別是在非用人費與資本門經費上，高雄市國民中學確實高出高雄縣甚多。但其中資本門經費的計算上兩縣市採行方式並不一致，高雄市學校資本門工程係由學校個別招標，經費的採計上亦納入學校預決算中；然高雄縣國民中學除依學校規模大小，分別編列 37,500 元至 55,000 元不等的學校固定維修或保養經費，其餘重大學校工程則藉由補助款為之，由縣政府發包中心統一招標，其經費採計上並未納入學校預決算經費中，學校角色僅是負責監工與驗收，因此若僅視學校決算資料，逕行比較並不合理。反之，非用人費層面，由於採計會計方式相類似，兩者卻相差 5.96 倍，正是反映兩個縣市財政能力與教育政策層面的相異之處。

高雄縣市國民小學學校經費之討論

表 8-5 計算高雄縣市國民小學合併後的總決算經費每校平均為 60,653.36（千元），非用人費經費每校平均為 2,686.26（千元），資本門經費則因為高雄縣國小沒有編列資本門經費所以無法計算。從平均分攤支出觀之，2008 年度高雄縣市國民小學的學校年度總決算支出經費全縣市平均每班為 2,200.87（千元）、每生平均分攤支出 76.51（千元）；非用人費經費每班平均分攤支出為 97.47（千元）、每生平均分攤支出為 3.39（千元）；資本門經費則因為高雄縣國小沒有編列資本門經費所以無法計算。縣市國民小學資料合併分析後，縣市平均值皆大於高雄縣國民小學平均，特別是在非用人費的經費頗具提升，但其平均值皆小於高雄市國民小學平均。高雄市國民小學的總決算支出經費高於高雄縣國民小學，以每校平均支出觀之，高雄市國小為 94,157.00（千元），高雄縣國小為 41,697.62（千元），高雄市國小總決算支出經費為高雄縣國小的 2.26 倍；在非用人費支出經費高雄市國小每校平均支出 5,722.00（千元），高雄縣國小為 968.46（千元），高雄市為高雄縣的 6.03 倍，顯示高雄市國民小學的資源遠高於高雄縣國民小學；資本門經費則因為高雄縣國小沒有編列資本門經費所以無法計算，在非用人費經費上，高雄市國民小學確實高出高雄縣甚多，由於採計會計方式相類似，兩者卻相差 6.03 倍，相較於高雄縣市國中的差距 5.96 倍，顯現出高雄縣國小的處境相較於高雄縣國中更為艱難。此外，高雄縣國小並未編列資本門經費，致使高雄縣國小的校長必須向外爭取奧援以滿足學校對資本門經費的需求，然而，國民教育的經費理應由縣市政府承擔，高雄縣政府卻將責任加諸於校長身上，恐有卸責之嫌。圖 8-5 為 2008 年度高雄縣市國中小每班平均分攤經費之經費結構圖，其中可看出高雄市學校資源較高雄縣學校豐富，尤

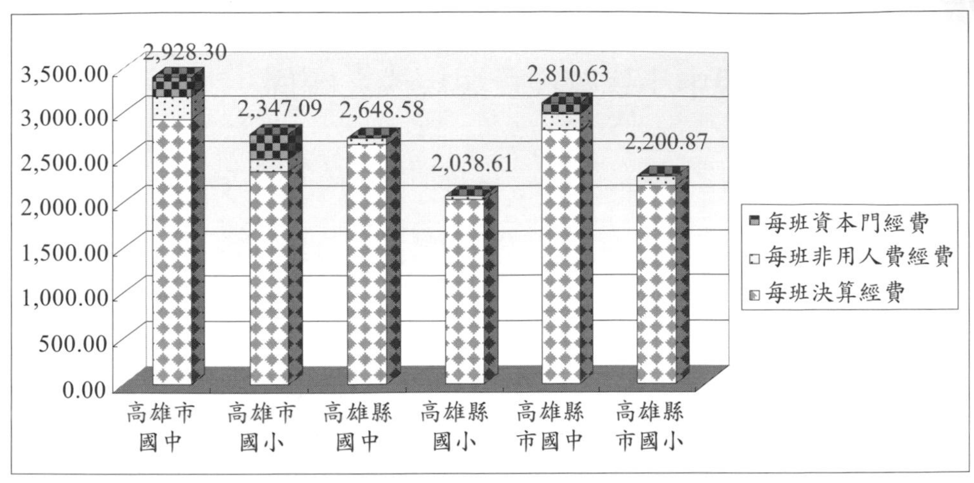

圖 8-5　高雄縣市國中小每班平均分攤經費

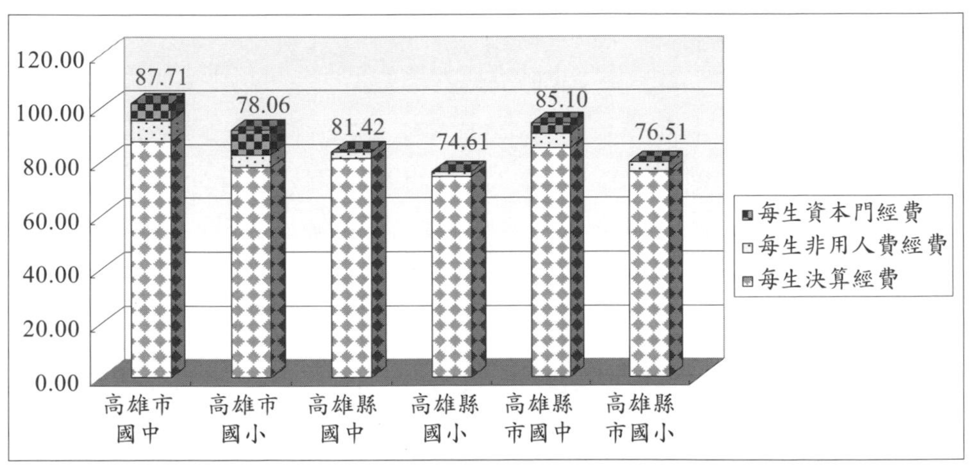

圖 8-6　高雄縣市國中小每生平均分攤經費

其在於資本門、非用人費的經費上高雄市顯得相對充足。

圖 8-6 為 2008 年度高雄縣市國中小每生平均分攤經費之經費結構圖，其中可看出高雄市學校資源較高雄縣學校豐富，尤其在於資本門、非用人費的經費上高雄市顯得相對充足。

高雄縣市國民中小學校經費與規模之關係

國民中小學校的經費大部分來自於公部門（政府），主管機關（教育局／處）在分配經費時，大致上以學校班級數為計算基準，學校規模較大，分配的經費即較多。然而學校教育具有勞力密集的屬性，國民教育又是基礎教育階段，學生處於兒童與青少年時期，致使國民中小學校需要大量的教師與職員方能運作，學校的主要營運經費中，人事費實為大宗。依據民國 88 年修正之「國民小學與國民中學班級編制及教職員員額編制準則（原稱標準）」規定，國小每班置教師 1.5 人為原則，全校未達九班者，得增置教師一人。幹事（不含人事、主計專任人員）七十二班以下者，置一人至三人；七十三班以上者，置三人至五人。而國中每班置教師二人，每九班得增置教師一人；全校未達九班者，得增置教師一人。幹事（不含人事、主計專任人員）三十六班以下者，置二人至九人，三十七班至七十二班者，置三人至十三人；七十三班以上者，置五人至二十人。這些人力的薪給（包含：本俸、學術研究費、各類加給、保險、退休撫卹等）占了學校預算的大部分。其次，人事費以外的開支，即是「非用人費」，為學校日常運作所需的業務費等。由於人員編制為中央規定，各縣市的人事費支出大致相同，因此縣市政府對於國民教育的重視程度要檢視其學校編列的非用人費與資本門支出。凡是人事費占學校預算比率過高，代表學校日常運作所需的業務費等支出比重過低，實非教育之福。最後，學校資本門指學校校舍建築設備之修繕、新建與購置，學校所需之教學設備必須定期更新淘汰或維修，因此學校編列一定數額之資本門預算實有必要；然而學校校舍之新建或改建，則必須考量學校的實際需求與使用狀況，由縣市政府輪流編列預算執行之。各校或有若干年度於決算上顯示出資本門支出驟增的現象，實則因為該校正在進行新建工程，致使學校預算陡升，一旦學校工程完工，學校之預算即恢復正常，與他校無異。換言之，學校資本門支出的多寡，代表各種可能的原因，必須就個案深入了解，不可一概而論。

學校營運經費之結構

目前縣市政府對於學校經費編列方式，大致以學校班級數為計算基準，以下檢視高雄縣市國中小學校每班平均營運經費，藉由比較各校每班總平均經費、每班平均非用人費，與每班平均資本門的差異（見表 8-6 及圖 8-7），以探討高雄縣市政府在合併之前對於國中小學校經費的政策方向。首先，從高雄縣、高雄市和縣市資料合併後的國民中小學決算部分每班平均經費（總平均）來看，

表 8-6　高雄縣市國民中小學每班平均經費　　單位：千元

項目	高雄市	高雄縣	合併
國小每班平均總決算	2,347.09 （100.00%）	2,038.61 （100.00%）	2,200.87 （100.00%）
國小每班平均非用人費	142.64	47.35	97.47
國小每班平均資本門	275.80	0	145.07
國中每班平均總決算	2,928.30 （100.00%）	2,648.58 （100.00%）	2,810.63 （100.00%）
國中每班平均非用人費	260.38	76.10	182.86
國中每班平均資本門	215.34	1.68	125.46

說明：表中括弧內為百分比。

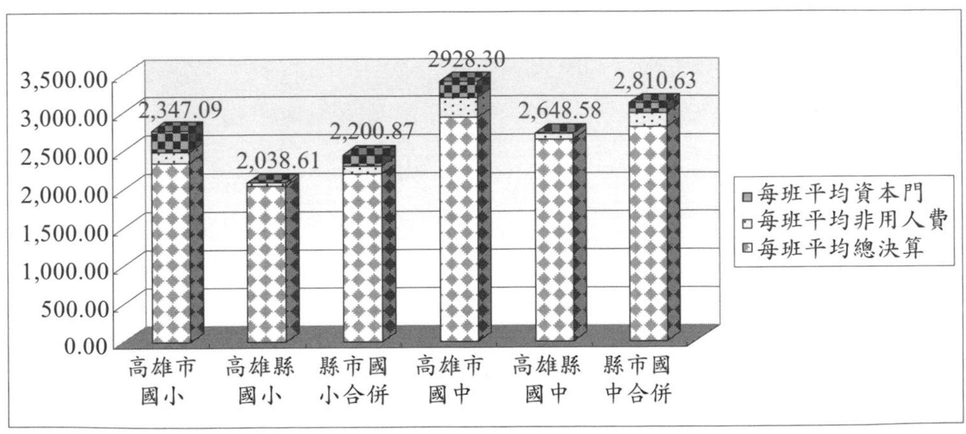

圖 8-7　高雄縣市國民中小學每班平均經費結構圖

高雄市國民小學（2,347.09 千元）和國民中學（2,928.30 千元）的每班平均經費，皆分別高於高雄縣國民小學（2,038.61 千元）和國民中學（2,648.58 千元），國民小學部分高雄市係為高雄縣的 1.15 倍，國民中學約為 1.11 倍，也就是說，在總經費上，高雄市國民中小學學校總經費比高雄縣多出一成多；縣市資料合併後高雄縣國民中小學經費可大幅提升，高雄市國民中小學降低有限。從縣市內的國民中小學相較，高雄市國民中學約為國民小學的 1.25 倍；高雄縣國民中學約為國民小學的 1.3 倍，兩個縣市的國民中學決算經費皆比國民小學高出二至三成。

其次，從非用人費視之，高雄市每班平均經費國民小學（142.64 千元）和國民中學（260.38 千元）的每班平均經費也都高於高雄縣國民小學（47.35 千元）和國民中學（76.10 千元）。國民小學部分高雄市係為高雄縣的 3.0 倍，國民中學約為 3.4 倍，也就是說在非用人費經費上，高雄市國民中小學學校經費比高雄縣約多出 3 倍。可見縣市之間在學校非用人費差異之大，這也顯示出縣市政府在編列學校經費時，除了維持基本運作的人事費外，對於學校平時所需辦公費、材料費、維護費等經常性業務經費所持政策與態度，其實差異十分大，高雄市由於財政能力較佳，所能投入非用人費經費顯然高出高雄縣甚多。當然，除了縣市政府的財政能力因素方面外，這也可能反映出縣市單位的首長與財主單位對於編列學校經費所持的態度，所採行的係為維持學校基本運作模式抑或是趨向適足性模式有關。縣市資料合併後，高雄縣國民中小學整體的非用人費可大幅提升為 2 倍左右，提升幅度可謂甚大。以縣市內的國民中小學相較而言，高雄市國民中學約為國民小學的 1.8 倍；高雄縣國民中學約為國民小學的 1.6 倍，兩個縣市的國民中學非用人費經費皆比國民小學高出六至八成。

最後，從資本門支出經費視之，高雄市每班平均經費國民小學（275.80 千元）和國民中學（215.34 千元），其每班平均經費也都高於高雄縣國民小學（0 千元）和國民中學（1.68 千元）甚多。由於高雄縣國民小學未編列資本門經費，高雄市國民中學約為高雄縣國民中學的 128 倍，可見縣市之間在學校資本門經費編列上差異極大。但這係涉及縣市政府對於學校資本門編列方式與會計系統計算方式之不同所致，並不宜直接進行數字之比較。高雄市學校資本門之編列方式，除了固定經費係依班級數規模編列外，其大型建設經費係由學校先行規畫校務發展計畫，市政府再根據教育經費年度總預算額度，依項目的優先次序編列學校資本門，最後由學校進行招標發包，並列入學校年度預決算系統中。而高雄縣政府對於學校資本門經費編列方式，係採補助款申請方式為之，在學校年度預算中，國小部分不編列資本門經費；國民中學部分則依學校規模分為四個等級，每一等級差距 5,000 元，分別編列 40,000 至 55,000 元之固定經費。若學校需大型建設經費則需額外向教育處或其他單位提出經費補助申請，10 萬元以下學校不需進行招標作業；10 萬元以上 100 萬元以下學校需進行招標；100 萬元以上則由縣市政府發包中心統一進行招標，以上經費係採代收代付方式或由縣市政府直接進行管控，最後經費資料並無法在學校年度預決算中顯示。縣市資料合併後，高雄縣市國民中小學整體的資本門經費約為原來高雄市的一半左右，相對高雄縣國民中學資本門經費則提升至七十五倍之多。以縣市內的國民中小學相較而言，高雄市國民小學的資本門每班平均經費反而為國民中學的 1.3 倍，代表高雄市國民小學資本門高於國民中學。高雄縣國民中學每班平均經費甚低，國民小學則未編列資本門經費。

不同規模國中小學校經費分析

目前學校經費係以班級數作為編列為基準，而由於受到是否達到經濟規模的影響，學校間班級數的大小極可能會左右每班平均經費，以下由學校班級規模大小，檢驗不同學校規模之間的每班平均經費之差異。茲依班級數將學校區分為十二班以下、十三至二十四班、二十五至四十八班以及四十九班以上等四個規模，分別計算出高雄縣市國民中小學以及合併資料後的總決算、非用人費及資本門之間的每班平均經費差異情形。

每班平均總營運經費

茲依班級數將學校區分為四個規模進行比較，藉以了解目前高雄縣市所屬

表 8-7　高雄縣市國民中小學學校不同班級規模每班平均總決算支出差異表

單位：千元

項目	12 班以下	13-24 班	25-48 班	49 班以上	平均
高縣國小每班	2,362.90	2,131.78	1,926.48	1,952.01	2,038.61
高市國小每班	2,853.51	2,984.04	2,483.94	2,124.79	2,347.09
縣市國小合計	2,429.13	2,513.12	2,149.98	2,085.19	2,200.87
高縣國中每班	3,527.72	2,968.09	2,558.62	2,439.24	2,648.58
高市國中每班	—	4,040.48	3,230.43	2,302.15	2,928.30
縣市國中合計	3,527.72	3,461.23	2,884.04	2,599.15	2,810.63

國民中小學在不同規模學校，其決算經費的差異性情形（見表 8-7）。

國民小學每班平均總營運經費

由縣市內差異視之，高雄縣國民小學總決算每班平均經費約介於 1,926.48 至 2,362.90（千元）之間，全縣平均經費為 2,038.61（千元），從表中資料，可看出隨著班級規模增加平均經費有逐漸降低之趨勢。其中，以十二班以下小型規模學校平均經費較高，而以二十五至四十八班的平均經費最低（1,926.48 千元），代表其可能係為高雄縣國民小學的最適班級規模，達到的經濟效益最大。彼此之間的差異約為 1.2 倍。高雄市國民小學總決算每班平均經費約介於 2,124.79 至 2,984.04（千元）之間，全市平均經費為 2,347.09（千元），從表中資料可看出，隨著學校班級規模的增加每班平均經費亦逐漸降低。其中以十二至二十四班的中型規模學校平均經費較高，而以四十九班以上的平均經費最低，代表其可能係為高雄市國民小學的最適班級規模，彼此之間的差異約為 1.4 倍，縣市內學校之間，高雄市所屬國民小學的差異度高於高雄縣。縣市合併資料總決算每班平均經費約介於 2,085.19 至 2,513.12（千元）之間，整體平均經費為 2,200.87（千元），隨著學校班級規模的增加每班平均經費亦逐漸降低，以四十九班以上的平均經費最低，代表其可能係為高雄縣市國民小學合併資料中的最適班級規模。

由縣市間差異視之，在不同規模學校中，高雄市所屬國民小學總決算的每班平均經費都高於高雄縣，約介於 1.1 到 1.4 倍之間，整體每班平均經費高出 1.2

倍；其中以四十九班以上平均經費最為接近，而以十二至二十四班平均經費差異最大。可見在總決算每班平均經費上高雄市國民小學經費資源優於高雄縣，但隨著學校班級數增加，在規模經濟效益下彼此的差異有逐漸縮小的現象。

國民中學每班平均總營運經費

由縣市內差異視之，高雄縣國民中學總決算每班平均經費約介於 2,439.24 至 3,527.72（千元）之間，全縣平均經費為 2,648.58（千元），從表中資料可看出，隨著班級規模增加平均經費逐漸降低，其中以十二班以下小型規模學校平均經費較高，而以四十九班以上的平均經費最低，代表其可能係為高雄縣國民中學的最適班級規模，可達到的經濟效益最大，彼此之間的差異約為 1.4 倍。高雄市國民中學總決算每班平均經費約介於 2,302.15 至 4,040.48（千元）之間，全市平均經費為 2,928.30（千元），從表中資料可看出，高雄市沒有十二班以下的小型學校，而隨著學校班級規模的增加每班平均經費亦逐漸降低，其中以十三至二十四班的中型規模學校平均經費較高，而以四十九班以上的平均經費最低，代表其可能係為高雄市國民中學的最適班級規模，彼此之間的差異約為 1.8 倍，縣市內學校間高雄市所屬國民中學的差異度高於高雄縣。縣市合併資料總決算每班平均經費約介於 2,599.15 至 3,527.72（千元）之間，整體平均經費為 2,810.63（千元），隨著學校班級規模的增加每班平均經費亦逐漸降低，其以四十九班以上的平均經費最低，代表其可能係為高雄縣市國民中學合併資料中的最適班級規模。

由縣市間差異視之，在不同規模學校中，高雄市所屬國民中學總決算的每班平均經費與高雄縣相較，約介於 0.9 到 1.4 倍之間，整體每班平均經費高出 1.1 倍；其中高雄縣四十九班以上的每班平均經費甚至低於高雄市，而以十三至二十四班平均經費差異最大。可見在總決算每班平均經費上高雄市國民中學經費資源優於高雄縣，但隨著學校班級數增加，在規模經濟效益下高雄縣每班平均經費甚至低於高雄市。

國民中小學每班平均總營運經費比較

高雄縣所屬學校在總決算經費上，國民中學皆高於國民小學，約介於 1.2 到 1.5 倍之間；其中以四十九班以上的平均經費最為接近，而以十二班以下學校的平均經費差異最大。高雄市所屬學校在總決算經費上，與高雄縣相似，國民中學皆高於國民小學，約介於 1.1 到 1.4 倍之間；其中以四十九班以上的平均經費最為接近，而以十二班以下學校的平均經費差異最大，國民中小學之間的差異隨著班級規模增加有愈來愈縮減的現象。

每班平均非用人費

茲依班級數將學校區分為四個規模進行比較，藉以了解目前高雄縣市所屬國民中小學在不同規模學校，其非用人費經費的差異性情形。

國民小學每班平均非用人費

由縣市內差異視之（見表 8-8），高雄縣國民小學非用人費每班平均經費約介於 28.44 至 78.33（千元）之間，全縣平均經費為 47.35（千元），從表中資料，可看出隨著班級規模增加平均經費逐漸降低，其中以十二班以下小型規模學校平均經費較高，而以四十九班以上的平均經費最低，彼此之間的差異約為 2.7 倍。高雄市國民小學非用人費每班平均經費約介於 120.79 至 279.58（千元）之間，全市平均經費為 142.64（千元），從表中資料，隨著學校班級規模的增加每班平均經費亦逐漸降低，其中以十二班以下的小型規模學校平均經費較高，而以四十九班以上的平均經費最低，彼此之間的差異約為 2.3 倍，縣市內學校間高雄縣所屬國民小學的差異度高於高雄市。縣市合併資料總決算每班平均經費約介於 87.17 至 105.50（千元）之間，整體平均經費為 97.47（千元），隨著學

表 8-8 國民中小學學校不同班級規模每班平均非用人費支出差異　單位：千元

項目	12 班以下	13-24 班	25-48 班	49 班以上	平均
高縣國小每班	78.33	70.47	36.64	28.44	47.35
高市國小每班	279.58	187.02	156.58	120.79	142.64
縣市國小合計	105.50	122.62	87.17	96.32	97.47
高縣國中每班	124.11	96.70	76.30	58.57	76.10
高市國中每班	—	307.04	290.65	242.34	260.38
縣市國中合計	124.11	193.42	184.13	186.43	182.86

校班級規模的增加每班平均經費亦逐漸降低，其中以二十五至四十八班的平均經費最低，此應是受到高雄市四十九班以上學校數最多，而高雄縣卻以二十五至四十八班學校數最多，受到不同學校規模數的影響，而使合併資料後的平均經費在計算上產生偏差。

由縣市間差異視之，在不同規模學校中，高雄市所屬國民小學非用人費的每班平均經費與高雄縣相較，約介於 2.7 到 4.3 倍之間，整體每班平均經費高出 3 倍；其中以十三至二十四班的平均經費最為接近，而以二十五至四十八班以上的平均經費差異最大。可見在非用人費每班平均經費上，高雄市國民小學經費資源優於高雄縣甚多，特別是與總決算平均經費有所差異之處的是，雖然高雄縣市在非用人費的每班平均經費隨著班級規模依然是逐漸降低，但縣市不同規模的學校彼此之間的差異，反而隨著班級數的增加有愈來愈擴大的現象。

國民中學每班平均非用人費

由縣市內差異視之，高雄縣國民中學非用人費每班平均經費約介於 58.57 至 124.11（千元）之間，全縣平均經費為 76.10（千元），從表中資料，可看出隨著班級規模增加平均經費逐漸降低，其中以十二班以下小型規模學校平均經費較高，而以四十九班以上的平均經費最低，彼此之間的差異約為 2.1 倍。高雄市國民中學非用人費每班平均經費約介於 242.34 至 307.04（千元）之間，全市平均經費為 260.38（千元），從表中資料，可看出隨著學校班級規模的增加每班平均經費亦逐漸降低，其中以十三至二十四班的中型規模學校平均經費較高，而以四十九班以上的平均經費最低，彼此之間的差異約為 1.3 倍，縣市內學校間高雄縣所屬國民中學的差異度高於高雄市。縣市合併資料非用人費每班平均經費約介於 124.11 至 193.42（千元）之間，整體平均經費為 182.86（千元）。

由縣市間差異視之，在不同規模學校中，高雄市所屬國民中學非用人費的每班平均經費與高雄縣相較，約介於 3.2 到 4.1 倍之間，整體每班平均經費高出 3.4 倍；其中以十三至二十四班的平均經費最為接近，而以四十九班以上的平均經費差異最大。可見在非用人費每班平均經費上，高雄市國民中學經費資源優於高雄縣甚多，分析結果與國民小學情況類似，雖然高雄縣市在非用人費的每班平均經費隨著班級規模依然是逐漸降低，但縣市不同規模的學校彼此之間的差異，反而隨著班級數的增加有愈來愈擴大的現象。

國民中小學每班平均非用人費比較

高雄縣所屬學校在非用人費經費上，國民中學皆高於國民小學，約介於 1.4 到 2.1 倍之間；其中以十三至二十四班的平均經費最為接近，其次為十二班以下學校，而以二十五至四十八班學校的平均經費差異最大。高雄市所屬學校在非用人費經費上，國民中學皆高於國民小學，約介於 1.6 到 2.0 倍之間；其中以十三至二十四班的平均經費最為接近，而以四十九班以上的平均經費差異最大，國民中小學之間的差異隨著班級規模增加有愈來愈擴大的現象。

每班平均資本門經費

茲依班級數將學校區分為四個規模進行比較，藉以了解目前高雄縣市所屬國民中小學在不同規模學校的資本門經費的差異。

國民小學每班平均資本門經費

表 8-9 為高雄縣市四種規模國民中小學校每班平均資本門支出，目前高雄縣國民小學並未編列資本門經費，學校所需的資本門支出，包括修繕、購置或新建都必須在年度中向各種管道爭取，包括縣府（議員的「地方基層建設建議經費」）、中央、鄉鎮公所或是民間企業組織等，如果經費來自於公部門，學校亦不用經手資本門經費，手續統一由縣府發包中心負責，經費核銷並未透過

表 8-9 國民中小學學校不同班級規模每班平均資本門支出差異　單位：千元

項目	12 班以下	13-24 班	25-48 班	49 班以上	平均
高縣國小每班	0	0	0	0	0
高市國小每班	168.68	520.79	245.43	244.05	275.80
縣市國小合計	22.77	233.03	100.04	184.03	145.07
高縣國中每班	6.74	2.67	1.28	0.63	1.68
高市國中每班	—	541.65	340.07	124.59	215.34
縣市國中合計	6.74	250.52	165.39	86.88	125.46

說明：高雄市無十二班以下國中。

學校會計系統，亦不會顯現於學校決算中，這和高雄市的制度有很大差異。

高雄市國民小學每班平均資本門約介於 168.68 至 520.79（千元）之間，全市平均為 275.80（千元），從表中資料顯示，高雄市所屬國民小學每班平均的資本門經費與學校班級數並沒有直接相關；其中十三至二十四班的中型學校平均資本門最高，而十二班以下學校最低，彼此之間的差異約為 3.1 倍。若將縣市國小所有學校合併計算，每班平均資本門約介於 22.77 至 233.03（千元）之間，整體平均為 145.07（千元），但如前述資本門分配係依照各校實際需求採取重點學校輪流補助，未必讓各校均分。

國民中學每班平均資本門經費

高雄縣國民中學每班平均資本門約介於 0.63 至 6.74（千元）之間，全縣平均為 1.68（千元），從表中資料可看出，隨著班級規模增加，平均資本門支出逐漸降低，其中以十二班以下小型規模學校平均最高，而以四十九班以上的平均最低，其間差異約為 10.6 倍，但因為高雄縣分配給學校的實際經費額度其實很少，所以最高與最低組之實際經費差異其實不多。另一方面，高雄市國民中學資本門每班平均經費約介於 124.59 至 541.65（千元）之間，全市平均經費為 215.34 千元，從表中資料可知，隨著學校班級規模的增加每班平均經費亦逐漸降低，其中以十三至二十四班的中型規模學校平均經費最高，而以四十九班以上的平均經費最低，彼此之間的差異約為 4.3 倍，縣市內學校間高雄縣所屬國民中學的差異度高於高雄市。縣市合併資料資本門每班平均經費約介於 6.74 至 250.52（千元）之間，整體平均經費為 125.46（千元）。

由縣市間差異視之，在不同規模學校中，高雄市所屬國民中學資本門的每班平均經費與高雄縣相較，約介於 197 倍到 266 倍之間，整體每班平均經費高出 128 倍。可見在資本門每班平均經費上，高雄市國民中學經費資源優於高雄縣甚多，但部分係因資本門編列方式與會計系統不同所致。

國民中小學每班平均資本門經費比較

由於高雄縣所屬國民小學未編列資本門經費，故無法進行中小學之間的比較。高雄市所屬學校在資本門經費上，國民中學與國民小學相較，約介於 0.5 到 1.4 倍之間；其中四十九班以上國民中學僅為國民小學的 0.5 倍，係較為特殊現象，顯示高雄市所屬四十九班以上在資本門經費上，國民小學係為國民中學的2倍之多，而在十三至二十四班規模學校上兩者的每班平均經費相當，在二十五至四十八班規模學校上，國民中學資本門每班平均經費係為國民小學的1.4倍。由資料顯示，高雄市國民中小學資本門之間的差距，並非隨著班級規模而有不同，反而與各校校務發展計畫中的大型建設經費需求是否獲取教育局撥款支持有直接關係。

學校規模與學校經費之相關情形

一般而言，目前國內公立學校年度經費編列方式，主要係以班級數或學生數為根據。高雄縣市除了用人費係採統籌統支多退少補方式外，高雄市在其他經費（如：服務費用、材料用品費、租金、償債與利息、購建固定及無形資產、會費）編列上主要係採用學生數，部分配合班級數為之；高雄縣（如：業務費、資本門）則採用班級數為主。因而本研究擬從縣市各級學校經費項目中，投入班級數以及學生數，分析其與學校經費之間的關係。如果把各校各個經費項目（每班決算、每班非用人費、每班資本門）與各校班級數進行相關分析，根據相關係數分析結果（見表8-10），顯示除了高雄縣市國民中學的班級數與每班非用人費經費有些許正相關外，其餘學校經費項目的平均分攤支出皆都與班級

表8-10 高雄縣市學校班級數、學生數與學校經費項目之相關係數（2008年）

項目	班級數	學生數	班級數	學生數	班級數	學生數
	每班決算經費	每生決算經費	每班非用人費經費	每生非用人費經費	每班資本門經費	每生資本門經費
高雄市國中	-0.6058	-0.7364	-0.6900	-0.8508	-0.2793	-0.3139
高雄市國小	-0.3890	-0.5584	-0.5537	-0.6458	-0.0987	-0.1288
高雄縣國中	-0.5394	-0.5740	-0.7665	-0.6478	-0.6450	-0.5519
高雄縣國小	-0.5723	-0.5070	-0.4325	-0.4782	—	—
高雄縣市國中	-0.4805	-0.5833	0.11	-0.1841	-0.0240	-0.0706
高雄縣市國小	-0.2530	-0.4806	-0.0367	-0.3216	—	—

數、學生數呈現負相關（每班平均經費與班級數、每生平均經費與學生數），也就是說班級數愈多，學校所分配到的每班平均經費就愈低；學生數愈多，學校所分配到每生平均經費便會愈低，這應該是班級數與學生數達到規模經濟所形成的結果。

高雄縣市政府在編列學校年度預算時，雖係以班級數及學生數為參考依據，然而當班級數與學生數達到規模時，雖然學校總經費會隨著數量而增加，但當分攤至每班平均經費和每生平均經費時，便能達到降低支出經費功效。其中又以高雄市國民中學決算經費與非用人費經費兩項所達到經濟規模現象特別顯著。另一方面，當然也可能是涉及到縣市政府編列學校預算採行的方式，諸如高雄縣國民中學資本門僅區分為四種學校規模等級，而且資本門經費層級彼此之間的差距又過少，自然不利於大型規模學校的經營與永續發展，故容易出現負相關，此代表縣市政府編列年度預算時制度上的不健全，而非關學校規模經濟問題。

高雄縣「地方基層建設建議經費」之分配與檢討

前述原高雄縣國中資本門預算每年僅 4 到 5 萬元，國小更是完全沒有資本門預算，令人擔心學校日常生活營運所需的校舍修繕補強，或是教學設備購置維修等經費，學校必須在正式預算之外透過下列管道籌措（陳麗珠，2010）：

一、緊縮開支：緊縮日常開支是學校最常見的做法，或是由相關項目（如：午餐燃料費）撙節而來，但畢竟學校在人事費以外的經費其實彈性很小，結餘空間有限，因此學校必須更積極去開拓其他財源。

二、募款：對象為社會上關心教育之熱心人士與團體，包括：家長與家長會、鄉（區）公所、公（國營）私人企業，或是慈善團體及個人，由學校支用於校園設備維護等零星工程經費、補助學生午餐、獎助學金與各種慶典活動等。

三、自籌：僅限於高雄市國中小，實施基金預算的學校可以將租借場地的租金與水電費等納入校務基金，資源回收款項用於購置校園清潔用品。

四、政府補助款：補助款來自中央與地方政府，中央政府當然以教育部的特定教育補助計畫為主，也是學校收入的大宗，其他相關部會（如：原民會對原住民學生的補助），或是內政部對特定對象（如：外籍配偶），都有零星補助。在地方政府方面，除了前述的鄉（區）公所或里長辦公室對學校慶典活動的贊助外，高雄市學校可透過民意代表爭取市府「動二」經費（第二預備金），屬於小型補助，多用於充實教學閱讀設備、改善校園環境等。高雄市各校的動二經費補助，在近年來才啟動（約在陳其邁代理市長時期），補助詳情並未對外公布。高雄縣對此類補助的正式官方名稱為「地方基層建設建議經費」，而且歷史悠久，更因為學校預算項目與金額不能充分滿足學校需求，使學校（尤其是校長）必須努力爭取，形成高雄縣學校文化的特色。高雄縣政府於 2010 年首度對外公布補助詳情，有利於各界對「地方基層建設建議經費」之了解。以下根據縣府補助詳情配合學校訪談紀錄，分析此一制度的內容與利弊得失。

「地方基層建設建議經費」之起源與特質

中小學的校長為了維繫學校經營與發展，必須學習積極開拓財源，爭取政府單位的相關補助與社會資源的挹注，以彌補政府撥給預算的不足。在中小學校長爭取經費的來源中，地方民意代表經常扮演著重要的影響角色，原因在於地方民意代表所掌握的「地方基層建設建議經費」。對於中小學校長而言，面臨金額較大的資本門經費通常難以向其他社會資源爭取奧援，原因在於民眾與企業團體等普遍認為資本門經費的提供應為政府的責任，致使中小學校長必須向地方民意代表請求「地方基層建設建議經費」的支援。然而，由於臺灣地方政治環境的特性，「地方基層建設建議經費」通常被地方民意代表視為爭取競選連任的利益交換工具，因此在資源的挹注容易以自身選區利益與相對選票數量多寡為優先考量，但是否對偏遠地區或規模較小的國中小較為不利，有待進一步分析。以下以高雄縣政府 2009 年度對議員所提地方建設建議事項處理明細表（2009年7月至12月），配合2010年5到6月間與高雄縣國中小校長訪談內容作為研究資料，探討高雄縣議員以「地方基層建設建議經費」補助學校經費的分配情形。

所謂的「地方基層建設建議經費」係指縣市議員、鄉鎮市民代表對於基層建設向縣市政府、鄉鎮市公所提出請求，而促使行政機關予以動支的經費款項（或稱為「地方民代配合款」，亦可簡稱為「議員補助款」、「議員配合款」、「民代補助款」、「民代配合款」、「議員建議款」或「民代建議款」等）（陳朝建、張文彥，2007）。

「地方基層建設建議經費」起源

「地方基層建設建議經費」之起源，一般通說是早期的臺灣省政府為了因應各地方緊急需要而設置的一些小型工程建設經費預算，此筆預算的動支方式主要是由省議員依照各選區對於小型工程建設的需求，直接向省政府各廳處申請撥付補助，可提升省政府的行政效率與親民愛民的形象。隨後，各縣市政府陸續比照辦理，亦於年度預算內編列部分經費供縣市議員運用，以便縣市議員直接服務於民眾，並能參與地方公共建設，造福鄉民。以臺北縣為例，「地方基層建設建議經費」的設置大約在三十多年前（1976年前後），當時的臺北縣長邵恩新，基於議員反映縣政府忽略地方的零星建設，例如，巷道路燈、水溝的建設與修繕等小型工程，遂同意每位縣議員得每年編列20萬元的建議款；唯該筆款項只能用於硬體建設，不能作為辦理活動之用，而且硬體建設必須透過所轄鄉鎮公所發包（陳朝建、張文彥，2007）。高雄縣設置「地方基層建設建議經費」的時間較不明確，但是可確定在1985年余陳月瑛擔任縣長時，「地方基層建設建議經費」就已經存在，當時縣府財政狀況較佳，尚可滿足縣議員對「地方基層建設建議經費」的需求，所以府會關係良好（廖達琪、洪澄琳，2004）。

在臺灣的特殊政治環境中，非正式部門的運作往往是影響地方政治發展的重要因素，諸如地方派系的運作力量可能大於政黨決議。換言之，在實際的政治運作過程中，以公共利益為主的理性政策退居為次要的考量，而由政治菁英（政黨、派系領導人、資本家等）的利益主導政府施政（湯京平、吳重禮、蘇孔志，2002）。在競爭白熱化的地方政壇中，地方政府的執政者為了維繫個人的政治生命與派系的經濟命脈，因此利用其政治職權將公共資源分配給派系支持者，故備受批評的「肉桶政治」（pork-barrel politics）於焉產生。所謂肉桶政治，意指行政部門為爭取民意代表在預算或政策上的支持，遂而在預算編製過程中，分配預算利益給予民意代表的選區，有利於民意代表達到競選連任的目標。此一種政治利益交換的過程，在政治學上稱為「恩庇侍從關係」（patron-client relationship），意指「酬庸者」（patron）與「隨從者」（client）皆是本於「自願」（voluntary）與「互利」（reciprocity）原則進行利益交換活動，藉機獲取政治忠誠。

但是從經濟學的角度觀察，肉桶政治與「恩庇侍從關係」這種自利行為對於社會整體而言，卻會造成資源利用效率的減低，因為資源的分配與運用應該有縝密的規畫以求取最大的效益，但是，在自利行為或者政治考量下的決策，卻可能造成資源的重疊與浪費。此外，從社會學的角度而言，民意代表運用「地方基層建設建議經費」為其選區爭取各項建設之成果下，雖然帶動了地方的發展，但是往往扭曲總體資源的分配正義而遭輿論批評。

透過地方民意代表建議決定地方建設的項目，原意在於反映地方需求的設計。於公，這種設計得以擴大參與，避免縣府對於地方建設決定權的壟斷。藉由地方鄉紳或者民眾透過地方民意代表表達其實際需要，間接地參與決策，促使政府施政更具回應性。於私，基於地域均衡性，許多經費必須分配給不同選區。行政首長與其單獨編列預算經費，不如善加利用，讓地方民意代表有參與決策機會，並讓地方民意代表承接地方行政首長之人情（湯京平、吳重禮、蘇孔志，2002）。陳朝建和張文彥（2007）指出「地方基層建設建議經費」的編列原因在於：選舉政見的承諾、社團或利益團體之要求、地方民代的自利驅動、府會關係或所會關係的和諧考量。此外，亦有人認為這筆錢對於政府財政不足的單位，以及窮鄉僻壤的基層建設幫助甚大，不但能發揮因地制宜的效果，能爭取為民服務的時效，又可提升政府施政效能，是一種立意良好的便民措施。綜合上述，關於「地方基層建設建議經費」的編列原因，究其本意應是為了反映地方需求，提升政府施政效能而產生，其附加效果則是府會關係和諧、地方民代的服務績效展現與尋求連任的政治利基。

「地方基層建設建議經費」補助對象與用途

一般而言，「地方基層建設建議經費」的補助對象多為村里辦公處或村里活動、社區發展協會或未立案社團、機關學校、已立案或備案之社團、公寓大廈住宅管理委員會等相關單位。至於補助用途主要是用於中小學教學設備及活動、各公共體育活動場所修建與設備、鄉鎮市圖書館與圖書室設備、道路與橋樑修建、排水溝修建、公有廳舍修建與設備、村里辦公處或其他相關單位的公益活動。簡言之，「地方基層建設建議經費」的補助對象以政府相關單位為主，其他社會團體次之；補助用途則是以設備購置與修建為主，活動補助次之。

高雄縣政府對於「地方基層建設建議經費」並無設置單一辦法或執行要點，進行「地方基層建設建議經費」的編列、管理與考核，而是僅於相關法規或辦法中設置條文規範，例如，民國 91 年由高雄縣政府發布之「高雄縣政府對所轄鄉（鎮、市）公所補助辦法」中的第四條之第一項規定：「有關地方民意代表所提之地方建設建議事項，鄉（鎮、市）公所應規定其範圍與透明公開之審議程序及客觀之審議標準，不得以定額分配方式處理；實際執行，應確實依預算法及政府採購法等相關規定辦理。」

此外，民國 92 年由高雄縣政府函釋訂定之「高雄縣政府對所轄鄉（鎮、市）公所財政預算考核要點」中的第三條之第五項規定：「有關地方民意代表所提之地方建設建議事項，除了受理範圍不包括對個人之補（捐）助以外，建議事項應由鄉（鎮、市）公所循預算規定程序編列預算辦理，不得採定額分配或以墊付方式處理，並且每半年應將辦理情形函報本府主計室。」同一要點第三條之第六項則規定：「有關地方民意代表所提之地方建設建議事項，對於民間團體之補（捐）助，不得對個人舉辦活動之贊助，或以定額分配或墊付方式處理；如涉及財物或勞務之採購，應依預算法及政府採購法等相關規定辦理；對於同一民間團體之補（捐）助金額，每一年度以不超過新臺幣二萬元為原則。」但是，以下民間團體不適用第三條之第六項之規定：依法接受鄉（鎮、市）公所委託、協助或代為辦理其應辦業務之民間團體、或經主管機關許可設立之工會（如：總工會、職業工會）、農會、漁會、水利會、同業公會、體育會（含單項運動委員會）、申請補助之計畫具公益性質之教育、文化、社會福利團體，以及配合中央政府各機關或本府補助計畫所補助之民間團體。而受有補助款之民間團體應將實際支用經費明細表及其成果報告，函送各該補（捐）助之鄉（鎮、市）公所備查。各鄉（鎮、市）公所每半年應將受其補（捐）助之民間團體名稱、補（捐）助項目、累積補（捐）助金額，於鄉（鎮、市）公所門首公告，並將辦理情形函報本府主計室。由此可知，高雄縣政府對於「地方基層建設建議經費」的編列、管理與考核，僅在補助的對象與行政流程上有所規定，並未涉及「地方基層建設建議經費」的實際運用考核與監督，亦無規定補助對象或用途的優先順序，相對而言，給予地方民意代表相當大的自主與彈性。而「地方基層建設建議經費」的主要運作過程，乃是村里長、機關學校、團體負責人等，向高雄縣議員提出補助的需求，待高雄縣議員答應協助後，由村里長、機關學校、團體領導人等，向縣政府各單位提出計畫，於計畫中註明經費來源，而由高雄縣議員向各鄉鎮市公所提出建議事項表。

依據研究人員實際到校訪談紀錄，目前（2010 年）高雄縣議員的「地方基層建設建議經費」建議額度大約為每位議員擁有 600 萬至 800 萬元的建議額度，區分成教育經費和建設經費，其中教育經費至少占 100 萬至 200 萬元。在教育經費的補助對象多以學校或相關教育社團或利益團體為主，而其補助用途以用於相關教育活動辦理為主。在建設經費的補助對象多以學校與鄉鎮市公所為主，而其補助用途僅限於修建與設備。但是，有部分議員的建議額度較高，可能原因是部分議員較為資深或是擔任議長、副議長、地方派系首領等，具有較高的影響力，縣府為表示其尊重或拉攏議員，傾向默許部分議員擁有較高的建議額度。一般而言，對於教育單位的建議經費，高雄縣政府的相關局處單位通常會依照高雄縣議員的建議金額直接核定，少有修訂或異議，但是對於其他非教育單位（如：鄉鎮公所或派出所），縣府核定金額與縣議員的建議金額比較有所差異。此外，高雄縣議員尚能建議配合廠商，因此，也容易引發媒體、公眾對於「綁樁」或「酬謝」等輿論批評。

對高雄縣各行政區國中小學校補助款的分配情形

根據縣府公布的「高雄縣政府 2009 年度對議員所提地方建設建議事項處理

明細表（2009年7月至12月）」資料，以下分析高雄縣國民中小學校受補助情形，故排除縣議員對鄉鎮市公所、高級中學、特殊學校等相關單位的建議補助事項。至於分析重點，則是針對高雄縣國中小接受「地方基層建設建議經費」補助之情形進行分析，了解不同行政區、不同學校規模的國中小接受「地方基層建設建議經費」補助之分配差異，以及高雄縣議員運用「地方基層建設建議經費」對國中小補助之情形進行分析，了解高雄縣議員對不同行政區、不同選區的國中小補助之分配差異。關於2009年7月至12月高雄縣各行政區國中小接受「地方基層建設建議經費」補助之情形如表8-11所示。

在國民小學階段，分別從各行政區接受補助的校數與經費總額觀之，鳳山市共有二十一所國小接受補助，占全縣接受補助國小總校數比率為17.07%，在經費總額上，鳳山市的國小接受45,536（千元）的補助，占全縣國小比率34.21%為最高。大寮鄉有十所國小接受補助，占全縣接受補助國小總校數比率為8.13%，在經費總額上，大寮鄉的國小接受17,239（千元）的補助，占全縣國小比率12.95%為次高。那瑪夏鄉有一所國小接受補助，占全縣接受補助國小總校數比率為0.81%，在經費總額上，那瑪夏鄉的國小僅接受142（千元）的補助，占全縣國小比率 0.11%為最低。桃源鄉有二所國小接受補助，占全縣接受補助國小總校數比率為1.63%，在經費總額上，桃源鄉的國小僅接受196（千元）的補助，占全縣國小比率為 0.15%為次低；然而同樣為僅二所國小接受補助的阿蓮鄉，在經費總額上卻是6,023（千元），占全縣國小比率為4.52%，與桃源鄉國小的 0.15%相差甚多。或許這樣的差異與學校規模大小有關，然而從各行政區接受補助校數占全縣比率與實際接受補助經費總額所占比率相比，鳳山市與大寮鄉等城市地區是經費比率高於受補助校數比率甚多，而那瑪夏鄉與桃源鄉卻是相反的情形，這呈現出議員的「地方基層建設建議經費」對於國小的經費補助上，不僅有城鄉差距，而且城鄉的資源補助落差極大，會有這樣的差異除了本身各行政區既有條件影響之外，主要是因為議員的「地方基層建設建議經費」並非有一定公式來分配補助經費，而是取決於議員的支持意願和校長爭取經費的態度與能力等人為因素，導致「地方基層建設建議經費」對國中小的補助有較多的不確定性和變異性。

表 8-11 高雄縣各行政區國中小接受議員補助款補助（2009 下半年） 單位：千元

行政區	國小校數		國小	占全部比率	國中校數		國中	占全部比率	國中小合計	占全部比率
	A	B			A	B				
大社鄉	3	2	1,817	1.36%	1	1	694	3.42%	2,511	1.64%
大寮鄉	10	10	17,239	12.95%	3	3	1,436	7.08%	18,675	12.17%
大樹鄉	8	7	3,527	2.65%	2	1	99	0.49%	3,626	2.36%
仁武鄉	6	5	6,619	4.97%	1	1	311	1.53%	6,930	4.52%
內門鄉	7	5	2,095	1.57%	1	0	—	—	2,095	1.37%
六龜鄉	6	2	1,137	0.85%	1	0	—	—	1,137	0.74%
永安鄉	3	3	4,142	3.11%	1	1	893	4.40%	5,035	3.28%
田寮鄉	2	2	466	0.35%	1	1	37	0.18%	503	0.33%
甲仙鄉	3	2	1,525	1.15%	1	1	77	0.38%	1,602	1.04%
杉林鄉	5	3	1,515	1.14%	1	0	—	—	1,515	0.99%
那瑪夏鄉	3	1	142	0.11%	1	0	—	—	142	0.09%
岡山鎮	8	5	1,483	1.11%	3	1	255	1.26%	1,738	1.13%
林園鄉	6	6	8,160	6.13%	1	1	2,148	10.59%	10,308	6.72%
阿蓮鄉	3	2	6,023	4.52%	1	1	198	0.98%	6,221	4.06%
美濃鎮	9	6	2,493	1.87%	3	1	298	1.47%	2,791	1.82%
茄萣鄉	4	4	2,442	1.83%	1	1	341	1.68%	2,783	1.81%
茂林鄉	2	2	284	0.21%	1	1	96	0.47%	380	0.25%
桃源鄉	5	2	196	0.15%	1	0	—	—	196	0.13%
梓官鄉	2	2	1,174	0.88%	2	2	298	1.47%	1,472	0.96%
鳥松鄉	3	3	6,515	4.89%	1	0	—	—	6,515	4.25%
湖內鄉	5	5	2,533	1.90%	1	1	398	1.96%	2,931	1.91%
路竹鄉	8	8	5,556	4.17%	1	0	—	—	5,556	3.62%
旗山鎮	6	5	4,944	3.71%	3	2	307	1.51%	5,251	3.42%
鳳山市	22	21	45,536	34.21%	7	6	11,149	54.95%	56,685	36.95%
橋頭鄉	5	3	2,115	1.59%	1	1	591	2.91%	2,706	1.76%
燕巢鄉	6	5	2,260	1.70%	1	1	664	3.27%	2,924	1.91%
彌陀鄉	3	2	1,182	0.89%	1	0	—	—	1,182	0.77%
合計	153	123	133,120	100%	43	28	20,290	100%	153,411	100%

說明：A 代表該行政區國中小實際校數，B 代表該行政區國中小接受經費補助校數。
資料來源：整理自高雄縣政府主計處（無日期）。

在國民中學階段，分別從各行政區接受補助的校數與經費總額觀之，鳳山市共有六所國中接受補助，占全縣接受補助國中總校數比率為 21.43%，在經費總額上鳳山市的國中接受 11,149（千元）的補助，占全縣國中比率 54.95%為最高。大寮鄉共有三所國中接受補助，占全縣接受補助國中總校數比率為 10.71%，在經費總額上，大寮鄉的國中接受 1,436（千元）的補助，占全縣國中比率 7.08%，在二十七個行政區中排名第三高，第二高是林園鄉，在經費總額上，林園鄉的國中接受 2,148（千元）的補助，占全縣國中比率為 10.59%，但是林園鄉接受補助的校數僅有一所，所爭取到的資源卻遠高於其他行政區的補助經費總額，顯示出該校校長具備爭取經費的高水準能力。至於其他行政區的國中所接受的補助總額，大約界於 37 至 893（千元）之間，占全縣國中比率為 0.18%至 4.40%之間，但是另有八個行政區的國中沒有接受經費補助，分別是內門鄉、六龜鄉、杉林鄉、那瑪夏鄉、桃源鄉、鳥松鄉、路竹鄉、彌陀鄉，這八個行政區共同特色是該行政區皆只有一所國中，而這八所國中校長為何沒有爭取議員「地方基層建設建議經費」的補助？是學校另有管道足以支應學校需求？或是學校目前經營順暢無需額外爭取經費？真實原因值得再深入探究。

而以國中小整體而言，鳳山市的國中小接受 56,685（千元）的補助，占全縣國中小比率為 36.95%為最高，大寮鄉的國中小接受 18,675（千元）的補助，占全縣國中小比率為 12.17%為次高。那瑪夏鄉的國中小僅接受 142（千元）的補助，占全縣國中小比率為 0.09%為最低，桃源鄉的國中小僅接受 196（千元）的補助，占全縣國中小比率為 0.13%為次低。若從全縣國中小實際校數與整體接受補助校數觀之，國小有接受補助的總校數是 123 所，占全縣國小比率為 80.39%；國中有接受補助的總校數是二十八所，占全縣國中比率為 65.12%，由此可知，國小接受補助的普遍率較高，國中則是相對較低。此外，在補助經費總額上，全縣國小總計接受補助 133,120（千元），占全縣國中小補助總經費比率為 86.77%；全縣國中總計接受補助 20,290（千元），占全縣國中小補助總經費比率為 13.23%，相較於國中小總校數比率而言，國小共有 123 所接受補助，占全縣國中小接受補助總校數比率為 81.46%，國中共有二十八所接受補助，占全縣國中小接受補助總校數比率為 18.54%，這樣的國中小比率差異呈現出議員對於國小的補助意願較高於國中。

綜合上述，發現「地方基層建設建議經費」補助國中小的經費大多投注在都會地區，較少將資源挹注在偏鄉地區；若從補助總額觀之，對國小的補助總額是 133,120（千元），對國中的補助總額為 20,290（千元），兩者合計為153,411（千元），但是在高雄縣主計處所公布的2008年國民中小學校的決算資料中，高雄縣國小資本門為0元，高雄縣國中資本門各校在4萬到5萬元之間，高雄縣國中資本門合計總額為1,917.50（千元）（見表8-5），相較於議員「地方基層建設建議經費」對高雄縣國中的補助總額 20,290（千元），兩者相差18,372.50（千元），差異甚大。以目前高雄縣政府限縮國中小資本門預算，迫使國中小校長必須向縣議員爭取「地方基層建設建議經費」的資源來補足學校在資本門的需求，實有本末倒置之虞。

「地方基層建設建議經費」對學校經營的影響

依據研究人員對高雄縣國中小校長的訪談紀錄，發現目前校長對於爭取「地方基層建設建議經費」的看法與做法。首先，許多校長坦言，爭取「地方基層建設建議經費」必須要謹慎，以目前的運作方式，大多是由學校先擬好一份計畫書，由家長會或村里長等社區中具有影響力的地方人士，引薦或陪同校長拜訪縣議員爭取「地方基層建設建議經費」的補助，在運作過程中，主要是以「人際關係」的互動作為爭取資源的主力。除了正式拜會之外，校長也必須以公共關係之名義，參加餐宴等交際應酬活動，此類應酬難免占據校長下班課後休閒時間，成為日常公務之外的工作負擔。高雄縣各校校長在日常校務外，通常非常忙碌，在校的時間比高雄市少。

對學校經營的正面影響

「地方基層建設建議經費」雖然略微處於灰色地帶，但對於學校經營而言，仍然不無小補。以下分析對學校經營的正面影響。

有利於改善學校設備，彈性配合學校需求：許多校長坦言高雄縣限縮學校資本門經費致使學校經營備感辛苦，即便是爭取社會資源補助，也顯得力不從心，原因在於社會團體願意支援弱勢學生的午餐、學用品的小額捐款，對於需要較龐大金額的工程或設備則無力支援，或是認為是政府單位的責任，較無意願投注經費支援。「地方基層建設建議經費」在補助用途上本就以小型工程或設備購置為主，恰巧可以提供協助，讓學校得以在相關設備的購置與修建滿足學校的教學需求。

與議員建立良好關係，學校預算不打折：縣議員本身掌握政府相關單位的預算審查權，而學校預算雖受教育處掌管，但教育處的預算卻受到縣議員審查權的牽制，因此，校長也必須尊重縣議員，建立良好的互動關係，避免產生衝突，危害學校權益與自身生涯發展的規畫。

爭取公部門經費有助益，議員陪同面子大：學校如果需要金額較為龐大的工程建設，則需向上級機關報告爭取經費，此時，若有縣議員陪同前往，縣長或縣政府相關單位為求府會關係和諧，比較容易看在「縣議員的面子」上給予學校經費支援。

對學校經營的負面影響

另一方面，民代建議經費畢竟不像是中央政府專案補助，只要符合條件（如：教育優先區計畫之補助指標）就可以寫計畫書提出申請，不需要特別請託；此外，向議員請託還是必須付出若干代價，難免會對學校經營造成下列各項負面影響。

人情關說壓力大，議員介入學校事務過深：在請託的「人情」交流之下，對於學校經營似乎也產生若干負面影響，例如，議員介入學校的學生事務、人事問題、工程採購等，最常見的就是編班時，議員幫助關說某些學生選定特定老師的班級，與現行政策規定不符，造成學校困擾。依據訪談結果，學校獨立招考代理、代課老師或是聘約行政助理人員時，就曾有縣議員拜訪校長，要求錄取縣議員推薦的人選。

議員主動提供補助，拒絕與接受的為難：民代建議的補助，通常會有特定建議採購物件，此類採購往往附帶指定廠商，或是推銷特定規格產品（如：過期的電子產品），更有問題的是價格與市價差異過大，一旦追究，可能會有後續問題，凡此種種考量，會讓部分校長與學校不敢貿然接受，只能客氣地推說

「已經有此類設備」云云。現場校長亦表示，曾有某議員主動提供影印機設備的購置，然而，學校會計人員卻發現議員的報價與市價相差太遠，當時選擇委婉拒絕縣議員，避免有違法採購的情形產生。

議員政治性的要求，令校長卻步：接受補助後，有可能在日後必須償還「人情債」，例如，縣議員可能為了選民服務介入學校事務，此時校長可能為了償還人情或者不願與縣議員交惡，而做出適時的讓步或調整。曾有校長向議員爭取「地方基層建設建議經費」，議員卻向校長提出交換條件：在競選總部成立的活動中，校長必須出面站臺並且負責一臺遊覽車的人數到現場支持，最後，該名校長選擇放棄爭取，轉而尋求其他管道的支援。

地方政府國中小學校財政的新契機

經過前述針對高雄縣市在 2010 年底合併之前國民中小學校經費現況與問題的分析，可以發現兩縣市多年來都有存在若干體制與運作上的問題，這些問題有些是兩個縣市都共有的，也有些問題是高雄縣或高雄市本身獨有的問題；不僅如此，縣市之間有共同存在的問題有些可能在合併之後依舊存在，有些可能會在合併之後產生若干質變。國民教育為一切學校教育的基礎，凡是關心我國基礎教育發展的全體公民，莫不期待縣市合併對當前問題叢生的國民中小學校財政帶來新的契機。

高雄縣市已經於 2010 年 12 月 25 日合併，屆時高雄縣國中小的學校經費，將一併適用高雄市學校的教育發展基金預算制度，對於高雄縣國中小資本門限縮的問題或許有機會可以獲得改善，但高雄縣市國中小學學校教育經費存在偌大的差距，也是不爭的事實。縣市合併牽動太多的政治勢力，資源分配的勢力重新組合，面臨的問題千頭萬緒，期望藉由縣市合併之際，透過前瞻性的策略，建立新的資源分配制度，開啟國民教育資源籌措與分配的新契機。以下就「建立制度」與「機會公平」兩大策略方向，提出若干原則性的建議，供高雄縣市所有關心基礎教育發展的人士參考。

策略一：建立健全新制度

健全學校預算編列與決算審計

比較高雄縣市對於學校預決算編列與審議的過程，可以發現高雄市有若干優點值得高雄縣效法，期望縣市合併之後，這些優點能夠延續實施：

資訊公開：高雄市的學校預決算書除了可透過學校取得之外，部分學校的網頁亦能依法公布學校預決算。這應該也是基金預算的優點，因為學校經費透明，自主性高，所以可以公開。高雄縣長期以來都沒有給學校編足年度預算，學校行政人員（尤其是校長）因此必須努力做好公共關係，並且犧牲某些程度的學校自主性以換取資源。但學校爭取來的資源畢竟未必完全都是制度內的資源，學校不願意透露年度預決算以外的其他經費與使用情形，致使教育資源籌措與分配面充滿神祕色彩，流言與猜忌充斥教育界，使原來應該是單純專業取向的教育界逐漸質變。

預算編列之確實性：高雄市編列基金預算，除人事費不能流用外，其餘項目都允許學校依照營運所需彈性運用。高雄縣的公務預算除支用彈性小之外，還面臨預算與決算差距過大的問題，尤其是部分中大型學校在年度預算中的人事費編列過多，執行到會計年度中時，就收歸縣府統籌運用，以教育之名編列的教育經費卻未必用於教育的用途，對於校務需求並無確實幫助，反而「虛列」了全國教育經費總額保障額度。

尊重學校自主，實施基金預算

民國 90 年《教育經費編列與管理法》實施後，高雄市接續臺北市，成為全國第二個實施基金預算的地方政府，當時學校會計人員也反映基金預算編列項目繁複、不容易上手等問題，但經過幾年來的練習，高雄市國中小已經逐漸建立起制度，也將基金預算的優點充分發揮。期待縣市合併後，能夠將高雄市的優點推廣到高雄縣去，尤其高雄市政府能夠充分尊重國中小學校行政自主，一旦編列預算就不會干預學校預算之執行，並且將政治干預力量減到最小，使校長能夠專心辦學，盡力照顧學生，不用天天忙於公關交際，這是高雄縣可酌情效法之處。

落實校務發展計畫，分配充足資源

《教育基本法》與《教育經費編列與管理法》中，對於地方政府教育審議委員會之運作都有相關規定，其中亦要求學校定期提出校務發展計畫供教育審議委員會審議，計畫中應該詳載學校多年度的發展計畫。過去校務發展計畫一直無法落實，主要原因在於資源分配受到太多非教育專業勢力的干預，因此校務發展計畫就算審議通過，也僅是空中樓閣，隔年度就失真無法參考。期待縣市合併後，能夠落實教育審議委員會審查學校校務發展計畫的制度，並且配合地方政府整體資源分配與社區發展之規畫，給予學校足夠資源，分成多年度逐步完成計畫，以提振學校與社區的整體發展。

定期實施教育經費評鑑，健全學校財務分配

高雄市除基金預算制度之執行值得高雄縣效法外，教育經費評鑑之落實執行也是另一項優點。高雄市自 2002 年開始，依照《教育經費編列與管理法》試辦教育經費評鑑，並已經建立起獨立進行教育經費評鑑（不納入校務評鑑或統合視導項目）制度，逐年實施。以 2009 年度而言，高雄市採取高中職與特殊學校每年評鑑，國中採兩年度輪流辦理，國小採南北區輪流評鑑，學校行政人員也能充分準備，定時接受評鑑。教育經費評鑑對於學校經費收支之健全有相當的助益。

公開議員「地方基層建設建議經費」分配與運作過程

「地方基層建設建議經費」的設置有其歷史淵源，在當今講求「服務績效」的民主政治時代，以及府會黨派呈現分立狀態（2010年時高雄市執政為民進黨、議會以國民黨為多數），地方政府為求「府會關係和諧」的情形下，「地方基層建設建議經費」恐怕很難走入歷史，因此只能朝向建立完善制度來進行管理。關於這點，可以參考臺北縣（現已升級為新北市）的做法，在改制為新北市前，臺北縣為求公平合理分配有限資源，充分考量各地方實際需求，在民國 95 年訂定「臺北縣統籌款議員建議案注意事項」，明確規範「臺北縣統籌款議員建議案經費」的補助對象與相關運作事宜。同時，臺北縣政府財政局亦公布「臺北縣政府辦理縣統籌款議員建議案標準作業流程說明」，將整體作業程序完整透明公開，使臺北縣議員的「臺北縣統籌款議員建議案」制度化而減少紛爭。高

雄縣政府亦有可取之處，例如，2010 年主計處網站上公布「議員所提地方建設建議事項處理明細表」，將各選區每位議員的處理情形與補助對象詳細公布，這種做法符合《政府資訊公開法》第一條：「便利人民共享及公平利用政府資訊，保障人民知的權利，增進人民對公共事務之了解、信賴及監督，並促進民主參與」的立法原則，也符合《教育經費編列與管理法》第十七條財務資訊公開的規定，值得稱許。高雄市議員亦有類似的建議補助款項，但是並未像高雄縣直接公布於主計處網站，留下太大的灰色地帶。高雄縣市合併後，在擇優適用的原則下，應繼續採取高雄縣公布「議員所提地方建設建議事項處理明細表」的措施，落實政府資訊公開法的要求，保障人民知的權利，共同監督政府的施政效能。

期望縣市合併之後，新的「高雄都」能夠一體適用，一方面給予學校更大的財務自主空間，一方面落實教育經費評鑑之實施，定期給予學校自我審計的機制，以輔導學校資源能充分運用，幫助學校達到教育目標。同時，地方政府相關主管機關宜本著開誠布公的態度，一併於主計處網站公開歷年「議員所提地方建設建議事項處理明細表」補助的詳細資料，而非每半年資料更新時，就將舊資料移除，使取之於人民的資源能夠接受人民的檢驗，亦更能符合《政府資訊公開法》保障人民知的權利的立法精神。

學校自籌經費僅能補充、不能取代政府應有的財政責任

近年來，國家經濟景氣衰退，財政緊縮，學校預算編列不敷營運所需，學校亦必須比照其他國營事業機構，自行籌措部分經費，其結果就是使教育發展逐步質變為市場化，校長與主任淪為爭取經費的公關人員，專業自校園中逐漸退場。然而各種來源的學校自籌經費應該都有其意義與功能存在，不應只是作為彌補學校財政缺口之用。首先，學校申請的教育部特定補助計畫，例如，「教育優先區計畫」、「攜手計畫」等，是為了貫徹中央政府教育政策而執行；地方政府補助（如：鄉鎮公所補助學生午餐費），是為了照顧學生；來自於善心人士與企業團體對學校的捐贈，也是為了鼓勵學校或照顧學生等特定用途而捐。總之，不論是來自於公部門的中央或地方政府機構的特定補助，或是來自於私部門的民間團體與個人捐贈，都是針對學校或學生特定開支而來，實不宜期望

學校藉此彌補日常經常門支出之不足。學校的日常所需經費，還是應該由主管機關編足年度預算以利其正常運作。

◎ 加強學校績效責任制度，確實考核學校經費使用結果

目前學校經費的重點，都重視籌措面與分配面，但對於經費執行的「過程」缺乏有效的經費評鑑，對於經費執行後產生的「結果」也缺乏一套「績效責任」考核機制。績效責任機制的精神，在於受補助的學校要求獲得經費的同時，也要在執行之後展現其成果，表示能夠負起託付經費所賦予的重責大任。期望縣市合併後，在建立新制度之時，能夠同時建立更靈活的績效責任制度，使教育經費發揮最大功效。

◎ 檢討學校對學生各種收費的合理性，保障學生權益

近年來經濟景氣衰退，財政緊縮，帶來的另一個現象就是學校必須將部分教學活動的費用轉向學生家長收取，讓學生自由選擇是否參加，形成「義務教育階段中的選擇教育方案」，例如：校外教學、課後輔導、課後照顧、課後社團活動等，除了政府有補助的弱勢學生（如：低收入戶），或是提供對等的免費服務（如：攜手計畫），其餘大多數學生家長在「不讓孩子輸在起跑點上」的壓力之下，大多還是選擇讓自己的子女參加，形成家庭另一筆開支。不僅如此，學校因為經費不足，對家長會的依賴程度愈來愈高，家長委員在學校投入心力，出錢出力，當然是出於愛校的一片善意，但實不宜因此完全取代公部門應有的財政責任；何況隨著社會貧富差距的加大，學生家長因為財富、所得、就業性質與居住地區的差異，直接影響到對學校的捐贈額度，使學校財務亦受到影響，加大校際差異。

當「以由政府辦理為原則」的國民教育階段（《國民教育法》第四條），愈是倚賴私部門的資源投入時，就難免會加大學校與地區間教育資源的差距，犧牲了義務教育階段的最根本精神——公平與社會正義。

策略二：縣市合併後，建立財政公平新原則

建立「相同特性，同等對待」的水平公平原則

國民教育最可貴之處，在於實踐了《憲法》於民國36年揭櫫的「國民受教育之機會，一律平等」（第一五九條）的精神。中華民國境內凡是適齡兒童與青少年，不論貧富、性別、族群、居住地區、甚至身體與精神狀況，一律必須入學接受基礎教育，或是相同性質但不同類型的教育型態。因此，國民中小學學校教育之實施，不論學校所在地區與管轄縣市政府，理應給予學生同樣優質的教育品質。期望能夠秉持「相同特性，同等對待」的水平公平原則，不論原來學籍在高雄市或是在高雄縣的國中小學生，只要條件相同（如：都是國小五年級學生），在合併後都能在相同基準之上，享受到相同的教育品質。同時，即使學校所在學區存在城鄉差異，只要條件相同（如：都是十三至二十四班的國民小學），亦應享有相同的教育資源，不應因為學區地理條件、開發程度、經濟與人文等條件差異，造成學校之間的資源差異過大。

學生之間公平，班級之間公平，校際公平並重

經過分析高雄縣市國中小學校經費後發現，以「學生」為單位而計算出的「每生平均經費」，學生之間的差異很大，呈現很大的不公平。相較之下，以「班級」為單位計算出的「每班平均經費」的公平性較高。兩種數值之間的落差，肇因於學校內大部分經費支出項目，例如，人事費（聘用教師）或是教學設備（黑板、單槍投影機等），都是整個班級享用不能按學生人數切割的，致使小班教學學校（通常是偏遠學校）內的學生平均經費偏高。

期望分配教育經費能夠先釐清「以學生為單位」（如：教學活動或材料費）、「以班級為單位」（如：教師或教學設備購置），或是「以學校為單位」（如：體育館設施、校舍建築）之差異，務使「以學生為單位」的學生補助經費不會因學生就讀班級或學校而有不同；「以班級為單位」的班級補助經費不會因班級所在學校而有不同；「以學校為單位」的學校補助不會因學校所在地區（縣／市）而有不同。

超大型學校之規模上限宜適度規範，俾保障教學與校園生活品質

經過分析高雄縣市國中小學校經費後發現，每年每班平均經費與每生平均經費都呈現「班級數愈高，學校所分配到的每班平均經費就愈低」、「學生數愈多，學校所分配到每生平均經費便會愈低」的現象。另一方面，高雄市雖然教育資源比高雄縣多，但以學校規模分組後可發現，高雄市四十九班以上的超大型國中的每生平均經費與每班平均經費都比高雄縣四十九班以上國中低。高雄市的最大型國中因為班級人數偏高與學校規模過大，有成本降低的情形，雖然這一類大型學校本身就是明星學校，來自家長與社區的社會資源相當豐沛，但是學生在空間有限的校園內接受教育，生活與教學品質難免受到影響，遑論擁擠的空間內很難塑造優質的學校文化。期待將來政策能夠重視國中小學校規模的規範，除了交通不便的偏遠地區外，讓學校都能夠維持適當的經營規模，一方面有效使用教育資源，一方面也可提升教學品質。

加強照顧弱勢學生與偏遠地區學校

縣市合併之後，新的高雄都幅員更加廣闊，學校數與學生人數都增加了，其間的差異性也變大許多。雖然對待所有學生與學校都要以水平公平的觀念，本著「相同特性，同等對待」的原則，一視同仁；但是對於弱勢學生以及特殊與偏遠地區學校，則應該本著「差異條件，差異對待」與「雪中送炭，濟弱扶傾」的原則，給予積極性的差別待遇，包括有利的政策設計與更多的資源與關注，讓這些學生能夠在政策的扶持下，克服先天與環境的不利，得到更好的人生發展。

建議高雄都運作後，對所有國中小學校，以「每生」、「每班」與「每校」為單位，先分配一定的「基數」，以維持其運作所需基本數額，然後再針對學校與學生不利的因素，例如，地區（偏遠）、社區（治安條件或經濟發展不佳）、家庭（單親、隔代教養或低收入戶）與學生（特殊教育學生、學習弱勢），給予不同的加權分配。換句話說，如果學校內學生組成中，條件不利的弱勢學生比率愈高，學校在經費分配的加權比值愈高，學校之間經費分配的差異化，用以落實政府推動弱勢學生照顧政策的政策精神。

釐清「公成本」、「私成本」與「總成本」之內涵

一旦針對前述弱勢學生實施差異性的資源分配，最容易遭受外界誤解的論點，在於這樣的分配「不公平」，甚至被指責為資源「浪費」，這也是縣市政府在合併小型學校時的理論基礎。當資源分配針對部分學校與學生重點補助時，單比較每生分攤經費數額時，上述的不利地區學校與學生的單價確實偏高，但這僅是就政府公部門用於學校的「公成本」而言，其中有高達九成以上為人事費用（用人費），包括：(1)高雄市國小決算中僅 6.08%為非用人費，資本門為 11.75%，賸餘的用人費用（人事費用）為 82.17%；(2)高雄市國中決算中僅 8.89%為非用人費，資本門為 7.35%，賸餘的用人費用（人事費用）為 83.76%；(3)高雄縣國小決算中僅 2.32%為非用人費，且沒有編列資本門，賸餘的用人費用（人事費用）為 97.68%；(4)高雄縣國中決算中僅 2.87%為非用人費，資本門更僅是 0.06%，賸餘的用人費用（人事費用）為 97.07%。人事費支出與學生的學習品質無直接相關，而且比率愈高，代表學校日常營運的業務費等百分比偏低，實非學生之福。所以公成本單價高，不代表學生享受較高的教育品質，只能說是國民教育普及政策下保障的基本教育措施而已。

反觀公成本較低的學校，都是因為規模較大的城區明星學校，雖然公成本較低，但因為班級數多，業務費等總額大，反而可以較佳條件採購原料耗材等，校務資金比較寬裕，更何況學區所在位置屬於較高社經地位地區，社區企業對學校的捐贈資源相對豐沛，早就是「贏在起跑點上」，再加上家長願意額外為學生付出更多課後（外）學習材料與安排活動（安親／補習）等，屬於額外的私成本支出，更加大國民教育的城鄉差距。因此，建議在分配教育資源時，應該釐清公成本、私成本、總成本的意涵，才不會落入假性公平的陷阱中。

學校預決算經費應該將「人事費」與「非人事費」分開計算

前述高雄縣市國中與國小的學校決算中，人事（用人）費、非用人費與資本門的比率分配相當失衡，非用人費與資本門所占比率相對少了許多。建議在計算學校經費時，應該將人事費與其他的非用人費、資本門支出等分開計算。

地方政府分配資本門經費，宜提供學校充足運作所需經費，達到立足點平等

高雄市國小學校決算中，資本門為 11%，高雄市國中學校決算中，資本門為 8%，高雄縣國小學校決算無資本門，高雄縣國中學校決算之資本門僅為 0.06%。高雄縣的預算制度是低編（或完全不編）資本門預算，讓學校於年度中向民意代表爭取或中央機關等申請，但此種做法讓學校的運作和校長的人脈經營產生很大的關係，反而影響學校正常辦學。建議將來高雄都的教育資源分配，能夠採取高雄市目前的做法，首先編足學校營運所需的修繕更新設備費用，達到立足點平等；在平等立足點上，再依據學校需求與使用狀況，輪流分配設施與校舍等建設費用。

鼓勵學校積極爭取競爭型經費，寬籌學校資源

除了公平分配資源給學校外，學校行政人員也應積極爭取中央政府相關部會與地方政府的專案補助經費，以寬籌學校資源。教育行政主管機關（教育局）亦應將學校爭取的競爭型經費成果，列入評鑑與校長遴選指標中。

建立教育績效責任制，不僅重視經費分配金額「投入」之公平，亦要檢視學生表現「產出」之公平

最後，教育資源分配的公平性，除了重視資源投入時的公平，也要積極檢視資源投入後，產生的教育產出——學生表現的公平，並且要求經費使用單位負起績效責任，施予適當的獎勵或懲罰。至於具體的做法，就是配合現有的各種評鑑、訪視與評量成果，檢視學校在運用資源後，對學生學習產生的效果。對於資源能有效運用，且能產生具體成果的學校團隊，給予應有的獎勵，對於資源運用效率不佳的學校，則給予相對等的懲罰。

參考文獻

行政院人事行政局（2006）。**軍公教待遇支給要點**。2006 年 4 月 20 日，取自 http://www.cpa.gov.tw/cpa2004/gvpayment/SYFX6581P.html

高雄縣政府主計處（無日期）。**高雄縣政府 98 年度對議員所提地方建設建議事

項處理明細表。2010 年 5 月 10 日，取自 http://paymaster.kscg.gov.tw/style/front001/bexfront.php? sid=1198134693

教育部（2006）。**94 年師資培育統計年報**。2006 年 4 月 12 日，取自 http://www.nhctc.edu.tw/~aca/paper/paper.htm

教育部（2011a）。**教育統計指標之教育發展**。2010 年 7 月 6 日，取自 http://www.edu.tw/files/publication/B0013/98indicators.xls#概 4! A1

教育部（2011b）。**教育統計指標之教育經費**。2010 年 7 月 6 日，取自 http://www.edu.tw/files/publication/B0013/98indicators.xls#經 1! A1

教育部（2011c）。**教育統計指標之教育結構**。2010 年 7 月 6 日，取自 http://www.edu.tw/files/publication/B0013/98indicators.xls

教育部（2011d）。**教育統計之班級學生人數**。2010 年 7 月 6 日，取自 https://stats.moe.gov.tw/files/ebook/Education_Statistics/102/102edu_EXCEL.htm

陳朝建、張文彥（2007）。**地方民代配合款的預算政治之研究**。2010 年 5 月 10 日，取自 http://blog.sina.com.tw/macotochen/

陳麗珠（1993）。國民教育經費分配機會公平之研究：以縣市財政狀況考量。**教育學刊，10**，225-259。

陳麗珠（1996）。我國國民教育經費補助公式之模擬研究。**教育研究資訊雙月刊，5**（1），127-146。

陳麗珠（1998）。國民教育經費補助公式垂直公平考量之模擬研究。**高雄師大學報，9**，149-171。

陳麗珠（1999a）。以德懷術評估臺灣省教育優先區補助政策實施成效之研究。**教育學刊，15**，35-64。

陳麗珠（1999b）。臺灣省教育優先區計畫與實施之評估研究：問卷調查結果。**高雄師大學報，10**，1-23。

陳麗珠（1999c）。層級分析法（AHP）應用於國民教育補助政策公平效果評估之研究。**教育政策論壇，2**（2），1-35。

陳麗珠（2001）。教育經費編列與管理法之評析。**教育學刊，17**，125-145。

陳麗珠（2002a）。地方政府國民教育經費基本需求財政公平效果之檢討。**教育**

研究集刊，48（4），135-162。

陳麗珠（2002b）。地方補助款制度化政策對國民教育財政影響之研究。**教育學刊，19**，91-120。

陳麗珠（2002c）。國民教育經費基本需求之探討。**教育學刊，18**，185-211。

陳麗珠（2006a）。地方教育發展基金立法與實施之檢視。**財稅研究，39**（1），191-212。

陳麗珠（2006b）。從公平性邁向適足性：我國國民教育資源分配政策的現況與展望。**教育政策論壇，9**（4），101-118。

陳麗珠（2007）。論資源分配與教育機會均等之關係：以國民教育為例。**教育研究與發展，3**（3），33-53。

陳麗珠（2008）。弱勢學生照顧政策之檢討與改進。**教育研究月刊，172**，5-17。

陳麗珠（2009a）。我國教育財政改革之回顧與展望：教育經費編列與管理法實施之檢視。**教育學刊，33**，1-34。

陳麗珠（2009b）。**我國教育改革新趨勢之財政規畫（II）：教育資源分配政策加入適足性考量之探究**。行政院國家科學委員會補助專題研究計畫，未出版。

陳麗珠（2010）。**拒絕輸在起跑點上：高雄縣市合併前國民教育經費問題**。高雄市：高雄市教師會。

陳麗珠、陳世聰（2009）。地方政府財政能力與教育經費關係之探究：財政中性觀點。載於臺灣師大師資培育與就業輔導處主編，**地方教育發展研究**（28-53頁）。臺北市：高等教育文化。

陳麗珠、陳明印（2001）。我國國民教育經費基本需求試算之探討：提供充足教育資源以發揮學生最大潛能。**主計月報，551**，49-52。

陳麗珠、陳憶芬（1995）。小型學校合併的成本效益分析。**教育學刊，11**，73-106。

陳麗珠、鍾蔚起、林俊瑩、陳世聰、葉宗文（2005）。國民小學教師合理授課節數與員額編制之研究。**教育學刊，25**，25-50。

陳麗珠等（2005）。**我國國民教育成本資料建立與分析之研究**。教育部委託專題研究報告。臺北市：作者。

湯京平、吳重禮、蘇孔志（2002）。分立政府與地方民主行政：從臺中縣「地方基層建設經費」論地方派系與肉桶政治。**中國行政評論，12**（1），37-36。

廖達琪、洪澄琳（2004）。反對黨獨大下的分立政府：高雄縣府會關係的個案研究（1985-2003）。**臺灣政治學刊，8**（2），5-50。

鄭建良（2006）。**國民中學學校本位財務管理制度之研究：教育充足性觀點**。國立高雄師範大學教育學系博士論文，未出版，高雄市。

Fowler, F. C. (2009). *Policy studies for educational leaders: An introduction* (3rd ed.). Upper Saddle River, NJ: Allyn & Bacon.

Odden, A. R., & Picus, L. O. (2000). *School finance: A policy perspective* (2nd ed.). New York, NY: McGraw-Hill.

Swanson, A. D., & Sweetland, S. R. (2003). *School finance: Achieving hight standards with equity and efficiency*. Boston, MA: Allyn & Bacon.

Chapter 9

國民教育補助制度

回顧我國教育財政制度的發展時程表，民國 89 年底通過立法，民國 90 年開始實施的《教育經費編列與管理法》絕對是一個里程碑。在此法立法之前，我國的教育財政制度完全由政府掌控，一方面，民眾對教育的要求都期望政府來完成，另一方面，政府的教育投資政策亦未必完全反映民眾的需求，可以說教育財政制度的彈性相當有限。到了《教育經費編列與管理法》實施後，各級政府與教育機構的經費分配機制逐漸建立起來，中央政府將經費的分配權力適度下放給地方政府與學校，也期望地方政府與學校能夠同時負起經費籌措的責任。教育財政制度走向自由化、民主化以及績效導向，使整個財政制度都活潑多元起來。

2012 年前後，我國公私部門用於教育事業活動上的經費，大約在 8,000 億元左右（100 會計年度），其中政府支出 5,340 億元，約占全部教育支出之六成六。政府支出中有一大部分用於各級學校與教育單位的人事與業務費用外，亦包括中央對地方政府的一般教育補助款約在 580 億元左右，以及特定教育補助的經費約為 240 億元。這數百億元的補助款向來是地方政府、公私立各級學校、民間文化教育團體爭取的重要收入。至於公共教育經費補助款的分配方式，依照《教育經費編列與管理法》第八條「教育補助之種類」規定，我國兩級政府之間的經費移轉方式分成：「一般補助」與「特定補助」兩種。

前者（一般教育補助）的分配，依法由行政院教育經費基準委員會負責，基準委員會負責教育經費計算基準之研訂、各級政府之教育經費基本需求之計算、各級政府之教育經費應分擔數額之計算等制度之建立，同時結合目前每一年度教育部對地方政府的考察業務，使一般教育補助款的使用得以真正發揮扶植國民教育的政策目標。另一方面，後者（特定教育補助）的分配，係由教育部教育經費分配審議委員會負責，針對教育部相關單位對地方政府各種補助計畫加以審查。

總之，此兩者的補助對象雖然都是地方政府，但是兩者的性質與功能迥異，並不能混為一談。以下先分析我國國民教育補助制度之沿革與發展，再探討一般教育補助與特定教育補助制度。

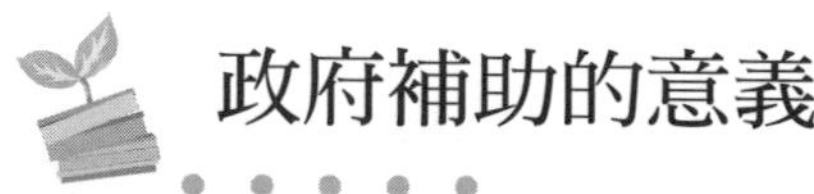

政府補助的意義

補助制度的產生源於府際財政的不平衡。所謂「府際財政不平衡」係指不同層級政府間，因財政權分配之不當而產生，包括「垂直」的財政不平衡與「水平」的財政不平衡，前者意指上下級政府間財政收支狀況的差異性，亦即各級政府之財源分配與其任務之劃分不能配合，後者指同級政府間財政收支狀況的差異性，亦即同級行政區域間的財政負擔與其享受公共財貨和勞務水準有所不同。補助款的分配制度即是用以調整政府之間垂直或水平的財政不平衡。

垂直的財政不平衡導因於政府間財政收入面的租稅性質不同，而造成各級政府收入增加的速度不一。同樣地，水平的財政不平衡則因為經濟發展，使得人口及財富有集中於都市的趨勢，造成同級政府間的財政不平衡。由於課稅限制、稅收彈性、經濟發展及人口成長等原因所產生的「財政缺口」，便可透過各級政府間的移轉支付（intergovernmental transfer）加以解決。

移轉支付係政府間突破經費收入、權力及轄區限制，相互支援以有效分配經費、充分提供經費需求、促進經費公平運用的一種方式。根據政府層級間的關係來區分，政府間經費移轉可分為兩大類：水平移轉（horizontal transfer）和垂直移轉（vertical transfer）。前者係指同級政府間之經費移轉方式，旨在平衡同級政府間之經費負擔能力，以收各區均衡發展之功能。後者則指不同階層政府間經費的移轉方式，又分為下級政府協助上級政府、以及上級政府補助或貸款下級政府兩類，旨在使政務在全國一致性與地方因地制宜兩者之間取得平衡（林文達，1986）。此外，移轉支付的標的則包括現金、實物、技術及經驗等（黃瑞春，1985）。總結上述，所謂「補助款」係指上級政府以其收入補助下級政府，以提供其充裕的財源，輔助行使地方公共事務此種下級政府的財源。根據Good在《教育辭典》（*Dictionary of Education*）中的解釋，補助金（grant）的意義可分三方面加以解釋，分別是：

一、擁有主權者將禮物或財產致贈給自然人或法人以嘉惠大眾。

二、貧富差距擴大現象通常指較大的政府單位對次級單位，以提供財源的方式對某些特定項目進行資助，有時也對一般性的項目進行資助。

三、一種以接受者為基礎的撥款方式，通常此經費的數量、目的及撥款期間的長短都有特定的說明。

而《韋氏新世界辭典》（*Webster's New World Dictionary*）對「grant」的解釋為：經由合法程序的給予或財產的移轉；至於「grants-in-aid」則解釋為：基金的贈與以支持某一特別的計畫。政府補助為政府居於總體社會資源配置的考量，以稅捐收入為財源基礎，透過計畫、預算等程序，採行必要干預以便矯正或透過適當工具彌補市場失靈，使得資源分配能達成效率與公平的分配。其目的在促使政府機關提高某種特定公共財貨或勞務水準（黃世鑫，1998；鄭文輝，2002）。

補助款的種類

政府補助依其功能區分為兩大類，一為單純的只為平衡各級政府間因稅源分配不均所引發的「財政失衡」問題，通常採取一般補助，另一類則是針對特定政策目標，通常採取限定用途的特定補助（王正、徐偉初，1993；鄭文輝，

2002）。

一、依據補助款的用途區分：可分為一般補助和特定補助。

(一) 一般補助（general grants）：意指上級政府補助下級政府，並未限定下級政府的支用方式及項目，下級政府可自由選擇補助款的用途。一般補助又稱無條件補助（unconditional grants），其最大的優點在於彌補下級政府資源之不足並維持一定標準經費之支出（黃瑞春，1985；林華德，1989）。而一般補助又可分為：

1. 定額一般補助（lump-sum general grants）：乃指上級政府對下級政府的補助款有一定數額，而受補助政府仍可自由運用補助款。

2. 租稅努力相關的一般補助（tax effort-related general grants）：乃指上級政府補助下級政府的補助款，其多寡視下級政府籌款努力程度與擴張稅收的能力高低而定，下級政府租稅努力的程度愈高，其受補助金額愈多，但補助金的用途仍未受限制。

(二) 特定補助（specific grants）：意指下級政府接受上級政府針對某特定公共事務項目的補助款，其用途有所限制。特定補助又稱選擇性補助（selective grants），其優點為宣示上級政府對某公共事務功能與項目的政策取向與重視程度，但因採指定用途，該補助若超過一特定數額，將改變下級政府經費支出的結構，而產生偏向與干預效果。此外，特定補助除限定補助項目外，更有其他策略條件之規定，例如：須符合上級政府政策方向、須維持受補助項目的一定標準、須以一定努力程度支持補助項目的經費等（林文達，1986）。而特定補助又分為：

1. 定額特定補助（lump-sum specific grants）：乃指上級政府以一定數額的金額補助下級政府，並對補助款的支出用途有所指定。

2. 配合特定補助（matching specific grants）：乃指上級政府補助下級政府時，相對要求下級政府提供一定數額的補助款，並且限定其支出之用途。因此，此類補助乃要求受補助政府須提供自有基金配合，始能獲得此補助款。如此，對財政情況良好的縣市較為有利，且有刺激支出增加的效果。但是對於貧窮的縣市，則可能因配合款都無法籌足，而喪失受補助的機會，因此此一補助方式對財政不佳的縣市助益不多。

在配合補助款中，又可分為有限額（close-end）、超額（increment）、變動（variable）及無限額（open-end）等配合補助。有限額配合補助由上級政府決定補助款的上限，在限制之下，受補助政府可獲得補助款。此種補助方式通常對於地方政府尚未開辦的補助項目較有刺激支出的效果；對於地方政府已開辦而支出經費已達相當水準者，刺激效果較小，將不具有特別補助的政策導向意義；其經費已不在補充而在替代了（林文達，1986）。

超額配合補助款，為由上級政府規定受補助項目，至少由受補助政府支出一定經費，超額部分，由上級政府配合補助一定比例。此一補助有無限額配合補助的優劣點外，更有至少維持補助項目一定經費支出的優點。變動補助款則依受補助政府經費能力大小而致其補助配合的比例或數額有所差異，具有公平分配的優點。至於無限額補助款，係由受款者決定補助款的大小，上級政府以一定比例補助；下級政府籌款愈多，所得補助款愈多。雖然此種補助方式最具有誘導地方經費支出的作用，也最有利於補助項目經費的籌措，但是下級政府間財源豐嗇不一，其補助情況將有違補助原意及公平性。

二、依據補助款的性質區分：可分為平準補助和功能補助。

(一) 平準補助（equalization grants）：又稱為平衡補助，或稱財政補助，意指下級政府財政收支不平衡時，由上級政府補助之，俾使同屬下級政府間財政的不平衡，亦即水平的財政不平衡，得以獲得矯正。臺灣省政府的基本補助，便是屬於此種補助類型。

(二) 功能補助（function grants）：意指上級政府對下級政府的地方事

業建設與發展予以補助之，故亦稱事業補助。

三、依據補助款分配金額的計算方式區分：可分為單位補助、公式補助及百分比補助。

(一) 單位補助（unit grants）：意指依地方的每單位事務補助固定的金額。例如以地方的人口或警察人數或就學兒童等，每人或每單位給予若干金額的補助。此一方式的優點在使受補助團體撙節每一單位事務的支出。唯在不同的時空下，每一單位事務的成本必然不同，因此必須因時因地調整其單位補助金額，以維持公平原則。

(二) 公式補助（formula grants）：意指衡量某些事務的必要性與地方的財政能力等多種因素，例如：地方的人口、土地面積、課稅收入與國民所得等，設定一補助公式，並按此公式給予補助。此一方式的最大優點是重視個別團體的需要與其努力，其缺點則在客觀因素不易尋得，以及公式設定之困難。

(三) 百分比補助（percentage grants）：意指針對地方政府推動的某項事務，就其經費的百分比予以補助，類似上述的配合特定補助。此種補助方式計算簡便，且有增加地方政府支出的效果，不過同時亦有加深地方貧富不均的弊病。

補助款之功能

在許多文獻中，論及補助款的功能者，包括上述各補助類型論及之優缺點在內，較重要的有下列四項。

解決垂直的財政不平衡

所謂垂直的財政不平衡，係指上下級政府間，其收入與支出不能配合的情形。由於租稅課徵與地方公共財的提供有密切的關係，隨著經濟發展，地方人民對地方公共財的要求日益增加，但其課徵租稅的能力卻受到較大的限制。因此，地方政府的稅收常常不敷公共財貨的支出，而有「地方財政缺口」的存在。相對地，上級政府的稅收由於經濟發展而獲得快速的增加，因此上級政府常有盈餘產生，造成上下級政府收入與支出不均衡的現象。

為矯治此種不平衡，在收入方面，可採用收入分成補助（revenue sharing grants），亦稱稅源劃分法中的「共分稅」，我國的「統籌分配稅」即具有此種補助款的實質作用；而在支出分配方面，則可採用均衡補助（balancing grants），此種補助乃基於彌補地方財政缺口而給予的補助款，配合未指定用途的一般補助較為適當，且支付給下級政府補助款數額與其財政缺口成正比。

改善水平的財政不平衡

所謂水平的財政不平衡，係指同級政府間由於經濟發展程度之不同，導致政府間財政狀況不均等的情形。影響所及，造成區域公共服務的價格負擔不一，違反租稅公平的原則，若因此惡性循環，勢必造成區域間經濟發展的差異更為懸殊。同級政府、不同區域有不同的財政狀況，亦即有不同的財政能力（fiscal capacity）和財政需要（fiscal needs），於是產生水平的財政不公平的問題，上級政府有責任實施均等化措施，將財政優勢區的部分稅收，以無條件總額補助的方式移至財政劣勢區，造成財政狀況的均等化效果。為矯正此種不平衡，可採用「平準補助」，或稱為「均等化補助」，此種補助能促使各地方有能力在相同稅率下提供既定質量的公共服務補助款，原則上以未指定用途的一般補助為優，且應考慮其財政能力及財政需要，通常與其財政能力成反比，與其財政需要成正比。

矯正地區間公共財的外部利益

一般而言，每一地方政府所提供的公共服務，其所生的利益應只限於該地方政府之轄區內，且其成本應只限於轄區內居民所負擔，不存在租稅輸出（tax exporting）的現象。但實際上，此種公共利益的空間歸宿與轄區範圍恰相一致是不可能的。在公共利益與租稅負擔無法契合的情形下，「地區間公共利益的外溢效果」於焉產生。此種具備重大外部利益的公共財貨，例如：教育、社會福利、交通建設等，常常造成資源的錯誤配置。以教育來說，外縣市學生越區至北、高兩市就讀，卻不必負擔任何的教育成本以及影響所及的交通及社會福利成本，如此往往使地方提供的公共服務水準低於所有利益均予考慮的最適提供水準，產生供給不足或配置不當的現象。

在此種情況下，有必要採取矯正措施將此外部性內部化（internalize），採取配合補助。配合比例的訂定，常僅根據接受補助的地方政府其財政能力及財政需要而定。另外，針對產生嚴重地區間利益外溢的財貨加以特定補助。除了上述配合補助和特定補助方式，用以解決地區間公共利益外溢效果的情形外，其他的矯正措施有：藉法令管制訂定標準的提供水準、地方政府的合作與合併、由轄區較大的上級政府來提供此項財貨等。

維持各地區最基本的生活水準

上級政府對某特定區域給予特定補助，限定其支出用途，使其提供的公共財貨能夠達到全國一致的基本水準，促使各地區均衡發展。在自由選舉的民主時代，非選民或弱勢團體的利益常不受重視，致使某些財貨的支出過低，故上級政府有必要藉由補助款（特別是特定補助），刺激地方對社會中弱勢團體加以照顧，使達致全國一致的基本生活水準。

除此上述四項功能，其他如總體經濟層面的考慮、提升地方支出效率與節約成本、宣示上級政府的政策方向等，亦是補助款制度實施的主要考量。

補助款的缺點

補助制度雖有上述諸項功能，但亦伴隨下列缺點。

干擾下級政府自治權

一般而言，當上級政府給予特定補助時，基本上，下級政府對此款項的使用權即受到限制，但因此項經費原本就不屬於地方的經常收入，因此上級政府的附加條件並不足以構成干擾地方自治權的要件，反而有助於地方基本公共服務水準及政策的達成。但是，一旦此特定補助超出了地方最適均衡的偏好，或是配合補助要求提列較多配合款項時，地方自治權於是受到限制。

養成下級政府依賴心理

當下級政府的財政收支不能平衡時，卻可輕易地獲得上級政府的無條件補助，此舉將養成下級政府消極地依賴上級的補助收入，而不努力開闢新的財源及節約支出，以改善其財政狀況。

造成地方事業的偏向發展

特定補助往往意含上級政府的政策趨向，故往往使下級政府為討好上級政府而過度重視受補助事業之發展，或是配合補助提列超出既定目標的配合款，進而影響其他財貨的支出，忽略其他財貨的需求。

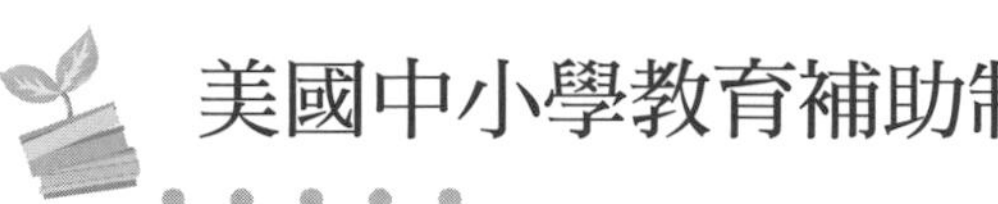

美國中小學教育補助制度

美國的政府體制和我國不同。美國屬於聯邦國家，聯邦憲法中因未將教育列入聯邦職權，故而教育乃由各州自行辦理，而各州又依教育階段分由下級政府辦理。一般而言，由州政府辦理高等教育中的大學；地方政府辦理初等教育、中等教育及高等教育中的初級學院或社區學院。其中地方政府教育行政機關所轄區域，即稱為學區（school distric），是故學區與地方政府總是相提並論。

一州內通常劃分為若干地方教育行政區，亦即學區。學區的經費來源，主要有地方賦稅收入、上級補助收入及地方其他收入，其中地方賦稅收入，乃是依居民財產的評估值所課徵財產稅（property tax）的收入。以 1983 年為例，美國各州之地方政府一般歲入來源，其中聯邦政府補助占 7.0%，州政府補助占 33.0%，賦稅收入占 37.9%，其他收入占 22.1%，由此可知，美國各州地方政府一般歲入中，40%來自補助收入，60%來自地方政府本身財源（丁志權，1987）。由此看來，地方政府依賴上級政府補助程度頗重。

至於教育支出與補助方面，由於州課徵的稅收僅占所有稅收的 25%，地方稅收更小，僅占 16%。然而州以下的地方政府卻負擔極重的教育支出，其中州教育支出占總歲出支出的 32%，為所有支出項目中最高者，地方教育支出亦占地方一般歲出的 15%，所以單靠州及地方所徵集的稅收，並不足以支應教育經費的支出，轉而要求聯邦及州政府的補助是必要的。就歷年各級政府負擔中小學教育經費比率中可以發現，聯邦政府於 1980 年負擔提高至 9.8%，爾後受雷根政府「新聯邦主義」的影響，比率逐年下跌，其教育補助亦降至 3%以內。然而州政府從 1940 年代提高對地方中小學教育的補助至 30%以上，往後其負擔的比率便不斷提高，至 1979 年已提高至 47%以上，地方政府所負擔的比例則略為下降，已低於州負擔比例。不過，州及地方仍是美國教育實施與負擔的主要政府層級，鑑於其歲入遠低於各項支出，上級政府的補助制度相形之下特別重要（陳麗珠，2000）。茲將聯邦及州的教育補助內容敘述如下。

美國聯邦對中小學教育補助

美國聯邦政府教育部雖無權管轄地方教育，但分配聯邦教育經費以補助各地方教育，實現全國教育機會均等的理想，乃是教育部的重要職權之一。1964 年以前，聯邦政府在公立中小學支出所占比率均在 5%以下；1970 年及 1980 年達到 9.8%的最高點；往後則開始下降，1954 年以後已降至 7.0%以下（丁志權，1987），顯示聯邦政府對地方教育的補助有一定的重要性。

聯邦教育補助皆由國會通過補助法案，交由聯邦教育部執行。補助的對象包括各級各類的教育機構，補助的形式也有許多。其中就聯邦補助地方教育行政機構而言，有透過州移轉給地方的教育補助（passthrough education aid），亦有直接移轉給地方的教育補助（by-pass education aid）等兩種方式。茲將目前聯邦實施的八種教育補助法案或計畫，說明如後。

職業教育（vocational education）補助

此項補助是所有聯邦對學校補助計畫中最早實施的，始於 1917 年《史密斯—休斯（Smith-Hughes）法案》。往後該計畫經過數次的修訂，並且擴大至包括農業、家庭經濟、工讀及職業教育設備的建構等，其對象包括中等學校及高等教育階段的學生。近年來，職業教育備受歡迎，即使在正規學程中註冊人數衰退，其註冊率仍然提升。許多補助州職業教育的公式將兩個因素列入考慮：即州個人所得的中數及加權人口數的規模。補助經費與州每人所得成反比，亦即貧窮的州獲得較多補助。人口數的加權乃計算各州十五、六歲至二十歲左右的青少年人口，即是對職業學習的主要群體給予加權比重。在各州之內，補助經費不依聯邦公式而由各州有限度地自行決定。州政府也有補助地方學區的自由，但必須考慮地方財政能力、學生需求特性、經濟衰退地區及地方社區與工作市場間的協調。每州必須設置兩個職業教育董事會，以建議及協助五年計畫的準備工作（Jones, 1985）。

在所有的聯邦教育計畫中，職業教育計畫或許最廣為大眾所接受。補助職業教育經費在歷年來都能持續地成長。

《初等及中等教育法案》之第一章（Chapter 1）補助款

1965 年《初等及中等教育法案》（ESEA）的 Title 1 是由聯邦教育署完全支配的最大宗補助計畫，也是最引人爭論的補助之一。Title 1 補助提供給來自文化不利及低所得家庭兒童補償性的教育服務。雖然並非所有經費均花費在低成就者的基本技能教學，但實際上許多經費仍用於此項目的。

Title 1 可視為一種齊頭補助（flat grant），因為補助公式既不考慮地方稅率，也不考慮財產評估值，而是考慮不同的學生需求因素，主要補助考量為：

一、由美國聯邦普查局計算之低所得家庭兒童人數。

二、獲得「扶養兒童家庭福利補助計畫」（AFDC）補助之兒童人數。

三、全州平均每生經費支出愈高，其補助愈多。

但 1981 年《多項預算調整法案》（Omnibus Budget Reconciliation Act）修正 Title 1 條款，並且降低聯邦對該計畫的控制，改名為 Chapter One。新法案保留補助的原則，但詳細的實施細則則留給各州教育機構。其指明原則如下：

一、經費須用於窮困家庭兒童。

二、經費可用於任何有關窮困兒童的計畫。

三、學區仍須向該州教育部門提出經費申請。

四、計畫須達到「合理程度的實際進步」標準。

五、經費使用須與教師及家長諮商。

六、計畫必須由基本技能發展程度來評鑑。

七、私立學校學生如果符合標準亦須補助。

八、此計畫經費不得取代任何地方經費。

衝擊補助（Impact Aid）

《聯邦影響地區的學校協助法案》（School Assistance to Federally Affected Area, SAFA），或稱衝擊補助，早在 1950 年起已實施迄今，更早則是《Lanham 法案》。此補助是近年來所有聯邦教育補助計畫中最受爭議者，並且可視為一個逐漸減少的補助方案。

衝擊補助的原意在使用聯邦政府的經費支付學區內特定學生的教育費用，以彌補學區內聯邦政府使用土地及地上物造成地方稅收的損失。主要的補助對象有：（A）學生的家長居住且在聯邦政府的所有物上工作；或（B）學生的家長居住或在聯邦政府的所有物上工作；自 1970 年以後加入居住在聯邦政府提供的低收入住宅的兒童為補助對象，後來又加入由國外移入的難民兒童為補助對象。由於此補助方案在全國重視教育機會均等的浪潮中被視為違反均等的精神，而且補助的方式又逐漸喪失地方政府的認同，因此在近年來已逐漸減少其金額及補助對象的認定，而且預測在未來還會刪減更多（Jones, 1985）。

雙語教育（bilingual education）補助計畫

係根據1964年《人權法案》（Civil Rights Act）而來。依照該法案的精神，任何人都必須熟悉語言才能充分了解法令條文，所以學區必須提供給不具（或很少）英語能力的兒童特殊的教學。此種補助計畫係由學區直接向聯邦政府申請，而不是根據某種補助公式分配到各州，聯邦政府考慮核給補助的標準包括：當地雙語人口的人數、各地相對的補助需求，以及各地方教育機構執行各種特定教學計畫的能力等。

學校午餐（school lunch）補助計畫

1946年全國學校午餐補助計畫實施以來，學校午餐補助迄今僅是聯邦補助學童營養計畫中的一個，主要在補助州、地方政府與父母支付學童餐費的部分費用。過去的補助數額可以分成三級：(1)給最貧苦的兒童免費午餐；(2)補助給父母能支付部分餐費的學童；以及(3)在政府僅補助多餘的必需品的學校中，為學童支付午餐費，因此本計畫之補助對象不限貧苦兒童。本計畫實施以來，補助項目已不限於午餐費用，早、晚餐甚至其他營養品也包括在內。在1970年代本計畫是聯邦各補助計畫中成長最快的，因此到了1980年代不可避免地面臨刪減預算的困境。

啟蒙計畫（Head Start）補助

啟蒙計畫是1964年《經濟機會法案》或「對貧窮宣戰」計畫的一部分，嚴格說來，它不是公立學校教育計畫，也不是由聯邦教育署所負責的計畫，但卻與教育息息相關。此計畫的基礎觀念認為，學前教育能幫助貧窮兒童在最重要的就學前幾年學得更好。除此之外，本計畫也是提供醫療設施、營養服務及社會工作契約等福利服務最有效的方法。由於本計畫包括父母親輔導，因此也是矯治世代間貧窮循環的重要方法。啟蒙計畫起先並不是以某種公式為基礎來進行經費分配，但漸漸地，聯邦對州的經費配置也採用公式的途徑。公式包括其他計畫常見的兩個考量因素：低於貧窮線的學生數及 AFDC 補助的學童人數；此外，殘障兒童亦占有一定比例。而當 1980 年代許多聯邦教育補助減少並將權限移往州的同時，此補助的比例有些微的升高，且聯邦對此計畫的規定比以前更為詳細。可能解釋的原因是：(1)該計畫配置屬「健康及人力服務部」（Department of Health and Human Services），非屬正式教育的權限內；(2)重新強調兒童整體的發展，而非只是認知發展；(3)最重要的，啟蒙計畫是自願的，並非強迫參加，而且經費有限，因此所有欲參加者不一定都能如願。

殘障補助（Handicapped Aid）計畫

1975 年通過的《Public Law 94-142》，即《全部殘障人士教育法案》，是聯邦補助政策趨勢的綜合。該法案規定殘障學生補助的經費是採分項補助的方式，經費配置根據公式，但是地方教育當局必須符合特定的法令規章之規定。

在 1970 年代中期以前，殘障兒童教育主要是由州負責，但隨著成本的提高，以及各州的差異極大，於是聯邦開始增加該項成本負擔。此經費的配置根據齊頭補助的原則，先補助給州，再分配給各學區，完全根據各學區或各州三至二十一歲的殘障學生占全州或全國殘障學生的相對比率來分配。結果 1980 年代初期，聯邦政府支付的成本快速增加至 40%。然而，此財政目標幾乎從未達到，而且聯邦政府近年來的百分比已漸衰退（Jones, 1985）。

教育整批補助（education block grant）

所有八個主要計畫中，此項補助是最新的。1981 年《教育合併與改進法案》

（ECIA）的制訂是削減聯邦對學校補助規定的最高點。本法案最早是由俄亥俄州參議員 John Ashbrook 所提出，將以往三十多種針對特殊教育需要及人口的聯邦分項補助（categorical grants）合併成一個整批補助（block grants），並取消以往分工補助的大部分規定，將自由裁量權交予州自行決定支用的數額及項目，聯邦政府僅依照各州未加權的學齡人口（包括非公立學校學生）占全州總人口的比例，並加上州的土地大小等調整因子，作為分配給各州補助款的依據。雖然整批補助的目的是要盡量將補助金的自主裁量權留給地方政府，然而在實際上仍將整批補助項目區分為三個主要部分：基本技能發展、學校改進及支援服務，以及特殊目的，聯邦並不要求地方對此三種類配置固定的百分比經費，地方對整批補助的運用仍有極大的自主權（Jones, 1985）。不過，聯邦仍有一些基本的規定，例如：

一、建立包括各種教育利益代表團體之諮詢委員會。

二、至少配置 80%的經費給地方學校（最多 20%由州教育當局使用）。

三、根據各州定義之計畫目的需要配置經費。

四、提供非金錢的物質與服務給私立學校。

表 9-1 為一般補助、整批補助與分項補助第三種補助特質之比較，可知整批補助確實介於一般補助與分項補助之間。

美國各州政府對中小學教育補助

州政府補助各學區教育經費的目的不外乎增加各學區的財源或消除各學區間因課徵財產稅多寡所造成分配不均的不公平。一般說來，州政府負擔公立學校教育支出總額的比率愈高，則該州各學區間教育支出水準的差異愈小。但因美國教育由各州自行辦理，因此對地方學區的補助制度也因州而異，其公平性亦隨州補助制度而有所不同。現行補助制度有六種基本型態，茲說明如下（陳麗珠，1994，1997a）。

表 9-1　一般補助、整批補助與分項補助之比較

補助術語	一般補助	整批補助	分項補助
特色	非指導性質	（在兩者之間）	具指導性
用途	無條件、無指定目的		有條件、特定目的
申請計畫	無詳細的申請過程		有詳細的申請計畫書及申請過程
實施	少有外來指導人員，亦不必交出執行計畫書		上級政府可派員審計
評估	毋需評估成效		為撥款條件之一，必須向撥款機關繳交報告
會計過程	補助款可與其他來源款項混用		專款專用不得勻支

資料來源：Jones (1985: 231)。

齊頭補助（flat grants）

齊頭補助是系統化補助公式的第一個。在本世紀的前三十年普遍實施，現今有許多州仍使用此方式作為經費分配的基礎。此補助不考慮各地方學區的財政能力與努力程度，而統一對每學區內的每一學生單位給予相同數額的補助，換句話說，係根據學區學生人數來計算各學區的補助數額。此外，此補助款係整批撥交學區，不限支出用途，各學區得自行決定支出項目。除此之外，並可根據學區的意願與需求，徵收財產稅以增加財源，視情況決定教育經費的大小。其補助公式如下：

州補助總額＝每生州補助×學區學生數

此補助數額的多寡端視每生州補助數額及經費單位數目二因素而定。其中經費單位可為學生、加權學生、教師或教室等。而均等補助亦分為兩種型態：(1)統一的均等補助：不考慮教育需求或社區財政能力的差異；(2)變動的均等補助：不考慮財政能力但是將不同的教育程度列入考慮，例如中學就比小學的單

位教學費用多（Cohn & Geske, 1990）。因此，均等補助既未考慮各學區的貧富程度，也沒有考慮到課稅努力的程度，僅以各學區經費單位的多寡為補助分配的依據。

州全額負擔補助（full state funding）

州全額負擔補助計畫是唯一從支出面及課稅面全面減低各地差異所設計的補助計畫。在此計畫下，地方學區財產稅並不存在，所有學校的經費由州訂定的水準徵收，並且公平地分配給學區。因此，州內所有的學校並不會因學區財力的高低和租稅努力的不同有所差異，不過因學校經費均由州政府統收統支，因此更具有統籌性。

州補助總額＝（州教育經費總額÷州學生人數）×學區學生數

此計畫相當於齊頭補助，而和基準補助也有部分相似，但三者相較之下，以此計畫最具有均等化效果，且更有下列優點：(l)可導致更大的租稅與收入公平；(2)可用的收入不受地方財富和租稅努力差異的影響；(3)未考慮各學區成本差異，簡明易懂。但因此亦有反對的看法：(1)地方自治權限縮小；(2)除了州提供經費外，地方不能再增加教育經費，十分不合理；(3)教育支出水準因經費有所限制而可能降低。

基準補助（foundation plan）

此補助設定每一地方學區最低的地方財產稅率和支出水準，但各學區可以超過最低的基準。州所設定的最低基準乃欲提供適當的教育水準而不加重地方納稅人過度負擔。基準計畫首先於 1923 年在紐約州施行，至 1970 年末期，已有三十四州採行此種補助方法。

此補助統一規定全州各學區每一學生單位的基本支出經費數額及基本稅率，

以確保每一學生單位最基本的經費支出。據此，財源較差的學區可獲得較多的補助。不過因為採行統一的基本稅率，補助未能考慮到學區的租稅努力程度。然而由於此種補助難免造成學生單位經費與當地學區財政能力有相當高的相關，因此也遭到許多批評。其補助公式如下：

州補助總額＝〔每生基準支出－（基本的地方稅率×每生地方財產值）〕
×學區學生數

保證稅基補助計畫（Guaranteed Tax Base Program, GTB）

GTB 計畫在學校財政結構上是一個新近的現象，第一個 GTB 計畫在 1970 年代初期學校財政訴訟案興起的初期末產生（Odden & Picus, 2000）。此補助是一種「配合補助計畫」（matching plan），由州補助每一地方學區所需教育經費總額的一定比率，對貧窮學區補助的比率較高，對富裕學區補助的比率較低（Jones, 1985）。其實，GTB 計畫在代數程式中和基準計畫是相等的。GTB 計畫採用學區作為單位計算州保證每生財產稅經費的既定財產估計值水準，若乘上地方稅率，亦即保證的徵收額，便是基準補助所謂的最低基準支持水準（Cohn & Geske, 1990）。其補助公式如下：

州補助總額＝學區地方稅率×（州每生擔保稅基－學區每生財產評估值）
×學區學生數

GTB 補助計畫保證各學區的基本稅基水準，目的是提升各學區納稅人的公平，以使其有公平的努力，而不考慮其財富。此補助有下列特徵：(1)學區接受州補助的數額隨地方稅基的規模而改變：地方稅基愈大，每生州補助數額稅愈小。換句話說，州補助與平均每生財產值成反比；(2)每生地方經費相等於稅率乘以GTB。換句話說，對於地方財產值等於或低於GTB的學區而言，學區可視GTB為地方稅基；(3)州補助也是地方稅率造成的結果：稅率愈高，州補助愈多

（Odden & Picus, 2000）。因此 GTB 並不考慮地方財富，但要求保證的稅基，不過卻也注重地方學區的徵稅努力程度。

百分比均等化補助計畫（Percentage Equalizing Program）

本補助於 1920 年代發展，可視為較舊且算術上較複雜的保證稅基計畫。其觀點著重於教育財政的支出面，而GTB則是租稅面。在此計畫下，州保證以州經費補足地方學區前一年度的支出水準，而配合變動的比率，視學區財富而定（Jones, 1985）。

如果以基準補助或州全額負擔的補助方式，來與百分比均等化補助方式比較，前者乃由州決定各學區的支出水準，而後者則由地方學區自行決定支出水準，州便依照學區的相對財富來決定補助百分比。所以，此補助的主要依據是各學區的相對財產估計值及其教育支出總額。其補助公式如下：

州補助總額＝（一地方經費負擔百分比×學區平均每生財產評估值
÷全州平均每生財產值）×學區支出總額

嚴格說來，百分比均等化補助不應視為學區補助計畫，而只是GTB的另一種型態。最現代的GTB有簡易計算及解釋的優點，而無百分比均等化補助計算複雜的缺點（Jones, 1985）。

學區強力均等化補助計畫（Distric Power Equalizing Program, DPE）

此計畫的用意在於：將極富裕學區的部分稅收由州政府徵收，以統一分配於對貧困學區的補助（Jones, 1985）。在此補助的制度下，州政府設定保證財富水準，如 GTB 一般，然後從地方財富水準高於州擔保水準之學區取回若干經費，因此，DPE與百分比均等補助計畫和GTB計畫相同，將提供經費的多寡由學區決定，不過 DPE 較重視地方的租稅努力。所以，地方擁有較大的自主權，並使有相同租稅努力程度的學區不受地區財富影響，而有均等的教育經費。其補助公式如下：

州補助總額＝地方稅率×（州每人擔保稅基－學區每生財產估計值）×學區學生數

六種補助計畫總評估

Cohn 和 Geske 摘述美國 1986 年各州主要採用的補助計畫發現，基準補助廣受各州採用，占了將近 80%的比率。至於保證稅基補助計畫、學區強力均等化補助計畫及百分比均等化補助計畫則為五、六州所採用。而齊頭補助及州全額負擔補助採用州數最少，其中德拉瓦州及伊利諾州採用齊頭補助，而僅有夏威夷州及華盛頓特區實施州全額負擔補助。一般而言，各州均只採用一種補助計畫，少數州採用兩個以上。其中伊利諾州較為特殊，其採用基準補助、保證稅基補助計畫及齊頭補助三項，由各學區自其中選擇一項可以獲得最多一般補助的補助公式。此外，阿拉斯加州的基準補助在新教育財政公式發展之前（1985／86 學年）暫停實施，而明尼蘇達州則採用較特殊的多層計畫（multi-tiered）的基準計畫（Cohn & Geske, 1990）。

我國國民教育補助制度之沿革與發展

地方政府主辦國民教育，所以特定補助政策往年是以國民教育為主要補助對象。關於國民教育補助款制度，早在 1969 年，國民教育剛開辦時就已開始辦理，只是當時的規模與計畫內涵都還相當有限；隨著國民教育的發展，學生人數、教師人數及學校校數都逐年遞增，對教育素質提升的要求更加迫切，地方教育財政受限於財政收支劃分方式無法因應需求，中央政府的國民教育補助款就愈形重要。在 1997 年之前，我國的政府支出教育經費都受到《憲法》第一六四條的「教育、科學、文化之經費，在中央政府不得少於其預算總額的百分之十五，在省不得少於其預算總額的百分之二十五，在市、縣不得少於其預算總額的百分之三十五」的保障。縣市政府因為負擔國民教育財政支出，也因為自有財源相對貧瘠，教育科學文化支出占地方政府總預算之百分比早已超過此一條文所規範的保障比例下限；省政府財源較縣市稍微充裕，在民國 70 年修訂《財政收支劃分法》之後也達成 25%的下限規定；中央政府的教育科學文化預算占總預算的比率，直到 1990 年才首度達到《憲法》所規定的 15%下限。此後，中央政府教育預算的增加，對縣市政府國民教育經費補助款隨之增加，到 1993 年達到最高峰。1997 年國民大會凍結《憲法》第一六四條效力，1999 年精省政策實施後，不再由省政府負責分配中央對縣市辦理國民教育經費的補助款，改由中央直接分配給地方政府。

《教育經費編列與管理法》實施前的國民教育補助計畫

1969 至 2001 年之間，縣市政府管轄的國民中小學校因為地方財政困窘，來自於教育部、教育廳的補助款對於學校的經費非常重要。回顧這些年代執行過的教育補助計畫，對於學校硬體設施的改善與教學環境品質的提升有不可抹殺的貢獻。中央政府對國民教育辦理的補助計畫自 1969 至 2004 年間計有：

- 1969-1971 年「九年國民教育第一期三年計畫」
- 1972-1974 年「九年國民教育第二期三年計畫」
- 1977-1981 年「發展與改進國民教育五年計畫」
- 1983-1988 年「發展與改進國民教育六年計畫」
- 1989-1992 年「發展與改進國民教育六年計畫之第二期計畫」
- 1993-1994 年「教育部補助地方國民教育經費執行校務發展計畫」
- 1995-2000 年「教育部補助地方整建國中與國小教育設施計畫」
- 2001-2004 年「降低國民中小學班級學生人數計畫」

此外，1995 年度試辦，1996 年度開始實施的「教育優先區計畫」則是執行時程最長的補助計畫，至今（2012 年）已經實施超過十五年。

這些計畫的共同特色都是金額龐大，在當年而言是很重要的財源。早期補助計畫的目標在於普及國民教育就學機會，因此 1960 至 1970 年代實施的「九年國民教育補助計畫」目標在於增班設校、師資訓練與提高學童就學率，計畫的內容包括：增建普通教室、增設學校、師資訓練與提高學童就學率等。

各計畫的目標與重要內容，請見表 9-2；各計畫使用的經費，請見表 9-3。

表 9-2 政府實施九年國民義務教育以來各項國民教育發展計畫一覽表

年度／計畫	計畫目標	計畫內容
1969-1971 九年國民教育第一期三年計畫	增班設校。 師資訓練。 提高學童就學率。	一、增建普通教室計畫。 二、增設學校計畫。 三、師資訓練計畫。 四、提高學童就學率計畫。
1972-1974 九年國民教育第二期三年計畫	增班設校。 師資訓練。 提高學童就學率。	一、增建普通教室計畫 二、增設學校計畫。 三、師資訓練計畫。 四、提高學童就學率計畫。
1977-1981 發展與改進國民教育五年計畫	一、改善國民中小學教育環境，保障學童安全。 二、調整班級人數，充實教學設備，提高教學品質。 三、加強特殊教育，實現教育機會均等，邁向已開發國家的特殊教育理想。 四、辦理增班設校，方便學童就學，提高就學率。 五、獎助清寒優秀學生，鼓勵就學。	一、關於保障學童安全促進學童健康方面： (一) 改建危險教室計畫。 (二) 更新課桌椅計畫。 (三) 加強學童衛生保健計畫。 (四) 改善教室照明計畫。 (五) 改善飲用水計畫。 (六) 增改建廚房計畫。 (七) 增改建廁所計畫。 (八) 辦理學童午餐計畫。 二、關於增進學習效果提高教學效果方面： (一) 調整班級人數計畫。 (二) 增建普通教室計畫。 (三) 增建專科教室計畫。 (四) 更新粉板計畫。

（續下頁）

表 9-2　政府實施九年國民義務教育以來各項國民教育發展計畫一覽表（續）

年度／計畫	計畫目標	計畫內容
		(五) 充實教學器材圖書計畫。 (六) 加強特殊教育計畫。 (七) 增建圖書館（室）計畫。 (八) 充實體育設備計畫。 (九) 其他改進國民教育素質及提高教育水準計畫。 三、關於繼續提高國民中小學學童就學率方面： (一) 增設學校計畫。 (二) 增設分校計畫。 (三) 增設分班計畫。 (四) 自然增班計畫。 (五) 辦理貧寒學生補助及獎助優秀學生計畫。
1983-1988 發展與改進國民教育六年計畫	一、在「五年計畫」已有之基礎上，繼續充實「硬體」設備，以改善教學環境及條件。 二、注重「軟體」發展，改進課程內容、教學方法、訓育措施與輔導活動，以提高國民教育素質。 三、兼顧各地區之經濟條件與實際需要，統籌規畫，使各國民中小學水準趨於平衡。 四、增進省市教育廳局科長及縣市教育局長決策之才能，使行政人員有效運用資訊管理之能力，培養各項專門之技能。	一、由中央統籌辦理之項目： (一) 貫徹實施國民小學新課程計畫。 (二) 修訂及實施國民小學課程標準計畫。 (三) 國民中小學課程研究發展及教學資料設計製作計畫。 (四) 改進國民中小學教學方法計畫。 (五) 改進國民中小學訓育方法計畫。 (六) 加強輔導工作計畫。 (七) 修改建危險教室計畫。 (八) 更新課桌椅計畫。 (九) 改進保健工作計畫。 (十) 充實體育設備計畫。 (十一) 充實專科教育計畫。 (十二) 充實圖書館計畫。

（續下頁）

表 9-2 政府實施九年國民義務教育以來各項國民教育發展計畫一覽表（續）

年度／計畫	計畫目標	計畫內容
		以上共計十二項，第一項至第六項偏重「軟體」建設，由教育部主辦，自第七項至第十二項則屬「硬體」建設，由中央、省、縣（市）政府各負擔經費三分之一配合辦理。 二、由省（市）縣（市）地方自行辦理之項目： (一) 更新黑板照明、增改建廚房廁所及改善給水設備。 (二) 消除二部制教學計畫。 (三) 充實教具室及教具廚計畫。 (四) 擴大辦理特殊教育計畫。 (五) 安定偏遠地區教師生活計畫。 (六) 擴大並改善學生午餐計畫。 (七) 國民中小學排水、填土、護坡工程計畫。 (八) 購買校地增設學校計畫。 以上共計八項，因經費十分龐大，規定由各縣市政府視財政狀況編列預算配合辦理。 上列各項計畫之優先順序，並非規定第一項辦理完畢才得辦理第二項，中央統籌辦理之十二項計畫及地方政府自行辦理之八項計畫，均可同時辦理，亦可選擇其中重要項目提前完成，唯選擇重要項目時，應符合上列優先順序之原則。

（續下頁）

表 9-2 政府實施九年國民義務教育以來各項國民教育發展計畫一覽表（續）

年度／計畫	計畫目標	計畫內容
1989-1992 發展與改進國民教育六年計畫之第二期計畫	一、均衡五育發展，提升國民教育品質。 二、注重軟體措施，增進國民教育成效。 三、充實硬體設備，改善國民教育設施。 四、兼顧地方需要，平衡國民教育水準。	一、中央補助辦理項目： (一) 修改建國民中小學現代化廁所計畫。（1989-1991 年度） (二) 充實偏遠地區國民中小學教育設施計畫。（1989 - 1991 年度） (三) 輔助身心殘障學齡兒童入學計畫。（1989-1991 年度） (四) 消除國民中小學二部制教學計畫。（1989-1990 年度） (五) 增改建國民中小學普通教室計畫。（1989-1992 年度） (六) 維護國民中小學學童安全與加強衛生保健計畫。（1989-1992 年度） (七) 充實國民中小學圖書館（室）計畫。（1989-1992 年度） (八) 充實國民中小學專科教室計畫。（1989-1992 年度） (九) 發展軟體計畫。（由教育部統籌辦理）（1989-1992 年度） 1. 加強國民中小學生活教育及道德教育計畫。 2. 加強辦理國民中小學學生自強育樂營活動計畫。

（續下頁）

表 9-2 政府實施九年國民義務教育以來各項國民教育發展計畫一覽表（續）

年度／計畫	計畫目標	計畫內容
		3. 改進國民中小學教育方法計畫。 4. 設計製作蒐集國民中小學教育資料計畫。 5. 加強辦理國民中小學特殊教育計畫。 6. 推展國民中小學親職教育計畫。 7. 加強國民中小學環境教育計畫。 8. 加強國民中小學教育研究發展計畫。 二、地方應行辦理項目： (一) 解決國民中小學教師退休問題計畫。 (二) 逐年提高國民中小學教職員工員額編制計畫。 (三) 增改建國民中小學運動場計畫。 (四) 改善國民中小學排水、填土、護坡工程計畫。 (五) 更新國民中小學課桌椅計畫。
1993-1994 教育部補助地方國民教育經費執行校務發展計畫	一、提升教育品質，培育健全國民。 二、加強教育建設，改善學校環境。 三、減少資源浪費，發揮經費績效。	一、1993 年度： (一) 增改建國民中小學廁所計畫（依規定之標準設置）。 (二) 改善國民中小學飲用水（自來水）環境計畫。 (三) 增設國民中小學資源班。 (四) 增改建國民中小學普通教室計畫（含汰舊換新之規畫及消防設備）。

（續下頁）

表 9-2 政府實施九年國民義務教育以來各項國民教育發展計畫一覽表（續）

年度／計畫	計畫目標	計畫內容
		(五) 增改建國民中小學專科教室計畫（含視聽教室）。 (六) 改善國民中小學教學環境及排水、填土、護坡、圍牆、車棚等工程。 (七) 改善國民中小學衛生保健、燈光照明、蒸飯設備。 (八) 充實國民中小學課桌椅計畫。 (九) 充實國民中小學圖書館（室）計畫。 (十) 增改建偏遠地區國民中小學教師單身宿舍與學生宿舍計畫。 (十一) 興建國民中小學運動場計畫。 (十二) 興建國民中小學活動中心計畫（含風雨操場）。 (十三) 改善國民中小學防制噪音計畫。 (十四) 興建國民中小學游泳池計畫。 上述優先順序第一項至第九項，各縣市應優先執行，其餘項目可依各縣政府之教育發展需求及特色，彈性調整之，唯應擬定具體實施計畫經上級政府審核後，報部核備執行。 為加強改善國民中小學廁所及飲用水問題，各縣市政府需於1993 年度中優先徹底解決。

（續下頁）

表 9-2 政府實施九年國民義務教育以來各項國民教育發展計畫一覽表（續）

年度／計畫	計畫目標	計畫內容
		二、1994 年度： (一) 改善飲用水設施（含地下水井、管線改善）計畫。 (二) 增改建國民中小學現代化廁所計畫。 (三) 增改建普通教室（含危險教室之重建及消防栓設施）計畫。 (四) 增改建國民中小學專科教室及教學設備（含視聽設備）計畫。 (五) 全面更新國民中小學課桌椅計畫。 (六) 增改建偏遠地區國民中小學教師單身宿舍及學生宿舍計畫。 (七) 增設國民中小學資源班計畫。 (八) 改善排水、填土、護坡、圍牆及車棚工程。 (九) 改善國民中小學衛生保健、燈光照明設備計畫。 (十) 增改建圖書館（室）及圖書設備。 (十一) 增改建國民中小學運動場計畫。 (十二) 增改建國民中小學活動中心（含風雨操場）計畫。 (十三) 興建國民中小學游泳池計畫。 (十四) 辦理國民中小學特殊教育計畫。

（續下頁）

表 9-2 政府實施九年國民義務教育以來各項國民教育發展計畫一覽表（續）

年度／計畫	計畫目標	計畫內容
		(十五) 改善國民中小學噪音工程計畫。 (十六) 改善午餐設備（含廚房）計畫。 (十七) 改善國民中小學遊戲器材（含其他設備）計畫。 上述優先順序第一項至第八項，省市教育廳局應優先執行，其餘項目可依省市政府教育廳局及省市政府之教育發展需求及特色，彈性調整。唯縣市政府應擬定具體實施計畫，函請教育廳審核後，陳報教育部核備。 有關飲用水設施（含自來水供應管線）及廁所兩項務必全面貫徹改善，如有故違，依權責追究。
1995-2000 教育部補助地方整建國中與國小教育設施計畫	一、整體改善國民中小學教育環境，達成健康安全、適性與現代化的教育理想。 二、加速整建國民中小學硬體設備，落實城鄉教育均衡發展的理想。 三、解決國民教育長期累積，地方政府無法處理的問題。 四、落實各國民中小學校務發展計畫，增進校長宏觀的辦學理念。	一、1995 年度： (一) 增改建普通教室計畫。 (二) 充實專科教室計畫。 (三) 增改建現代化廁所計畫。 (四) 改善給（飲）用水設備計畫。 (五) 改善圖書館（室）計畫。 (六) 興修建活動中心（含風雨操場）計畫。 (七) 興修建游泳池計畫。 (八) 改善午餐設備（含廚房）計畫。 (九) 改善教室照明設備計畫。 (十) 改善衛生保健計畫。

（續下頁）

表 9-2 政府實施九年國民義務教育以來各項國民教育發展計畫一覽表（續）

年度／計畫	計畫目標	計畫內容
		(十一) 改善教師宿舍及設備計畫。 (十二) 興修建運動場計畫。 二、1996-1997 年度： (一) 增改建普通教室計畫。 (二) 增改建專科教室及設備計畫。 (三) 增修改建現代化廁所計畫。 (四) 改善飲用水設施計畫。 (五) 充實圖書館（室）及設備計畫。 (六) 改善衛生保健設備計畫（含午餐設備）。 (七) 改善燈光照明設備計畫。 (八) 興修建學生活動中心計畫。 (九) 興修建運動場及相關設施計畫。 (十) 興修建游泳池計畫。 (十一) 免費教科書計畫。 (十二) 緊急需要統籌款計畫。 三、1998-1999 年度： (一) 增改建普通教室及設備計畫。 (二) 增改建專科教室及設備計畫。 (三) 增修建現代化廁所計畫。 (四) 改善（給）飲用水設施計畫。 (五) 改善圖書館及設備計畫。

（續下頁）

表 9-2 政府實施九年國民義務教育以來各項國民教育發展計畫一覽表（續）

年度／計畫	計畫目標	計畫內容
		(六) 增修建活動中心（含風雨操場）計畫。 (七) 興修建游泳池計畫。 (八) 改善教室照明設備計畫。 (九) 改善衛生保健設備計畫。 (十) 興修建運動場及周邊設備計畫。 (十一) 改善學童午餐設施計畫 (十二) 免費教科書計畫。 (十三) 縣統籌款計畫。 (十四) 廳統籌款計畫。 四、2000 年度： (一) 增改建普通教室計畫。 (二) 增改建專科教室及設備計畫。 (三) 增修建現代化廁所計畫。 (四) 改善飲（用）水設施計畫。 (五) 改善圖書（室）館計畫。 (六) 增修建活動中心（含風雨操場）計畫。 (七) 興修建游泳池計畫。 (八) 改善照明設備計畫。 (九) 改善衛生保健計畫 (十) 興修建運動場及相關設施計畫。 (十一) 改善學童午餐設施計畫。 (十二) 免費教科書計畫。 (十三) 縣統籌款計畫。 (十四) 中部辦公室計畫。

資料來源：教育部（2001）。

表 9-3 政府實施九年國民義務教育以來各項國民教育發展計畫經費統計表

年度	計畫名稱	計畫內容
1969-1971	九年國民教育第一期三年計畫	依計畫所提之需求核實編列經費支應。
1972-1974	九年國民教育第二期三年計畫	依計畫所提之需求核實編列經費支應。
1977-1981	發展與改進國民教育五年計畫	本計畫經費採中央省及縣市共同分攤，硬體部分由中央及省府編列支應，軟體部分由縣市自行編列預算支應，其經費情形如下： (一) 1977 年度：849,669,573 元 (二) 1978 年度：956,096048 元 (三) 1979 年度：1,031,921,428 元 (四) 1980 年度：1,399,601,089 元 (五) 1981 年度：1,529,687,814 元 合計：5,766,975,952 元 △ 中央分攤：2,300,000,000 元 △ 省府分攤：2,156,426,054 元 △ 地方支應：1,310,549,898 元
1983-1988	發展與改進國民教育六年計畫	(一) 中央統籌辦理項目（硬體建設）： 1. 1983 年度：1,643,634,000 元 2. 1984 年度：1,839,264,000 元 3. 1985 年度：2,462,642,000 元 4. 1986 年度：2,496,713,000 元 5. 1987 年度：2,503,742,000 元 6. 1988 年度：2,229,578,000 元 合計：13,175,573,000 元 (二) 中央統籌辦理項目（軟體設施）： 1. 1983 年度：25,811,500 元 2. 1984 年度：33,299,100 元 3. 1985 年度：38,107,315 元 4. 1986 年度：24,717,480 元 5. 1987 年度：36,510,280 元

（續下頁）

表 9-3 政府實施九年國民義務教育以來各項國民教育發展計畫經費統計表（續）

年度	計畫名稱	計畫內容
		6. 1988 年度：35,460,404 元 合計：193,906,079 元 (三) 地方自行辦理項目： 1. 1983 年度：2,046914,700 元 2. 1984 年度：1,895,563,100 元 3. 1985 年度：1,210,318,160 元 4. 1986 年度：1,062,657,000 元 5. 1987 年度：1,735,784,018 元 6. 1988 年度：5,360,426,000 元 合計：13,311,662,978 元
1989-1992	發展與改進國民教育六年計畫之第二期計畫	(一) 中央補助辦理： 1. 1989 年度：3,124,247,000 元 2. 1990 年度：7,494,606,000 元 3. 1991 年度：9,534,591,000 元 4. 1992 年度：12,873,470,000 元 合計：330,269,140,000 元 (二) 地方自行辦理： 1. 1989 年度：1,147,950,000 元 2. 1990 年度：1,574,430,000 元 3. 1991 年度：2,007,445 ,000 元 4. 1992 年度：2,060,098,000 元 合計：6,789,923,000 元
1993-1994	教育部補助地方國民教育經費執行校務發展計畫	(一) 中央補助地方國民教育經費其核算標準如下： 1. 依臺灣省各縣市前一年度之國民中小學教育人事費支出表核算。 2. 就各縣市國民中小學教育人事費、學校數與班級數占全省比率計算分配標準。 3. 以（人事費%＋學校數%＋班級數%）之平均數為分配標準。

（續下頁）

表 9-3 政府實施九年國民義務教育以來各項國民教育發展計畫經費統計表（續）

年度	計畫名稱	計畫內容
		(二) 經費編列如下： 1. 1993 年度：18,616,256,560 元 2. 1994 年度：19,500,000,000 元 合計：38,116,256,560 元
1995-2000	教育部補助地方整建國中與國小教育設施計畫	1. 1995 年度：20,000,000,000 元 2. 1996 年度：20,000,000,000 元 （含教育優先區計畫 3,000,000,000 元） 3. 1997 年度：10,000,000,000 元 （含教育優先區計畫 4,000,000,000 元） 4. 1998 年度：5,500,000,000 元 5. 1999 年度：5,500,000,000 元 6. 2000 年度：6,000,000,000 元 合計：67,000,000,000 元

資料來源：教育部（2001）。

1990 年代以前國民教育補助之檢討

補助制度的產生源於府際財政的不平衡。所謂「府際財政不平衡」係指不同層級政府間，因財政權分配之不當而產生，包括「垂直」的財政不平衡與「水平」的財政不平衡。前者意指上下級政府間財政收支狀況的差異性，後者意指同級政府間財政收支狀況的差異性。調整垂直或水平的財政不公平，補助制度即為其方法之一。我國在 1980 至 1990 年代初期的補助制度在 1997 年修憲之前，早已呈現若干爭議，分述如下。

《憲法》第一六四條的問題

由於教育科學文化事業對國家影響遠大，但其投資報酬回收較慢且成效不易立竿見影，因此我國《憲法》對於教育科學文化占各級政府預算設有下限比率的規定。《憲法》第一六四條規定：「教育、科學、文化之經費，在中央不得少於其預算總額百分之十五，在省不得少於其預算總額百分之二十五，在市、縣不得少於其預算總額百分之三十五，其依法設置之教育文化基金及產業，應予以保障。」1946 年的《憲法》草案中本無關於教育文化的專章。經過胡適、朱經農等 204 位文教界國大代表在當年 12 月間的提議，才得列入。當時便確定了保障教科文預算的下限制訂。儘管有此項《憲法》條文的規定，中央政府的教科文經費支出卻長期處於爭議狀態。對於教育經費支出是否符合《憲法》第一六四條的規定，各界提出的質疑包括：

1. 在《憲法》第一六四條對教科文預算經費的保障下，縣市政府皆能符合《憲法》之規定，而臺灣省政府在民國 70 年《財政收支劃分法》修訂之後，教育經費支出已超過《憲法》之下限規定。但中央政府部分則一直未能達到要求，至 1990 年，在反對黨勢力興起、立委強烈要求下，中央政府教育科學文化支出方才符合《憲法》的標準。
2. 中央政府之教科文預算編列至 1990 年方才符合《憲法》規定。但當年各界隨即質疑財主單位在教科文經費上計算方式的不當。財主單位不採用狹義的「機關別」而採用廣義的「政事別」，將中央政府教育部以外的各部會支出經費，如各部門研究發展經費、出國考察研習費用等，歸入「科學」、「文化」或「教育」經費之中，俾使總數符合《憲法》規定。雖然財主單位堅稱一切合法，但仍不免引起各方的質疑。立法委員陳漢強即曾質疑1996年度的教育科預算項目編列有違反《憲法》第一六四條及其他法規之嫌。其中，不應屬於教科文預算範圍卻被列入的項目包括：(1)國防部之「委辦金鷹公司執行靶機靶勤功能驗證一項計畫」、「天弓原二型飛彈規格設計」、「經國號戰機軟體、空電軟體維護技術轉移等採購經費」；(2)經濟部之「關鍵零組件專案業務」、「關鍵技術專案業務」、「檢測驗證專案業務」、「共通性科技專案業務」、「科技行政管理業務」；(3)能源發展研究基金，包含「一般行政業務」、「能源研究發展業務」；(4)工業局之「工業技術升級輔導業務」、「工業汙染防治計畫」；(5)交通部之「交通科技研究發展業務」；(6)中央氣象局之「原子能源管理發展業務」；(7)原子能委員會之「一般行政業務」、「原子能管理發展業務」、「一般建築及設備業務」；(8)核能研究所之「一般行政」、「核能科技計畫考核、公安、設施運轉及改善」、「核能科技研發計畫」、「推廣核能技術應用」、「環境試驗區汙泥清除及廢土貯存工程」、「一般建築及設備」等六項業務；(9)農委會所編列之農業科技研究發展業務。陳漢強認為，以上九項業務經費均被列入教科文支出中，實有違憲之嫌。除上述九項外，退輔會、衛生署、總統府等單位也都有預算列入教科文支出之中，引發爭議（陳漢強，1996）。

事實上，自從 1991 年實施國家建設六年計畫以來，各項重大工程同步施行，政府為了因應大量陡增的建設經費，乃以發行公債等借貸方式支應，因此政府每年必須編列大筆經費預算於債務利息的支付。如此一來，為了規避《憲法》所稱之總預算（大法官 77 號、231 號解釋文），乃將重大工程建設經費以特別預算方式編列，使教科文預算實際數額不致成長太快（陳麗珠，2001）。

3. 國民教育補助款在三級政府間的重複計算，亦是一項問題。近年來，地方政府對於中央政府補助款的依賴程度日深。各項補助款中，各界質疑未指定用途的「省市平衡基金」即有挪用與重複計算之嫌。省市平衡基金在撥出時，首先列計於中央政府的教科文預算中；移轉給省政府之後，再列入省教育預算中計算；而補助給縣市之後，縣市政府再將其納入本身的教科文預算支出中，形成重複計算三次的情形，膨脹了教科文經費支出的表面數據。

民國 86 年 7 月 18 日國民大會完成修憲任務，三讀修正通過《中華民國憲法增修條文》其中有關教育科學文化部門的第十條第八項增列：「教育、科學、文化之經費，尤其國民教育之經費應優先編列，不受憲法第一百六十四條規定之限制。」這一項增列條文等於取消了《憲法》第一六四條對教育科學文化經費預算的下限保障，在國內引起軒然大波。

反對取消《憲法》對教科文預算的保障條文者，多持以下看法：

1. 為確保教育事務中立，不受任何政治勢力之干擾，故特別明定教科文預算占各級政府的比率，且列為《憲法》中基本國策之一。唯教育經費根據《憲法》精神確立預算，方能促使教育普及化，帶動經濟產業之發展。

2. 教育事業屬高度人力密集之事業，諸如「小班小校」、「個別化適性教學」等措施都將大幅增加原有的教育支出。為提升教育品質，公共教育經費的預算編列勢必不能縮減。
3. 教育不同於其他公共投資，其經費必須穩定成長方能維持教育的正常運作，但其成效卻非短期可見。唯有透過保障，方能維持教育的長期穩定發展。
4. 教科文預算下限取消後，未來教育經費失去保障，對進行中的各項教育改革產生了負面影響。

主張取消教育科學文化經費占各級政府預算比率的下限規定者，多半持以下看法：

1. 最初制訂教科文預算下限保障條文的環境背景在於：當時中國大陸 90%是文盲，必須先從教育徹底改造人民品質不可，如此規定期能壓迫各級政府將施政重點放在教育上（王作榮，1997）。但現今臺灣教育發達，民智已開，情形大不同於過去的中國大陸，下限比率的約束是否必要，值得斟酌。
2. 過去國民大會受國民黨勢力籠罩，在黨團強制運作之下很容易通過任何這類條文，因此這項條文的制訂是否合宜本身即受爭議。
3. 國家預算的編列應由政府視當時情勢，統整全盤情況後編列，從整體觀點上考量優先順序。特殊部門的比率保障將嚴重降低國家經費支出的邊際效益（王作榮，1997），形成浪費。
4. 政府編制預算，宜保留彈性，避免作業之僵化，形成浪費。
5. 民主政治體制下，政事應由民主程序決定，在代議政治下，由民意代表監督行政運作，不宜出現特權。保障教科文預算不是民主體制下應有的規章。
6. 各項政事應享有平等地位，重要性相當，不宜獨重教育、科學、文化三項。
7. 隨著國家建設的增加，政府支出大量增加，造成總預算金額龐大，欲維持教科文預算的保障比率實有窒礙難行之處。

然而教科文預算下限的取消對整體國民教育財政的確帶來了極大衝擊：

1. 教育制度影響國家人民甚鉅，但其成效不易立竿見影，很難將產出具體量化，在與其他部門競爭經費時必然處於弱勢。

2. 國民教育經費原本就是縣市財政最沉重的負擔，而教育經費中人事費又占去絕大部分。事實上，縣市政府教育經費在支付人事費及其他經常經費後往往已所賸無幾，在資本門方面的建設大半仰賴上級政府的補助。在下限保障存在時，國民教育仍有許多極待改革之處；下限取消後，各級政府投注於國民教育的經費能否足夠支應各項所需軟硬體建設，值得深思。

《財政收支劃分法》的收支公平問題

若依現行的《財政收支劃分法》，將各級政府的收入面與支出面統合可以發現：由於國民教育強迫每位學齡兒童入學，並由政府負擔其教育經費，因此各級教育中，國民教育的學校數、學生數、教師數及所需教育經費均高居首位；然而國民教育卻由財政狀況最為貧瘠的縣市政府來主辦，使得各縣市的財政情形更為窘迫（陳麗珠，1993b）。1987 至 1996 會計年度縣市政府公共教育經費的支出均占其歲出的 44%以上，而中央政府公共教育經費的支出則約占其歲出的 5%至 10%左右。顯然教育經費的支出對縣市政府是一項相當沉重的負擔。1987 至 1996 會計年度全國所有的教育經費支出中，縣市政府所負擔的比率是各級政府中最高的。以 1996 會計年度為例，該年度全國總教育經費的支出中，38.68%為縣市政府所負擔，而中央政府僅負擔了 24.79%。縣市政府財政狀況最差，卻須負擔最大比率的教育經費。許多縣市的自有財源收入往往還不足以支付國民教育的人事費。「從國民教育到高等教育的人口比例是走金字塔型的，但他們獲得的經費卻是倒金字塔型的」。

由於國民教育是一項相當龐大的事業體系，所需經費甚鉅，形成縣市政府最沉重的財政負擔。龐大的教育經費支出也排擠了其他政事功能，各縣市政府在支付了國民教育的經費之後，已無力再大量充實其他地方建設，形成了「教育拖垮財政」的情形，令地方政府困擾不已。而教育經費的支出中，人事費又占了絕大部分。縣市政府在支應完龐大的教育人事費用後，財政狀況趨於貧乏，對於其他教育建設的費用只得盡量撙節，非必要開支項目絕不多投資，使得其他用於改善教學設備的非人事費項目比例偏低（陳麗珠，1993a），形成「財政拖垮教育」，連累了國民教育的正常發展。

上級政府過度涉入地方教育事務

由於縣市政府的自有財源無力負擔國民教育所需經費，因而必須仰賴上級政府的補助。從 1983 年度開始實施「發展與改進國民教育六年計畫」以來，地方政府倚賴教育部補助國中小硬體設施與設備的程度日益加深，1995 年度試辦，1996 年度擴大補助的「教育優先區計畫」又擴及補助學校活動與教學設備，這些特定補助的教育計畫包括：1977 至 1981 年的「發展與改進國民教育五年計畫」、1983 至 1988 年的「發展與改進國民教育六年計畫」、1989 至 1992 年的「發展與改進國民教育六年計畫之第二期計畫」、1993 至 1994 年的「教育部補助地方國民教育經費執行校務發展計畫」、1995 年開始實施的「教育部補助地方整建國中與國小教育設施計畫」及 1996 年開始實施的「教育優先區計畫」等。同一時期，為挹注地方政府辦理國民教育必須負擔龐大的教師人事費，乃以「省市平衡基金」為名補助地方政府，但不限定其用途。省市平衡基金在 1990 年代中期每年約 100 億元。國民教育經費仰賴上級政府補助款之比重不論是省市平衡基金或中央的各項補助計畫，近年來均逐漸增加。顯然上級政府在地方教育資源的分配中所扮演的角色愈來愈重要（陳麗珠，1999）。然而，當上級政府占據絕大多數的資源分配權時，各種問題也逐漸浮現。

由上級主導資源分配並不能完全顧及地方個別需求

歷年來的計畫補助均對於補助款的用途予以限定，然而這些指定的用途卻未必是地方真正需要的。中央及省的各項補助計畫為講求預算成效，均制定了若干重點補助項目，要求各縣市、各校配合辦理或限期改善。重點補助項目就大局著眼，固然有其政策上的整體考量，但過於一體的要求對於縣市整體經費的獲得和運用自然產生不便（施能傑，1994）；縣市政府被迫將大半經費支用於重點項目之上，連帶一些地方迫切需要的改善項目因而停頓（陳麗珠，1997a）。在分配各學校辦理時更往往無法符合各學校的實際需求，造成各學校辦學上的困擾與資源的浪費（高敬文，1997），例如，有些設備學校已有，上級仍重複給予補助，而學校多半又不願意放棄經費，造成許多物品不需添購學校仍一直增添的情形，而真正需要改善的地方反而未獲補助。部分學校曾對此反映，上級這種補助方式頗有「給你就拿，不用多說」的態度（高敬文，1997），但是各地區、學校存在著個別的問題與需求，中央擬定的「優先項目」從地方的觀點來看卻未必是真正優先的（林全，1997）。由上而下的補助方式不能針對地方的迫切需求，使教育資源運用未能發揮最高的效率，造成許多經費運用不當及資源浪費的情形，而各地區的問題仍舊未予解決。

影響地方自治精神的落實

由於中央政府掌握了大半教育資源的分配權，使得中央政府涉入地方教育事務的情形愈來愈嚴重，教育經費如何支用，地方無權置喙（林全，1997）。換言之，由於財政掌控權的削減，縣市政府對於地方教育事務的主導權也跟著減弱；相對地，「中央集錢又集權」的情形也就益形明顯。目前國民教育改革潮流中，要求「教育鬆綁」、「教育自由化」的呼聲甚囂塵上，如果中央對教育資源分配的權力愈是集中掌握，是否能落實教育改革中的地方自治、多元化精神？

一般補助款的挪用與重複計算問題

中央政府「省市補助」原列「省市平衡基金」，由中央政府及省市政府平均編列等額經費，用以支應省市國民教育用途。「省市平衡基金」主要是幫助縣市政府減輕國教經費負擔，其意義原在支付國民教育高比率的人事費用。由於此項補助屬未指定用途的一般補助，且補助款撥下之後，即納入縣市政府的統籌統支之中，因此各縣市政府可以自由支配這筆經費（陳麗珠，1997a）。近年來政府對於這筆補助經費甚至已不限教育用途，舉凡中央推行之重大政策需省政府配合辦理者，亦以省市平衡基金方式補助之，例如全民健保的實施對縣市所造成的沉重負擔，即以此項基金支應。在缺乏專款專用的制度下，原作為各縣市教育補助之用的省市平衡基金容易遭到挪用；在縣市政府的統籌統支下，更難以追查這筆經費是否完全用於教育一途。表面上，縣市政府近年來所得到的一般補助總金額高達百億左右，但這百億餘元在縣市政府的靈活運用下，究竟有多少係作為國民教育之用途，實難論定。

此外，省市平衡基金自中央政府層層撥下：中央政府將此筆經費列入預算之中，核撥給省政府；省政府再將這筆經費列入省府教育預算的一部分再核撥補助給各縣市；同樣地，各縣市再將這筆經費計入縣府的教育預算之中。同一筆經費在各級政府間重複計算了三次，致使各級政府教育預算表面上的數字非常龐大，但實際上並沒有花費這麼多的金額。過去《憲法》保障教科文預算的時代，各界即質疑各級政府是否以重複計算的方式提高本身的教育預算數字，俾使其能符合《憲法》的下限規定，而層層核撥也使得省市平衡基金的時效性大打折扣。

經費分配受各種無關因素之干預

在各種補助計畫中，上級政府掌握了大部分經費核撥與分配的權力，地方政府無法預期每年能從中央及省獲得多少補助款項，學校也無從預知每年能從縣市政府及其他上級單位獲得多少補助。部分經費必須透過申請，經過各級政府層層核定後才能定案。既然經費的審核權是在上級行政機關，便容易引起各種請託與關說之風（林全，1997）。許多經費的爭取難易必須視校長本身的人際關係而定。高敬文的研究即提到：有些學校爭取經費不易，卻有某所學校光建校已花 2 億多，每年還能爭取到 3,000 萬元的經費（高敬文，1997）。施能傑的調查顯示，有一半以上的校長承認有過「請託爭取」的行為（施能傑，1994）。此外，民意代表也常介入地方教育事務，各級民意代表或有協助學校向行政單位爭取經費的力量，或介入教育經費的運用（高敬文，1997）。

政治人物包攬學校工程、強銷書籍文具等情形亦有所聞（鄭光甫，1997），而政治干預教育經費分配的情形尚包括選舉所帶來的影響。各候選人為了爭取選票，時常基於政治考量開出許多選舉支票。例如 1993 年的縣市長選舉中，部分候選人將「免收雜費及教科書費」納入競選政見，其後各縣市即陸續實施免收雜費，甚至於免收教科書費。即使這個政策會明顯地對其他教育正常支出項目造成排擠效應，並使得原已不足的國民教育經費更形拮据，但部分縣市長基於政治考量仍勉強實施。直到 1996 年，部分縣市已經支付不出這筆費用（陳麗珠，1996）。又如部分縣市教師節「敬師年金」的發給，對其他教育支出項目也造成了嚴重的排擠作用。此外，政府決策者基於政權穩固的考量，也會特別照顧與自己有相同政治理念或黨派關係的地方政府。學者以「縣市稅課收入」、「每人平均所得」、「人口數」、「土地面積」、「縣市長黨籍」、「縣市長是否為連任者」、「年度上是否為改選年」等七個變項為自變數，以省府對各縣市的補助款為依變數，進行迴歸分析，得到的一項結果是：「我們發現連任的國民黨縣市長主政的縣市有獲得較高補助款的傾向，係數在 1%顯著水準下顯著；平均而言，連任的縣市長可多爭取 6,800 萬元的補助。此外我們也發現，在縣市長改選的年度，國民黨籍縣市長主政之縣，補助額度也有增高的跡象，係數在 1%顯著水準下顯著；平均每位縣市長約較非選舉年多爭取到 1 億 8,900 萬元的補助款。」（陳坤銘、孫克難，1991）

以上種種現象顯示了教育資源的分配受到政治等其他力量的干預，而失去公平性的情形不容忽視。

過度偏重硬體的補助

九年國教開辦初期，各地區國民中小學的設施與設備普遍匱乏，校舍簡陋，設備缺乏，因此將國民教育補助計畫的執行重點置於硬體，實有其必要；但經過數十年來的改進與充實，補助計畫是否仍應執著於硬體的改善，則有待斟酌。

歷年來各項補助計畫多以硬體為重點。1977 至 1981 年的「發展與改進國民教育五年計畫」中，共計三大部分，二十二個補助項目，其中有十七個項目為硬體的設施設備；1983 至 1988 年的「發展與改進國民教育六年計畫」中，共計二十個補助項目，其中硬體項目占了十項；1989 至 1992 年的「發展與改進國民教育六年計畫之第二期計畫」中，共計有十四個補助項目，其中硬體項目占了八個；而 1993 至 1994 年「教育部補助地方國民教育經費執行校務發展計畫」

的十個重點執行項目更全為硬體方面的補助；而 1996 年開始實施的「教育優先區計畫」中，共計十二項補助內涵，其中硬體項目占了七項。施能傑的研究中指出「主要的補助款都用於改善硬體建設」，因此「目前各地國教硬體設施大部分已改善完成，資本門的補助應可減少，而應加強教育軟體設施之改善。」（施能傑，1994），由此亦可見 1990 年代中央政府對縣市國民教育的補助重點，完全以硬體建設為主。「教育優先區計畫」首開風氣之先，執行親職教育與社區化教育活動等補助項目，但在當時與硬體建設補助相比，幾乎是九牛一毛。對照今日（2013 年）的「教育優先區計畫」幾乎以補助軟體（活動）經費為主的情況，亦可見政策更迭的快速。

經費使用未能依據實際需求進行整體而長遠的規畫

各項計畫補助均訂定有若干計畫目標、計畫重點與計畫項目，但實際實行於各校時，這些目標、重點與項目卻無法與學校長遠的整體發展配合。而補助經費的審核權掌握在上級，學校無法預估每年可以得到哪些項目的補助，也無法預知可以獲得多少額度的補助。當年度補助重點是照明設備的改善時，學校就補強了照明；當補助重點是廁所整建時，學校就改善了廁所……。今年申請通過了教師辦公室的改善，學校就改善教師辦公室；申請通過了運動場跑道的經費，學校就進行跑道的鋪設工作。一年年對各個零碎項目進行局部的修補改善，學校的發展不能獲得整體而長遠的規畫。即使是重點項目本身的補助，也是單一獨立而缺乏相關項目的配合，例如補助學校裝置雙燈管，卻未調高學校電費支出的補助額度，學校因為電費不足，為予節省，只點了一支燈管；又如改善飲水設備，買的逆滲透淨水器耗電量大，只好時用時不用；而補助各校推動電子化教學耗費鉅資裝置的視聽器材，由於未補助相關維修費，在器材故障後，學校只得任其閒置（陳麗珠，1997a）。而學校上報的申請經費，往往不能預知上級的核發數額，部分學校申請的項目通過了，但金額遭到刪減，學校只得抱著「給多少做多少」的心態，而產生了許多令人匪夷所思的情況，例如：在老舊的校舍上加蓋新教室、新廁所、增添全新的飲水設備，這些新的建設可能在一兩年後因為老舊校舍的改建而全部拆除；或因為教室或單價過低，而又不能減少校舍或教室的間數。經費不足造成新校舍蓋好之後卻沒有樓梯可上去，或是新教室完成後，裡面的相關教學設備卻付之闕如，只是一個空殼子。

其次，由於縣市政府負責重點補助項目者，分屬不同課，承辦人員也不相同，加上分配學校眾多，往往各個重點項目撥款完成的時間也不同。而學校需求有自身的優先順序，卻因撥款與核銷時間的交錯，無法照正常的程序來進行，例如修理教室經費尚未下來，照明設備款已先撥下，且須在期限內完成報銷，因此形成先改善照明設備，到整修款下來時，又要拆下重裝，造成不必要的浪費。某所學校校舍改建款尚未撥下，就先給了四間現代化廁所的經費，未予執行還要註銷（高敬文，1997）。

補助公式不符合各項公平精神

在 1993 會計年度之前，中央政府轉撥省府的國民教育經費其分配於各縣市的方法因年而異，缺乏客觀公正的計算基準（陳麗珠，1994）。1993 會計年度之後，教育部改採各校提出校務發展計畫，據以發放各縣市國民教育硬體設備經費的政策；各縣市之間的分配標準則採取如下公式：

各縣市教育經費分配百分比＝（人事費%＋學校數%＋班級數%）／3

校務發展計畫的實施後，此公式為省市平衡基金所沿用作為省府補助各縣市國民教育經費一般補助的分配公式。省財政廳對各縣市國民教育經費的一般補助稱為「省市平衡基金」，由於這項補助屬於未指定用途的一般補助，因此各縣市政府可以自由支用這筆經費。

補助公式的意涵

校務發展計畫與省市平衡基金所採用的這項補助公式是依據各縣市國民中

小學的人事費、學校數及班級數計算而得，使用這三個指標的用意在於以下二個原因。

◎ 促進各縣市教育經費負擔之均等化

縣市政府教育經費支出中，「人事費」遠遠超過其他項目，而「學生數」及「班級數」則直接構成縣市政府在教育財政上的負擔。這三個指標企圖反映的是各縣市教育經費的基本需求，當各縣市補助金的需求額度算出來了，教育部便可依據其相對大小，算出應給各縣市的補助額，所需金額愈高，表示其教育上的負擔愈大，需要較多的經費辦理，於是給予較多的補助以減輕其教育經費的負擔；所需金額愈低，表示其教育上的負擔愈少，所需經費亦較低，便給予較少的補助。總而言之，「人事費」、「班級數」、「學生數」均直接牽涉到各縣市的教育經費負擔，根據這三個指標編列預算補助，目的在促進各縣市負擔輕重的均等化。

◎ 反映「小班小校制」的政策取向

將「班級數」及「學校數」列為補助公式的指標之一，其實反映出教育部鼓勵「小班小校制」的政策取向。因為減少班級人數意謂著班級數的增加，而每增加一個班級，縣市政府就會多得到一分補助，這自然對「小班制」產生鼓勵作用；同樣地，「學校數」的列入也反映了政府在「小校制」方面的努力。

補助公式的缺點

雖然現行補助公式的制訂有其用意及政策內涵，從某方面的教育改革角度看來有其進步的一面，但這項補助公式卻也有以下嚴重的缺點。

◎ 忽略各縣市本身財力的差異

依據現行的補助公式，任何縣市只要人事費、學生數、班級數多，就代表其所需的教育經費愈多，政府便會給予較多的補助。但各縣市地理環境、產業型態、居民所得、自有財源等自然人文條件均不相同，對財政的負擔能力當然也有差異。假使有甲、乙兩個縣市所需的教育經費相同，但甲縣居民的產業型態以工商業為主，縣政府的稅收充裕，而乙縣以農業為主，縣政府稅收貧乏，則相同額度的教育經費對兩個財力不同的縣市而言必然形成兩種不同程度的負擔。換言之，由於各縣市政府財政能力均不相同，所需教育經費多的縣市並不表示其負擔較為沉重或需要較多的補助。

此外，由於各縣市環境的個別差異，光以人事費、學生數、班級數也無法真切的反映出地方所需的教育經費多寡。若舉地理條件為例，偏遠崎嶇山地興辦相同規模學校所需之經費必然高於一般平地地區。社會資源貧乏的地區仰賴補助的程度必然高於社會資源充足的地區，而文化不利地區與文化刺激頻繁的地區興辦教育的重點也必不相同。

忽略縣市政府興辦教育的努力程度

在現行的補助公式下，只要兩個縣市擁有相同的國中小學人事費、學生數及班級數，便可以獲得相同的補助額度，完全不考慮各地方興辦教育的努力程度（林全，1997）。致力於教育工作的縣市並不會因其付出較大的心血，辦理出較優良的教育品質而獲得較多補助，而真正重視教育的縣市也不會因此而受到獎勵。

未能符合各項公平精神

陳麗珠就我國現行的國民教育經費補助公式與「齊頭補助公式」、「上級政府全額負擔補助公式」、「基準補助公式」、「保證稅基補助公式」、「百分比均等化補助公式」、「地方財力均等化補助公式」等七個公式，以十五個公平量數與三種加權資料去衡量，結果發現：不論是未加權或三種加權資料，我國國教補助公式在水平公平、垂直公平、機會公平等三種公平原則上，效果都是不佳的。尤其是本公式與縣市財富值之間的相關甚高，具有「錦上添花」的意味，恰巧符合了目前社會上「實利導向」的政策方向，卻與社會正義、垂直公平漸行漸遠了（陳麗珠，1997b）。

學校在經費使用上缺乏自主彈性空間

計畫補助為防止補助款遭到挪用或濫用，對各項補助經費均限定用途，各項目之間的款項不得挪用。過於寬鬆的規定的確容易產生問題，使教育經費遭到扭曲運用而損害補助原意，但限制過嚴的用途指定反而使學校缺乏彈性運用的空間，同樣折損補助款的運用效益，甚至造成浪費。例如中央核撥款項下來，指定作為學校廁所現代化之經費，但限期完成改善；而部分學校中瀕臨使用年限的老舊校舍即將整修重建，卻也必須將廁所改善、現代化；學校不能將廁所改善的經費挪作校舍整建之用，但已核發之補助款學校又不願放棄，只得在即將報廢的舊建築上增建了全新的現代化廁所。

除了計畫補助指定用途之外，部分主計法令的不當規定，也造成了學校經費運用上的困難。現行主計法令及主計人員為防弊起見，對學校經費運用的限制十分嚴苛，各項教育經費支用均細分門類，各項目間不得挪用。至於主計人員對於教育經費運用更有干涉的權力。學校主計人員的任用權不屬於校長，但學校各項經費支出的核銷卻必須經過主計人員之手，主計人員便可藉由經費支出的干涉，進而干預學校事務的推進。而部分學校主計人員並非教育出身，對教育事務的認知不足，加上相關主計法令嚴苛繁瑣，主計人員對於教育經費支用的審核亦容易將重點擺在防弊，忽略了對教育本身的考量。校長對於教育經費的運用缺乏自主與彈性的空間，不僅防礙校務的推展，更造成了許多不必要的浪費。

同樣的問題不僅發生在學校，縣市政府及中央政府內部亦有同樣的問題，由於主計單位與教育單位的分立，教育單位對於教育經費沒有自主而彈性的運用空間，使得教育事務的推展頻受牽制。

補助款核發時間太遲

中央政府為嚴格稽核學校對於補助款項的執行情形，規定學校每年度接受縣府轉教育部核定之補助款，應於次會計年度終了前支出或辦理發包簽約，否則應將補助款繳還，以落實計畫效益。如繳回的補助款比例偏高，即形成「預算執行不力」，「預算執行不力」會減低學校下年度獲得補助款的機會。而中央補助計畫須先經各級民意機構（如：立法院、省議會等）審議後，才能轉發至各縣市政府。層層審議後，經費的核撥又須經過中央政府、省政府、縣市政府等層層轉發，當學校接獲補助時，時效已延誤許久，甚至已接近會計年度結束的時限。補助款核發時間的延遲為學校帶來的困擾如下。

學校對校務的推展無法進行縝密的計畫

在學校提出的各項補助申請未核定通過之前，由於無法確定該年度可以獲得哪些項目的補助，也不清楚各補助項目實際可以得到的金額，學校也就無法對年度的校務執行進行細部完整的規畫。由於核定時間過遲，學校對於各項軟硬體工作的推展不得不被迫延遲。而當學校獲知該年度通過的補助項目及金額時，往往已經接近學期結束，在短時間之內對於補助款的運用自然無法進行詳細而理想的規畫。

為校務辦理帶來執行上的困擾

部分補助項目即使已獲核准，但由於政府將款項撥下的時間太遲，也對學校校務工作的執行造成若干程度的困擾。例如，「教育優先區計畫」中補助學校辦理親職及社區化教育活動，但政府規定學校必須先附活動辦理憑證，才發給補助款。意即學校必須先墊付辦理活動的人事、便當、交通等等費用，教育局再根據活動辦理的各項憑證將補助款撥下。學校本身並沒有許多賸餘款項來墊付各項活動辦理的經費，因此經常必須積欠或挪用其他經費來墊支，造成學校困擾。部分行政人員也覺得，中央可能基於對教師不信任的心理，依憑證撥放補助款的規定並不合理。

學校無法因應校務工作推展上的意外狀況

建築、工程方面的執行項目，學校除了要找建築師設計規畫外，尚須依法公開招標，各校在期限內執行完畢已感緊迫，若順利發標，簽訂合約，進度合乎預定還好，萬一發生流標或工程進行上的意外狀況時，學校幾乎沒有應變的時間。最近政府大力推動預算執行控制的考核，各執行單位須按月提出預算進度，未達指標者將被處分。在限期的壓力之下，如果遇上工程無法如願發包等意外狀況，學校只得接受處分。部分總務主任指出，工程流標及進度落後的因素甚多，也多非人力所能控制。

縣市政府以補助款替代原應支出之國教經費

由於地方財力不足以支應國民教育龐大支出，教育部制訂了各項補助計畫以紓解縣市國教經費不足的窘況。中央政府當初制訂這樣的補助計畫，自然是希望發揮「補偏救弊」的功能，彌補各地方的不足（林全，1997）。但根據施能傑的研究指出：1983 到 1992 年間，中央政府補助款與「教育總支出比例」或「教育資本間總支出」之間大體呈正相關，然而補助款和「平均每生資本門支出」間，卻多半呈現負相關或接近於零。教育部投入的補助款愈多，固然提高了各縣市教育資本門的支出，但隨著補助款的投入，平均每個學生所能分配到的資本門支出卻反而略微減少（施能傑，1994）。施能傑另以縣市教育人事費用、國中小學校數、國中小學生數、縣市總支出及中央國教補助款為自變項，對教育資本門支出做迴歸分析。結果顯示 1983 至 1992 年間，中央補助款對各縣市教育資本門的迴歸係數均為負值。「每增加 1 元補助款，總體效果是減少 1.03 元的教育資本門支出」（施能傑，1994）造成這種情況的原因，多半是因為中央政府的補助款對縣市政府的教育經費支出產生了「替代作用」。教育部原本希望補助款能補地方教育經費之不足，在地方正常的教育支出外，提供補助款項以更進一步改善教育。但地方政府似乎因為上級提供的補助增加，而縮減了原有的教育經費支出，以部分中央的補助款來替代本身應該支付的經費，以致雖然近年來中央補助款額度大幅增加，但仍未達到理想中改善地方教育的成效。「例如，在二期計畫之前，本縣對國中小編有修繕經費，總額約在 1,500 萬，但自二期計畫開始之後，因為補助增加了，修繕費也逐年減少，到今年已經快沒了，理論上此筆經費應該還是維持，才能彰顯補助款的功能，加速教育建設的改善，但地方財政與主計單位的心態卻認為，補助增加了，自籌部分就可以減少，而將原本用於教育方面的經費，移作其他用途，造橋鋪路的效果要比教育建設明顯而直接多了」（施能傑，1994）。

1993 年以後，由於「國教專戶」制度的實施，國中小學硬體設施方有顯著的改善，但 1997 年《憲法》第一六四條廢除之後，地方政府的教育經費支出比率不受限制，若不改善補助制度，此種替代作用的情形恐較以往更加嚴重。

各地區補助款分配不均等

臺灣各地區地理條件及產業型態皆不盡相同。各縣市由於產業發展型態的不同，使其稅賦來源的充裕程度亦不相同。不同地區因為財力不同，投資於教育上的經費也就不同。財源充裕的地區，例如臺北市，自然有能力投注較龐大的經費在教育上，加上都會地區較高的文化刺激，教育品質也相對提高。而財力貧瘠的縣市在較少的資源投入與文化刺激下，自然出現較低的文化品質。中央補助款的功能之一，即在改善此項「水平失衡」（林全，1997）的問題，以促進社會正義與教育機會均等的落實。

但我國現行的補助制度卻無法有效地達成此項使命。若以「每生教育經費」、「每校教育經費」為依變項，而以「每生所得稅」、「每生教育捐」、「每生總稅收」等三個地方財力指標作為自變項，使用迴歸分析方法去檢驗兩個假設：「是否地方財力愈大，教育經費就愈多？」「是否學生數愈多，教育經費就愈多？」前者是關於垂直公平，而後者是關於水平公平。研究結果發現，如果以每生教育經費為依變項，則我國各地方教育經費大致是符合水平公平的；但若以每校教育經費為依變項，則都市化程度愈高的縣市，每校教育經費愈高，亦即我國的教育經費分配尚未符合垂直公平這項原則（馬信行，1993）。施能傑再比較歷年來補助前與補助後，「每校教育經費支出」、「每生教育經費支出」、「每校教育資本門支出」、「每生教育資本門支出」等四種教育資源分配指標上變異係數的差異。結果發現，歷年來除了「每生教育經費支出」外，在其他三個指標上補助後的變異係數均小於補助前的變異係數。但變異係數減少並不代表補助款已大幅改善教育財政不公平的現象，理由之一是補助前與補助後縣市排名變化並不大（施能傑，1994）。再以「每生平均縣市教科文支出總數」、「每生平均縣市教科文支出總數扣除教科文人事費」、「每生平均國民中學教育經費總數」、「每生平均國民中學教育經費總數扣除國中人事費」、「每生平均國民小學教育經費總數」、「每生平均國民小學教育經費總數扣除國小人事費」、「每生平均補助收入」及「每生平均縣市財政淨收入額」等八個教育經費項目作為公平指標，使用相關係數、斜率、彈性係數、調整關係量數等四個統計量數推算我國國民教育經費分配的機會公平。結果發現：當同一個教育經費項目被四個關係量數衡量時，其縣市財政機會公平趨勢並不一致。但大致而言，除了補助收入外，縣市財政狀況愈佳，教育經費愈多；而且部分年度補助收入無法發揮「濟貧」效果（陳麗珠，1993b）。

另外，在學校的城鄉差距方面，位於都市地區的大型學校，由於學生人數較多，而能獲得較多的經費分配，加以社會資源優渥，文化刺激豐富，故學校財政情況較為樂觀。而偏遠地區的小型學校雖然社區資源較為缺乏，但歷經政府「均衡城鄉教育計畫」及現行的「教育優先區計畫」等重點補助後，受到政策上的照顧，能獲得較充裕的補助款，過去因陋就簡、設備貧乏的窘況已大為改善。然而在政府大力照顧偏遠地區學校，企圖拉近城鄉教育差距的同時，所謂的「中間型學校」成為新的政策死角。這些既不位於都市、又不處於特別偏僻的地區，既非大型、又不屬小型的學校在補助經費的爭取上最感困難。「有教育行政人員指出：資源分配目前最可憐的是中型學校。小型學校有平衡城鄉的專案計畫改善，有的又因政府要照顧原住民或偏遠地區學校，而得到太多的經費。每年都有，但專案計畫不給又不行，如影印機、樂器一大堆。大型學校則因社會資源容易得到，也沒問題。反而一些中型學校在三不管地帶，許多設備均無，成為政策死角」（高敬文，1997）。「大型學校資源豐富，小型偏遠學校也漸照顧到，但中型學校較可憐。尤其平地偏遠地區的學校，地處鄉村，社會資源不豐，又不是山地的邊緣學校，受不到上級的特別補助。這些約十至十四班的學校，應是目前補助的重點」（高敬文，1997）。

在經過政府的重點照顧後，大幅度的補助在分配上卻也造成了不少浪費的情形。「偏遠地區學校甚至買了三部影印機，還分配有電腦，有些平地小學的設備反而不如」（高敬文，1997）。實際上，偏遠學校的資源分配並不均等，部分學校補助過多，設備充裕，甚至造成浪費；但部分學校仍處於因陋就簡的狀態，各項設施設備極需改進。偏遠地區學校人才容易流失，校長與主任在這些小型學校多半停留不久，行政人員的更換頻繁使得學校發展難以進行整體而長遠的規畫。一些所謂補助優渥的學校表面上雖然擁有充裕的硬體設置，但將大筆經費投注於設施與設備上的改進是否真能有效解決學校的實際問題、改善地區文化不利的情形以縮小城鄉差距，也是一項值得思考的問題。

《教育經費編列與管理法》實施後的國民教育補助制度

《教育經費編列與管理法》於民國88年立法，89年以後陸續實施。各界對於《教育經費編列與管理法》的了解總以為本法的重點僅在於延續《憲法》第一六四條對全國教育經費之保障，殊不知《教育經費編列與管理法》前半部條文重點在於界定教育經費之計算方式、保障計算機制與優先原則；後半部條文則以各級政府間的經費移轉與考核機制為重心（陳麗珠，2001）。因此，《教育經費編列與管理法》第八條「教育補助之種類」規定，我國兩級政府之間的經費移轉方式分成「一般補助」與「特定補助」兩種：中央政府對地方政府之教育補助分為一般教育補助及特定教育補助：

一般教育補助，用於直轄市、縣（市）政府所需之教育經費，不限定其支用方式及項目，並應達成教育資源均衡分配之目的。

特定教育補助，依補助目的限定用途。

檢視《教育經費編列與管理法》，在第八條以後，都是針對這兩類補助款的運作制度的相關規定，可見這兩類補助的重要性。

前者（一般教育補助）的分配，依法由行政院教育經費基準委員會負責，基準委員會負責教育經費計算基準之研訂、各級政府之教育經費基本需求之計算、各級政府之教育經費應分擔數額之計算等制度之建立，同時結合目前每一年度教育部對地方政府的考察業務，使一般教育補助款的使用得以真正發揮扶植國民教育的政策目標。另一方面，後者（特定教育補助）的分配，係由教育部教育經費分配審議委員會負責，針對教育部相關單位對地方政府各種補助計畫加以審查。

由於地方政府主辦國民教育，所以對地方政府的一般教育補助與特定教育補助款，都是以國民教育為主要的補助對象。然而進一步深究一般補助與特定補助的功能，卻可以發現兩者的性質有很大的差異。特定教育補助款係由教育部依據現行法令或行政命令制訂經費補助辦法，地方政府或其所屬學校再依照補助辦法的規定，提出計畫申請，教育部相關單位經過審查之後再撥給申請對象，可見特定教育補助是有特定的使用對象與金額，以達到特定的政策目標。另一方面，一般補助款並未限定使用對象與用途，僅具有平衡地方財政、扶植國民教育發展的功能，可以說並沒有特定的政策目標。但是一般補助係以「透列」方式編入地方政府年度預算，與地方政府財政能力之間有很密切的關係。總之，此二者的補助對象雖然都是地方政府，但二者的性質與功能迥異，不能混為一談。

不論是特定補助或是一般補助，在《教育經費編列與管理法》建構出一套新的教育財政制度之後，新階段的使命就是逐步建立考核制度，使有限的教育資源得到更有效的運用，以充分發揮政策引導教育現場的效果。

以下分別探討我國現行一般教育補助與特定教育補助制度之運作。

一般教育補助之分配與運作機制

一般補助就補助技術而言，屬於最大自由度的補助方式，因為一般補助不限定受補助者將補助款用於哪些對象與金額，完全尊重受補助者之意願。

一般補助又稱為「無條件補助」（unconditional grants），係指上級政府撥予下級政府一筆固定金額，由下級政府自行決定其支配用途，而不加以限制支用的方式及項目。以教育補助款而言，一般補助又可稱為「教育基本補助」，每年依例按需求給予補助（陳麗珠，1994；蓋浙生，1999）。一般補助可再依「補助金額是決定於外生標準或內生標準」，分為「總額一般補助」與「歲入共享一般補助」。前者是依據受補助地方的人口數、所得水準等外生標準決定補助款多寡，優點在於能反映各地區真正需要，使補助款發揮促進經濟平等的功能，缺點在於易養成貧窮落後地區的依賴心理。總額一般補助在教育補助上，稱為學生單位成本，按教育發展指標，計算合理的學生單位成本，凡是未達此一單位成本者予以補助，以求水平公平（蓋浙生，1999），行政院主計處於2001會計年度開始實施的「中央政府一般性補助款」即屬此類。後者則依各地區徵稅成效，中央與地方的分成比例分享國家的歲入，其優缺點與總額一般補助相反，我國的統籌分配稅款即屬此類。

公共教育經費支出必須透過審議機構才能依法支應，在分配一般教育補助款方面，本法第九條規定中央政府行政院必須設置「教育經費基準委員會」來執行教育經費計算基準之研訂、各級政府之教育經費基本需求之計算、各級政府之教育經費應分擔數額之計算工作。行政院也已經於2000年成立教育經費基準委員會。委員會的職責與功能規定於本法第十條「教育經費基本需求及預算編列」條文中，其中最主要的功能就是制訂當年度的「教育經費基本需求」，藉以作為分配當年度一般教育補助款的依據。

由於中央與地方關係大幅轉變，配合《地方制度法》制訂與《財政收支劃分法》修正通過，為了有效落實地方自治，建立地方財政自主自律精神，行政院爰於民國90年度就中央對地方補助制度做了大幅度的變革，一方面依據《財政收支劃分法》第三十條及《地方制度法》第六十九條規定，訂定《中央對直轄市及縣（市）政府補助辦法》（以下簡稱「補助辦法」），作為補助款編列與執行的依據。另一方面就中央各機關原編列補助地方計畫型補助款進行全面性的檢討，並將其中非屬《財政收支劃分法》第三十條所定，計畫效益涵蓋面廣、跨越二以上縣市、具示範性及配合中央重大政策或建設四項原則之補助款，調整改由行政院直接依公式設算補助臺灣省各縣市，即為所謂中央對臺灣省各縣市一般性補助款。前述一般性補助款之補助類別主要分為：

一、補助各縣市基本財政收支差短。

二、設算各縣市教育設施、社會福利與基本設施等補助經費。

三、縣市退休公教人員優惠存款差額利息繳款補助等三部分。

而上述三項補助款如以其支出性質劃分，則可分為教育補助經費、社會福利補助經費、經濟發展補助及專案補助。其中用於教育之補助，即是由一般教育補助款補助。

一般教育補助款與行之有年之國民教育補助計畫最大的區別，在於其彈性運用之空間。中央對地方教育補助經費之編列，在以往均較偏重計畫型補助款，亦即由教育部或省教育廳編列特定計畫補助款，由縣市政府依專款專用原則使用於其指定之項目與用途。以上補助方式，以財主單位之立場看來，在使用效能上雖可達成教育部或省教育廳原訂之政策目標，唯因補助項目過多過細，再加以縣市政府在執行上欠缺彈性調整空間，甚至抱持「不要白不要」的心態，以致造成補助款無效率使用或虛擲之情形。為有效改進，並配合上開《地方制度法》制訂與《財政收支劃分法》修正通過，行政院爰於民國90年度就中央對地方教育補助經費編列方式採取改進措施，一方面將教育部原編計畫型補助款中，宜由地方政府因地制宜之計畫項目與經費，改為一般教育補助經費並依公式分配給縣市，再由縣市政府依據各項教育施政計畫之優先緩急次序逐次推動辦理；另一方面，則訂定「中央對臺灣省各縣（市）政府計畫及預算考核要點」，透過教育部與行政院主計處針對縣市政府年度教育計畫及預算之擬定、執行，進行書面及實地考核，以了解各縣市政府相關業務推動情形，並掌握中央補助款之流向及用途，以避免經費遭致挪用或不當之分配、運用（李泰興，2011）。

一般教育補助經費之分配與計算方式

目前中央對地方一般教育補助經費之分配，其中臺灣省各縣市依補助辦法規定，係由中央以一致化與標準化公式進行設算，金門、連江兩縣及高雄市因非屬補助辦法規定之設算補助對象，唯考量在補助辦法施行前，中央即對其相關經費有所補助，為避免因制度改變影響財源，仍依據原補助數額予以定額補助。其中2001年補助高雄市國民教育經費計9.1億元，金門與連江兩縣則由其在中央給予之一般性補助款（約19億元）中，依教育實際需求情形進行分配。至於臺北市，因非屬前述設算補助對象，且財政狀況亦較高雄市及其餘各縣市為佳，中央未再以一般教育補助經費給予協助。

有關中央對臺灣省各縣市（以下簡稱「各縣市」）一般教育補助經費規模，

2001 年度為 325 億元，2002 至 2005 年度則分別成長至 425 億元、515 億元、573 億元及 575 億元，五年來累計增加數近 250 億元（李泰興，2011），顯示中央已大力協助縣市政府支應各項教育基本需求與軟硬體建設所需財源。前述補助經費之分配方式，主要包括三大部分：即縣市教育基本收支差短補助、定額設算之教育設施補助經費，以及退休教育人員優惠存款差額利息繳納補助等。

一般教育補助現況之檢討與可能改進的方向

中央自 2001 年度改進補助制度後，雖已逐年增加對縣市一般教育補助經費，唯教育界與一般民眾仍有中央補助款規模逐年減少，甚或被縣市政府挪為他用等誤解。有關前述誤解之產生，經分析後主要原因如下（李泰興，2011）。

偏重人事費補助

近年各縣市政府人事費及退休撫卹經費不斷成長，為避免因財源不足以致遲發教職員工薪水或限縮退休人數，中央乃持續增加對其人事費、退休撫卹經費及優惠存款差額利息繳款等補助金額，相對影響中央協助縣市教育設施經費之成長幅度。以 2001 與 2005 年度分析比較結果，中央一般教育補助經費由 2001 年度 325 億元成長至 575 億元，增加 250 億元，其中屬人事費與退休撫卹經費性質之補助金額則由 2001 年度 246 億元成長至 473 億元，增加 227 億元，另教育設施補助經費則由 80 億元成長至 102 億元，增加 22 億元。由於以上教育設施補助經費成長幅度有限，與外界殷切之需求產生不小落差，以致有中央補助款規模逐年減少之錯誤印象。

外界對於一般性補助款制度不甚了解

因以往教育部或省教育廳計畫型補助款係採逐案審核方式就特定計畫給予補助，並限定其應專款專用。在 2001 年度補助制度改變後，中央為賦予縣市政府施政空間，一般性教育補助經費係按公式分配給各縣市政府，其中除人事費等基本收支差短補助與具特殊性之學校午餐及老舊危險建物整建等計畫經費規定縣市政府應專款專用外，其餘教育設施補助經費則授權縣市政府依其教育施政計畫之優先緩急自行分配運用，相對於以往之嚴格規定，讓外界產生中央補助款不再管制用途之誤解。

中央與地方政府對於經費分配之優先順序認知有所不同

由於縣市政府對於教育設施補助經費之運用有其施政上之判斷，與教育部要求應優先辦理之施政項目常產生差異，如教育部要求其務必配合時，則縣市政府均以財源無著為由請中央給予補助，否則無力推動，如此亦造成外界認為中央一般性教育補助經費被挪為他用，才會發生縣市財源不足支應問題。

為提升一般性教育補助經費執行績效，中央應強化現行計畫及預算考核機制，調整重點包括：加強對各縣市政府教育補助經費之監督與控管功能；建立更加公平、合理之考核評分方式，擴大縣市間考核成績差距與補助款增減幅度；督促地方政府落實現行《教育經費編列與管理法》有關對地方教育經費編製與執行之各項規定，務使地方教育經費運作合於法律規範。

特定教育補助之分配與運作機制

特定教育補助款之分配，依據《教育經費編列與管理法》第十一條，規定「教育經費分配審議委員會」設置並負責分配特定教育補助：

「中央主管教育行政機關教育預算經完成立法程序後，除維持中央主管教育行政機關與所屬教育機構、公立學校運作所需者外，對於公、私立教育事業特定教育補助，應由中央主管教育行政機關教育經費分配審議委員會審議之。前項委員會，置委員十三人至十七人，由學者、專家、社會公正人士、中央主管教育行政機關及相關機關代表所組成，其中學者、專家及社會公正人士人數合計不得少於委員總數二分之一。其審議項目、程序及設置辦法，由中央主管教育行政機關定之。」

教育部已於 2002 年成立教育經費分配審議委員會，負責教育部特定補助款的分配。至於教育補助的優先補助原則規範在本法第四、五、六條，第四條為國民教育經費優先編列原則，第五條為偏遠及特殊地區教育經費優先編列原則，第六條原住民及特殊教育經費保障，條文明訂為保障原住民、身心障礙者及其他弱勢族群之教育，並扶助其發展，各級政府應依據《原住民族教育法》、《特殊教育法》及其他相關法令之規定，從寬編列預算。

教育補助依其是否直接將補助經費提供給學生又劃分直接補助與間接補助。所謂「直接補助」（direct grants）是指大多數的補助方式都是以直接補助學生方式出現，如：獎助學金、貸款、減免學雜費、工讀金等。「間接補助」（indirect grants）則是透過對學校的補助，間接使學生獲得經費的補助，如：重要儀器設備補助、改善師資經費補助、增建與教學有關校舍或購置重要設備之貸款及租稅減免等。

特定教育補助在國民中小學校之分配與運作

研究發現各縣市學校所獲得之經費補助，目前已占學校總經費的 9%以上，有些縣市更接近 20%左右（陳麗珠，2006a）。在縣市政府財力不佳、學校經費編列未能逐年成長下，特定補助已經成為學校日常運作不可或缺的重要經費來源。唯特定補助款來自各級政府補助，包括教育部、教育局、其他中央部會、地方處局、鄉公所等單位，文化不利以及財政不佳之縣市學校固然可以獲得中央較多的特定補助經費，然財政能力較佳之地方政府（如北高兩市）仍然可以由市府國教經費挹注較多的經費於學校特色發展、設備或特殊需求之更新，因而在市區學校而言，補助經費總額不一定低於偏遠地區學校（陳麗珠，2006a）。此外，由於各縣市學校之間，無論是在特定補助額度與比率上，皆存在相當差距。這些縣市之間的差異如上述所言及，有時是來自中央補助，有時是導因於縣市財政能力而形成；而同縣市學校之間的差異，究竟是導因於學校環境、學校特色、學校特殊需求或是校長人際關係等等諸多因素，尚無法考證。再者，特定補助經費主要係用於輔助一般教育經費編列之不足，一般而言，應以重垂直公平為宗旨，而以目前各級政府的補助制度，是否真的顧及弱勢族群與特殊需求，則有待深入探討。

特定教育補助計畫目標與重點之分析

以下將中小學校獲得之特定補助經費，依其計畫性質區分為教育改革、卓越、公平、例行、資本門以及其他等六大類，其代表意義如下（陳麗珠，2006a）：

一、教育改革：係中央政府執行教育改革政策之相關特定補助款。

二、卓越：係指改善教學品質以及發展學校特色之特定補助款。

三、公平：係指針對弱勢族群學生照顧之特定補助款。

四、例行：係指針對學校基本運作、處室業務以及各項獎勵金頒發之特定補助款。

五、資本門：係指學校建築工程、設備採購以及綠美化環境等大型特定補助款。

六、其他：係指學校承辦全縣性研習、家長社區活動以及非主管單位等之特定補助款。

上述六類特定補助之下，為了顧及分類之方便，研究者又輔以分項細目，將之細分諸如表 9-4 所示。

特定補助已占學校經費相當重要之比率，學校對其日漸倚重，已然形成學校經費執行上不可或缺的一部分，唯目前各校間特定補助款的比率與額度差異仍頗大。國民中學特定補助款，平均而言略高於國民小學特定補助款，國民小學學校平均約為 7,000,000 元，每生分攤額度平均約為 9,000 元，每班分攤額度平均約為 300,000 元；國民中學學校平均約為 10,000,000 元，每生分攤額度平均約為 13,000 元，每班分攤額度平均約為 400,000 元，然各校之間最大差距高達八十六倍之譜，顯現校際之間個別差異極大，很難概括歸納為「符合某種申請規範」（陳麗珠，2006a）。

整體而言，學校所獲得之經費補助目前已占學校總經費的近十分之一，有些縣市更接近 20%以上，由此可見特定補助款已然成為學校經費支出的重要項目，因此無論是在學校財務管理實務或學術研究上皆不容忽視。這些特定補助款可能係因學校特殊環境脈絡，諸如地處偏遠、擁有較多文化不利或弱勢族群

表 9-4 國民中小學特定補助款分類細目一覽表

類型	補助計畫名稱
教育改革	多元進路宣導、推動生命教育、九年一貫策略聯盟、九年一貫課程研習、鄉土語言教學、生涯發展教育、母語教學、本土教育、深耕計畫種子教師、資訊融入種子團隊、二六八八增置國小教師員額、精進教師課堂教學能力、創意教學
卓越	教學改善：學童閱讀計畫、教師專業成長、建構適性學習、多元智能體驗營、學校課程計畫審查、課程發展輔導訪視、教師專業發展評鑑、科學展覽、雙語環境經費、教師進修研習（校內） 學校特色：各類競賽補助、教練薪津及各項補助費、運動獎勵金、運動選手訓練、傳統藝術教育、藝術團隊、教育優先區、補助學校發展特色
公平	學習弱勢：中途班、中輟生、弱勢學習輔導、技藝學程教育、茁茁專案、攜手計畫 低收入戶：幼學童教育、家庭托教、功動軍教子女、課後照顧、清寒獎學金、學產基金、急難慰問金、清寒學生補助 身心障礙：交通費、獎助金、課後照顧、購置教材教具、在家教育補助、學生陪讀 原住民學生：獎助學金、民族語課程、族語教學、設備修繕 弱勢照顧政策：平衡城鄉教育差距、教育優先區（親職教育、個案訪視）、新移民子女教育輔導
例行	基本運作：設備修護、運動會經費、教材及圖書、水電費、場地清潔費、維修費、學校午餐工資 獎 勵 金：資深優良教師獎勵金、敬師經費、獎學金 處室業務：處室補助、導護執勤、健康檢查費、認輔小團體、訓輔資源資訊、健康中心設備、健康檢查、友善校園（除中途外）、品德教育、育樂營、社團活動 例行補助：健檢補助費、教師節敬師活動、交通補助、代課費、學分補助費、國教輔導團、環境教育 其他補助款：未分類部分
資本門	設備採購：教學設備及教具、圖書、資訊設備、學校午餐設備 工　　程：硬體、整修、污染防制及綠化計畫、改善教學環境 政　　策：永續校園綠化計畫、校園好望角

（續下頁）

表 9-4 國民中小學特定補助款分類細目一覽表（續）

類型	補助計畫名稱
其他	全縣性：教師研習、推廣中心、策略聯盟、職工聯誼活動 家長部分：家庭教育、家長宣導、家長服務團隊、建構性學習社區宣導、親子共學英語班 社區部分：社區聯誼活動、成人教育、志工、假日文化廣場 非主管單位補助：鄉公所、其他單位補助

資料來源：陳麗珠（2006a）。

的學校，基於中央照顧弱勢族群政策而取得較多補助經費；亦可能係因為縣市政府財政能力較佳、學校發展特色、校長人際關係良好而獲得較多補助款；或是學校成員積極申請各項符合本身條件的各類補助經費所致。由於特定補助涉及縣市財政能力、學校環境背景、領導者特質、申請學校的執行意願等因素，各種因素尚涉及諸多錯綜複雜的關係，倘若教育主管單位未能建立一套明確的特定補助制度，實在很難斷定學校申請所得的補助經費之所根據。一般而言，特定補助經費主要係為了彌補一般教育經費編列之不足，故理應以垂直公平為宗旨，中央政府目前推行的許多政策，諸如教育優先區計畫、扶幼計畫等，其申請條件明確較具公平性；而縣市政府除了對於學校大型資本門的申請，尚能根據學校校務計畫依年度預算額度與優先次序進行審核外，其他特定補助申請恐怕較缺乏公正性，容易引起學校間各顯神通，追逐有限的教育資源。

分析學校特定補助款各類補助比率中，雖因縣市與學校情境不同而有差異，然整體而言，學校特定補助款仍以資本門、公平等兩類為重。研究依據特定補助經費之性質與功能，將之區分為教育改革、卓越、公平、例行、資本門以及其他等六大類，從研究發現可知，目前特定補助款係以資本門方面的挹注為重，約占六成以上。此一方面係因為資本門經費所需額度較大，並非學校本身所能負擔者，一方面則因為縣市政府編列年度預算時，對於資本門預算編列額度皆偏低，部分縣市甚至將國民小學階段的資本門預算加以取消，故學校在需求上大都以額度較高的資本門補助經費為申請重點，所以資本門所占特定補助款的比率自然偏高。其次，各縣市學校間除了資本門項目普遍占特定補助經費較高比率外，學校其他特定補助項目的比率，也會因縣市財政能力不同或學校特殊情境條件而各有所偏，有些學校偏重在公平項目上，或偏重在教育改革、例行以及其他項目上，由此顯現目前各單位所提供的特定補助款種類繁多，大部分學校亦皆能根據本身條件或特殊需求，申請所需之補助經費（陳麗珠，2006a）。

參考文獻

丁志權（1987）。**中日美英四國地方教育財政之比較研究**。國立高雄師範學院教育研究所碩士論文，未出版，高雄市。

王正、徐偉初（1993）。**財政學**。新北市：國立空中大學。

王作榮（1997）。預算固定比率豈有此理。**教育資料文摘，238**，3-8。

李泰興（2005）。中央對地方補助制度之檢討與改進。**主計月刊，590**，18-24。

李泰興（2011）。**中央對地方補助制度之檢討與改進**。2011 年 7 月 31 日，取自 http://www.bas-association.org.tw/catalog/arts/09402018.pdf

林文達（1986）。**教育財政學**。臺北市：三民。

林全（1997）。**中央對國民中小學教育經費補助制度之研究**。臺北市：行政院教育改革審議委員會。

林華德（1989）。中央政府補助款的經濟功能：臺灣的驗證分析。**財稅研究，21**（5），1-19。

施能傑（1994）。**中央國教經費補助款運用之研究**。教育部教育研究委員會八十二年度委託計畫研究報告。

馬信行（1993）。臺灣地區四十年來教育資源之分配情形。**國立政治大學學報，67**，9-30。

高敬文（1997）。**國民小學日常決策流程及資源分配的研究——以高屏地區為例**。臺北市：行政院教育改革審議委員會。

教育部（2001）。**教育部推動整建國中與國小教育設施計畫執行成果專輯（84-89 年度）**。臺北市：作者。

陳坤銘、孫克難（1991）。臺灣省政府對縣市財政補助決定因素之實證研究。**政治經濟學研討會論文集**。臺北市：中國經濟學會。

陳漢強（1996）。**「八十五年度教科文預算比例違憲案」立委申請釋憲文**。立法院，未出版。

陳麗珠（1993a）。誰是國民教育財政困境的解鈴人？**師友月刊，307**，2-5。

陳麗珠（1993b）。國民教育經費分配機會公平之研究：以縣市財政狀況考量。**教育學刊，10**，225-259。

陳麗珠（1994）。**國民教育經費補助公式之模擬研究**。行政院國家科學委員會補助專題研究計畫，未出版。

陳麗珠（1996）。我國國民教育經費補助公式之模擬研究。**教育研究資訊雙月刊，5**（1），127-146。

陳麗珠（1997）。**我國國民教育經費補助公式之模擬研究：垂直公平考量**。行政院國家科學委員會補助專題研究計畫，未出版。

陳麗珠（1998）。**我國國民教育財政改革之研究**。行政院國家科學委員會補助專題研究計畫，未出版。

陳麗珠（1999）。臺灣省教育優先區計畫與實施之評估研究：問卷調查結果。**高雄師大學報，10**，1-23。

陳麗珠（2000）。**美國教育財政改革**。臺北市：五南。

陳麗珠（2001）。教育經費編列與管理法之評析。**教育學刊，17**，125-145。

陳麗珠（2002）。地方輔助款制度化政策對國民教育財政影響之研究。**教育學刊，19**，91-120。

陳麗珠（2006a）。**中央對地方政府特定教育補助政策之研究**。行政院國家科學委員會補助專題研究計畫，未出版。

陳麗珠（2006b）。從公平性邁向適足性：我國國民教育資源分配政策的現況與展望。**教育政策論壇，4**，101-118。

陳麗珠（2009）。我國教育財政改革之回顧與展望：教育經費編列與管理法實施之檢視。**教育學刊，33**，1-34。

陳麗珠（2011）。**高雄市學校教育財政之新問題與新思維**。2011 年 2 月 23 日發表於「高雄市公私立各級學校校長聯席會議」。高雄市政府教育局主辦，高雄市。

陳麗珠、陳明印（2013）。我國教育財政政策之變革與展望。**臺灣教育雙月刊，681**，2-12。

黃世鑫（1998）。**財政學概論**。新北市：國立空中大學。

黃瑞春（1985）。政府補助金制度：臺灣省政府之實證研究。**臺銀季刊，36**（4），185-214。

蓋浙生（1999）。**教育財政與教育發展**。臺北市：師大書苑。

鄭文輝（2002）。**我國社會保險政府補助政策合理性之研究**。臺北市：行政院經濟建設委員會。

鄭光甫（1997）。**教育資源分配現況檢討及改革方向**。臺北市：行政院教育改革審議委員會。

Cohn, E., & Geske, T. G. (1990). *The economics of education* (3rd ed.). Oxford, NY: Pergamon Press.

Jones, T. H. (1985). *Introduction to school finance: Technique and social policy*. New York, NY: MacMillan.

Odden, A. R., & Picus, L. O. (2000). *School finance: A policy perspective* (2nd ed.). New York, NY: McGraw-Hill.

part 3 學校財務管理與政策執行

我國的教育財政制度最基層的執行單位為各級學校。目前我國國民小學校數約為2,500所，國民中學校數約為700所，除少數國立與私立學校外，大部分的國中小都隸屬於地方政府，透過年度預算的編列，由教育局（處）分配資源到各校。學校執行預算必須透過合法的程序方可動支，用以推動校務，達成教育目標。

學校的預算編列，必須反映出校務的需求，依據校務的優先順序，配置資源到各校務項目中。然而學校教育活動屬於勞力密集產業，教學活動中，需要大量的人力（教師）方可進行。因此學校年度預算中，必須優先編列人事費用，包括教職員工的薪資、福利與退撫支出等。現行法規規定人事費屬於法定義務支出，因此必須優先支應，其餘方可用於校務運作所需的經常門（辦公費）與修繕營建等資本門費用。多年來學校財務的問題，都圍繞在「人事費用過高」的問題，其實也是因為人事費用支出之後，辦公費與資本門支出所賸無幾的問題。此爭議多年來不但未見舒緩，甚至隨著國家經濟緊縮的影響，有愈演愈烈的趨勢。後來縣市地方自治色彩逐漸明顯，遂有教師員額不依部訂標準聘足的做法，演變成逐年來普遍「管控」員額的現象。教師授課節數與員額編制遂成為學校財政重要的議題之一。

我國教育財政制度還有一個特色，那就是教育資源分配過程中，是由非教育專業的財政與主計單位扮演主導的角色。依據財主法規，我國的各級公務機關與學校，都必須有主計人員負責會計工作。而我國的會計與審計程序著重於防弊，設計以繁複重複查核為主，教育工作人員，包括教育行政人員、學校行政人員以及學校教師等，大多未具會計等相關背景知識，因而將學校內最重要的資源分配工作交給會計人員。但因為全國校數高達3,200多所，其中包含大部分十二班以下的鄉區與偏遠學校，除了都會地區或是較大型的國中小之外，大部分學校的會計業務因為精簡人力之故乃由學校教師兼任，兼任業務的教師並不具會計專業背景，不易從中獲得成就感，向來視兼任此類業務為畏途，因此教師應減輕兼任行政工作負擔的呼聲從來不曾間斷過。

所以，學校執行教育政策所賴以完成的資源分配，必須仰賴主計人員，但是這些人顯然並沒有充足的教育專業知識。教育界多年來常常出現的狀況是：擬定工作計畫的教育行政人員不知道支持計畫的經費有多少？而負責管理經費的會計人員卻又對於教育專業的認識不足。在教育現場經常看到校長、主任與組長等對於校務中，有關學校經費籌措與分配之相關知能不具充分認識，或懷抱錯誤認知，這些都等同於放棄校務管理中很重要的一部分職責。因此第三篇將探討學校財務管理、教師員額編制，以及學生收費與弱勢學生照顧等主題。

Chapter 10 學校財務管理

在英美傳統的學校制度中，小學校長只負責教學領導，校長為「首席教師」（master teacher），學校教師並不插手行政事務，亦不過問經費等問題，一切的行政業務，都由地方教育當局或學區的中央辦公室（central office）負責。一直到 1990 年代，部分學者對於學生學習成就不佳，認為是教師無決策權力所致，故提出學校本位管理（school-based management, SBM）的倡議，亦即是學校的課程、人事與財務都下放到學校，由學校內的校長、行政人員與教師負責。姑且不論學校本位管理是否能有效提升學校效能，但是在 1990 年代到 21 世紀初期，確實在美國與加拿大的部分學區實施，看似引起一陣風潮；但這些地區的教師很快就發現，學校本位管理並不如理論所宣稱的完美，至少會有許多非教學的工作加在教師身上，尤其財務管理更不是教師擅長的工作；對於學校校長而言，工作負擔更重。有趣的是，實施學校本位管理的學區中，校長的離職率反而比較高，最後改革無疾而終。今日回顧這一段國外學校行政改革的過程，更凸顯出中小學校校內人員對於學校資源籌措與分配事務的隔閡。

反觀我國國中小學校的情形則和歐美國家大相逕庭。我國的國民教育階段雖然屬於地方政府管轄，仍然高度倚賴中央政府補助款的挹注。在地方政府財政長期以來都有財政窘困的問題，國民教育階段的經費在能省則省的原則下，多年來，教師須兼任校內行政業務早已成為常態。在學校各種行政業務中，教師最不喜歡兼任學校會計，此乃因為教師並未普遍具備財務規畫與管理知能，加上各種官方規定制式會計報表相當繁瑣，當然會讓教師視兼任會計為畏途。同時，學校多年來習於被動接收來自於政府主管機關分配的年度預算，並無積極主動有效規畫的企圖，校長對於學校資源的運用多消極依循慣例——直到近年來，教育部大力推動各校發展學校特色，亦要求地方政府與國立高中職實施基金預算制度，方使學校注意到學校資源積極籌措與有效分配的重要性，但尚未能夠完全將資源運用與校務計畫相結合。

教育資源為學校推動教育事務的動力，教育經費像是學校行政的脊椎骨，讓校務運作活絡起來。因此，學校財務管理的討論範疇不應僅限於學校會計帳列計的收入與支出，而必須與學校校務發展計畫與運作發展合而為一，方能相輔相成。本章將學校財務管理依序分成五部分討論：學校校務發展計畫之制訂、學校專案計畫之申請、學校預算之編列、學校預算之執行，以及學校執行成效之評估等。

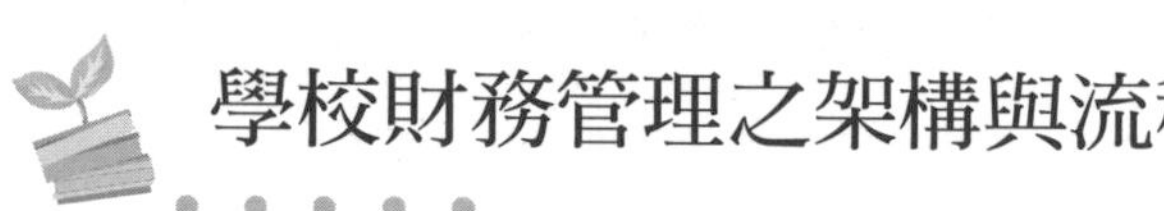

學校財務管理之架構與流程

學校財務管理之流程與學校行政業務之運作時程完全重疊。當學校從設定校務發展長期方向，到各年度的執行計畫與行事曆，包括執行各項種教與學的業務，都必須使用到教育經費，每一個校務階段都需要學校財務管理系統的支持方能完成；在各階段的校務計畫執行評估與學校評鑑也都必須將資源使用狀況與效益列入評鑑項目中。以下以學校財務管理之「計畫—預算—評鑑」循環圖說明之（見圖 10-1）。

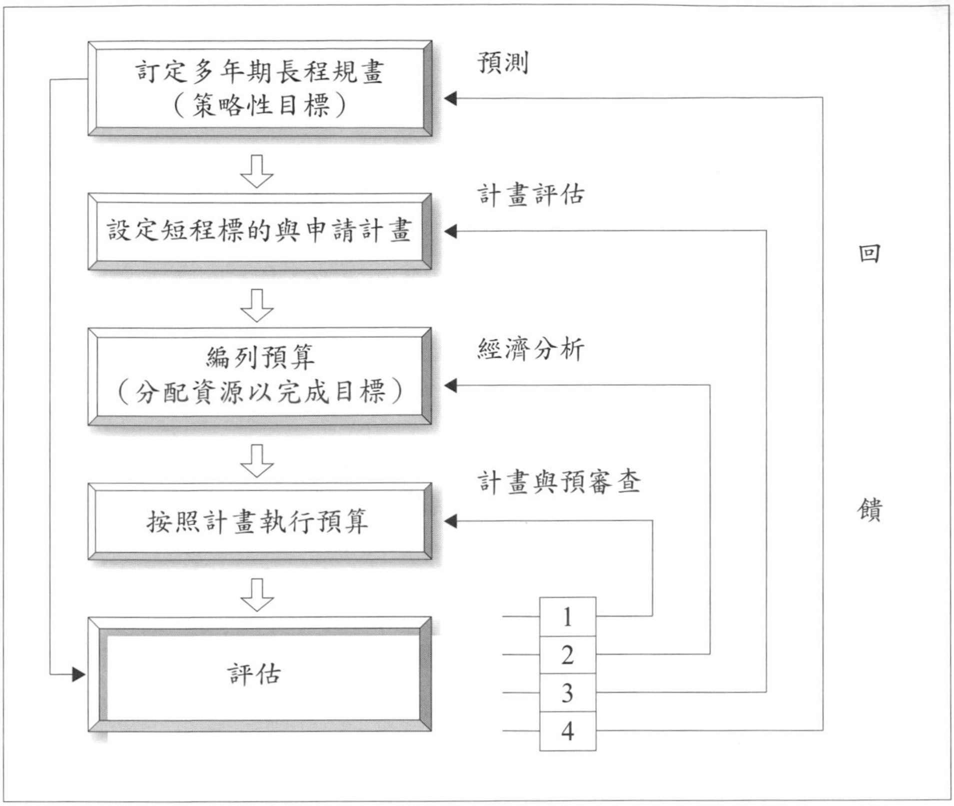

訂定多年期長程規畫
（策略性目標）

預測

設定短程標的與申請計畫

計畫評估

編列預算
（分配資源以完成目標）

經濟分析

按照計畫執行預算

計畫與預審查

評估

1
2
3
4

回饋

圖 10-1　學校財務管理之「計畫—預算—評鑑」循環

資料來源：參考並修改自 Guthrie, Garms, & Pierce (1988)。

學校財務管理第一階段：制訂多年度校務發展計畫

學校財務管理流程中，首先必須先決定長程發展目標，也就是制訂多年期的校務發展計畫。校務發展計畫不僅在於設計學校近年內增建校舍建築的先後順序，而且必須用更宏觀的角度去檢視自身的運作狀況與面臨問題，再行決定未來的整體發展方向，這就是策略規畫（strategic planning），用以決定組織目標與戰略。Guthrie、Garms 和 Pierce（1988）舉了一個例子說明策略規畫的情境：某一間非營利性質的醫院發現營運獲利逐漸下滑，因此深入探討問題的原因。結果發現問題在於醫院附近相同性質的醫院與病床數量已達飽和，又加上營運成本增加，結果就是獲利減少、經營困難。董事會要求行政高階主管進行策略規畫，深入評估醫院所在社區民眾的人口組成以及現有醫療服務提供情形，結果發現醫療資源雖多但分配不平均，社區民眾中有部分年齡層被現有醫療服務體系所忽略。因此此醫院重新規畫醫院的營運策略，一方面關閉部分住院率不高的病床，另一方面則開辦老年門診，以及針對特定民眾的健康減重諮詢門診。一旦大方向確定之後，則可以進一步進行細部的管理規畫（managerial planning）。

學校財務管理第二階段：設定短程標的與申請補助計畫

根據長程規畫的方向，進一步要決定實施的期程，以及每一階段要做的細部工作，在學校現場來說，就是校務發展計畫的分年期計畫。每一年度中，又分成兩個學期、每個月份、每一週的重點工作內容。因為細部工作項目都是根據上一層的目標而訂定，所以每一項目都與長期總目標環環相扣，如果確實執行工作項目，就可以達成長程規畫的總目標。另一方面，因為總目標已經設定，工作項目之設計與選擇必須以「最大達成程度」為考量，這就是「管理規畫」，主要在於決定做事的方法。例如，某一所國民中學在學年結束時，發現畢業生的升學情況並不如預期，而且已經不只單一年度出現此種現象，於是校長、行政主管、教師和學生家長齊聚一堂討論對策，最後做出若干提升升學情況的具體措施，像是增加考前複習時數，或是替換測驗卷的種類與數量等。因為沒有改變大目標，只做細部調整，屬於戰術的運用，這就是管理規畫。

以教育現場的情境來說，學校面臨重大的經營困境，例如：學區內的學齡人口流失、學校規模逐漸萎縮、學校減班、教師超額必須轉校服務時，就必須重新考量重新設定長程規畫的目標。此時如果地方政府將部分校舍轉為其他用途，例如成為地區的安養中心或長青學院等，就是經營策略的大改變，則屬於策略規畫的範疇。

另一種常見的情形是學校維持現狀經營，但加強發展學校特色與辦理活動，例如學生的運動強項（足球、田徑等），或是增加學生閱讀能力、學生讀經計畫、學生資訊知能等。這種情形並未改變長程目標，因而屬於管理規畫。各種政策活動的辦理，通常不會由學校年度預算支應，而是必須引進外部資源，最常見的就是向教育行政機關（如：教育部、教育局）申請補助，或是向中央與地方政府其他單位（如：原民會、體委會）等申請。此類補助的正常流程，是先由行政機關依據法令或重大政策，頒布補助辦法；學校可依據自身需求決定是否提出申請並執行。學校執行這類補助政策可獲得經費支持以推動學校的各類活動，但同時也必須付出行政人員的時間與精力；如果學校同時申請數個專案補助，就必須付出數倍的執行時間與精力成本，可能會讓學校的本業工作——師生的教與學——反而無法兼顧。

教育部或教育局（處）的各種特定補助計畫表面上都沒有強制申請，學校（包括教育局處）得自行決定要不要採行。有些地方政府教育局處比較積極，希望學校積極爭取教育部的補助，所以如果學校符合補助對象卻不提出申請，就必須書面說明不申請的原因，如此一來，大部分學校都會申請。例如，教育優先區計畫在 2001 年以後，發展學校特色補助項目的指標門檻只要全校有三十五位以上符合指標學生就可以申請。但是申請計畫到執行完畢需要學校付出許多行政成本，包括人力與時間，學校在同時面對多個補助計畫時，就必須先考慮申請計畫的成本與獲得效益之間是否對等。學校自申請補助計畫之前，校長與學校行政人員必須先衡量是否應該提出申請執行特定重點政策的補助，不良的政策採納方式是實施失敗的一般原因。

學校領導人（校長）在考慮是否應該採用新政策時，必須先肯定回答以下三個重要問題；如果無法肯定回答，便應該修改或乾脆放棄計畫。此三個重要問題如下：

- 採用這個新政策是否有充分的理由？
- 這個新政策是否適合我們的學校？

- 這個新政策是否獲得相關利害關係人的足夠支持？

採用新政策的動機

第一個也是最重要的問題就是：我們有夠好的理由來採納（申請）新政策嗎？對政策實施所做的研究顯示，採納新政策有許多理由，好壞並存。採納新政策的最糟理由就是沽名釣譽，少數領導人為了建立聲望，藉採納新政策而博取改革者的美名。通常，如果領導人把採納政策當作增強他自己事業資本的一部分，在政策實施途中，他們會另外接受新工作，然後離開原來崗位，那時政策便無法繼續實施，才令許多人大夢初醒（人亡政息）。即使領導人夢想的新工作沒到來，這些政策實施前通常是規畫不當，而且實施內容以增加個人形象為主，欠缺實質內容，當然是很不當的理由。

採納新政策的另一個不當理由就是認為該政策將可提升學校的形象或聲望，使學校看起來比較像是進步的、先進的體系。為改革而改革經常會失敗，很多人只是為了流行，不把政策當真，也使學校其他成員對所有改革產生懷疑。最後，新政策通常都以經費作為政策工具（policy tools），以計畫型補助方式誘使學校因為經費而申請執行，但往往不熟悉計畫的宗旨與精神，淪為「為錢而執行」，等到經費消耗完畢，學校買了一堆不常用的器材，或是辦理一些參與率不高的活動，一切都恢復執行前的原狀，反而浪費了時間與行政人員的精力，學生也虛擲了寶貴的學習時間。

筆者在此誠懇建議學校教育工作人員，如果你（妳）是為了以上任一理由而採納新政策，倒不如什麼都不要做。

採納新政策只有兩個好理由：第一，該政策將確實幫助解決現在面臨的問題。例如，針對學校面臨招生困難的問題，校長必須向行政人員與教師說明學校目前面臨的困境，以及將要申請哪一個或哪幾個學校改進計畫（如：高中職優質化計畫）以幫助學校轉型，校長必須清楚表達現狀與問題，並解釋該項政策變革將如何解決該問題，會比較容易爭取支持去採納新政策，而且這些來自校內相關人員的支持將提高成功實施該政策的可能性。第二，為了建立執行者與中介者的能力，作為將來引進其他改革的準備。建立相關人員的能力是執行時很重要的一環，例如，申請辦理教師專業發展評鑑，可以鼓勵老師提升教學的品質，對於學校未來的發展有正向助益。

新政策的適當性

採納新政策前，領導人應該考慮的第二個問題是：該政策適合我們的學校嗎？學校要如何做一些事情，要找到相關的新點子並不難，每本教育期刊、各種教育會議和許多政客演講都滿是建議。困難處是：在這許多的可能政策改革當中，找出那些適合特定情境的改革。雖然所有的議題都重要，其中有兩項值得特別強調：校長無視於學校的外在條件，閉門擬定改革的計畫。例如，當媒體報導臺北市某一所學校實施某種新計畫並獲得不尋常的成就，而且獲得媒體大幅度報導（其實可能是學校付費宣導的），其他縣市的學校便思考如何複製成功經驗。雖然有時這類政策移植有不錯的效果，但是大部分都是失敗的，會惹來當地人民的憤怒。

另一項執行普遍的錯誤是：採納學校的資源無法配合（太花錢）的政策。執行時必須分析實施新政策與長久執行該政策所需的資源，此間所需的資源不只是錢，也必須詳細思考可用的額外時間、義工和空間等問題。若採納不能配合組織資源現狀的政策，一旦落差很大，一開始實施就註定會失敗。例如，一所學校的教師要實施一項新的學生評量政策，但主要問題是，這些老師的課都已超過負荷，平均每人要教 130 位學生。白天他們沒有足夠時間準備上課，除了整天上課，還要實施 130 位學生的新評量方式，結果就是大部分老師從來沒有認真執行該政策。如果當初考慮到教師無法承擔新政策的問題，應該會有特別的安排，也就不會完全失敗。

關於經費的另一種情形是，行政單位撥出額外的經費與資源（人力、空間等），該政策就會推行順利；但是，這些額外補助一旦用盡，該新政策也將告終。這時，實施政策的人會覺得一切的努力都是徒然，而且未來可能形成一種工作心態：遇到政策變革時，不要馬上投入心力，先觀望一陣子。這種心態常常發生，也拖延了寶貴的執行時間與空間，政策效果自然降低。

學校領導人應該查閱資料、參訪機構，以判斷某項政策是否適用於他們自己的情境。查閱教育資源資料中心（ERIC）可能找到一些文章和其他報告，描述該新政策在別地方實施的經驗。教育部、教育局（處）和學術組織可能提供有用的資料。藉由探索這些管道，領導人應該能夠蒐集足夠資料，以判斷某項政策是否適用於他們自己的情境。

新政策是否獲得足夠的支持

領導人應該問自己的第三個問題是：考慮申請的政策獲得校內外關鍵關係人的足夠支持嗎？政策的實施和議會裡制訂政策、採用政策同樣都牽涉到政治手腕；也就是說，不合作的關係人可以很快地使一項政策脫軌，就像是有敵意的委員會封殺一項政策那麼快。因此，一定要評估提議中的政策得到的支持程度。最重要的是，一定要考慮政策在主要實施人當中得到的支持程度。如果某縣市教育局（處）主張採納一項新政策，他們必須確定將實施該政策的校長和老師接受它。在政策實施時校長扮演非常重要的角色；理論上，校長應該強力支持自己必須執行的新政策。相形之下，學校教師的支持就比較不重要，因為一旦校長接受某項改革的價值，老師通常會給予表面支持，但仍然以各種形式暗中抗拒。總之，由上而下的政策執行方式通常會在學校遭到冷漠或抗拒以對，學校執行時必須確保「至少大部分」老師已能接受該政策。

在學校層級，如果校長是改革的主要倡導者，更要評估校內外支持的力量。他們特別必須確定教育局（如果是私立學校，就是學校董事會）強力支持他們的計畫。如果受到高層反對，想執行政策變革幾乎是不可能的任務。在這種情況下強行採納新政策就會孤立無援，幾乎得不到教育局官員支持，他們也可能成為削減經費時最早的受害者之一。各種政策的細節不一定，但獲得其他關係人諸如家長、社服機構、教師工會和學生的支持也可能有其必要。

在判斷支持力量時，領導人不應該只用猜的。採納政策的過程應該包括持續對話，對象包括將參與政策實施的所有團體和個人，或是可能搞垮政策的任何人。有些人可能要花一些時間去說服，也可能要求部分修正政策內容，都有賴學校領導人去協商溝通，這些協商是政策採納過程的重要元素。領導人應該有夠寬闊的胸襟，不要認為自己懂得最多，而應仔細傾聽其他關係人的想法。

採用新政策的成本效益分析

成本分析和成本效益分析是一種教育者使用的工具。所謂「成本」，指「為了獲得利益所必須付出的任何事物，包括直接成本（活動花費）與間接成本（機會成本）」。例如，要將學校內的一間教室轉變成學生休息室，其成本包括的不只是重新油漆和新設備的花費而已，同時也包括喪失使用該教室的機會。至於「利益」則指「從事特定活動所獲得的任何事物，包括有形和無形的兩種」。

成本和利益都可能是有形的或無形的，如表 10-1，學校領導者也應該同時進行有形和無形的成本與效益分析，分析結果必須在當時特定情境脈絡下詮釋方有意義。舉例來說，當學校領導者發現學校教職員流動率過高，或家長團體對學校的高額收費有所抱怨時，這表示他／她應該較為重視無形成本的部分；相反地，假如學校領導者沒有看到任何教職員有不滿意的指標，而且費用也頗低廉，領導者將不需對這些無形的成本做特殊考量。效益也必須在脈絡情境中被理解，例如，提升形象並不是在每個地方都是重要的，這種分析應與特殊脈

表 10-1 學校設立一間電腦實驗室潛在的成本和效益

	有形	無形
成本	費用 81,593.80 元。	1. 部分教職員工作負荷量加大。 2. 部分教職員的工作壓力加重。 3. 家長對學校的高額費用有所抱怨。
效益	1. 提升學生電腦素養。 2. 增加評鑑分數。 3. 五、六年級教師必須有更多團隊工作的時間。	1. 改進大眾對學校的印象。 2. 五、六年級教師的高昂士氣。

資料來源：Fowler (2009)。

絡情境相連結，才能夠回答下列關鍵問題：「採用這種政策的無形效益是否勝過它的無形成本？」只有答案是肯定時，這個政策才應該被採用。

成本分析與成本效益分析

執行某一政策或方案時所需的有形成本，包括在五個經費和機會成本項目中：人員、設施、設備和材料、顧客投入、雜項投入，每一項解釋如下（Levin & Mc Ewan, 2001）：

1. 人員：包括所有為該計畫工作的全職和兼職員工、支薪的員工和志工。每一種服務的成本都應該以金錢來表示。
2. 設施：包括計畫中所有使用到的空間，像是辦公室以及教室，這種價格歸因，可以作為真實出租或貸款的成本，或者出租類似空間的成本。
3. 設備和材料：包括了必要的辦公室機器、音響設備以及家具。計算這些年度成本，真實價格應依使用的年數劃分，因此，該年度 500 元成本的顯微鏡，可以維持五年，其成本應該是 100 元。
4. 顧客投入：指參與學生或是家長負擔的費用。例如，因為參加活動需要額外支付交通運輸費用，其餘的顧客成本，包括書本、教材或是服裝，都必須購買。
5. 雜項投入：指那些不容易分類為其他四種類型的事物，包括：實用品、維持費、行政一般開支、額外的保險成本，以及訓練計畫。

表 10-2 和表 10-3 分析某一所學校設立一間新電腦實驗室的成本。在這假設性案例中，學校裡有校長、副校長、二十八位教師、兩位秘書、五位餐廳員工、三位管理人員以及五到八年級的 700 位學生。學校已經有一間電腦實驗室了，七、八年級的學生每週需在實驗室中上兩小時的電腦學科。學校領導者希望以州的科技補助經費之便，來增建第二個實驗室，允許 350 位的五、六年級學生，也能每週上兩節的電腦學科。一間空教室目前除了貯存學校視聽設備，也可以用來作為活動的空間，另外將聘請一位新的電腦工程師來操作實驗室和教導班級。

表 10-2 電腦實驗室的成本分析

項目	年度費用總額	第一年的總費用	行政機關支出	其他政府機構	私人捐獻	學生繳費
人員						
電腦工程師	47,350.00	47,350.00	47,350.00			
行政機關技術支援 5%	1,906.50	1,906.50	1,906.50			
2 位志工家長（5hr/wk）	3,751.20	3,751.20			3,751.20	
5 位學生助手（5hr/wk）	4,635.00	4,635.00			4,635.00	
設施						
面積 800 平方呎	3,600.00	3,600.00	3,600.00			
設備和材料						
30 台電腦	7,200.00	36,000.00	10,000.00	20,000.00（州補助金）	6,000.00（當地企業）	
5 台印表機	299.95	1,499.75	1,499.75			
20 個墨水匣	280.00	280.00	280.00			
10 張桌子	200.00	2,000.00	2,000.00			
30 張學生的椅子	225.00	2,250.00	2,250.00			
1 張教師的桌子	12.50	250.00	250.00			
1 張教師的椅子	5.00	100.00	100.00			
1 個金屬檔案櫃	6.25	125.00	125.00			
252 令紙	998.00	998.00	998.00			
顧客投入						
350 本學生用書	3,500.00	3,500.00				3,500.00
3,500 張磁片	900.00	900.00				900.00
雜項投入						
管理費用	3,665.40	3,665.40	3,665.40			
維修費用	2,000.00	2,000.00	2,000.00			
水電費	500.00	500.00	500.00			
增加的保險	250.00	250.00	250.00			
總額	81,284.80	115,560.85	76,774.65	20,000.00	14,386.20	4,400.00

資料來源：Fowler (2009)。

表 10-3 電腦實驗室年度支出的分析

項目	第一年的總支出	第一年之後的年度支出總額
人員		
電腦工程師	47,350.00	47,350.00
設備和材料		
電腦	10,000.00	
印表機	1,499.75	
墨水匣	280.00	280.00
桌子	2,000.00	
學生的椅子	2,250.00	
教師的桌子	250.00	
教師的椅子	100.00	
檔案櫃	125.00	
紙張	998.00	998.00
雜項投入		
水電費	500.00	500.00
增加的保險	250.00	250.00
總額	65,602.75	49,378.00

資料來源：Fowler (2009)。

在計算的過程中，使用到下列程序，大部分人事成本是以年度薪資加上23%的邊際效益為基礎。家長志工的成本計算是以教師助理的薪資為基礎；學生助手的成本則以最低薪資，沒有加上邊際利益來計算的。個人電腦和印表機以五年來計算；學生的用具以超過十年來計算；教師的用具以超過二十年計算。行政人員的一般性開支、維持費以及用具，是以實驗室假設的學校整體成本 2%來加以吸收。

成本分析的用途

這種成本分析十分有用，首先，對壓力大的行政人員或許最為重要，因為它降低了突發性支出的機會，像是一種讓概念化更為精確的過程，例如什麼樣的財政衝擊在新計畫中最不費力，允許決策者照著它去計畫。第二個優點是使學校有可能更容易省錢，例如，可在當地獲得適當的家具，或者可用較少的花費從即將要歇業的生意人那裡購買。最後，成本分析也可讓學校領導者留心潛在的問題。舉例來說，增設電腦實驗室將增加學區技術支援人員的工作負擔，同時也會增加校園行政人員、秘書以及管理者的工作負擔。如果他們在一天中仍有多餘的時間，那麼就應該沒關係，但假如他們的工作量在其他時間都已增加了，那就有必要對它們重新評估。如果額外的職責是反覆添加到特定的位置，最終將會需要更多員工。對這種情境的認知失敗以及早期干預，都會導致教職員工的士氣低落的問題，另一個潛在的問題是增加學生的花費。

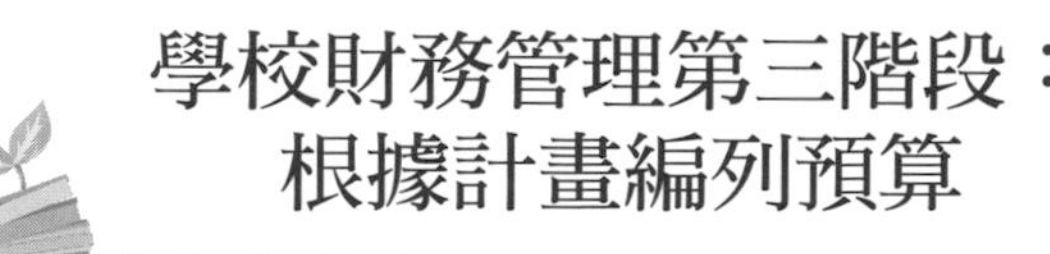

學校財務管理第三階段：根據計畫編列預算

預算（budget）一詞源自拉丁文的 bulga，為「囊袋」之意，往昔英國閣員出席國會報告財政收支時，自所攜囊袋中取出文件報告，該文件資料英文稱之為 budget，後轉借為指稱財政收支之預算。預算的定義與內容與時俱進，現代預算可定義為：政府在未來一定時間，為達成政治、經濟、社會政策目標的目的，根據國家施政方針、施政綱要、施政計畫，以預估之國家整體資源與國民負擔能力為基礎，對所有活動之所有貨幣收支及資源配置運用，事前做整體規畫，依其重要性做先後順序排列，再評估其成本效益，分配使用資金，終而製成一套財政收支計畫書，送經民意代表機關審議同意後，成為政府財政活動的依據，及民意代表機關指導與監督政府一切活動的有效工具（林錫俊，2001）。預算亦可界定為政府為達成政治、經濟、社會、教育及文化之目的，根據施政方針並以整體資源與國民負擔能力為估計基礎，於預定期間經行政程序完成的財務收支計畫。我國中央政府預算制度主要規範於《預算法》中，地方政府尚未制訂相關法令前，亦準用之。簡言之，預算乃是一種數字化、貨幣化的施政計畫書，它一方面表達說明政府財源的籌措方式，另一方面透過支出，顯示政府施政項目與目標。

學校預算之法源

我國學校預算制度長期以來都遵循《預算法》公務預算制相關規定，採「統籌統支」原則，直至民國90年《教育經費編列與管理法》公布施行，始促成政府及學校自主彈性的財政新思維，引進「專款專用」的基金預算制。

《教育經費編列與管理法》於民國89年11月28日立法通過，同年12月13日總統公布，公布後一年內施行。該法共計十八條條文，彰顯教育經費保障合理化、教育經費編列制度化、教育經費分配公開化以及教育經費運用透明化等四大特色。其中第十三條明定「直轄市、縣（市）政府之各項教育經費收入與支出，應設立地方教育發展基金，依法編列預算辦理；其收支、保管及運用辦法，由直轄市、縣（市）政府定之」地方教育發展基金設置之目的是為防止地方政府不當挪用教育經費，亦避免地方政治勢力介入經費審查（陳麗珠，2001），藉此保障教育經費用於教育用途，提高經費跨年度運用之彈性。此外，該法第十四條規定「地方政府所屬學校得設置校務發展基金，其設置辦法，由主管教育行政機關定之」。自始，國民中小學校得仿照大學設置校務發展基金，於經費預算編列、管理與籌措等方面提升自主性與靈活性。學校設置校務發展基金，係指學校能自行籌措公部門資金外資源，亦能彈性運用籌措而來的資源，促使學校財政邁向自治管理的新趨勢。對地方政府而言，所轄學校設立校務發展基金雖可提高財務自主權，亦可能降低對學校的控制力，但立法通過之十年間並未能普遍實施。此外，學校所在地的區域性質亦將影響學校籌措校務基金，如偏遠地區的小型學校，由於區域工商不發達，家長所得不高，於資金籌措上仍有阻礙。由此可見，教育主管行政機關意願及學校所在區域特質皆為校務發展基金無法普遍推行的影響因素。除臺北市與高雄市全市實施地方教育發展基金的進度超前外，其他縣市之落實地方教育發展基金進度相對緩慢。直到2011年新五都之地方制度實施之後，方加速實施之腳步。

依據《預算法》第十六條規定，預算種類有：

1. 總預算：屬於普通基金。
2. 單位預算：屬於普通基金。
3. 單位預算之分預算：屬於普通基金。
4. 附屬單位預算：屬於特種基金。
5. 附屬單位預算之分預算：屬於特種基金。
6. 特別預算：議會審核一次即可，亦屬於普通基金。

《預算法》第四條指出：「稱基金者，謂已定用途而已收入或尚未收入之現金或其他財產。」基金分為普通基金與特種基金兩類，歲入供一般用途者即為普通基金，而歲入供特殊用途者則為特種基金。每一個普通基金都有收入及支出，均應編列預算，其按機關別所編的預算稱單位預算。公務預算只是「單位預算」的俗稱，在《預算法》中並無這個名詞。普通基金（公務預算）需每年度審核一次且無法補辦預算。而基金預算係每一個自治團體或為某一特定政事，或為照顧某一特定弱勢族群，或為基於受益者付費、使用者繳費原則，成立專款專用或使用者繳費之特種基金，其收支係編列附屬單位預算。基金預算只是「附屬單位預算」的俗稱，在《預算法》中並無此一名詞。舉例而言，中央及地方各縣市所屬機關、地方各縣市政府底下所屬各局處會部屬於單位，故其均是單位預算，屬於普通基金預算範圍。縣市所屬中小學校係教育處、局（單位）管轄為附屬單位，均是附屬單位預算，屬於特種基金預算範圍。

地方教育發展基金之來源

《教育經費編列與管理法》第十三條規定：「直轄市、縣（市）政府之各項教育經費收入及支出，應設立地方教育發展基金，依法編列預算辦理。」

地方教育發展基金必須遵守以下兩個原則。

教育收支均納入基金

地方教育發展基金之資金來源，計有：政府依預算程序撥充之款項收入、各級政府機關補助收入、推廣教育收入、建教合作收入、場地設備管理收入、場租門票收入、基金之孳息收入、個人或團體捐贈收入與其他收入等。地方教育發展基金之用途，計有：教育行政支出、所屬教育機構支出、教學支出、進修與研究支出、教育活動支出、推廣教育支出、建教合作支出、補助與獎勵支出、增置、擴充及改良資產支出與其他支出。所有教育收支均應納入基金管理。

以政府預算作為主體

基金雖有多項收入來源，然國民教育係屬義務教育，經費應由直轄市或縣（市）政府編列預算支應。《國民教育法》第六條規定，國民教育的財源包括：直轄市或縣（市）政府一般歲入、直轄市或縣（市）政府依《平均地權條例》規定分配款、縣（市）地方稅部分，在《稅法》及《財政收支劃分法》規定限額內籌措財源。中央政府應視實際國民教育需要補助之。

地方教育發展基金之屬性

依據《預算法》規定，預算之編列先依機關別分為單位預算、附屬單位預算、特別預算，再依基金的性質分類編入。依《預算法》第四條規定：「稱基金者，為已定用途而已收入或尚未收入之現金或其他財產。」基金分普通基金與特種基金兩類。普通基金係歲入供一般用途，也就是一般所稱以機關別編列的公務預算，例如，高雄市政府、高雄縣政府、屏東縣政府等均屬於公務預算的範疇，普通基金須每年度審核一次且無法補辦預算。特種基金係指政府於年度預算中依相關法律提出一定數額經費以作為基金之收入，並限定用於特定之政務或計畫者，特種基金有營業基金、債務基金、信託基金、作業基金、特別收入基金、資本計畫基金六種。依照地方教育發展基金之性質，以及現行《預算法》之規定，可為特種基金單位預算或特種基金附屬單位預算。教育部允許由各縣市政府考量監督管理機制，即預算籌編人力等因素，自行斟酌辦理。

目前縣市政府對於地方教育基金之性質採「特種基金單位預算」之方式，以此作為教育發展基金之定位，且依據「各縣市總預算編制要點」，於該縣（市）府單位預算下設「地方教育發展基金」業務計畫，編列有關《教育經費編列與管理法》所規定之經費，不影響各縣市政府原有單位運算之運作。對於各縣市政府採行何種基金，教育部並未統一規範，而由各縣市政府考量各項資源決定之。公務預算其資金調度採公庫統收統支方式，執行彈性並不大。而附屬單位預算特種基金與現行公務單位預算編制方式及其執行彈性相比，則差異較大。依據 102 年 12 月 18 日修正之《預算法》第八十八條：附屬單位預算之執行，如因經營環境發生重大變遷或正常業務之確實需要，報經行政院核准者，得先行辦理……。但其中有關固定資產之建設、改良、擴充及資金之轉投資、資產之變賣及長期債務之舉借、償還，仍應補辦預算。每筆數額營業基金三億元以上，其他基金一億元以上者，應送立法院備查；但……因應緊急災害動支者，不在此限。

基金預算與公務預算的比較

我國公立教育機構採取公務預算之運作方式，主要是依據政府公布的各項費用標準，編制成各項計畫的預算，再由政府依各校所報預算加以核定。這種傳統預算方式存在著：年度消化預算、經費運用缺乏彈性及誘因不足等缺失；加上學校財務管理當局往往只在意合乎規定程序與否，卻欠缺整體經營的理念。為改善此種缺失，提升教育經費的使用績效，在民國 89 年制訂《教育經費編列與管理法》中，明文規定以基金的方式編列教育預算。

普通公務單位預算

以普通基金之單位預算型態編制預算。歲入以擬變更或擬設定之收入為主，審議時應就來源別決定之；歲出以擬變更或擬設定之支出為主，審議時應就機關別、政事別及基金別決定之。全部收入均須繳庫不得挪移墊用。如有超支，除動支預備金或流用外不得超支。經費支出用途別科目間，除人事費不得流入之外，其餘受 20%至 30%一定比例限制。收支併列經費，超收繳庫，超支部分，除動支第二預備金外不得超支。資本支出未編列預算時，除動支第一、二預備金外不得辦理。跨年度經費預算，依規定有法律義務不及支付事項者，得依預算保留要件規定辦理。年度賸餘款，須停止支用自動解繳公庫，易衍生消化預算的疑慮。統籌統支，無盈虧問題，不重視成本效益。年度經費由政府全額編列預算支應，所有收入亦同時繳庫，不具募款的誘因。

特種基金附屬單位預算

以特種基金之附屬單位預算型態編制預算。預算審議時以基金運用計畫為審議的內涵。歲入預算執行無需解繳公庫，並可超收。歲出預算執行除超出法定預算之用人費、文康活動費、福利互助費、公共關係費、國外旅費、捐助或補助項目等須先報經市府核准始得辦理外，如有需要則可超支。經費支出用途別科目間無流用的規定。超收得超支，可就超收部分由機關首長核可動支，較具彈性與時效性。資本支出未編列預算時，得在「當年度非計畫型資本支出預算總額內」調整支應。若無法在「當年度非計畫型資本支出預算總額內」調整支應者，應專案報經教育局核轉市政府核定辦理，並應補辦預算。在經費保留方面，經常門因有併決算機制，無需辦理保留，資本門可依規定辦理補辦預算。至於年度賸餘款依「中央政府非營業基金賸餘解庫及短絀填補注意事項」分配後，可留存基金循環運用。但學校未必擁有全部賸餘款支用權，仍須視當地地方政府之規定。特種基金附屬單位預算，重視成本效益較不會消化預算，且可募款來增加學校收入，故學校之財務自由度增加。

國民中小學校採行公務預算制係指遵循「統籌統支」原則，其財務體制附屬於公共行政體系，由政府統一規畫與整體調度分配，各項經費之編列與執行須依法定標準及用途限制等相關規定進行。公務預算制運行於學校之特點包括：(1)學校非財務獨立的會計個體；(2)學校校長為維護預算須至議會備詢；(3)學校所有收入須繳國庫；(4)學校支出用途受限且結餘須繳還國庫；(5)學校不得與外界發生借貸或資金融通關係。上述特點亦顯現於《預算法》相關規定，如第六十一條規定「各機關執行歲出分配預算，應按月或分期實施計畫之完成進度與經費支用之實際狀況逐級考核之……；其下月或下期之經費不得提前支用，遇用賸餘時，除核定列為準備者外，得轉入下月或下期繼續支用，但以同年度為限」。另第六十二條規定：「總預算內各機關、各政事及計畫或業務科目間之經費，不得互相流用。」在在凸顯公務預算制束縛多、失彈性的主要特點。正因為公務預算制受限於繁瑣的程序規範，導致實務運用上衍生諸多問題。行政院教育改革委員會（1995）於第一期諮議報告書即指出公務預算制之缺失如下：

學校缺乏整體經營理念、政治力介入、財務效率低落、消化預算及無法納入社會財源等，於是引發預算制度改革聲浪。基金預算制比公務預算制更為彈性，能靈活籌措與管理經費，亦能促進開源節流，成為替代公務預算制的新選擇。尤其，公共支出本應撙節成本、回應顧客需求並正視成本效益，基金預算制順勢成為當前預算制度發展的目標。茲針對附屬單位預算基金（以下簡稱「基金預算制度」）與單位預算（以下簡稱「公務預算制度」）之優劣進行比較分析如下（見表 10-4）。

預算審議

在公務預算制度中，公立教育機構視同行政機關，民意代表便得以審議預算為由，要求校長或首長必須赴立法院或議會備詢。而民意代表介入學校工程、干涉人事、強行推銷文具書籍等事件時有所聞。基金預算制度隨同主管機關預算送審，但營業基金部分通常在總預算審議後方進行審議，政治因素介入可能性降低。

執行額度

在公務預算制度中，除動支第一、二預備金或流用外，超收繳庫，不得超支。在基金預算制度中，除公共關係費、國外旅費、捐助或補助等受法定預算限制外，其餘倘有需要超收得超支。例如，學校經費中的教學研究及訓輔支出項目之材料用品費用等，當年度得視需求超收超支，基金預算制度相對較富彈性。

經費流用

在公務預算制度中，除人事費不得流入外，其餘科目則有 20%至 30%流用之限制。基金預算制度中，在經費用途上並無流用之規定，經費科目之間的流

表 10-4 實施基金預算制度與公務預算制度之主要差異

性質	公務預算	基金預算
一、預算審議	公立教育機構視同行政機關，易有民意代表藉機干涉。	隨同主管機關預算送審，但營業基金部分通常在總預算審議後方進行審議。
二、經常支出是否得超支	超收繳庫，不得超支。	除法定預算限制外，其餘有需要超收時得超支。
三、經常支出用途別間之流用	除人事費不得流入外，有20%至30%流用之限制。	用途別無流用之規定。
四、資本支出未列預算	除動支第二預備金外，不可以辦理。	除部分項目應報准同意辦理外，其餘可由學校自行在當年度預算總額內調整支應。
五、經費保留	經常及資本支出應報核准始得保留。	資本支出如需繼續辦理，可申請保留，經常支出則無需保留。
六、資金調度	國庫統收統支，無資金調度問題。	脫離國庫統收統支，自行統籌調度資金。
七、經費運用	由縣庫統收統支，自有收入無法自行運用。	資金除可轉存定期存款外，亦可投資政府債券、國庫券或其他短期票券。 「未指定用途」之捐贈收入可從事多元理財投資。
八、消化預算	較有可能。	比較不會。
九、年度賸餘款	除應付款或保留數準備外，須停止支用，自動解繳國庫。	按「中央政府非營業基金賸餘解庫及短絀填補注意事項」分配後，留存基金循環運用。
十、盈虧負擔	無盈虧問題。	收支互抵不足部分原則由市庫編列預算撥補，並自行控制盈虧。
十一、募款部分	無募款誘因，亦無壓力。	有募款誘因，無募款壓力。
十二、支出憑證保管及送審	隨會計月報送審計部審查。	由學校自行保管。
十三、自籌比例	政府全額編列預算支應。	目前尚不受各校自籌比例高低影響。

資料來源：陳麗珠（2010）。

用空間相對寬鬆。

補辦預算

在公務預算制度中，資本門除動支第二預備金外，不可以辦理補辦預算。基金預算制度中，除部分項目應報准同意辦理外，其餘可由學校自行在當年度預算總額內調整支應，以補辦預算辦理。

經費保留

公務預算制度中，不管是經常門或資本門支出，均應報核准始得保留。基金預算制度中，資本門支出如需繼續辦理可申請保留，經常門支出則無需辦理保留。

資金調度

公務預算係國庫統收統支，無資金調度問題。基金預算脫離國庫統收統支，設立專戶儲存，自行統籌調度資金。

經費運用

公務預算在體制上為普通基金，經費使用限制極嚴格，較無預算執行彈性，經費運用容易造成消化預算、資源浪費等不具經濟效率情形。公立教育機構經核定的各項支出預算，需依照原訂計畫用途支用，變更用途之程序及限制相當繁複，使得經費使用缺乏彈性，如有經費不足而需追加預算時，則甚為困難。基金預算機關在預算執行期間，因市場狀況之重大變遷或業務實際需要而增加之收支，列入年度決算辦理。依「基金收支保管運用辦法」規定，基金餘額可報准後存入銀行增加孳息收入外，且年度賸餘款可滾存再利用，促使經費運用彈性化，有利於學校進行長期及整體規畫，提升學校整體競爭力。

核銷預算

公務預算於年度結束之前，因未核銷款項必須繳庫，故盡可能核銷，即使未使用先購置累存，故較可能有消化預算、浪費公帑之嫌。基金預算則因賸餘款可累積滾存，學校可累積經費作為長遠規畫之用，比較不會出現消化預算的情形。

年度賸餘款

在公務預算體制下，教育機構所有的收入須悉數繳交政府公庫，所有支出由政府依照規定程序編列預算，再由公庫撥應，若年度預算賸餘，尚須繳還公庫，支用未達一定比例須受議處。因此，導致各公立教育機構在年度預算結束前，急於消化預算。基金預算按「中央政府非營業基金賸餘解庫及短絀填補注意事項」分配後，年度賸餘可留存基金循環運用。

盈虧負擔

兩種預算雖皆以政府撥入款項為主要經費來源，唯公務預算屬於統籌統支，並無盈虧問題。基金預算收支互抵不足部分，原則由市庫編列預算撥補，其餘項目則由學校自行控制盈虧。

募款方面

公務預算誘因不足，亦無募款壓力，學校場地出租給外界使用之租金收入須繳庫，而使用之管理及維修則須由學校自付，因而降低開闢財源的誘因，造成學校難以開源亦無意願開闢財源。基金預算目前雖亦無募款壓力，但募款主要在增加學校收入及學校對經費使用的自主權，促使學校特色之有利發展，藉以提升學校競爭力。

憑證審核方面

公務預算支出憑證除經同意就地審計外，隨會計月報送審計部審查，在經費效能評鑑與考核上，僅有年度預決算送議會審查及每三、四年一次之審計部門抽樣審查；另外教育部之特定補助經費或整批補助經費下授與學校（如：教育優先區計畫、攜手計畫等經費補助）後，教育部每隔二、三年會對受補助學校抽樣評鑑，獎勵評鑑優良學校，並針對評鑑有缺失的學校要求提出改善措施。如此經費使用效能不易彰顯，無法全面評鑑受補助學校，學校極有可能心存僥倖而不落實執行補助經費。另一方面，基金預算會計報告仍須每月陳報，支出憑證由學校自行保管，以備審計部派員查核，績效報告以半年一期陳報。

自籌比例

在公務預算體制下，收入要全數繳庫，學校所需經費由政府全額補助，並無自籌比例之疑問。基金預算制度之學校經費來源，除政府部分撥付補助外，學校須自籌財源，包括捐贈收入、場地出借收入、募款、場地委外經營等，經費來源不再只依賴政府補助，而藉由學校積極擬定開源措施朝多元化籌措，並與政府共同分擔教育經費籌措責任。唯教育部補助經費目前係依分配公式計算，尚不受各校自籌比例高低影響。

基金預算制度無論係在預算審議與編列、資金調度與運用、預算效率與評鑑上，皆較公務預算富有彈性與效率，然基金預算制度預算編列與會計作業繁瑣，不但會增加會計人員的工作負擔，也給學校行政人員帶來莫大壓力；相較於公務預算制度，基金預算制度有其特殊性，會計人員的專業素養與學校相關成員的心理調適將影響學校團隊合作氣氛與行政效率。

另值一提的是，一般人容易將「地方教育發展基金」與「校務發展基金」

混為一談，兩者雖皆屬於特種基金之基金預算，在功能部分也有重疊之處，但由於設立時間、管轄機構與範圍略有不同，故仍有所區別。《教育經費編列與管理法》第十四條規定：「地方政府所屬學校得設置校務發展基金，其設置辦法由主管教育行政機關定之。」立法時，由於考量國民教育階段仍屬義務教育的範圍，學校自籌能力有限，若由學校自籌經費並自由支用，將造成學校之間貧富差距加大，所以第十四條僅以「得」設置校務發展基金規範之。以高雄市為例，自民國86年12月15日議會通過後，即鼓勵所屬國民中小學及高級中學成立「校務發展基金」，以利學校經費之彈性運籌。及至民國89年12月13日公布《教育經費編列與管理法》後，市政府隨即依規定成立「地方教育發展基金」，主管單位考量由於兩種基金功能性類似，便即凍結學校自行再成立「校務發展基金」，因而目前仍有部分學校維持兩種基金並行運作的模式。高雄縣所屬中小學成立校務發展基金的學校數十分有限，僅部分都會區的大型學校比例上較高。近年來整體教育經費縮減，教育部為充裕學校經費，已要求國立高中職成立校務發展基金，自籌部分經費；2004年修法提案中建議各級政府「應」訂定高級中等以下學校校務基金設置辦法，「鼓勵」所屬學校設置，顯然政府態度已從消極轉向積極，但仍由學校自擇是否設置。至於國中小學是否比照高等教育與高級中等教育設置基金，其實在第十三條落實實施「地方教育發展基金」之後應可解套，因為地方政府六年來陸續依法成立地方教育發展基金，各級縣（市）屬學校亦已比照編列基金預算，學校在基金預算制度下，依法可自籌經費並跨年度滾存運用（陳麗珠，2009）。簡而言之，「地方教育發展基金」應由縣市政府層級設立，屬於法令規定範疇，但因採取預算類型有異，而在權責劃分上亦有所不同。高雄市以教育局為主管機關，各級學校等為管理機關，高雄縣則以縣政府為管理機關；而「校務發展基金」屬於學校層級，設立與否須視學校意願、家長社經背景、募款能力而定，兩種基金雖皆是為了追求學校經費使用效率化、彈性化，然部分功能仍有重複之處，校務基金來源若主要係侷限於捐贈、孳息及其他收入之彈性使用，在落實「地方教育發展基金」制度後，理應可同時解決自籌經費運用與年度賸餘款滾存的問題。

學校財務管理第四階段：執行學校預算

學校經費收入來源包括公部門與非公部門等兩大類，而學校經費支出用途包含教學費用、行政費用與建築設備費用等三大類。依據不同的學校預算制度，有不同的會計科目劃分結果，但所涵蓋之內容實為大同小異。

學校收入經費

學校經費的收入來源可分為公部門與非公部門來源。公部門來源包括地方政府編列預算及其他各級政府補助，非公部門來源包括校內收入與其他捐贈等，分述如下（陳麗珠等，2005）。

地方政府編列預算

地方政府年度編列之預算乃國民中小學校經費主要收入來源。地方政府教育經費預算編列程序規定於《教育經費編列與管理法》第十二條，該條文說明地方政府教育行政機關所屬教育機構與公立學校應訂定中長程教育發展計畫，報請該管主管教育行政機關審查通過後，提送地方政府教育審議委員會審議。待委員會審議通過，應依行政院教育經費基準委員會核定之基本需求與分擔數額，提出地方政府教育行政機關所屬教育機構與公立學校之預算數額建議案，作為該管主管教育行政機關編列年度教育預算之依據。由此得知，地方政府教育預算編列依據包括學校教育發展計畫與教育基本需求基準（如：學校所在位置、學校員額編制、學校規模、學生數）。地方政府編列之教育概算經法定程序審查核定通過完成法定預算後就照案實施，按月或按期編製預算分配表，由主管機關撥入學校專戶庫存支應，而經費支用於每月或每年年度終了時，應編造收支結算書報核。

其他各級政府補助

除了年度預算外，學校亦可依照本身條件與意願向其他各級政府申請執行專案計畫，以獲得特定教育補助。補助款可能來自教育部、教育局（處），也可能來自中央其他部會，或是其他公務機關（如鄉鎮區公所）。例如，學校內有一定數量的原住民學生，就可以向原住民族委員會申請相關的專案補助。

校內收入

學校校內收入包括雜費、代收代辦費、員生消費合作社、場地設備租借以及推廣教育等財源。國民中小學校基於義務教育不得向學生收取學費，唯可依據地方政府公布之雜費暨各項代收代辦費收取基準向學生收取合理費用，包括雜費（免納）、代收費（如：班級費、家長會費、學生活動費、學生平安保險費、網路使用費）、代辦費（如：學校午餐費、教科書書籍費、國小課後托育活動費、國中學生課業輔導暨課後照顧學習活動費、寒暑假學習活動費）。員生消費合作社亦能善用盈餘設置獎助金。此外，學校基於資源共享及有效利用之原則，開放場地設備供外界租用以收取相關費用。另有學校結合社區需求開辦推廣教育班，藉此籌措經費來源。

其他捐贈

其他捐贈收入包括家長會、校友會、地方回饋基金與各界捐款。家長會財源包含家長會費收費及委員自願贊助經費，其經費管理得以獨立自主運用。校友會則是透過校友的經費贊助與回饋獲取財源。地方回饋基金係指學校所在地若設有公立機構，該機構為回饋鄉里於每年以回饋基金或敦親睦鄰基金等名義捐資經費予學校。而各界捐款來自於團體、組織與個人之捐款，多為熱心參與教育事務之社區人士、地方仕紳、企業及宗教團體等，提供學校人力、心力與財力上的支援。

由上述探討結果得知，學校收入經費來源相當廣泛，包含地方政府編列預算、其他各級政府補助、校內收入及其他捐贈等。然不同學校預算制度對於學校收入經費有相異的預算科目編制。就公務預算制而言，依《預算法》第十條規定，學校年度預算依經費性質劃分為經常門和資本門兩大類，其劃分原則係將資本門包含之範圍逐項列舉，至於資本門外的各項收支則概括列為經常門。經常門包括固定薪資、行政管理費、各科教學費等；資本門包括教學設備的執行管理費與修建工程等。因此，地方政府編列之學校預算有經常門與資本門預算。其他收入經費則涵蓋專案補助款與自籌財源部分。就基金預算制而言，以《高雄市教育發展基金收支保管及運用自治條例》第三條之規定為例，基金來源包括本府依預算程序編列撥充款、中央各機關教育經費補助收入、學雜費及保育費收入、推廣教育收入、建教合作收入、場地設備管理收入、場租門票收入、捐贈收入、孳息收入，以及其他收入等。

學校支出經費

學校經費的支出用途可分為經常門與資本門支出。經常門支出包括教學費用與行政費用，涵蓋人事費、事務費、業務費、維護費、旅運費、材料費、補助與捐助費、委辦費、獎勵及濟助費、損失及賠償費、特別費等。資本門支出包含土地購置費、房屋建築費、其他建築費、機械設備費、交通及運輸設備費、資訊設備費、其他設備費等。以《高雄市教育發展基金收支保管及運用自治條例》第四條之規定為例，基金用途包括教育行政支出、教育訓練支出、教學支出、教育活動支出、研究發展支出、推廣教育支出、建教合作支出；還有補助、捐助、濟助及獎勵支出；增置、擴充及改良資產與設備支出，以及其他與教育有關支出等。

由上述探討結果得知，學校支出經費依據用途目的主要區分為三大類，包括與教學直接相關的教學費用、與教學間接相關的行政費用，以及支援教學的建築設備費用。細項又可分為人事費、業務費、材料費、設備費、購建資產費、補助與捐助費等，儘管各縣市會計科目分類不全然一致，仍不脫離此類項目。

然不同學校預算制度對於學校支出經費有相異的預算科目編制。首先，就公務預算制而言，依表 10-5 所示，在公務預算制度中，學校收入皆來自於主管機關，學校支出則可分成：一般行政（含人事費與業務費）、各科教學業務（含人事費、業務費與獎補助費）、一般建築及設備（含設備及投資）。支出用途別科目包括人事費、業務費、獎補助費、設備及投資費等，另有統籌款支出（含教育人員退休給付、教育人員撫卹給付、公務人員各項補助）。另一方面，就基金預算制而言，依表 10-6 所示，在基金預算制度中，學校收入經費分為教學收入、財產收入、政府撥入收入及其他收入。由此顯見兩者預算制於收入經費項目分類之差異。學校支出經費分為教學支出、教學行政支出、購建資產計畫及一般行政。細項又可分為用人費用、服務費用、材料及用品費、租金、償債與利息、購建固定及無形資產、會費、捐助、補助、分攤、救濟與交流活動費、其他費用等。

學校執行專案補助計畫之準備

學校除了年度預算之執行外，也要執行各種專案計畫。計畫不一定要鉅細靡遺，因為過度詳細的長期計畫可能只代表一個人或小團體的想法，缺乏彈性的計畫可能不會成功。在適度的計畫提出之後，必須根據經驗隨時準備修正計畫，尤其是在政策執行關鍵的第一週。當方案逐漸發展，還要根據環境的改變而做調整，例如改變資源層級或轉換政治型態。

步驟一：成立執行指導委員會

參與規畫的人員可以組成一個「指導委員會」，第一個方法是成立一個「大型」的指導委員會，代表所有的利害關係人，這樣的委員會包括行政人員、教師、家長、支持人員、社區代表、上級官員，可能的話還包括學生和社會服務工作者；另一個方法是成立一個「小型」的指導委員會，包括了一些主動參與和強烈投入這項方案的人員。兩種計畫團體都可能成功，但在利害關係人對於

表 10-5 公務預算制支出科目分類

分支計畫	用途別科目
一般行政	人事費
	法定編制人員待遇
	約聘僱人員待遇
	技工及工友待遇
	獎金
	其他給與
	退休退職及資遣給付
	保險費
	業務費
	水電費
	通訊費
	一般事務費
	車輛及辦公器具養護費
	國內旅費
	特別費
各科教學業務	人事費
	約聘僱人員待遇
	業務費
	水電費
	通訊費
	兼職交通費
	物品費
	一般事務費
	車輛及辦公器具養護費
	國內旅費
	獎補助費
	對學生之獎補助
一般建築及設備	設備及投資費
	公共建設及設施費
	雜項設備費

資料來源：陳麗珠（2010）。

表 10-6 基金預算制收支科目分類

基金收支	來源（用途）科目
基金來源	教學收入
	學雜費收入
	建教合作收入
	推廣教育收入
	財產收入
	租金收入
	資產使用及權利金收入
	利息收入
	政府撥入收入
	市庫撥款收入（經常性）
	市庫撥款收入（資本性）
	政府其他撥入收入（經常性）
	政府其他撥入收入（資本性）
	其他收入
	受贈收入
	雜項收入
基金用途	教學支出
	教學研究及訓輔支出
	建教合作支出
	推廣教育支出
	其他教學及活動支出
	教學行政支出
	教育業務發展管理
	教育統籌經費
	教育訓練研習業務
	購建資產計畫
	一般建築及設備
	興建校舍及教育體育設施
	一般行政
	行政管理

資料來源：整理自「高雄市年度教育發展基金預算分配表」。

教育政策有和諧一致的共識時，大型、廣大的指導委員會比較適合；而在有衝突歷史的情境下，小型的指導委員會可以運作得比較好。通常委員會成員人數不多時，衝突較少。委員會必須將基層的校長與教師列入，因為只有他們知道推動政策的最佳時機與可能遭遇的問題。如果社區代表未參加指導委員會，則計畫者與這兩個團體間的系統溝通管道必須在一開始就建立並持續運作，以避免黑箱作業的批評。

步驟二：確認執行需要的技巧

從事計畫的團體將試著預期開始實施時所有主要的先決條件，這不是一件容易的事。將新政策付諸行動需要集合廣泛的資源，例如：物質、設備、訓練者、協商者和適當的空間。開始實施的前幾個星期出現的一些資源是決定性的，因此，學校領導者能做最完善的預期。

在執行前確認執行需要的技巧就是「事先規畫」（forward mapping），提前的詳細計畫其第一個階段是發展出書面劇本，以充分規畫新政策執行初期可能面對的結果。

步驟三：蒐集資源

執行補助計畫時，雖然補助款來自補助單位，但學校要申請之前則必須仔細分析什麼資源是必需的以及實施前後該獲得何種資源，以下分別就金錢、時間、人員、空間、設備與材料討論之。

金錢

金錢可以換取其他資源（人力與物力），其重要性不言可喻。許多政策的實施受到由政府或私人基金會提供的補助金所支持，不過，比起可獲得的補助經費總數，更重要的是經費如何花費，把每一分錢都花在刀口上。

時間

政策的改變需要投入許多時間，因為建立新行為模式比起例行活動需要花較多的時間，因此政策執行者將會花很多額外時間在執行上是合理的，較不合理的是期望教職員工每天工作十二至十五小時或貢獻他們的假期在工作上，這種過度的需求會造成失敗。因此，當領導者集合資源時，必須採取合理的計算方式，確定政策執行可以完成，並確保他們期望教師和校長能增加的最高工作天數不是以超時工作的方式完成，這樣才算是時間充裕。

人員

不是每一項新政策都會增加聘僱人力，但新政策的執行免不了適度改變工作人員的調度，然而，執行政策中最重要的人事決定，在於選擇一個願意承擔主要推展計畫責任的負責人或協調者，計畫才有希望成功。此外，針對執行者提供人員訓練和各種的支持協助也相當的重要。

空間

執行前必須先評估既有的空間是否適合政策實施或因應需要做一些變更。空間需求之評估問題包括：教室空間是否夠大以因應新教學方法、教室／辦公室是否有足夠的貯藏空間擺放新設備或器材、教室／辦公室是否有供應現代科技的電線裝置、是否有足夠空間提供辦公室、是否有提供安全的貯藏空間擺放新設備、設備是否有妥善維修。

設備與材料

政策改變經常要依賴特殊機械和用具，例如，電腦輔助教學的政策需使用大量的電腦設備，但有時候新計畫設備的需求並不明顯，此時領導者必須先分析什麼資源是必需的並且列入預算表中。

學校執行專案補助計畫之過程

要成功地執行一項教育政策，必須包含三種重要成分：監督與回饋、持續的協助，以及適時處理問題，以下分別敘述之。

監督與回饋

在教育界，成敗全靠自己的方法是一個舊傳統，執行成功在於持續對執行的過程保持密切注意，領導者的監督工作包括經常的訪視、深入與執行的教師談話、經常與上級溝通學習的內容和建立行政聯繫等。除此之外，校長和行政人員亦應參與整個計畫的提升品質和改良的過程，他們必須實際與政策施行者接觸、聽取他們的意見，才能發展出更新、更完善的計畫。

持續的協助

支持的最佳形式是提供協助，最好整個政策施行過程都能提供協助，當第一線的執行者感到困惑時，學校領導者必須提供他們協助，這些協助有許多形式，包括訓練、會議、諮詢、參訪、外部協商、提供助手與資源、工作坊、經驗交流、傾聽等。

適時處理問題

問題可分為三種：(1)與計畫本身相關的問題，這種最容易解決；(2)與人相關的問題，這是第二種難題；(3)與環境相關的問題，這種是最難解決的問題（見表 10-7）。面對這些問題時，可能會有兩種方式：第一，可置之不理，直到問題出現轉機；第二，視之為政策執行過程（正常的）一部分，繼續執行下去。

如果要積極解決問題，可能採取的策略可分為三種：(1)技術性的：分析問題對症下藥；(2)政治性的：鼓勵他人解決問題；(3)文化性的：建立共同的信仰、價值觀、符號。三者之中，最有效的是技術性的方法。一個好的學校教育領導者，會視情況巧妙運用三者（見表 10-8）。

表 10-7　政策執行問題之分類

關於程序	關於人員	關於校園環境
合作不足	標的團體無反應	團體間競爭
延遲	缺乏技巧	外在壓力
衝突	消極態度	無預期的突發事件
缺乏計畫	抗拒	對於關鍵決定無權力
目標矛盾	懷疑	物質環境
		資源不足

資料來源：Fowler (2009)。

表 10-8 處理政策執行問題的方法

技術性	政治性	文化性
細分方案	建立代表性專門小組處理問題	會中針對企劃頻繁討論
	命令職員參與	執行者間非正式頻繁討論
建立專案小組	使用誘因激勵參與	增加目標的一致性
分段執行	調離不支援的職員	宣傳企劃
訓練職員以帶動其他職員	將執行隔離於社區壓力	改善組織氣氛
修正訓練方式合於職員需求		使用激勵性技巧（如：口號、T 恤）

資料來源：Fowler (2009)。

具備三種成分之後，也要注意執行過程的時程先後。最好的開始時機通常在一個學年或一個學期的開始。執行政策的歷程分為兩個階段：初期及後期。

政策執行初期

政策實施初期，如果沒有任何阻礙，可能不是好的兆頭！這可能代表學校對於新政策帶來的學習效應並未能夠完全掌握。所以即使執行完畢，可能學校沒有任何改變，也就無法達成政策所設定的目標。

在政策執行初期，正常的情況反而是困難的開始。學校層級的執行者（如：校長、主任）必須以新的方式執行學校的日常事務，此時還在學習與適應新政策（如：加入課後輔導的新課表、新的學生活動），難免會感到負擔加重，因此憂慮及困擾的情緒總是難免。有時候行政人員對於新政策的不確定也會傳染給第一線教學的老師，使政策執行初期並不是很順利。

在此階段，有幾個方法可以幫助老師克服困難，包括事前的充分準備和提供充足資源，此外，在職訓練和適時提供協助也是相當的有幫助。最不好的情況就是縮小或改變執行內容與規模，修正計畫內容以求順利完成，如果修正過的政策沒有與原來的政策真正相互適應，變成一種虎頭蛇尾（midgetlizing）的怪現象，亦即是將原來政策做了部分修正，形成「上有政策，下有對策」。

總之，政策執行初期過於順利並不是最佳的情況，反而是艱辛的開始。雖然未必能預言成功，但順利的開始卻是失敗的一半。所以政策執行要成功必須具備三個因素：(1)艱辛的開始；(2)領導者給予組織成員適度壓力，要求繼續不斷嘗試新方法；(3)各種持續的協助。簡言之，政策執行的初期，關鍵在於政策的改變和執行者壓力與支持下的堅持。

政策執行後期

經過艱困的執行初期，學校可能逐漸適應比過去多辦理一些活動、增加一些措施、調整新的課程與教學方式等，當政策持續進行，學校行政人員有能力也有行動力去做出新政策所要求的行動，並且能夠排除錯誤並安排有效的替代方案。活動的紀錄與相關的文書或手冊，記錄整個計畫發展的標準工作程序。學校採用新政策於特定或全體學生，或運用於教學與課程，使學校的運作漸進式地改變。換句話說，執行新政策要追求的是為學校帶來「真正」的改變，因此政策的效果不會一蹴可幾，通常必須持續進行一段（超過一年）的時間方可逐漸成形，才會有「漸入佳境」的感覺。一般而言，執行約歷經十八個月後才是真正的成功。

政策執行後期即使計畫已成功，學校領導者也不能鬆懈。政策執行後期是否順利，端視初期執行的成功與否。如果執行的結果是部分成功或是成功，那麼人員對新政策都能接納，也對自己達到政策要求的能力感到有信心。但領導者還是不能完全鬆懈，一些小問題還是會偶爾出現。假如政策持續進行或將成為制度，必然會有小問題不斷出現，必須誠實面對並加以克服。如果結果失敗了，除了行政人員的負面情緒與精神疲乏之外，將來如果還有新政策要執行，信心不足帶來的嘲諷態度絕對是在所難免。

除了上述政策在執行初期就失敗之外，還有兩種失敗的情形：第一種，執行中縮小執行規模，虎頭蛇尾不能算完全成功；第二種，到了執行後期完全失敗。第一種經常發生在政策執行尚未成熟的五至六個月後，這時候初期的執行已經略見成果，執行人員的鬆懈心態會將執行範圍縮減，例如新政策僅在特定年級、班級、學生身上執行，以節省資源、人力與精神。但這種小規模的成功不算是真正的成功，只能算是局部的實驗罷了，執行結果能否推廣至其他學生與班級，仍然言之過早！

到了約十八個月後的執行後期，如果政策確定完全失敗而放棄，帶來的問題更大。當一個政策執行不順利，難免會喚起組織成員消極的情緒，這類消極的情緒和行為對政策是否持續執行令人存疑。政策執行失敗帶來的太多挫折令人失去勇氣、感覺疲憊也頗常出現。執行者這時通常不再投資人力和精力、回復以前的做法，甚至放棄！引起消極情緒最常見的原因是撤銷補助款，其他原因還包括：不滿粗糙的政策設計和對領導者不滿。最後，各方面都逐漸回到未執行前的原狀。

更重要的是，下一次有新政策要執行時，成員都失去信任，對新政策嘲諷以對，此後遺症種下未來另一個政策失敗的潛在成因。

學校執行專案補助計畫的最後結束：完全融入學校制度

學校實施專案補助計畫的結束，不是在於經費的核銷完成即可。政策施行的最後一個階段是「制度化」的過程，將新政策的革新做法融入學校的例行性規範中，落實執行。制度化是指透過行政人員對新政策刻意的倡導與階段性的推行，使組織內的正式規定與程序加以修正，進而使新政策帶來的改變持續執行下去，例如，使教師評鑑變成學區的例行檢查，則必須調整原本人事相關法規，使其不會互相牴觸。以經費角度來說，制度化代表執行此類政策的經費不再仰賴外來補助款，而是將執行所需經費編入年度經常預算支出項目中，唯有政策的費用支出列入學校年度經常支出預算中，該政策才算是完全的制度化。

學校財務管理第五階段：評鑑執行成效與政策評估

學校財務管理的最後階段為成效與政策評估。目前行政機關對於學校的評鑑不外校務評鑑、校長辦學績效評鑑，以及執行各種專案補助計畫的評鑑或訪視等。不論是哪一種性質的評鑑，都是要發現學校使用資源後產生的效果，也就是學校執行政策後的「產出」（policy output）與「影響」（policy impact）。

評估的過程包含下列幾項因素：目標、指標、工具、資料蒐集與資料統計分析、評鑑報告、對評鑑報告的反應等，以下分別敘述之。

決定政策目標

政策評鑑的重點在於發現政策與其所應達成目標之間的距離。差距愈小，政策達成度就愈高，所以政策目標必須具體，或是轉化成為比較具體的指標。舉例來說，假設學校推行的新政策是要提升學生的學習動機，那麼就要考慮如何去衡量學習動機。

選擇評鑑指標

指標指檢測目標是否達成的衡量指標，例如，在學生學習動機的衡量方面，可能藉由學生出席率或是學校氣氛調查的分數作為評鑑指標。

選擇或發展資料蒐集工具

在評鑑獎勵系統時，評鑑者可以發展一個表格，用以記錄五年來各學區出席紀錄，也可以選擇商業用途的學校氣氛調查表格，並以學生為研究對象。

蒐集資料

根據指標進行資料的蒐集，例如，調出學生出席紀錄，並將這些資訊轉換至原先所準備好的表格上。此外，實施學校氣氛的調查也是蒐集資料的另一個管道。

分析與總結資料

當所有資料已經蒐集完畢時，就可以進行統計與分析。數字資料採用統計分析，口語資料則找出紀錄中所重複的主題，並加以編碼、分析。電腦軟體可用以分析量化與質性研究資料。

撰寫評鑑報告

資料分析完成後，撰寫成報告，呈現其發現結果，及根據結果提出建議。

對評鑑者的建議做出反應

學校在接到評鑑報告後，就應該做出調整做法或終止執行政策的決定。

對評鑑報告的反應

當領導者接受並研究了評鑑報告後，他們必須決定怎麼做。第一步是審慎評鑑報告的品質，由於評鑑本身在品質上有很大的差異，領導者應該嘗試決定這項評鑑的品質有多好，才能知道應該如何嚴肅地接受研究發現與建議。第二步應該是邀請主要利害關係人，與他們討論他們對報告品質的認知結果，並達成共識。基本上，領導者可採取下列四種因應方式：不予理會（無反應）、小幅度修正、大幅度修正，以及終止政策。

無反應

學校行政人員在面對許多的評鑑建議時，比較保守的做法就是暫時什麼都不要做，讓執行中的方案維持現狀。這麼做的理由在於評鑑者未必完全了解學校的實際狀況，評鑑建議未必切中問題的核心，因而建議不具可行性。除非經費補助機關要求被評鑑的單位必須立即有所因應，否則沒有更好的理由要做出因應。因此若要對評鑑建議做因應，比較聰明的做法還是要等待正確時機。

小幅度修正政策

此種決定限於在政策內容做小幅度修正，小幅度修正並不會影響方案或人員層級，也不會改變方案目標，例如，改變檢測學生進步情況使用的測驗卷，或是修正計畫時程表。由於小幅度修正並沒有改變政策的內涵，也不會威脅到利害關係人的工作，相對來說，小幅度修正較容易達成。

大幅度修正政策

表 10-9 列出四種政策改變類型，依其變革程度排列。大幅度修改政策具有威脅性，因為這種做法會使某些利害關係人失去工作，或讓某些利害關係人獲得的利益減少。如果要達成上述改變，領導者必須處於強勢的地位。

領導者應擁有下列兩股力量來支持改變：首先是來自外部的評鑑公信力夠高，才能將評鑑結果所建議的做法付諸實施；第二則是來自其他利害關係人的支持，比如上級單位。當領導者嘗試在評鑑過後做出重大改變，必須預期可能來到的政治風暴，並預先做好因應計畫。

表 10-9 修正政策的主要方法

方法	說明
取代	當新的方案也有相同目標時，就可取代舊的方案。
合併	兩個或兩個以上的方案，整個或部分方案加以合併。
分割	方案的某一層面被移除，發展為獨立的方案或計畫。
縮小執行幅度	透過減少原先給予舊方案的經費數量，實質刪減方案經費。

資料來源：Fowler (2009)。

終止政策

當政策或方案終止時，表示政府的目標已經轉移。具體來說，終止一項政策有其困難，因為多數的利害關係人會激烈地抗爭，並堅定地捍衛政策。通常一個無效的政策往往得等到適當時間出現，領導者才能迅速地終止，中斷這個早該終止的政策。幾個常見終止政策的情境原因包括：政權輪替、經濟景氣變差、政府預算緊縮、組織另有其他任務待完成、被其他政策所取代等。

參考文獻

行政院教育改革審議委員會（1995）。**教育改革第一期諮議報告書**。臺北市：作者。

林錫俊（2001）。**地方財政管理要義**。臺北市：五南。

陳麗珠（2001）。國立大學校務基金政策實施成效之檢討。**教育政策論壇，4**（1），118-166。

陳麗珠（2006）。地方教育發展基金立法與實施之檢視。**財稅研究，39**（1），191-212。

陳麗珠（2009）。我國教育財政改革之回顧與展望：教育經費編列與管理法實施之檢視。**教育學刊，33**，1-34。

陳麗珠（2010）。**拒絕輸在起跑點上：高雄縣市合併前國民教育經費問題**。高雄市：高雄市教師會。

陳麗珠、陳世聰（2009）。地方政府財政能力與教育經費關係之探究：財政中性觀點。載於臺灣師大師資培育與就業輔導處主編，**地方教育發展研究**（28-53 頁）。臺北市：高等教育文化。

陳麗珠、陳世聰、葉宗文、林文展、鄭建良、許仲毅（2005）。**我國國民教育成本資料建立與分析之研究**。教育部委託專題研究報告。臺北市：作者。

鄭建良（2006）。**國民中學學校本位財務管理制度之研究：教育充足性觀點**。國立高雄師範大學教育學系博士論文，未出版，高雄市。

Fowler, F. C. (2009). *Policy studies for educational leaders: An introduction* (3rd ed.).

Upper Saddle River, NJ: Allyn & Bacon.

Guthrie, J. W., Garms, W. I., & Pierce, L. C. (1988). *School finance and education policy: Enhancing educational efficiency, equality, and choice* (2nd ed.). Englewood Cliffs, NJ: Prentice-Hall.

Levin, H. M., & McEwan, P. J. (2001). *Cost-effectiveness analysis* (2nd ed.). Thousand Oaks, CA: Sage.

Chapter 11

學校教師員額編制與授課節數

相較於其他行業而言，我國中小學教師待遇是相當優渥的。教師比其他行業的起薪高，每年還有兩個半月的考績與年終獎金，而且固定隨著年資晉級，外加婚喪與子女教育補助金等；在職期間除了固定週休二日與國定假日可以休假，教師更可享有每年約三個月的寒暑假；在職教師累積一定年資即可申請退休，還有優渥的退休金可以安度晚年。難怪每一年都有很多完成教師資格檢定（初試）資格的儲備教師投入教師甄試的行列，也難怪外界認為中小學教師是收入穩定又安定的工作，令人羨慕，甚至認為當老師「很輕鬆」。這種社會觀感進而反映在公共政策制訂的方向，包括：教師退休金制度的修正、降低所得替代率，以及 102 年開始教師課稅等。另一方面，學校不時面對來自教育主管機關不斷推陳出新的教育改革政策，行政人員與教師必須在校園與教室內執行新政策，並隨時通報執行成果，疲於因應。且為補足學校運作所需經費，行政人員必須向公私部門相關單位與組織爭取各種「競爭型計畫」，這些額外申請的計畫，從申請、執行、到成果考核，都要耗費許多行政能量。再加上近年來學校都必須加強與家長溝通，經營親師關係，學校亦必須加強與社區互動，營造社區關係等。不論是競爭型計畫補助之執行或是學校對外公共關係的營造，都是過去基礎教育機構不用負擔的工作，現在隨著社會發展，逐項加諸於學校教育人員身上。這些新任務也造成今日學校的工作負擔愈形沉重。

我國的中小學校內的分工究竟是「辛苦」（勞）或「輕鬆」（逸），早已陷入一團爭議之中。過去受到尊重的教師行業，在今日社會已逐漸失去原有地位，還不時受到外界質疑，對於學校形象造成很大的傷害。其實，此爭端的癥結，肇因於教師員額編制與授課節數的政策議題；從民國 90 年初期的九年一貫課程改革，領域節數取代學科劃分之時開始，加上長期存在中小學校教師編制與授課節數規定間之扞格，以及近十餘年政府財政緊縮，加緊控管教師員額並以兼任教學人力替代等議題，上述諸多不協調的政策措施交錯之下，在十餘年間逐步醞釀學校組織文化的質變，改變了學校與社區間、教師與家長間的關係，教師專業形象大受打擊，終於導致 102 年中小學教師恢復課徵所得稅。但隨後各界又發現課稅配套措施並不完善，反而引發另一波新的政策議題，至今方興未艾。

本章討論我國中小學校教師員額編制與授課節數問題，探討問題背景與發展始末，並討論教師課稅後對學校產生的影響。

中小學校教師授課節數議題之背景

我國中小學校教師授課節數爭議之時空背景與近十餘年間教育改革政策息息相關，包括：教學型態的改變、教師退休潮、教育財政考量、擔任導師與行政人員的意願降低、降低班級人數與學習成效之間的教改訴求、地區學校員額編制需求的地區差異、不同教育階段學校與不同教學科目差異等，以下就這幾方面分析之（陳麗珠，2012）。

課程改革帶來教學型態的改變

自從民國 87 年教育部研擬「九年一貫課程暫行綱要」，民國 90 年九年一貫課程正式上路，民國 92 年頒布「九年一貫課程綱要」，隨後更在民國 97 年持續修正。歷次課程改革皆朝向學校課程自主方向發展，隨著各校自行研發教材與本位課程，進而使各校都能發展學校特色。教師在課程改革過程中，被期許能夠參與各科（領域）教學研究會的運作，從選定教科書、編撰本位課程到教材的選取，這些都是傳統師資培育過程中沒有賦予的能力。不僅如此，為了要讓教學更生動活潑，班級教學實務已經逐漸揚棄過去師範典型，轉而強調大量的活動設計與引用教學媒體輔助，教師在學生與家長心目中的角色與工作內容亦已經逐漸轉變。總之，今日的中小學校教師在學校課程的實施中，負起的任務比往日更為廣泛而繁重，為符應多元化教學型態的轉變，班級編制及教職員員額編制也就有重新檢討的空間。

人事規定引導加速教師退休潮

為適應課程改革帶來的另一個效應，就是加速資深教師的退休。課程改革引用大量的教學媒體技術，不再尊崇傳統的課堂教學與輔導實務，使部分資深教師萌生失落感，同時，優惠的退休政策亦以提供高標的所得替代率鼓勵達到年資的教師提早退休。此兩股力量合作使資深教師離開學校，表面上引發的效應是政府財政的負擔，更深層的效應是使學校組織文化與教師專業倫理逐漸產生質變。

教育財政考量影響政策發展

2009 學年度我國國民中小學教育經費占全國教育經費總支出之 41.37%（教育部，2012a），在國民教育經費中，現職教師人事費與退休教師退撫支出已成為教育經費最大部分（陳麗珠，2009）。學校員額編制的調整會直接影響到教育經費的支用，特別是教師員額，當然也對政府財政有很大的影響。近年來，在政府持續舉債以彌補財政缺口的情形下，學校人事員額編制的政策必須考量國家整體財政的因素，在容許的範圍內進行適度調整。

教師擔任導師與行政人員的意願降低

由於社會變遷、家庭功能失調、青少年問題增多，教師須處理的學生問題較以前繁多且複雜，遂使教師擔任導師的意願減弱；此外，教師個人意識高漲，來自社區與家長壓力加大，也使教師視行政職務為畏途。基於上述背景，教師與行政人員的遴選已成許多中小學的難題。如何從授課時數與減輕工作負擔增加教師參與的誘因，宜有更積極而具體的措施。

降低班級人數與學習成效之間的教改訴求

在 1990 年代，世界各國教育改革的主要論述之一認為：班級規模愈小，學生學習成效愈佳。各國因此紛紛致力於降低基礎教育階段班級學生人數，雖然降低班級人數與學習成效之間的關聯經過多方研究結果仍莫衷一是（Friedman, 2004），但各級學校教育師生比數據仍是跨國比較各國教育投資政策成效的重要指標之一。比較我國與 OECD 國家生師比的數據差異，2010 年我國國民小學「平均每位專任教師教導學生數」為 15.3 人，國中為 14.3 人，同一時期OECD國家國小平均為 16.4 人，國中為 13.7 人（教育部，2012b），此一數據雖然顯示我國的師生比略高於 OECD 國家的平均值，但我國各地區、縣市之間存在的城鄉差異性相當大，單一數據不足以說明地區之間的差異情形，況且我國的數據僅計入「專任」教師，目前校園中逐年增加的代理、代課、兼任教師如何計算，亦不得而知，因此師生比與教師教學負擔之間的關係仍有進一步加以檢討之必要。

學校員額編制需求的地區差異

1990 年代我國推行的教育改革行動方案中，亦包括降低班級人數以實踐小班小校的目標，唯此一政策的實施重點在於降低都會地區學校的班級與學校規模，並未觸及鄉區與偏遠地區學校學生流失的問題。我國學校規模因地區的發展差異甚大，都會區學校規模大，偏遠地區規模小的小校偏多，後者即使每一班級學生人數很少，仍得聘請相當員額的老師擔負教學工作，且不同學校規模所需人力各有不同，因此以單一標準規範各地區不同規模學校教師員額編制與授課節數之思維，確實有實務上的不及之處。

不同教育階段學校與不同教學科目差異

除了地區差異外，長久以來，我國不同教育階段學校員額的編制基準仍有差異，同為國民教育，國中員額編制基準較國小高；同為中等教育，高中職人力數較國中為充實，此種不均現象存在已經多年。再就同一教育階段而言，不同任教領域教師的基本授課節數有所不同，此即意謂著不同領域科目的教師付出程度並不相同？但又如何計量？曾有團體呼籲應該「科科等值」？此一爭議仍待探究。

基於上述所提，引發近來一連串教育改革議題的激烈討論，包括了教師兼任行政工作的爭議、教改所牽動教師角色的變遷（課程負擔加重）等等，甚至進而觸發了 2002 及 2003 年的九二八教師團體大規模的社會運動，訴求提高國民中小學教師編制、降低師生比及調整合理授課時數，以提升教育品質。因此，在考量教育財政下，如何因應各界對國民中小學合理教師員額編制之需求，並制訂出兼顧公平與效率的分配方式，而這也就成為當下最需要解決的問題。

國民中小學教師員額編制與授課節數問題分析

我國國民中小學教學人力係依班級數計算。現行的教師員額規定，可以回溯至民國 88 年 12 月 10 日教育部修正發布「國民小學與國民中學班級編制及教職員額編制標準」之規定，該次修正確立班級規模學生人數以 35 人為原則，並且配合政府組織再造及人力精實政策，學校得視其需要以不超過全校教師員額編制數5%的範圍內，將專任員額改聘兼任教師或教學支援工作人員，此為控管人力的由來（教育部，2013a）。此標準迭經民國94、96、97、98年及民國101年多次修正，現行國民小學與國民中學班級編制及教職員員額編制準則係於民國101年10月5日修正發布（教育部，2013b），其中第三條與第四條第四項之規定，國民小學每班至少置教師1.5人，101（2012）學年度提高至每班1.55人，102（2013）學年度提高至每班1.6人。全校未達九班而學生人數達51人以上者，另增置教師一人；國民中學每班至少置教師二人，每九班得增置教師一人，全校未達九班者，得另增置教師一人（陳麗珠、陳世聰，2013）。

以班級數計算教師數的思維，反映了長期以來教師工作「包班制」的傳統，舉凡班級與學生的相關事務，都是級任老師（導師）的職責，過去師範體制培育教師，也以春風化雨、任勞任怨的師道精神作為傳承。然而，師道精神遇到現代教育改革的浪潮，扞格於焉產生。

課程改革帶來的授課節數規定

教育部於民國91年首次訂定「國民中小學校教師授課節數訂定基本原則」（民國101年修正名稱為「國民中小學教師授課節數訂定基準」）作為民國92年頒布「九年一貫課程綱要」課程改革之配套措施。民國92年01月15日頒布國民中小學九年一貫課程綱要，一改過去以科目劃分方式，確立以學習領域劃分課程，各領域內分別包含若干科目；同時規定一至九年級的學習總節數、領域學習節數與彈性學習節數（教育部，2013d），課程綱要多年來迭經修正，但有關各領域之間、各科目之間，以及領域節數與彈性節數之間節數劃分的紛爭從未平息，其中爭議的焦點不外乎：「課程改革既以領域劃分，各領域教師究竟應有多少授課時間（節數）？」由於各科目牽涉到升學考試科目與否，領域之間的勞逸爭議乃隨之而起。訴求各學科應該節數一致之「科科等值」口號乃應運而生。

面對教育現場對授課節數的紛爭，教育部於民國91、94、96年數度修正

「國民中小學校教師授課節數訂定基本原則」，可見爭議從未停歇；但即使在民國 96 年度的修正版本中，中央政府亦仍僅能原則性的規範，授權各縣市依照本身財政與學校狀況自行訂定授課節數；直到民國 100 年，教育部為因應中小學校教師自次年起將恢復課稅，乃訂定「教育部補助國民中小學調整教師授課節數及導師費實施要點」，其中規定：「……（教育部）將督導各縣市政府採固定授課節數辦理，國民中小學專任教師之授課節數，依授課領域、科目及學校需求，以每週安排十六至二十節為原則，不得超過二十節。導師授課與專任教師之差距以四至六節為原則，且不得高於實施課稅前之授課節數。」（教育部，2013c），但此要點僅是補助各縣市執行課稅前承諾「課多少，補多少」的差額，並未統一規定各縣市的配套措施。

員額編制與授課節數之間的扞格

教師編制與授課節數兩者都是針對學校應有教學人力的規定，但兩者之間的關係如何？以高雄市為例，若以學校應有編制教師人數計算，100 學年度正式教師不足數在國中為 13.08%，在國小為 3.90%，到了 101 學年度國中正式教師不足數為 11.69%，國小為 5.34%；但若用授課節數的規定計算現有教師可負擔節數，卻發現 100 學年度各國中不足節數高達 33.90%，若每一位教師均超鐘點兩節，也還有 22.0%，同年度國小的不足節數為 27.3%，超鐘點兩節後不足 16.8%；101 學年度雖然高市當年度已經增開長聘教師職缺，但各國中不足節數仍高達 31.70%，當年度教育局道德勸說每一位教師均超鐘點兩節，也還有 20.4%，同年度國小的不足節數則增加為 28.3%，超鐘點兩節後仍不足 17.8%（陳建志，2013）。由此亦可見我國自八〇年代以來的教育改革，在政策設計上並未與學校教育現場實務緊密接軌，致使理想的授課節數變革與原有的員額編制計算結果產生巨大落差，難怪會引起諸多爭議。

中小學校教師授課節數在教育現場造成的問題

為釐清課程改革在學校現場帶來授課節數與員額編制的紛爭，並研擬合理的方案供政策制訂之參考，教育部乃委託學者進行全國的調查研究（陳麗珠，2012；陳麗珠等，2004，2005），研究結果發現，法令規範與教育現場的實況之間確實存在相當落差，以下分項說明之。

國中與國小的授課節數問題並不相同，不宜通案處理

國中小教育階段的功能不同，教學型態與校園文化互有差異，對於授課節數的看法更是大相逕庭，國小的問題在於是否帶班或專任影響節數計算，國中的問題則在於任教學科是否為升學考試科目，因此國中小不宜通案處理。研究發現，國小採包班制教學，教師授課節數的問題主要在於，教師擔任級任導師的意願不高，且不願意兼任行政工作；國中則採分科教學，教師授課節數的問題在於升學壓力，包括家長期望殷切、學生常規問題、各科節數計算，以及配授藝能科目等問題。國中特有的問題還有：(1)升學壓力無所不在，家長的期望對於學測科目的主科教師首當其衝。家長選擇權（家長選老師的現象）讓老師壓力更大；(2)學校要求導師必須與所帶班級的學生同在，只要學生還在學校裡，就是導師的責任，使導師的留校時間長；(3)「科科等值」爭議衝擊學校教師和諧，「何種學科最有價值」的爭議反映出教改的癥結；(4)教師配課的問題不但使教師無法完全依其專長配課，也使副科與藝能科教學的品質無法兼顧；(5)小型國中教師不但必須一人負擔數種不同科目的教學，也必須兼任行政工作，工作條件最為不利（陳麗珠等，2004）。

國中小減授節數的標準包括：兼任導師、兼任或支援行政工作、教授考試科目與否等，但國中實施「科科等值」仍不可行

九年一貫課程雖然以領域劃分，但國中現場教學仍以學科為排課依據。英文、數學、理化、生物、健教、地科、地理、歷史、公民為學測科目，合理教學節數比其他科目（藝能科等非學測科目）少了一至二節。「學測科目」教師與「非學測科目」教師的教學負擔不應相同。部分縣市已經將國中教師基本授課節數依照「基測科目與非基測科目」的分別，前者減授兩節，而且教師與行政人員的反應相當好，應該是一種理想的劃分方式。此外，國小學年主任、國中級任導師、國中小午餐執行秘書、國中小領域召集人、國小社團球隊教練、國中童軍團長等，都是教師與教務行政人員共同認定應可列為減授節數的對象。

教師授課節數的問題依學校規模而有差異，不可一概而論；其中小型學校的問題最難解

各縣市規定學校兼任行政職務教師的授課節數，原則上依學校規模而有不同。各縣市國小主任的授課節數：小型學校為七至八節，中型學校為五至六節，大型學校為三至四節居多。國小組長的授課節數：小型學校為五至六節，中型學校為五至六節，大型學校則意見差很大，應該是各組之間工作內容之勞逸程度差異所致。在國中部分，各縣市國中主任的授課節數：小型學校為五至八節，中型學校為三至四節，大型學校為零至二節居多。國中組長的授課節數：小型學校為九至十節，中型學校為五至八節，大型學校為三至四節。

小型學校教師如果編制比照其他規模學校，教職員人數少，所以教師必須兼任行政工作，幾乎沒有科任或專任教師的職缺。兼任行政工作的教師減授節數比中大型學校少了許多，教學節數高，教學品質難免受到影響。不僅如此，小型國中的問題比國小更複雜，因為國中的分科教學，使每一位教師都必須任

教數種不同科目，藝能科僅為配課，教學效果差。最後，小型學校多位於交通不便之偏遠地區，聘用兼代課師資更加不易，使小型學校更處於不利地位。

影響教師授課節數之主要因素在於地方財政狀況與首長教育理念；城鄉差異與學校規模亦有相當程度的影響

各縣市的國中小教師基本授課節數規定，包括教師兼任各種行政職務的減授節數、級任教師或導師的減授節數、甚至留給學校自行調整的空間，都有很大的差異。一般而言，財政狀況佳，且地方首長對教育支持程度較高的縣市，對學校比較尊重，規定也比較寬厚。此外，學校所在位置影響到學校學生來源、學校規模，以及社會資源的豐瘠。都會區的學校規模大，班級多，教師編制多，減授節數的空間當然比較大；偏鄉地區學校規模小，班級數少，教師編制也少，減授節數的空間很有限。在大規模學校的教師在意的是能否擔任科任（或專任），或是必須兼任行政職務等問題，小規模學校教師沒有選擇地必須擔任級任（導師），也必須兼任行政職務，國中則更必須同時任教數個科目。大型學校教師兼任行政工作減免節數多，小型學校教師兼任行政工作減免節數少。但是對國中教師而言，不論是位在城市或是偏鄉，升學壓力無遠弗屆，只是偏鄉學校教師通常身兼數職，人力嚴重短缺，更難確保教學品質，因而埋下城鄉教育差距頗大的主因。

學校聘用兼任教師對學校教學人力之充實並無實質助益，且未能有效減輕現職教師的教學負擔，亦無助於解決「流浪教師」的社會問題，可見政策效果不如預期，且學校規模愈小愈難聘到合適的兼課教師人選。

研究發現全國國小教務行政人員中，二成八表示無法聘得合格的兼任教師，國中教務行政人員則超過一半（五成三）表示兼代課師資不易聘到。

依其規模分析，國小的小型學校更接近五成表示有此困難，國中則不論何種規模都表示有困難，而且學校規模愈小，表示有問題的比例愈高。

目前各校聘用兼代課教師，除了可以全年聘用的代理與代課教師之外，最普遍的就是因為二六八八專案所聘用的兼任教師。由於師資培育過賸，產生很多具有任用資格卻無法覓得教職的候用教師，如果學校有兼任教師職缺，對這些候用教師而言，是否是一大利多呢？各種研究方法所獲致結果都顯示，候用教師願意擔任的，是全年聘用且能計入退休年資的代理與代課教師職缺，而非僅依鐘點計酬的兼任教師。國中小都普遍反映師資來源不足的問題，連都會地區都是如此。

有鑑於此，部分縣市採取妥協做法規定：學校上網徵聘教師流標兩次以上才可開放聘用退休教師。國中因為有分科的限制，合格且符合專長的師資來源更不容易覓得，位於屏東縣南端的滿州鄉內的國中教務主任就表示，聘不到合格的兼任教師，最後只好要求「有大學學歷」就好了。可見師資來源是一大問題，而且未能對所謂「流浪教師」的社會問題有任何紓解作用。更不利的是，縣市教師會就表示，只要政府多聘一位兼任教師，就等於減少一位正式教師的職缺，對於教師專業而言，並不是一項有利的政策。

學校未必能聘用到適才適所的兼任教師，但通常都是因為開學在即，不得不用。兼任教師流動性大，而且每到了下學期的穩定性就下降，因為必須準備暑假的教師甄試。這些兼任教師普遍都有班級經營能力差、流動性高等缺點，因此每年聘用兼課教師的品質不易掌握，使學校屢生困擾，校方亦擔心萬一學生在兼任教師任課時出事，責任歸屬亦不易釐清。另一方面，一般家長皆不喜歡自己子女的教師為兼任教師，因為不信任其教育專業能力。如果是有升學壓力的國中，兼任教師教的又是主科（學測科目），或是在國小擔任級任教師，則家長（會）的反彈與後續連帶效應不容忽視。

深入探討學校文化與生態環境可發現，目前實施兼任教師政策不僅未能實際減輕教師負擔，反而加重其負擔。此因為如果學校聘不到合格兼任教師，學校只好用現有教師超鐘點因應，但因為教師普遍超鐘點意願不高，通常會將鐘點加在兼任行政的教師身上。

學校如果必須聘任兼任教師，國小以語言領域的鄉土語言、英語教學，以及藝能科的表演藝術、音樂、美術、資訊等教學人力為主

研究發現兼課教師的政策其效果不如預期，現階段學校如果必須聘任兼任教師，國小應該還是以以語言領域的鄉土語言、英語教學，以及藝能科的表演藝術、音樂、美術、資訊等教學人力為主。將來為因應國家人口出生率下降的趨勢，將學校內部分專任教師職缺改為兼課教師政策是不得不然的做法，然而應該循序漸進將教師人數縮減（比重不宜過高，以3%為度，且不應超過5%），配合教師退休出缺不補，依序遞減。另國中則因為有基本學測的升學壓力，並不建議開放兼課教師。同時應該將專任教師改聘兼任教師所結餘的經費確實用於學校，不論是配合本研究結論修正教師授課節數規定，或是用於加強教師專業發展等提升師資素質，甚至改變經費分配比率，用於充實學校教學設備或修繕費用，都是可以考慮的方向。然而如果將兼任教師形成制度之後，其結餘經費回流地方政府統籌運用，則此政策不但未能使教師因為減輕負擔而蒙其利，反而會加重學校教師的負擔，對學校長期發展不利（陳麗珠，2011）。

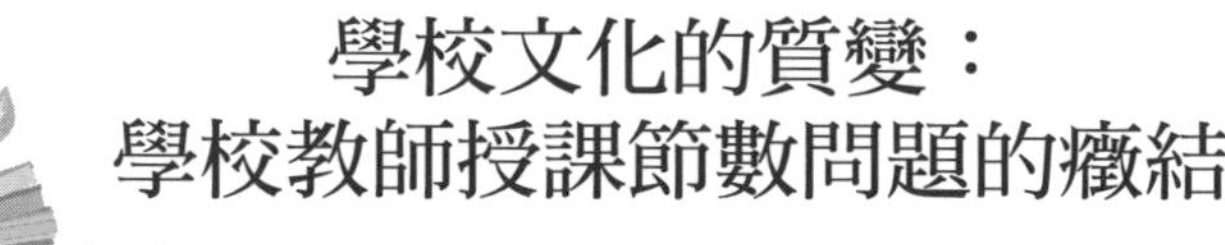

學校文化的質變：學校教師授課節數問題的癥結

綜合多場在學校教育現場與現職教師的座談結論可以發現，絕大部分的教師對於現行授課節數的規定，大多能提出自己的看法，可見此一議題受到每一位教師的關注；至於自己與任職學校的授課節數安排是否「合理」，則有見仁見智的立場。比較有共識的部分在於不可計入基本授課節數的鐘點，包括：超鐘點、課後補救教學、空白課程、社會成人教育班、親職教育班等，這些班除了空白課程外，都有額外支領酬勞，所以不應計入基本授課節數。除此之外，

進一步分析教師們對於是否「合理」的見解，其實是相對比較的心理問題，以下又分成四層比較加以說明（陳麗珠等，2004；陳麗珠，2012）。

同儕比較的效果

因為將學校內兼任行政工作與不兼行政工作的教師、國小級任與科任，或是國中導師與非導師之間加以比較，因而覺得「不合理」；換句話說，不是因為「患寡」，而是「患不均」的問題。另一方面，不同學校規模，例如，小型學校會羨慕大型學校的教師員額編制與減授節數空間，鄉下學校會羨慕大型明星學校的資源豐沛。另外就是跨縣市之間的比較，會覺得隔壁縣市的教師授課節數規定比較優厚。

時間比較的效果

教師會把備課當作是授課節數負擔太重的原因，主要是因為實施九年一貫課程改革之後，一綱多本政策使教師必須準備不同版本教材，也要開始重視創新教學等教學型態改變，學校內教師也要組成團隊，花時間發展學校本位課程，所以覺得「今不如昔」；另外，社會型態轉變，教師對教育生涯的觀點由事業觀逐漸轉換為職業觀，希望增加自己的時間，不願意像過去一樣為學生與學校付出，也會覺得授課節數過多。

學生之間比較的效果

社會變遷快速，使學生的個別差異加大，教師必須付出更多心力輔導學習程度極端的學生（如：英文的雙峰現象）；同時，部分家長對教師的態度也比過去有更多的期望，教師未必能夠完全達成其期望時，家長可能會給教師更多壓力，使教師備感困擾。

不同層級教育的比較效果

國小教師與行政人員都以國中每班教師 2.0 人為期望目標，國中教師與行政人員則以高中職的教師授課節數為期望目標，所以也覺得「不合理」。經過研究發現，國中小教師不論是教師代表或是兼任行政職務教師代表，對於教師授課節數的現狀，雖然有些規定並不是很滿意，但也沒有到不能忍受的地步。更令人敬佩的是，大多數基層教師都是兢兢業業，以教育學生為職志，而且學校內兼任行政職務與非兼行政職務教師之間的對立狀況並不常見（陳麗珠等，2004，2005）。由此可見教師授課節數爭議的癥結，不在於學校之內，亦不在於戔戔節數與鐘點費的算計，而在於學校文化受到外在社會變遷、教育改革政策、教師團體之運作，已經產生質變所致。教育行政機關若不能體察問題癥結所在，僅專注於節數之增減與酬勞變動之推估，則不知發展伊於胡底，問題永遠無法落幕。

即使如此，近年來教師對於私人生活與個人時間安排的重視，以致影響到學校導師／級任／兼任行政教師的遴聘，或是對於學校排課時間的過度計較等現象，在在都顯示教師生活型態與學校文化已經逐漸轉變，值得教育決策機關未雨綢繆。因此，教育決策機關如何透過政策制訂與推動，激勵教師服務熱忱，使其對教育工作具有使命感與榮譽心，同時亦應透過學校行政體系推動正向的校園風氣，崇尚互信互助、負責的工作倫理與態度，方為解決教師授課節數爭議的不二法門。

教師課稅擴大員額編制與授課節數爭端

立法院會在民國 100 年三讀通過「所得稅法部分條文修正案」，讓長期引發社會爭議的「軍教免稅」政策正式畫下句點。修法前免繳所得稅的公私立國中、國小教師自 101 年 1 月 1 日起均須繳納所得稅。而依照各界協商的「課教師、補教育」原則，課稅後所得將規畫相關配套措施用以提升整體教育環境。

早在民國 3 年，政府在研擬分類所得稅制時，為縮小西方所得稅制的實施範圍，亦為降低反對聲浪，乃將軍官從軍所得及教職員之薪俸列為免稅項目；隨後為全面開徵所得稅，國民政府於民國 25 年頒行「所得稅暫行條例」，教育人員免稅對象限縮為基礎教育階段（小學）教職員薪資納入免稅範圍。民國 50 年代末期，隨著九年國民教育的推行，教師人力需求快速增加，在待遇不如其他行業的情況下，為鼓勵國人投身基礎教育工作，因此給予國小、國中（含私立初中）教職員享有薪資免稅的優惠。教師免稅的優惠乃由起初的小學，擴增及國中，由公立學校擴增到私立學校，亦由教師蔓延到職員，免稅範圍愈來愈大，也為國家稅基帶來極大的影響。

國中、國小教師免稅有其社會背景，在當時的時空背景下，給予特定行業免稅實有其特殊考量。但時至今日，隨著經濟發達、社會變遷，當時給予國中小教師免稅的條件已不復存在。今日基於賦稅公平、量能課稅的原則，取消國中小教師免稅優惠為理所當然；然而，課稅後所得之稅額如何運用，並預期可以達到何種成效，才是教師課稅政策的重點。

教師課稅政策之配套措施與引發問題

經過重重的政策形成過程，教育部終於在民國 99 年 4 月 28 日函送「教師課稅配套備案」至行政院，行政院於同年 5 月 5 日回函同意備查，確定「課稅收入運用計畫」，同時配合修正提高《教育經費編列與管理法》規範之全國教育經費總額下限 1%，並以外加方式編列專款，專用於提升幼稚教育及國民教育品質之規定，以確保所增課稅收入，用於整體教育環境之改善。其相關配套措施包括下列各項：

1. 補助國小約聘僱行政人力，編列 2.5 億元。另補助國中、國小約聘僱輔導人力，編列 1.5 億元。
2. 調增國中、國小及幼稚園導師費，共計 14 億元。
3. 降低國中小教師授課節數，編列 54 億元：減少教師授課節數，國中、國小均減兩節；國小導師再減兩節，以增加教師備課時間為原則（馬任賢、陳麗珠，2013）。

自民國 101 年 1 月 1 日起，國中、國小教師課稅配套措施實施，雖暫時平息外界對於教師免稅的指責，卻又在學校教育現場衍生其他問題，逐漸改變了學校組織的生態。首先，前述各項配套措施雖然編列總經費高達 72 億元，但盡數用於學校人事費用，而與學校硬體建設完全無關，對於改善學校整體環境的效果顯然有限，這對照當初在推動教師課稅政策時「取之教師、用之教育」的訴求，顯然大相逕庭；再者，人力結構與分工爭議長期存在校園中，現在將得來不易的新增稅收款項用於人事費用，尤其是將大部分用於降低教師授課節數，表面上看起來好像是可以解決多年以來學校人力的問題，但從實施以來爭議不斷，不但沒有解決原來的問題，反而使問題愈演愈烈，更衍生出相關的問題。這些問題包括：原校教師超鐘點且短聘人力增多、學校行政人力短缺，以及學校組織文化的質變等，以下依序剖析之（陳麗珠、簡鈺桓，2013；馬任賢、陳麗珠，2013）。

減課帶來資源分配的兩難

在教師課稅的配套措施中，降低國中、國小所有教師授課節數兩節，國小導師再減兩節，減課多出來的時間以增加教師備課為原則。而全國國中、國小減課後每週釋出超過三十萬節課，這三十萬節課若要全部聘任正式教師，每年需要至少 150 億的經費，課稅稅收全數用來增聘師資也不夠。

教育部在分配教師減授鐘點的經費時，並不是提高學校教師編制並且計入各地方政府教育經費基本需求補助額度中，而是採用補助各地方政府鐘點費的方式，由各地方政府自行決定是否開出教師缺額；各地方政府因為財政考量，也如法炮製對學校只補助鐘點費，讓學校自行設法消化這些多出來的鐘點。處在最基層的學校處理的方式不外兩種：以額外聘任鐘點兼課教師來消化掉這些課，或是讓原來的校內教師自行吸收多出來的節數，領取超鐘點費。這兩種做法，在校園內都衍生出更多問題。

代理與兼課教師充斥校園

近幾年來，地方政府為因應少子化的趨勢，乃進行學校教師員額的管控，不讓學校聘足應有教師員額（一般為 5%至 8%），改以代理與代課教師充數；部分學校又為了減班超額的壓力，乃再度自行管控，踰越部訂的百分比，高達10%以上。101 學年度以來，降低教師授課節數的配套措施上路，使得原本各縣市正式教師不足比率偏高的情形更是雪上加霜！在 100 學年度全國各縣市國民中小學的正式教師不足的比率，國中部分超過 12%的有 18 個縣市；國小部分超過 12%的有 13 個縣市；到了 101 學年度各縣市不只是面臨正式教師不足的問題，各校教師人力的缺口也非常的大，大部分縣市都有許多學校面臨減授課時數合計已達聘用專任教師節數門檻，卻無法聘足教師的狀況。雖然在 101、102 年度部分縣市已經利用教師課稅後的補助款，搭配縣市自籌經費來聘用正式教師，但對於龐大的教師人力缺口卻仍同杯水車薪一般，尤其是財政困難的縣市招聘正式教師的缺額更少，對課程與教學品質都有不利的影響。

代理與兼課教師充斥校園，帶來的負面效應很多：對於學生與家長而言，每學期可能都要重新適應新的老師；對於學校行政而言，教務安排與學務工作的推動更加困難，加上學校內同為合格教師卻有不同身分（即正式、代理、兼課）同處一堂，難免產生勞逸分工不均之嫌隙，長此以往，對於學校組織文化當然有不良影響，對於國家教育的發展更是相當不利。

城鄉學校教學品質差距加大

不論是招聘代理或是兼課鐘點教師，對於地處偏遠的學校而言，都比都市地區更難尋覓適當的短期聘僱老師，只好由原授課教師以超鐘點方式上課。這種方式使得原先降低教師授課節數、增加教師備課時間的美意喪失殆盡。而這種師資不足的情況，在資源缺乏、交通不便的偏鄉小校，情況更是嚴重。原先代課教師比例就已經偏高的弱勢地區，在降低教師授課節數後，課務的安排更為困難，教師流動率更高，教學品質更受到影響，亦使得城鄉落差的現象擴大，對區域之間教育水平公平形成更大的挑戰。

行政工作已經乏人問津？

教師課稅配套措施同時調增國中、國小導師費至每月3,000元，以提高教師擔任導師之意願。但檢視我國國中小導師費從1988年的每月800元，到2012年調高到3,000元，教師兼任行政職務（主任、組長）加給由1988年每月2,500元，到2011年每月5,140元，每個月只比導師費多2,140元，不但必須多處理各種評鑑訪視等行政事務，寒暑假更必須上班。加上教育改革二十餘年來，學校執行各種政出多門的新政策，行政事務繁瑣倍數不知凡幾，行政加給卻未隨之調整，難怪教師兼任行政之意願年年降低。監察院（2012）的糾正案文亦指出，這樣的做法使臺北市等19個縣市均反映教師兼任行政工作的意願普遍受到影響，諸如行政加給未同步調增、未獲得較多減授課節數等相關誘因不足，造成教師兼任行政工作人員之意願低落，不利於學校校務之運作等情形。

進一步依據目前國小行政職務加給與導師費試算每日加給（全年總額／上班日數）加以比較（見表11-1）可以發現，以目前導師費每月3,000元來說，換算成每日加給仍低於年資最資淺的組長約16%；但若導師費提升到4,000元或併入年終及考績獎金計算，則年資275俸點以下的教師兼任行政的加給則會相對較低，屆時兼任行政工作的意願會更小。

另一方面，從表的比較中可以發現，相較於每月3,000元的導師費，目前各種行政職務的加給仍然較高。所以目前校長普遍反映找不到教師兼任行政的問題，似乎不宜完全歸咎於加給的增減，其他影響教師兼任行政工作的因素，例如：減課後行政人員與導師間授課節數差距的縮小、行政業務的複雜度及權責問題、偏鄉小校的教師常常必須同時兼任導師及行政人員等因素，都值得進一步深入探究，以確實掌握教師兼任行政工作意願降低的原因，方能提出改善策略。

表 11-1 教師兼任行政及導師加給比較　　　　　　　　單位：元

兼任職務	本薪	加給	併計年終、考績	年休假天數	14 日以外休假補助	平均每日加給（元）
組長主任	230 以下	3,740	是	7 天	0	54,230/247 ＝ 220
				14 天	0	54,230/240 ＝ 226
	245-275	4,220			0	61,190/240 ＝ 255
				21 天	7×600 ＝ 4,200	65,390/233 ＝ 281
	290 以上	5,140				78,730/233 ＝ 338
				28 天	14×600 ＝ 8,400	82,930/226 ＝ 367
				30 天	16×600 ＝ 9,600	84,130/224 ＝ 376
導師	無薪級差別	3,000	否	寒暑假、例假	無	36,000/195 ＝ 185
		3,000	是	寒暑假、例假	無	43,000/195 ＝ 223
		3,000	否	寒暑假、例假	無	48,000/195 ＝ 248
		4,000	是	寒暑假、例假	無	58,000/195 ＝ 297

說明：以 100 學年度行事曆統計上班日數，上課日為 195 天、寒暑假共 59 天。
資料來源：馬任賢、陳麗珠（2013）。

減課帶來教務工作的災難

中小學教師全面減課，對於校內行政工作的衝擊很大，教務處（主任與教學組長）更是首當其衝。從民國 101 年的暑假開始，各校教務主任為了尋覓適當的代理或兼課教師已經焦頭爛額，有些學校已經開學了卻還未把全校各班所需的教師都找齊！開學後，因為超鐘點多，國中又有專長的限制，一旦有教師因故請假，教務處必須處理的代理課務安排困難陡增，而就中大型學校而言，每天應付各種課務的突發狀況都是嚴峻的挑戰。

臨時措施的人力安排無助於解決長期存在的問題

前述各項配套措施都是以「專款專用」名義，將課稅收入以外加方式編列專款，依據「取消國民中小學及幼稚園教職員工免稅後之配套方案」中的「課稅收入運用計畫」分別用以執行相關工作。此種做法顯然違背我國財政收支「統籌統支」的基本原則。

對於學校現場而言，每年數十億對中小學校的補助，並未用於提高教師編制，而是以專案編列對地方政府的補助款再分配給各校。學校每年再根據教育局處的分配，安排當年的課務。由於修訂補助辦法的權責屬於教育部，每一年都可能調整，此種方式使得地方政府與學校認為每一年的措施僅是權宜之計，每一年僅應付當年度申請的補助款項，而非人力資源配置的長遠規畫，形同珍貴教育資源的浪費。

中小學校教師分工與待遇不均的問題

當 101 學年度教師課稅造成超過三分之一的授課節數無法分配給教師時，學校就只好引入代理、代課，以及兼任教師。這幾種身分不同的教師，絕大部分都是合格教師，只因為無法通過教師甄試，只好忍受每年甚至是每學期必須換學校的折磨。短聘人力出現在校園裡的人數增加，許多比較「辛苦」的工作，例如，班級導師或是部分行政事務，就會要求短聘教師擔任。這些工作過去被認為是專任教師才能擔任的工作，現在隨著短聘人力的增加而逐漸鬆動。不僅如此，教師授課係以每人總節數計算，而各學科的每週節數都不相同，長久以來教師都必須「配課」以達到應有節數；一旦代課兼課教師出現，比較不受到歡迎的課程、排課時間、甚至班級就會推給短聘教師擔任。這些短聘教師的薪給與福利遠不及專任教師，大部分都沒有計入退休年資，卻必須承擔比較辛苦的工作（陳麗珠，2012；陳麗珠、簡鈺桓，2013），難免引發「血汗中小學」的譏評。

學校教學人力結構的質變，受害的不僅是流浪教師，最大的受害者終究是學生、學校，以及國家教育發展。所以當課稅換來全面減授鐘點的配套措施，卻沒有經過完善的政策設計，結果反而讓原來已經存在的校內分工待遇與勞逸不均的爭議更加擴大。

課稅使教師兼任行政意願更低落

101 學年度另一項變革在於提高國中小導師費至每月 3,000 元，目的在於「提高教師擔任導師的意願」，但教師兼任行政工作職務加給卻未同步調整。我國國中小導師費從 1988 年的每月 800 元，到 2012 年調高至 3,000 元，教師兼任行政職務（主任、組長）加給由 1988 年每月 2,500 元，到 2011 年每月 5,140 元，每個月只比導師費多 2,140 元，不但必須多處理各種評鑑訪視等行政事務，寒暑假更必須上班，許多校長每年都必須再三請託，動之以情，方能覓足行政團隊，而且行政工作過於勞累，傷神傷身，校長每年都要費一番心思重新尋覓下一年度的行政新夥伴。

教師兼任校內行政職務的意願近年來每下愈況，只是教師課稅配套措施中的導師費調整讓此問題更加凸顯。國內近二十餘年來各種教育改革政策，使學校必須執行各種政出多門的新措施，行政事務繁瑣倍數不知凡幾，每學期應付多個訪視評鑑參訪早已是司空見慣，各種查核報表重複填寫，已經繳交紙本卻又要求限期於線上繳交，耗費無謂的精力與資源，讓行政人員工作成就感偏低；現在行政加給並未納入課稅配套措施中調整，似乎認為學校行政職務尚稱優渥，難怪教師兼任行政之意願年年降低。監察院於 2012 年對此種提高導師費卻不調高職務加給的做法提出糾正（監察院，2012），認為已普遍影響到教師兼任行政工作的意願，對校務運作不利。

學校經費緊縮帶來執行專案計畫的兩難

近十餘年來國家財政緊縮，連帶限縮公共支出。在各種公共支出項目中，不具營利性質，成效無法立竿見影的教育事業首當其衝，每年提撥給學校編列年度預算盡量縮減，僅能維持運作之基本開支，其餘就要求學校自行籌措。國中小學自籌財源來自於私部門畢竟有限，還是要倚賴公部門的補助，其中之一為爭取競爭型計畫補助，一旦通過，便可獲得若干補助款以貼補學校經費之不足；另一種則是承辦政府業務（委辦），例如：甄試、研習、活動等，以賺取若干經費。然而補助與委辦案件之爭取，仍應適可而止，否則伴隨專案執行而來的各種進度考核、訪視、評鑑、競賽等，讓學校行政人員疲於奔命，反而使得學校無法專心於學校之最終使命——教學本業。

今日學校的校長與行政團隊陷入兩難的境況：如果不爭取經費，學校無法發展特色，校長被批評為毫無建樹，不利下一任期的調動；但如果過於積極爭取專案補助，學校行政人力過勞，反而忽略了學校教學本業。

迷失於成果報表與紀錄的學校

不論兼任行政與否，今日的國中小學比起以往有更多的報表與紀錄要填報。前述各種競爭型計畫固然要向上呈報執行計畫之成果，包括書面、檔案與線上填報，有些還要換算成 KPI（key performance index），而且不時就有部會要求學校彙整申報近期執行各種計畫的成果。在班級教學的層級，教師也有許多工作要做，除了必須配合學校執行專案之外，教師本身亦必須額外「自願」參與教師專業發展評鑑、教師專業社群、合作學習等，其他定期繳交與學生教學事務相關的例行報表洋洋灑灑亦有數十種之多！

不論是行政或教學填報的報表、相片、影片、檔案等，目前的制度似只在乎「有沒有交」，而不在乎「有沒有教育意義」或「有沒有效果」；執行成效僅以報表數據與文字、相片、影片之呈現為考評依據，不但浪費人力物力，更容易使學校忙於美化執行成果的帳面數據，集體迷失在蒐集成果報表數據文字與影音圖檔紀錄中，浪費珍貴的人力與物力資源。

國中小學校教師授課節數與員額編制問題之建議

教師課稅配套措施自民國 101 年 1 月 1 日起實施至今已逾一年半，在國家財政困窘及十二年國民教育經費排擠的情況下，教職員課稅後的經費對於改善整體教育環境確實是一項重要的資源。但課稅配套措施自實施以來，各界聲音、意見不斷，也衍生許多教育的問題，斲傷教育品質。教育主管機關實有必要及早了解問題，提出修正方案，以使教職員課稅後的稅額不至於虛擲，達到真正提升教育的目標。以下根據上述現況分析的內容，針對教師課稅的配套措施提出幾點建議。

全面檢討教師編制與授課鐘點之連動關係

教師恢復課徵所得稅已經定案執行，然而政策制訂過程中，為順利通過採取妥協措施、將稅收全數用於補償教師人事費的做法，已經產生各種負面效應，不僅影響教學品質，甚至已經危及教育發展，問題實不容忽視。建議制訂資源分配政策的中央政府宜劍及履及、徹底檢討現行以特定補助方式分配教師課稅收入的權宜方式對學校造成的衝擊，進一步研議修正做法。其中，尤其是現行的教師授課節數與減課規定，與實施多年以班級數計算教師編制（國小每班教師 1.5 人，國中每班教師 2.0 人）之間的連動關係，方是癥結之所在。此外，中央政府對地方政府之教育補助款係以減授鐘點節數計算，地方政府是否能夠據此確實適度增開長聘教師職缺，應有通盤之課則檢討。

制訂因地制宜的彈性補助公式

教師課稅配套措施帶來的負面效應，擴大了長期存在城鄉學校之間的差距。

過去完全以班級數計算學校應有的教師編制，各校的人力資源尚有水平公平，現在讓各校自行招募短聘人力，使位處偏鄉的學校更加不利。建議在計算學校教師人事費補助時，應採取「按照班級數、所在地區」差別補助，以確保偏鄉學生的受教權益與品質。

檢討教師兼任學校行政意願低落之原因

馬任賢、陳麗珠（2013）分析試算教師兼任導師與行政工作獲得加給之差異，結果發現目前教師兼任行政工作之加給仍較導師費高，但多數教師兼任行政工作之意願普遍不高，卻是不爭的事實。可見行政工作之繁瑣與壓力，尤其是各種教育政策朝令夕改，爭取資源附帶的訪視評鑑密集到校，才是教師視行政職務為畏途的主因，因此，如何簡化行政工作以提高效率，實為當務之急。

探討學校行政人力之成本效益

教師課稅配套措施普遍為學校帶來行政工作的額外挑戰，行政加給卻沒有隨導師費而調升，已經危及學校行政正常運作。建議在短期內固應檢討教師兼任行政加給與導師費的連動調整，但長期還是要回歸到教師兼任行政工作成本效益之檢討，進一步呼應世界潮流，考慮實施學校行政人員認證制度，引進專職學校行政人員，讓學校行政專業化。

總之，分析現行國中小教師員額編制的規定並與授課節數的規定加以比較後，發現其間巨大的落差；加上 101 學年度以來實施的教師課稅配套措施加大了節數與員額之間的不足，促成校內更多短聘人力，亦促成兼任行政工作乏人問津，使校園內勞逸分工的爭議急遽擴大！今日的中小學教師必須填報較往昔更多的成果報表，參加更多研習與活動；學校行政不但必須填報彙整更多成果表格，更必須額外申請更多的專案補助以充實經費，結果換來更多的訪視評鑑與參訪，讓學校疲於應付，學校教育工作絕非外界所認為的「輕鬆」。令人擔憂的是，政策環境隨著時代變遷已經逐漸改變，從退休制度到恢復課稅，都顯示過去「天地君親師」傳統已逐漸式微，今日的學校與教師必須面對更多的考驗與挑戰。當今學校教師授課節數與勞逸之爭的癥結在於教師的數種「比較」：教師同儕之間節數的比較、今非昔比的時代比較、學生班級程度不同的比較，以及不同學校層級之間的比較（陳麗珠，2012），這種「比較」的心態讓校內的組織文化產生質變，逐漸迷失於授課節數的爭執，反而忘卻當初投入教育志業、立志春風化雨的初衷！

展望未來，決策者宜通盤了解，解決教師勞逸爭議的癥結，不在於學校之內，亦不在於戔戔節數與鐘點費的計算，而在於學校文化受到外在社會變遷、教育改革政策及教師團體之運作，均已產生質變所致。教育行政機關若不能體察問題癥結所在，僅專注於節數之增減與酬勞變動之推估，則不知發展伊於胡底，問題永遠無法落幕，凡此都有待全體教育人員深切自省。教育行政主管機關亦責無旁貸，宜針對教師學校人力結構政策、課稅配套措施、教育資源分配，乃至教師專業成長政策等劍及履及地深切檢討。並透過政策制訂與推動，激勵教師服務熱忱，使其對教育工作具有使命感與榮譽心，同時亦應透過學校行政體系推動正向的校園風氣，崇尚互信互助、負責的工作倫理與態度，方為解決教師授課節數爭議的不二法門。

參考文獻

教育部（2012a）**各級學校經費結構**。2012 年 3 月 27 日，取自 http://www.edu.tw/files/publication/B0013/100indicators.xls#經 2! A1

教育部（2012b）**各級學校平均每位教師教導學生數－按專任教師計算**。2012 年 3 月 27 日，取自 http://www.edu.tw/files/publication/B0013/i2011_1-1-4.xls

教育部（2013a）。**國民小學與國民中學班級編制及教職員員額編制準則**。2013 年 8 月 20 日，取自 http://edu.law.moe.gov.tw/LawContent.aspx?id=FL008932&KeyWord=%e7%8f%ad%e7%b4%9a%e7%b7%a8%e5%88%b6

教育部（2013b）。（民國 101 年 10 月 5 日修正）**國民小學與國民中學班級編制及教職員員額編制準則**。2013 年 8 月 20 日，取自 http://edu.law.moe.gov.

tw/PrintLawContentDetails.aspx? id=FL008932

教育部（2013c）。**教育部國民及學前教育署補助國民中小學調整教師授課節數及導師費實施要點**。2013 年 8 月 20 日，取自 http://edu.law.moe.gov.tw/LawContentDetails.aspx? id=GL000559&KeyWordHL=%e6%8e%88%e8%aa%b2%e7%af%80%e6%95%b8&StyleType=1

教育部（2013d）。**國民中小學九年一貫課程綱要**。2013 年 8 月 20 日，取自 http://www.tpde.edu.tw/97_sid17/%e7%b8%bd%e7%b6%b1.doc

陳建志（2013）。2013 **高雄市國中小教師人力結構之現況與改善建議**。2013 年 5 月 21 日發表於「國中小教師課稅對學校人力結構之衝擊與因應論壇」。高雄師範大學、高雄市教育局、高雄市教師會、高雄市議會主辦，高雄市。

陳麗珠（2009）。我國教育財政改革之回顧與展望：教育經費編列與管理法實施之檢視。**教育學刊，33**，1-34。

陳麗珠（2011）。學校教學人力的質變，**中國時報，11**。

陳麗珠（2012）。**國民中小學校教師授課節數與員額編制之爭議與癥結**。2012 年 4 月 12 日發表於「國中小學校教師人力結構研討會」。高雄師範大學、高雄市教育局、高雄市教師會、高雄市議會主辦，高雄市。

陳麗珠、鍾蔚起、林俊瑩、陳世聰、葉宗文、黃佳凌、鍾德馨（2004）。**國民中小學教師合理授課節數與員額編制之研究**。教育部委託專題研究報告。臺北市：作者。

陳麗珠、鍾蔚起、林俊瑩、陳世聰、葉宗文（2005）。國民小學教師合理授課節數與員額編制之研究。**教育學刊，25**，25-50。

陳麗珠、簡鈺桓（2013）。**課稅後補助節數政策對教師工作負擔工作負擔與學校行政的衝擊與爭議：解藥或是毒藥？**2013 年 5 月 21 日發表於「國中小教師課稅對學校人力結構之衝擊與因應論壇」。高雄師範大學、高雄市教育局、高雄市教師會、高雄市議會主辦，高雄市。

陳麗珠、陳世聰（2013）。陷入勞逸爭議的國中小校園。**臺灣教育評論月刊，2**（10），1-7。

馬任賢、陳麗珠（2013）。國中小教師課稅配套措施之檢討。**臺灣教育評論月**

刊，2（10），21-26。

監察院（2012）。**101 教正 17 糾正案文**。2013 年 8 月 1 日，取自：http://www.cy.gov.tw/sp.asp? xdUrl=./di/edoc/eDocForm_Read.asp&ctNode=911&AP_Code=eDoc&Func_Code=t02&case_id=101000151

Friedman, I. C. (2004). *Education reform*. New York, NY: Facts on file, Inc.

Chapter 12

學生補助與弱勢學生照顧政策

近年來，隨著國內社會與經濟的變遷，造成所得分配惡化，使貧富差距的問題逐漸擴大；因此如何透過公共財政系統的資助，使來自於弱勢家庭的學生能夠順利完成學業，並且為未來人生貯存足夠的人力資本以擺脫貧窮的困境，已經成為學校與教育行政機關的重要工作項目與政策方向。

目前政府實施中的弱勢學生照顧政策種類很多，對象也涵蓋各種境遇與背景的學生，投入資源更是不可計數，僅以教育部而言，每年至少投入上百億元用於縮短城鄉教育落差的相關政策措施，何況還有來自中央與地方政府機關與民間機構的其他資金投入。即使如此，弱勢學生的問題一直都未見減緩，而且隨著經濟景氣的起伏，需要照顧的人數不斷攀升，可見通盤檢討弱勢學生資助政策以發現其中隱含問題，並進一步檢討改進之道，確實有其必要。以下藉由我國對現行弱勢學生照顧政策實施的現狀談起，檢討其間隱含的問題，再由政策性質與政策執行理論檢討弱勢學生相關政策措施的問題，最後提出改進之道。

現行弱勢學生補助政策制度之實施

教育部為縮短國內城鄉教育落差，大幅推動協助偏遠地區及弱勢學生教育之特定教育補助計畫。以國民教育階段而言，2007 年度「教育優先區計畫」及「攜手計畫——課後扶助」，全國高達四分之三中小學、12 萬 1,966 人次弱勢學生接受課後扶助教學，教育部補助經費達 6 億餘元；2008 年度全國將有 23 萬以上人次參與課後補救教學。為縮短城鄉教育落差，從 2006 年開始，凡是國中基測「PR10」以下學生超過四分之一的國中，教育部每校每年補助 70 萬元，讓該校增聘一名師資人力。教育部估算，為因應偏鄉學校師資不足的問題，自 96 學年起，國小未達九班且學生數在五十一人以上的小型學校，加置教師員額一名，以減輕小型學校人力工作負荷，拉近城鄉落差。教育部為提升教育資源不利地區學校的教育水準，提供的補助還包括午餐與宿舍等生活照顧，加強學生信心，修繕教師宿舍，提高教師留任偏遠地區的意願，加強學校與社區的活動，以及充實有助於保存原住民文化的教育文化特色和設備等。此外，為實現教育機會均等，對戶籍設在澎湖縣、金門縣（包括烏坵鄉）與連江縣境內島嶼、臺東縣蘭嶼鄉與綠島鄉以及屏東縣琉球鄉的國中小學生，補助書籍費、雜費及交通費，2007 年度補助 4,658 萬元。最後，教育部從 2004 年 9 月至 2008 年 8 月辦理的「焦點三百——國民小學兒童閱讀推動計畫」，協助原住民等偏遠地區小孩養成閱讀習慣，四年總計配發 260 萬 7,000 餘冊圖書，經費 4 億 6,735 萬元。教育部補助照顧弱勢國中小學生相關計畫（2005 年）見表 12-1。

不僅如此，近年來，以「弱勢學生照顧」為目標的補助計畫愈形周延，且已經遍及各個教育階段，例如，教育部（2008）將「提供弱勢地區與一般地區經濟弱勢之五足歲幼兒充分的就學機會，保障其受教權益」與「保障弱勢國民教育權，縮小城鄉資源落差，傳承並發揚族群文化」，列為歷年來年度六大業務計畫中的兩項，可見弱勢照顧儼然已經成為中央政府教育行政機關的施政重點。這些弱勢照顧補助經費的發放，都是在各級學校年度預決算之外，以兩種

表 12-1 教育部補助照顧弱勢國中小學生相關計畫（2005 年）

計畫	2005 年辦理內容	預期成效
教育優先區計畫	補助 6,618 所國民中小學， 推展親職教育活動、辦理學習弱勢學生之學習輔導、補助文化資源不足學校發展教育特色、修繕離島或偏遠地區師生宿舍、充實學校基本教學設備、充實學童午餐設施、發展原住民教育文化特色及充實設備器材等，補助經費共 7 億 567 萬元。	秉承「有教無類，因材施教」的精神，致力於「教育均等、教育正義」目標的追求，有效發揮經費補助的實質效益，積極解決弱勢學童教育發展失衡的問題。
外籍配偶子女扶助計畫	提供各項計畫，例如：提早進入公幼、辦理學習輔導、辦理輔導活動、舉辦國際日活動、辦理教育方式研討會、教師研習與教材研發及強化教育研究等，支用經費 3,012 萬元。	透過各項輔導活動，給予弱勢跨國家庭子女更多的愛與關懷、語言和文化的特別協助，以增加學生之適應環境與學習能力，在成長過程身心獲致健全發展。
課後照顧計畫	共有 941 校開辦，班級數 4,208 班，參加學生 77,229 名，其中弱勢學生計 9,413 名，補助經費 43,830,463 元。	1. 以促進兒童健康成長、支持婦女婚育及使父母安心就業為目的。 2. 提供平價的照顧方式，使一般家庭均能負擔。 3. 低收入戶、身心障礙、原住民及情況特殊學生免費參加。
關懷弱勢弭平落差課業輔導計畫	提供 18,898 位弱勢國中小學生課業輔導，協助弱勢學生提升學習成就，支用經費 3,232 萬元。	1. 引進大專志工協助弱勢學生。 2. 受輔導學生學習態度改變，對課業學習興趣增加，完成作業比率提升。
國中學生英文營	提供偏遠及弱勢國中學生英文學習機會，受惠之弱勢國中學生達 6,298 位，支用經費 1,371 萬元。	幫助弱勢國中學生提升英文成就，縮短城鄉學習落差。
退休菁英風華再現計畫	招募 2,989 位退休教師投入國中小協助弱勢學生，支用經費 1,106.7 萬元，受惠之弱勢國中小學生預估達 38,000 人。	讓具教學專業之退休教師再次投入教育現場，貢獻智慧及經驗，協助並輔導弱勢學生課業輔導與生活適應。

資料來源：陳麗珠（2008a）。

方式發放，一種是直接發給學生的補助（如：獎助學金），另一種是以特定補助（categorical grant）的方式發給學校，種類繁多。以下依照學校制度層級加以分類整理如下。

幼兒教育階段

實施扶持五歲弱勢幼兒進入公私立幼稚園計畫（扶幼計畫），補助成立新設的國幼班，並補助弱勢幼兒就讀公私立園所學費；為平衡公私立園所差距，發放幼兒教育券給就讀私立園所的幼兒，每人每年 1 萬元；提升身心障礙幼兒接受學前特教比率。

國民教育階段

國民教育為義務教育階段，由地方政府辦理，中央政府扮演政策制訂與鼓勵推動的角色。因此教育部國民教育的經費大多屬此類性質，其中以照顧弱勢為名的經費約占一半（教育部，2008）。又分成以下各項：

一、文化不利地區學校：辦理「教育優先區計畫」，補助下列事項：推展親職教育活動、辦理學習弱勢學生之學習輔導、補助文化資源不足學校發展教育特色、修繕離島或偏遠地區師生宿舍、充實學校基本教學設備、發展原住民教育文化特色及充實設備器材等。此計畫由於實施多年，涵蓋多元指標項目很多，全國有四分之三的國中小都接受補助。

二、學習弱勢學生之補助：將「關懷弱勢弭平落差課業輔導計畫」、「退休菁英風華再現計畫」、「國中學生英文營」及「弱勢跨國家庭子女教育輔導計畫」各計畫內之學習輔導加以整合，並擴大辦理「攜手計畫」。

三、偏遠地區：引進海外英語專長替代役男協助偏遠地區國民中小學；國中基測「PR10」以下學生超過四分之一的國中，每校每年增聘一名師資人力；小型國小未達九班且學生數在五十一人以上的小型學校，加置教師員額一名；辦理「焦點三百——國民小學兒童閱讀推動計畫」，發放圖書以協助原住民等偏遠地區小孩養成閱讀習慣；補助偏遠地區中小學學校資訊基礎設備與維運，鼓勵各縣市教師應用資訊融入教學；對戶籍設在澎湖縣、金門縣（包括烏坵鄉）與連江縣境內島嶼、臺東縣蘭嶼鄉與綠島鄉以及屏東縣琉球鄉的國中小學生，補助書籍費、雜費及交通費。

高級中等教育與高等教育階段

一、政府出資針對高中職與大專院校學生辦理的各項弱勢學生助學補助包括：

1. 學雜費減免及優待係由教育部提供補助，其對象為身心障礙、低收入、原住民、軍公教遺屬等各類大專院校學生。
2. 就學貸款係由教育部提供補助，其對象為高中職以上中低收入戶學生。
3. 工讀助學金係由教育部提供補助，其對象為大專校院學生。
4. 研究生獎助學金係由教育部提供補助，其對象為大專院校之研究生。
5. 學雜費提供獎助金係由各大專院校提撥學雜費收入之 3%至 5%以為獎助金之用。
6. 失業勞工子女獎助金係由勞委會及教育部提供補助，其對象為高中職以上非自願性失業勞工子女。
7. 農漁民子女則係由農委會提供補助，其對象為高中職以上農漁民子女。
8. 所得稅列舉學費扣除額則係藉財政稅收損失，而使大專院校學生每戶每年扣除 25,000 元（教育部高教司，2008）。

二、大學院校提撥的大專院校弱勢學生助學計畫：2007 學年度起將原有對私校的獎補助經費提撥部分額度改為直接補助學生學雜費用，並配合目前各校辦理公私立大專院校共同助學措施的經費，訂立「大專院校弱勢學生助學計畫」，實施措施包含助學金、生活學習獎助金、緊急紓困金、低收入戶學生免費住宿等四項。

1. 助學金係針對家庭年收入 70 萬元以下的學生依其所得多寡，就讀公校或私校給予助學金，補助級距分為五級，且補助金額大幅提高為 5,000 至 34,000 元，減輕籌措學費負擔。
2. 生活學習獎助金係由學校安排家庭年收入 70 萬元以下的學生生活服務學習，培養弱勢學生獨立自主精神，厚植畢業後就業能力，同時給予獎助金，每月核發額度建議以提供學生每月生活費所需為原則（約 5,000 元）。
3. 緊急紓困金則係對於新貧、近貧或家庭發生急難之學生，由學校依學生困難實際狀況給予補助。
4. 免費住宿至少須提供 1%之床位供低收入戶學生免費住宿（教育部，2007）。2006 年度約有三萬六千名以上學生受惠，補助金額達 4 億 1,000 萬元以上（教育部，2008）。

成人與終生教育階段

由公私立社教機構辦理各種成人英語學習與親子共讀等終生教育活動，其對象還是以弱勢對象為優先。此外，針對外籍配偶之教育，補助各縣市政府辦理外籍配偶語言學習班、外籍配偶成人基本教育研習班、外籍與大陸配偶家庭教育活動；另有社區大學、社教館所屬社教工作站辦理終生學習活動，以及補助相關政府單位及民間團體辦理外籍配偶相關學習活動者。

特定對象

依據《原住民族教育法》、《特殊教育法》等規定，鼓勵原住民學生就學高等（大專）教育，發給原住民學生獎學金，鼓勵就學；亦補助各階段特殊教育學校與特教學生，包括獎學金、充實購置特教輔具等設備，並負擔部分特教學校人事費用等。

將以上各種補助依照補助項目加以分類，包括：

一、獎助學金：助學金發放對象為原住民學生及低收入戶、失業勞工子女；

獎學金對象為農民子女；減免學雜費的對象包括身心障礙、原住民籍、低收入戶學生。

二、私校教育代金（教育券）：私立幼稚園、私立高中職學生。

三、補助營養午餐：偏遠地區中小學校廚工薪津及貧困學生午餐費。

四、補助書籍、學雜費、交通費：離島地區學生。

五、保障升學機會：原住民、身心障礙、離島地區學生。

六、補助硬體設備與設施：補充學校教學設備與各種設施。

七、辦理活動與其他方式：辦理各種教育性質的活動，例如，課業輔導或親職教育講座等，或是分發具有專長的替代役男至偏遠地區服務等。

現行弱勢學生補助政策制度之特色

綜觀上述教育部對弱勢學生照顧相關的補助政策，都是以特定教育補助的方式施行之。這些補助政策均具有若干共同特色，試加以歸納如下。

在補助方式方面

包括「直接」補助學生、透過承辦機構（單位）辦理活動等，以及「間接」補助學生等。直接與間接補助之實施，都需要由主管機關頒布實施計畫並據以訂定補助辦法，說明政策目標與補助對象等；間接補助則由符合資格的承辦單位（如：學校）提出實施計畫，向教育部（或是透過地方政府）提出申請，通過審核後方可辦理。

在補助項目方面

直接補助提供學生各式的財務資助，包括：減免學（雜）費、發放獎（助）學金、擔保貸款申請並負擔在學期間利息、提供工讀機會，或是（幼兒）教育券。間接補助的方式則更多元，包括：課業輔導、育樂營、親職教育（講座或研習）、社區化教育文化活動等，亦透過補助學校購置所需生活與教學設備，如偏遠地區購置午餐廚房設備，或是師生宿舍，以及充實文化資源不利學校的教學設備等。

在經費來源方面

以政府補助為大宗，高中職以上的學校部分自籌，大專校院學生獎學金則需由學校自籌。

在補助對象方面

檢視各種補助計畫可以發現，每一補助計畫都包含多種補助對象，而且受補助對象本身也具有多重身分，例如，「教育優先區計畫」的補助對象幾乎涵蓋全國大部分學校（最低門檻為校內有的弱勢學生人數達若干人以上即可申請）；又如偏遠地區學校的學生，本身也可能同時是低收入戶。疊床架屋，重複補助的情形很難避免。

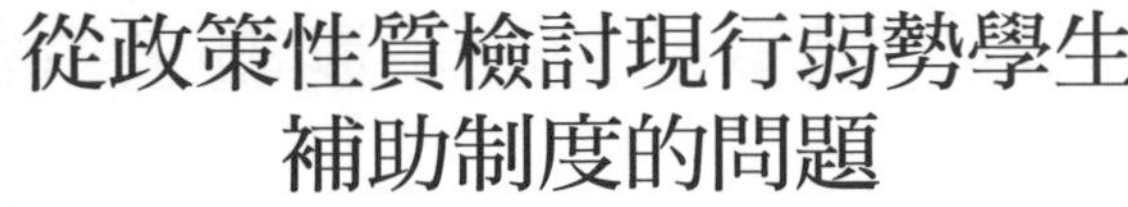

從政策性質檢討現行弱勢學生補助制度的問題

由以上現行政策之整理，可喜的現象是弱勢學生與家庭的問題逐漸獲得注意，而且政府資源與多種補助方案持續投入，可以使受到照顧的弱勢學生與家庭感受到政策的善意，獎學金或收費減免等措施對於就學期間的財務問題有一定程度的紓解，也可以有效鼓勵學生就學不中輟。而且學生參加課業輔導可以增加學習競爭力，參加育樂營等活動，或是學校發展教育特色等技能，也可以增加學生的自信心。其次，對家長與社區而言，學校舉辦的親職教育活動能輔導家長促進親子關係，經營良好的親師關係；而社區化教育活動則可促進學校與社區的良好關係，亦可提升社區的文化水準。對學校而言，申請辦理各種特定補助計畫可補充學校經費之不足，充實相關設備與辦公經費，亦可凝聚教職員士氣，提升學校專業形象。對政府而言，各種專案補助可讓各類弱勢學生感受到政府施政的善意，有效提升民間對政府的觀感。

然而，近年來政府各種弱勢照顧資源的大量投入，卻似乎未完全反映出實施的成效，對於資源不足或是辦理方式的批評還是時有所聞。檢討照顧政策不易見其成效的主要原因，還是在於政策環境（policy environment）變遷太快，這些變化包括：人口結構改變、異質化等社會變遷，以及貧富差距加大的經濟型態改變，致使近年來家庭功能逐漸式微，弱勢學生人數不減反增，相對增加學校職責，也加大對政府施政能力的挑戰。同時，現行的教育與升學制度設計未盡完善，多元入學與升學競爭的潮流中，弱勢學生更難出頭，遑論藉由教育厚植個人的人力資本，脫離貧窮的困境。致使學校裡的弱勢學生人數不減反增，難免使教育第一線的學校與教師面對家庭因素覺得無力（Fowler, 2004）。

不僅現行政策環境不利於弱勢學生，現行的補助制度也隱含若干問題，妨礙政策執行，致使政府每年投入大量資源卻未必能獲致預期效果。

媒體議程（media agenda）引導政府議程（government agenda）

現代社會中，媒體已經是政策過程中不可或缺的行動者，在媒體操作政策議題的運作之下，教育行政機關感受到的弱勢學生與其教育問題，有一大部分是透過各類媒體管道、經過座談研討等程序之後，再將部分議題納入施政議程，政府只能被動因應，等到執行政策時早已離問題發生時有一段時間的差距。此種時間差距常使社會大眾認為施政的措施未能機動因應，使問題產生的速度往往趕在施政執行之前。

利益團體扮演重要的角色

媒體議程的運作與各類利益團體（interest group）有密切關係。媒體工作者未必為教育專長，對於教育問題的發掘最簡單的方式就是依賴各類教育利益團體的提供，但同時教育利益團體也必須依賴媒體將問題凸顯以受到各界的重視，並對政府施壓使問題獲致解決（Birkland, 2001; Stone, 2002）。近年來國內政策環境日趨成熟，利益團體如雨後春筍般成立，媒體常見此類議題操作的痕跡；雖然各類利益團體的訴求不同，但共同的目的僅有一個，就是爭取政府資源於特定對象團體上。

弱勢照顧政策的本質容易流於分贓

政府照顧弱勢學生的方式都以特定補助的方式為之，也就是將資源分配於特定對象，屬於 Theodore Lowi 政策分類中的分配型政策（distributive policies）（Fowler, 2009）。分配型政策將財貨、勞務或特權授予人民，經費補助是最常見的分配物（Fowler, 2004）。然而，不論是行政機關使用於特定對象的資源，或是利益團體爭取的資源（經費），都是來自於納稅大眾，這些資源能否有效運用，或是真正發揮其濟弱扶傾的效果，值得思考；而且分配型的政策其實是透過分配方式進行控制，但如不注意分配之隱含價值觀，往往容易流於所謂的「肉桶政策」（pork barrel policy），形成政治綁樁（Fowler, 2004）。而且各類利益團體的需求眾多，為滿足各類需求，資源切割成大小不一的分配，使得每年行政機關的特定教育補助計畫數量龐大，以教育部而言，每年都有數百個（教育部，2008），這些計畫的對象與辦理方式交錯重疊，難免造成浪費。

資源切割分配影響實施成效

資源切割分配於各類弱勢團體，隨之而來的是政策的切割問題：在政府體制中，中央到地方政府都有特定補助的計畫，每年各部會於年度執行前頒布申請（當然年度中機動頒布申請亦很常見），這些計畫之間的統整與規畫其實很少。以弱勢照顧教育政策而言，教育部對外籍配偶及其子女，或是低收入戶就學子女的補助，很容易與內政部社會福利補助重疊；對於原住民學生與原住民學校的各類補助也往往與原民會重疊。結果常見的現象就是：當媒體關注外籍配偶問題時，各類外籍配偶的教育活動密集舉辦，使目標對象不知如何選擇參加，何況外籍配偶本身也很可能有經濟或家庭問題，未必能夠參加，結果就是活動辦理時參加民眾未必是政策目標對象。還有，原住民中小學校每年度可以申請的與原住民學生有關的補助計畫很多，常常讓學校在人力的限制下不知如何選擇。這種計畫政出多門，疊床架屋的現象，難免造成資源浪費的批評。

弱勢照顧政策評鑑以利害關係人觀點為成效標準

政策的利害關係人（stakeholder）指的是此一政策直接影響到的一群人，以弱勢照顧政策而言，就是獲得補助的學校或學生。目前的做法是，行政機關在進行政策評鑑（例如某某計畫成效訪視）時，往往以補助對象（學生或學校）為訪視對象，詢問其對政策滿意度的看法（教育部，2008），結果受到補助的對象當然對於補助計畫多所肯定；至於沒有獲得補助的對象，為獲取其認同，最常見的做法就是降低門檻以擴大補助對象（如：教育優先區計畫逐年降低各校弱勢學生人數標準，最低時僅需每校三十五人即可申請），或者是建立新的補助計畫將其納入（如：攜手計畫中納入退休教師與弱勢大專學生），結果就是補助計畫件數與經費年年增加。至於成效的展現，在「總比都沒有補助好」的心態下，還是得到肯定的。

從政策執行檢討現行弱勢學生補助制度的問題

弱勢學生補助制度的問題，還可以由執行層面加以檢討。

民主國家執行政策時，要兼顧人員、政策與地點等三個因素，這些因素在執行時都要同時納入考量。影響執行的「人員」因素包括正式政策對象、其餘沒有列入正式對象的人員、正式專業分類中的次級團體、社群與組織，以及主要執行的決策者。影響執行的「政策」因素包括政策目標、對象與使用政策工具。影響執行的「地點」因素包括政策實施於何種組織機構、組織機構的歷史或背景，以及執行系統之間的互相依存關係等（Honig, 2006）。

弱勢照顧政策執行的另一個問題在於執行層級。弱勢照顧政策是由中央政府所制訂，卻有賴地方政府執行，兩級政府所面臨的問題可能並不相同——中央政府負責的是政策制訂與執行上游工作，也就是巨觀執行（macro-implementation），地方政府層級面對政策目標對象（target population），推行政策措施，屬微觀執行（micro-implementation）。中央政府的政策在一個鬆散結構的環境中制訂，在其中，許多政策行動者透過互動以決定資源分配給哪些人？得到多少？何時得到？如何得到？以及分配資源於哪些政府層級。另一方面，地方政府層級首要任務在於將中央政府政策轉化成為地方政府的執行內容，這是地方政府與中央政策之間的相互適應（mutual adaptation），也就是對中央政策的回應以及納入地方組織的特質。政策執行過程中，透過許多連續的執行者層級，因而產生政策內容的質變。這一個複雜的適應過程無可避免地會產生政策執行方式的不確定性，這種不確定源自於地方政府執行政策時的彈性空間，如果要使政策在地方層級順利執行，中央政府勢必為地方執行保留彈性空間，因此不確定勢必難免，而且造成政策執行於目標對象的內容與政策主要目標已經背離（Berman, 1978）。

最後的結果就是，決定一個政策執行結果的有效權力其實是掌握在地方層級的傳達者（deliverers），而不是在中央層級的行政人員。Lipsky 認為，各種不同的政策投入因素，包括設計與管理策略、創新種類，以及中央經費層級的差異，並無法解釋執行結果的創新與結果差別。因此，政策執行結果主要依賴地方政府層級的微觀執行，上一級政府只能間接產生影響。在這些情況下，中央政府試著完全決定所有執行產生的行政與採用的相關細節並於事無補，因為有效的權力其實是在鉅觀結構的基層，也就是地方層級的執行者以及「街頭官僚」（street-level bureaucrats）的手中（Lipsky, 1971）。

從「將政策理論應用於弱勢照顧」政策在地方政府執行情形的檢討，就可以了解為何當大量教育資源投入此類政策之後，卻發現了下列諸多問題。

地方政府未必完全了解中央政策的精神

每一種特定補助在制訂時，都有特定的政策目標，也有政策對象（如：照顧原住民、特教生、學習弱勢的學生）。當這些補助辦法頒布之後，地方政府為減輕縣市國民教育經費負擔，都會鼓勵所屬國中小學校「盡量申請」。然而地方政府同時負責學校申請資料之彙整與初審工作，對於學校提出申請資料是否正確都會採取比較寬容的態度，而對於是否符合政策目標比較不重視。特定補助的精神在於透過經費「補充」地方政策之不足，但是如果地方政府以鼓勵的態度要求學校申請，已經是使用中央政府的經費「取代」地方政府國民教育財政的責任，並不恰當。

學校為爭取經費而申請，未能充分了解弱勢照顧的精神

在目前制度之下，國中小學校年度預算的經費相當有限，幾乎沒有太大的彈性空間。縣市政府在「學校本位管理」的原則下，將籌措經費的責任轉嫁給學校。因此學校對於各種弱勢照顧政策的申請，難免會僅為爭取經費而申請，目的以充實學校部分設備或是增加經常費等。

學校決定申請的決策過程，未能開放相關人員參與

學校在是否提出申請的決策過程中，往往是由學校層級的政策執行者（policy implementer），亦即校長與主任做決定，並未讓介於正式執行者與政策目標對象——學生之間的中介者（intermediary）——教師獲得適度授權或是參與決策，使執行政策第一線的教師不能充分掌握政策的精神。由於成功的政策執行端視如何激發與維持中介者的意願與能力（Fowler, 2004），因此也種下部分政策執行失敗的原因。

補助經費未能確實用於申請的目標對象（學生、家長）

弱勢照顧政策耗費更多資源於弱勢學生身上，主要乃因認定他們處在一個比較不利的地位。但也因較不利的條件，使得這一類政策在執行時其實要付出比一般學生更多的心力。例如，學習弱勢學生的課業輔導，教師要兼顧本學期的學習進度與過去進度的補救教學，課程設計與教學都必須由教學能力與經驗

俱優的教師承擔才能勝任；但在學校現場看到的是，一般教師在基本授課節數之外，已經無力也無心於此類課後輔導教學，結果就是交給新進教師或實習教師，成效不易彰顯。或有部分學校因為學生接受輔導的意願不高，就把課輔經費用於一般學生，或是讓一般學生併班上課。這些都是常見的補助經費未能確實使用於申請的目標對象身上的現象。

活動內容對目標對象沒有幫助，或是舉辦方式不利於參與

另一種常見的現象發生於學校申請親職教育活動。親職教育活動經費申請時是以學校弱勢學生人數為標準，超過一定人數才可以申請，但在舉辦親職教育活動時，卻沒有將弱勢學生家長的需求納入考量，例如，舉辦家長讀書會，但時間卻在上班時間，一般弱勢家長忙於生計，並無時間參與，反而是社經地位比較高的家長才有時間獲益。有些學校還有讀書會的討論主題，並未能針對弱勢學生的特殊問題，對於對象家長而言也沒有啟發的作用。比較理想的做法是將舉辦時間排在家長方便參與的晚上時段，或是特殊地區（如：漁村）配合當地產業作業進度（如：出海作業季節）辦理，也有山地學校將活動移到學生居住的部落辦理，這些都會是比較理想的方式。此外，配合家長的背景，用心設計活動主題與內容，也比較容易獲得成效。

執行時間相互排擠，甚至影響正常教學活動，導致照顧政策反而干擾學習

由於目前各類弱勢照顧政策種類繁多，性質各異，且行政部門為滿足各方需求，也將各種補助計畫的經費切割，所以一所學校可能同時申請多項計畫，同時執行。但因學生在校時間有限，執行時間相互排擠，甚至影響正常教學活動，導致照顧政策反而干擾學習。最常見的現象是學生課後時間參加學習輔導，但同一時間也是學校發展特色（運動、技能）的練習時間，時間重疊，學習效果當然不佳。有些學校因此將學習時間排在午休，但此種做法也會影響學生作

息，亦不足取。

在執行各類弱勢照顧政策時，不僅會面臨上述各類問題，其實在執行過程當中有許多因素未能控制，都會影響政策執行的成效，如下。

教師的教學與輔導投入程度，不是金錢可以衡量

各種補救教學或課業輔導的執行，都有賴第一線的教師來執行。但是教師如果因為各種因素未能充分體認到政策的精神，難免會影響政策執行的成效。最常見的問題是，教師不願意配合學校安排擔任課輔，學校只好開放校外安親班進駐，或是由校內兼（代）課教師、甚至實習教師擔任。雖然學生學習的問題應該是日間任課教師最為了解，但學生學習成就不佳，任課教師也有一部分的責任，所以究竟是哪一種教師對於輔導學生較有幫助，關鍵還是在於教師對課輔的投入程度。將 Lipsky（1971）的街頭官僚理論用於對學生課輔之執行，應該是很貼切的詮釋。

學校氣氛之營造，對教師之鼓勵比金錢更重要

雖然大部分執行弱勢照顧政策的學校行政人員都將學生學業輔導與活動辦理的成敗歸因於教師的因素，但教師的投入程度其實也受到學校行政運作的影響。例如，學校文化與氣氛影響教師士氣，間接影響教師的意願。有一些偏遠學校長期在課後幫學生留校課輔，視為一種學校的傳統，目的在於補足家庭功能的不足以增加學生未來的競爭力，這類學校中的教師對於政府是否發給鐘點費，或是撥下經費的早晚，反而不是他們最關心的問題，可見影響第一線教師執行的因素在於學校制度與運作，而不盡然是經費多寡。

學校執行活動的內容與方式影響成效甚鉅，但無法進行有效評估

各校在教育部頒布的弱勢學生照顧政策總目標之下，申請辦理各類教學活動，目前的制度運作是由各校提出實施計畫，載明辦理項目與經費預算以提出申請。這種制度的好處是兼顧各校的特質與條件，執行內容多元化，但是內容與方式是否能夠完全符合政策總目標，則未能細加評估。而且目前對於執行成效的評估偏重於經費的報銷完成度，也就是說，當活動辦理完成並將經費報銷即算執行完成，但活動內容的設計與政策目標的一致性（如：親職教育活動是否真正使弱勢學生與家長受惠），卻未必能夠有效展現，結果就是用心設計與執行的學校與不盡用心執行的學校在經費與評估上並無二致。

弱勢學生補助制度之影響與省思

從 1984 年起，臺灣省政府教育廳首先以促進教育經費均等理想為目標，執行補助偏遠地區國中小學校設備的計畫，後來配合教育部的「發展與改進國民教育六年計畫」、「發展與改進國民教育六年計畫之第二期計畫」、「教育部補助地方國民教育經費執行校務發展計畫」、「教育部補助地方整建國中與國小教育設施計畫」等中央計畫，補助縣市國民教育硬體建設，1995 年起開始以「文化刺激不足地區」學校為對象，實施「教育優先區計畫」迄今，其中又以優先區計畫執行的時間最長，具有指標性作用。以上中央補助地方國教經費的計畫，都是以充實資源不利的地區與學校為優先。

回顧數十年來的執行，投入的資源不知凡幾，但是成效與評價不一，行政機關在其間雖然亦曾進行多次的訪視評鑑，期能發現政策實施的成效與問題，但是弱勢學生的學習問題卻依然存在。這是因為執行成果的訪視評鑑都是針對政策產出（policy outputs）而非政策影響（policy impact）評估，前者指目標對

象或受益者接收到財貨、勞務或資源，以弱勢照顧政策為例，指的是執行課業輔導的班級數，或是參加親職教育活動的人次等。然而，政策產出不盡然完全等於政策影響。政策影響是指政策產出造成的行為或態度的確實改善（Dunn, 2004: 280）。以弱勢學生照顧政策為例，指的是弱勢學生在課輔之後的學業成績表現，或是親職教育活動舉辦之後，家庭親子互動頻率等的改進等。據此，檢討我國弱勢學生照顧近年來的執行可發現，在學校中有以下幾種政策影響值得注意。

增加學校行政負擔，影響學校教學核心任務

學校的核心任務應該還是回歸到師生的教學本業（Hoy & Miskel, 2008），但是在學校運作經費部分必須籌措的情況之下，學校行政工作人員必須花更多時間撰寫實施計畫以申請經費，經費撥下之後要於指定時間內執行，執行之後還要完成經費報銷等手續，加上學期中同時執行數個性質不盡相同的計畫，難免讓學校行政人員自嘲「不務正業」。

貧者愈貧，加大城鄉差距

國內教師授課基本節數的研究發現，偏遠地區、小型學校的班級數與學生人數雖然較少，但是學校行政工作負擔卻比照一般規模學校，而且小型學校班級數少，教師編制人數少，每位教師都必須身兼班級導師與行政工作（陳麗珠等人，2005a）。弱勢照顧政策的執行增加小型學校兼任行政工作教師的工作負擔，瓜分時間與精力的情況更加嚴重，無法撰寫精美完善的實施計畫以申請經費，結果就是經費的分配往都市與中大型學校集中，資源不利地區的學校在弱勢照顧經費的競爭中反而更趨不利，造成「貧者愈貧」的怪現象。

弱勢學生愈加弱勢

各種弱勢照顧的計畫同時執行，除了直接補助（如：獎助學金、工讀、貸款）可以讓學生實質受惠之外，各種透過辦理活動或購置設備設施的經費，究竟能夠讓弱勢學生真正受惠多少，值得商榷。教育局要求學校申請，學校為充實經費與設備的目的而辦理，就是一種「執行內容與政策目標背道而馳」的怪現象。而且學校讓學生參加各種技藝或運動訓練，對於學生未來人生的競爭力有多少幫助，目前不得而知，僅能確定的是，學生分心於參加各種活動後，更加排擠了投入學業的時間，讓原本就處在學習弱勢的學生更加不利。何況學生如果學習不足，大型學校、都會地區、社經地位較高的學生可以透過家庭額外支出的私成本購買額外學習機會（如：參加補習班），但是小型學校、鄉村地區、家庭社經地位較低的學生卻再也沒有多餘家庭資源可以挹注（陳麗珠等人，2005b），執行弱勢照顧政策的結果卻是使目標對象的弱勢學生更加弱勢，已經完全背離了政策的初衷。

重新設計弱勢學生照顧政策

經由以上檢討可以發現，弱勢照顧政策的問題不在於政府不夠重視，而在於問題本質與執行等政策設計（policy design）的缺失。政策設計包括五個因素：目標、因果模式、工具、對象與執行（Birkland, 2001）。以下試以此五個因素重新設計弱勢學生照顧政策。

政策目標

弱勢學生的問題不會完全消失，因此政策目標重點在於減緩學生在學期間面臨的問題。由此觀點思之，照顧政策應以直接能讓學生受惠的直接補助為主；

至於鼓勵學校藉著辦理活動以挹注經費的做法則應避免，行政機關應編足學校所需年度預算，將校務回歸到教學正常運作。

因果模式

針對造成學生處於弱勢的原因加以補助，例如，因經濟因素阻礙就學的學生，以助學金或貸款加以協助，而學習弱勢的學生則以課業輔導協助之。同時，各種弱勢學生都有賴學校輔導網路，加強學生心理健康以提升自我期許。

政策工具

弱勢照顧政策的工具不應僅限於分配型政策的經費補助，應該思考採納其他多種政策工具，配合各種工具的特色，同時多元運用。例如，對於偏遠地區學校的學生，不應僅是補助學校教學設備或設施，應該同時建立學生能力，加強城鄉交流，以增加學生生活經驗與文化刺激。

政策目標對象

各種弱勢照顧政策的對象應加以釐清並進行統整。例如，清寒學生家庭收入的計算標準究竟以多少年收入額為級距，或是僅由班級教師認定即可獲得補助？又如原住民學生身分的認定究竟應以居住地或是其他標準認定等問題，都應有一致的標準。

政策執行

政策執行應該由中央政府主導並與地方政府配合，結合學校力量，建立完善的弱勢照顧網路。網路中為每一位目標學生建立輔導檔案，針對其弱勢原因量身打造個人資助計畫，以統整分配資源。

參考文獻

教育部（2007）。**大專校院弱勢學生助學計畫**。2008 年 5 月 5 日，取自 http://helpdreams.moe.edu.tw/GetAboutLinkFile.php/help9608.htm? id=16

教育部（2008）。**年度施政績效評估**。2008 年 5 月 28 日，取自 http://www.edu.tw/content.aspx? site_content_sn=1951

教育部高教司（2008）。**就學貸款答與問（就學貸款）**。2008 年 5 月 22 日，取自 http://www.edu.tw/files/faq/B0068/111.doc

陳麗珠（2000）。**美國教育財政改革**。臺北市：五南。

陳麗珠（2007）。論資源分配與教育機會均等之關係：以國民教育為例。**教育研究與發展，3**（3），33-53。

陳麗珠（2008a）。**新世紀教育財政改革政策的現況與前瞻（III）：弱勢照顧教育補助政策之研究**。行政院國家科學委員會補助專題研究計畫，未出版。

陳麗珠（2008b）。弱勢學生照顧政策之檢討與改進。**教育研究月刊，172**，5-16。

陳麗珠、陳世聰、陳順利、葉宗文、林文展、鄭建良、許仲毅（2005a）。**我國國民教育學生成本資料之建立與分析之研究**。教育部委託專題研究報告。臺北市：作者。

陳麗珠、鍾蔚起、林俊瑩、陳世聰、葉宗文（2005b）。國民小學教師合理授課節數與員額編制之研究。**教育學刊，25**，25-50。

Berman, P. (1978). The study of macro- and micro- implementation. *Public Policy*, *26* (2), 157-184.

Birkland, T. A. (2001). *An introduction to the policy process: Theories, concepts, and models of public policy making*. Armonk, New York, NY: M. E. Sharpe.

Dunn, W. N. (2004). *Public policy analysis: An introduction* (3rd ed.). Englewood Cliffs, NJ: Prentice-Hall.

Fowler, F. C. (2004). *Policy studies for educational leaders: An introduction*. Upper

Saddle River, NJ: Merill.

Honig, M. I. (2006). *New directions in education policy implementation: Confronting complexity*. Albany, NY: State University of New York.

Hoy, W. K., & Miskel, C. G. (2008). *Educational administration: Theory, research, and practice* (8th ed.). Boston, MA: McGraw-Hill.

Lipsky, M. (1971). Street-level bureaucracy and the analysis of urban reform. *Urban Affairs Quarterly*, *6*(4), 391-409.

Stone, D. (2002). *Policy paradox: The art of political decision making* (Rev. ed.). New York, NY: W. W. Norton.

Chapter 13

結論：我國教育財政的挑戰與展望

進入 21 世紀，教育界面臨更多新的挑戰，各種因應策略都需要教育資源做後盾。回顧我國的重要教育政策，最大的轉折點從 1996 年行政院教育改革審議委員會提出《教育改革總諮議報告書》開始，報告書中列出四大改革目標：達成現代化教育的目標、滿足個人與社會的需求、邁向終生學習的社會、促成教育體系的改造。為配合此四大目標，報告中提列五大方向：教育鬆綁、帶好每位學生、暢通升學管道、提升教育品質，以及建立終生學習社會，從此為我國教育改革揭開序幕。1999 年開始，教育部根據《教育改革總諮議報告書》規畫為期五年期的「教育改革行動方案」，其中包括：健全國民教育、普及幼稚教育、健全師資培育與教師進修制度、促進技職教育多元化與精緻化、追求高等教育卓越發展、推動終生教育及資訊網路教育、推展家庭教育、加強身心障礙學生教育、強化原住民學生教育、暢通升學管道、建立學生輔導新體制、充實教育經費與加強教育研究等十二項工作項目、五十六項執行事項，教育部編列預算 1,500 餘億元執行之。從 1994 年起至 2005 年止，歷時十年的教育改革完成階段性的任務，帶領臺灣教育逐漸走向多元發展的形貌。

一個階段的結束象徵另一個階段的開始，教育部在 2005 至 2008 年之間的施政主軸以「培養現代國民」、「建立臺灣主體性」、「拓展全球視野」、「強化社會關懷」作為四大綱領，並據此提出十三項策略及三十四項行動方案。這個施政主軸秉持「回歸教育本質」、「完成個人」的施政理念，讓教育理念落實到每個個人，使其發揮最大潛能，完成自己。2010 年開始列出十大教育目標、五大教育施政主軸；2010 年更召開第八次全國教育會議，凝聚全國對教育重大政策發展方向的共識。2012 年更宣布將自 2014 年開始實施十二年國民基本教育，將使我國教育制度邁入新的階段。

教育政策環境丕變，挑戰更加嚴峻

經過將近二十年、三個階段的教育改革，外在政策環境卻也面臨巨大變動，不但改變的速度逐漸加大，帶來的挑戰也更嚴峻。

邁入 21 世紀，就全球的政策環境而言，國際環境瞬息萬變，對教育主要的衝擊有三：(1)知識經濟時代與終生學習需求，勢必要求學校教育之內容應該重視學生創造力之培養，並使學生人文與科學素養兼具，引導產業轉型升級；(2)數位化時代學習型態來臨，迫使學校必須改變傳統的學習方式，除傳統的學校情境之外，也要提供學生數位化學習環境，並加強教師與學生資訊應用能力；(3)全球化時代來臨，國際間的競爭更加直接與激烈，人才流動已經跨越國界限制，取得優勢的關鍵繫於人力的「創意」和「品質」，因此教育政策制訂除因應國內趨勢外，唯有朝向更多元化與國際化，才能化危機為轉機，不但留得住本國人才，也可以吸引外國人才。

就國內政策環境而言，最直接影響的因素有三：

一、人口結構快速轉變，在學生來源方面，面臨的是二十餘年間每年新生兒人數快速下降，1983 年每年新生兒為四十萬人，2003 年出生人數已降為二十二萬人，2010 年以後更不足二十萬人，每年的入學學齡人口快速遞減，對各級教育供需產生嚴重的衝擊。同時，外籍配偶子女的比率也逐漸提高，在 2002 年新生兒中，外配子女所占比率已達當年新生人口數的八分之一，人口組成異質化對於學校教育工作人員而言，也成為新的課題。

二、隨著國內民主化程度的提升，教育機會均等理念落實於教育政策制訂中，學校教育大幅擴增後，連帶衍生學生素質扁平化的問題。不僅如此，2000 年以後政府暢通升學管道，廣設高中及大學政策，造成高中以上學校學生數量快速擴增，但同時期政府投入之教育資源並未隨學校與學生數量增加比率同步成長，再加上教育資源分配機制的設計與運作問題（請見第三章），導致教育資源稀釋與不足，嚴重影響各級學校的教育品質。

三、教育鬆綁後體系的調整：教育鬆綁乃教育改革的重要目的，也是手段，促使校園邁向民主化，但對教育環境與行政運作卻也產生若干調適的問題，例如：中央與地方權限未能釐清；校長的行政領導、教師的專業自主與家長的參與權之理想互動模式有待建立等。另外，教育改革的主要動力在於教師，民主化後如何提升專業化，並強化教師專業、敬業與樂業精神，乃必須面對的課題。

教育現場產生變革，增加教育經費需求

教育經費向來被比喻為教育活動的「脊椎骨」，沒有經費的奧援，教育活動勢必不能圓滿達成。面對國際與國內的教育問題，今天的教育現場需要更有效的財政籌措與分配機制，使教育資源能夠成為支持教育活動的脊椎骨，方能使教育政策順利推動。經過多階段的教育改革，我國的教育現場也產生若干變革，對於教育經費的需求日益迫切。

首先，學生人口組成的改變致使教育經費的分配產生變化，其中包括因為人口出生率下降帶來的少子化趨勢，造成每年國小入學學生人數逐年下降；在此同時，卻又面臨逐年增加的外籍及大陸籍配偶子女，致使學生組成異質化趨勢日漸明顯。當學生人口組成異質化加大時，對於學校教學與行政的安排就需要更多的因應措施，例如，多元文化背景學生的教學與相關課程活動都需要額外的經費才能達成；另外，人口少子化的影響對於城市與鄉村地區學校的衝擊程度不盡相同，當學生人數減少時，面對逐漸增加的小班與小校，如何有效地實施對應政策與相關配套措施，都會帶來經費的需求增加。同時，社會型態轉變，學生家庭背景變得更多元，學生人口組成中來自於單親、隔代教養、寄親家庭的比率增加，都會增加學校輔導工作的需求。

其次，課程改革政策展現學校本位課程的多元與學科間的統整；但學校發展本位課程時，多元化的課程樣貌勢必包含各種學習活動，也需要更多資源的支持。當政府負擔的資源成長有限時，這些資源必須由公部門（政府）與私部門（私人）分攤，但是公私部門間如何分攤？是否會影響弱勢家庭學生的學習機會而提早造成教育階層化？學生受教育時的公成本與私成本如何分攤？這是今日學校教育財政的重要議題。

再次，面對全球化趨勢，教育精緻化的改革走向乃是不得不面對的挑戰，因此師資素質提升與學校設備設施的完善，都是必須進行的改革。然而師資職前培育與在職進修教育等，加上學校教師員額編制等人力配置的問題，都牽動教育經費的最大宗支出──人事費，政策與資訊融入教學等教改政策，都必須投入更多教育經費，已經捉襟見肘的教育資源是否能夠部分挹注？或是挹注後是否會排擠學校正常運作經費？都是值得思考的問題。

最後，在此全球化競爭加劇的時代，我國學生語言溝通能力與國際視野的培養，都是國民義務教育階段之後，後期中等教育與高等教育的新課題。以上各種教育改革政策的推動都必須有充裕的資源做後盾，亦勢必重新規畫教育資源籌措與分配的配置。

教育財政的新課題

今日我國教育經費面臨的新課題在於以下幾方面。

國家財政緊縮使經費減少

我國各級政府的收入無法有效擴增，而大型支出增加，造成財政緊縮，在統收統支的系統中，連帶使教育財政亦隨之受到影響。在編列例行年度預算時，即要求學校與教育機構不得逾越前一年度支出，甚至必須刪減。如何在逐年減少的經費下維持應有的績效表現，成為我國教育財政的首要課題。

學校必須負起自籌經費的責任

由於政府財政狀況不如預期，教育財政系統遂朝向學校自籌，使行政人員責任加重。

教師退撫與薪資增加

人事費屬於「法定義務支出」，必須優先編列預算。然而教師薪資隨年資晉級增加，以及退撫支出退休人數增加時，已經造成對全國教育經費總額的排擠。近年來遂有「將退撫支出排除在全國教育經費保障總額下限外」之倡議。人事費負擔已經成為我國教育財政的重要課題。

教育成本增加，家長成本分攤責任加重

1990 年代以後的教育改革帶來教室現場教學型態的變革，學生學習活動與數位教材增加，致使教育成本增加。另外，學生課外參加的補習活動，以及家庭安排的學習活動等，都使今日的中小學生教育成本較往年提高許多。這些成本部分由政府（公部門）支出，部分則必須轉嫁給家庭（私部門）負擔。兩者之間如何分攤，值得探討。

學校對競爭型經費之倚賴度增加，不確定性增高

當公部門的資源緊縮時，對於學校的經費撥款就會逐漸減少，同時將原來列入年度預算中的額度，轉化成為競爭型經費，要求學校自行撰寫計畫，爭取補助。但競爭型經費即使申請，亦不代表一定會獲得補助；即使獲得補助，往往僅是部分補助，學校必須提出若干配合款（matching grant），亦即是自籌款的制度。所以每一年度之初所編列的預算僅是一個校務計畫的梗概，學校一年度之內確實的資源流向，有一大部分是在年度之中視經費爭取狀況才能決定。預算與決算之間的巨大差異是今日學校財務的特色，爭取經費也是今日校務的一大挑戰。

績效責任制度的推動，指標與績效表現挑戰增多

當競爭型經費增加時，學校此時面臨兩難困境：究竟是維持原來校務運作

正常、犧牲額外經費的爭取？或是將部分校務人力與精力轉到專案補助經費的爭取？但是競爭型經費多為執行重要的教育政策所需，學校必須執行方能與政策潮流方向一致，因此今日的學校行政業務中，必須付出更多時間與精力於申請計畫撰寫、申請會議出席與說明，以及無止盡的訪視與考評。今日學校行政人員的工作內容較之往昔，顯得更加繁重。再者，競爭型經費要求的是指標項目的績效表現，學校只好盡力符合各種關鍵表現指標（key performance index, KPI）考核數據。當無止盡地追逐表現指標時，反而會迷失當初政策想要的目標何在？績效與校務運作的兩難，是今日學校行政的新挑戰。

自籌責任加重，教育人員角色轉型

當政府公部門不能完全負擔學校所需之資源時，學校由公務預算改而實施基金預算，基金預算制度要求學校必須自籌財源並加入跨年度滾存等機制，使得學校行政人員開始學習如何對外募款或營運以增加財源。換句話說，今日的學校行政人員除了原來的校務行政工作之外，還必須經營親師關係與社區關係，以寬籌學校財源。籌措財源成為今日學校行政人員的另一項挑戰。

學校功能增加與社區關係

傳統的學校財源完全來自於公部門時，學校可以獨立運作於社區之外，不受社區勢力的干擾；今日的學校倚賴社區資源，與社區之關係較之以往更加緊密。如何在爭取社區資源的同時能兼顧學校教學等正常運作，不受政治力量干預，也是今日學校行政的新挑戰。

保障弱勢學生，公平與效率成為兩難

當社會經濟愈發達，全球化趨勢愈明顯，貧富差距逐漸成為政府不能忽視的重要社會議題。對於教育財政政策領域的影響就是弱勢學生照顧政策的資源籌措與配置。畢竟弱勢學生的屬性不一而足，包括：經濟弱勢、生理弱勢、居住區域弱勢、族群弱勢……都在競爭教育資源。不同屬性的弱勢學生應將哪些納入照顧，以及各類弱勢學生應獲得照顧的程度與補助金額等，已經成為今日教育財政領域的重要議題。

我國教育財政制度改革之未來展望

民國 100 年《教育經費編列與管理法》部分條文修正案終於立法通過，此次修法已經可以約略看出我國教育財政的未來方向，一是增加教育財源，除鼓勵地方政府提高自籌額度之外，又針對中小學教師課稅列入配合條文；一是節流並要求教育經費的執行效益表現。這些條文包括：

一、修正第三條，以因應年年增高的教育人員退撫支出與人事費，乃提高全國教育經費的保障下限由 21.5%至 22.50%。

二、又配合教師課稅增訂第三之一條條文：「中央政府就公、私立幼稚園、國民小學及國民中學教職員之薪資依法課徵所得稅所增收入額度，不計入前條第二項百分之二十二點五算定之金額，並以外加方式編列專款，專用於提升幼稚教育及國民教育品質。」

三、修正第四條：直轄市、縣（市）政府辦理國民教育有下列成效之一者，中央主管教育行政機關應於分配特定教育補助時，提撥相當數額獎勵之：

(一) 依第十六條規定接受評鑑，績效表現優良者。

(二) 國民教育經費支出占該直轄市、縣（市）政府決算歲出比重成長較高者。

(三) 依國民教育法第十六條第一項及財政收支劃分法第十八條第一項之規定開徵附加稅捐，籌措辦理國民教育所需經費者。

四、修正第十條：中央政府應就第一項計算之直轄市、縣（市）政府教育經費基本需求，扣除直轄市、縣（市）政府應分擔數額後之差額，編列對於直轄市、縣（市）政府之一般教育補助預算。

直轄市、縣（市）政府於前一年度違反第三條或第八條規定時，應於當年度教育經費計算中，增加其應分擔數額或扣減其一般教育補助。

前項增加或扣減之實際金額，由行政院教育經費基準委員會議決。直轄市、縣（市）政府依第一項計算之應分擔數額，不得因其依第四條第二項第三款開徵附加稅捐而增加。

五、修正第十三條：直轄市、縣（市）政府之各項教育經費收入及支出，應設立地方教育發展基金，基金應設專帳管理。地方政府自行分擔之教育經費、一般教育補助、特定教育補助均應納入基金收入，年度終了之賸餘並滾存基金於以後年度繼續運用；其收支、保管及運用辦法由直轄市、縣（市）政府定之。

六、修正第十四條：各級政府所屬學校得設置校務發展基金，除法律另有規定外，其設置辦法，由主管教育行政機關定之。

七、修正第十八條：修正條文之施行日期。

綜觀上述各條文的修正方向，民國 100 年《教育經費編列與管理法》的修法精神與重點，已經隱約點出我國教育財政的前景；各級學校經費未必能夠延續過去數十年間的成長趨勢，勢必開始關注經費執行的效益表現，執行單位（學校）必須開源與節流，方能符合法令所規範的精神。

再者，教育財政制度不會恆久不變，當政策環境改變時，將會透過新政策制訂建立新的制度，改變原有的資源分配方式。

本書作者相關研究專案

陳麗珠（1990）。**臺灣省私立高級中等學校教師任用與待遇情形之研究**。臺灣省府教育廳委託專案研究報告。

陳麗珠（1992）。**我國國民教育財政系統公平性之研究**。行政院國家科學委員會補助專題研究計畫，未出版。

陳麗珠（1992）。**臺灣省高級中等學校公共教育投資與國民所得重分配之研究**。臺灣省府教育廳委託專案研究報告。

陳麗珠（1992）。**臺灣地區中等學校學雜費用調整方案之研究**。臺灣省府教育廳委託專案研究報告。

陳麗珠（1993）。**校際資源共享可行性之研究**。臺灣省府教育廳委託專案研究報告。

陳麗珠（1994）。**屏東縣試辦山地鄉小型國民小學合併計畫實施成果報告**。臺灣省府教育廳委託專案研究報告。

陳麗珠（1994）。**省對縣市辦理國民教育補助公式之研究**。行政院國家科學委員會補助專題研究計畫，未出版。

陳麗珠（1994）。**我國中小學教育財政公平性之研究**。行政院國家科學委員會補助專題研究計畫，未出版。

陳麗珠（1996）。**教育革新－教育革新大型研究－教育財政制度自由化之研究（I）：教育券制度可行性之研究**。行政院國家科學委員會補助專題研究計畫，未出版。

陳麗珠（1997）。**我國國民教育經費補助公式之模擬研究：垂直公平考量**。行政院國家科學委員會補助專題研究計畫，未出版。

陳麗珠（1998）。**臺灣省教育優先區計畫與實施之評估研究：教育機會均等理念之實踐**。臺灣省府教育廳委託專案研究報告。

陳麗珠（1998）。**我國國民教育財政改革之研究**。行政院國家科學委員會補助專題研究計畫，未出版。

陳麗珠（1999）。**我國高等教育財政改革之研究**。行政院國家科學委員會補助專題研究計畫，未出版。

陳麗珠（2001）。**精省效應對臺灣省中小學校教育財政影響之研究（I）：精省效應對臺灣省高級中等教育財政之影響**。行政院國家科學委員會補助專題研究計畫，未出版。

陳麗珠（2001）。**精省效應對臺灣省中小學校教育財政影響之研究（II）：精省效應對國民教育財政之影響**。行政院國家科學委員會補助專題研究計畫，未出版。

陳麗珠（2001）。**地方補助款制度化實施後對國民教育財政影響之研究：整批補助效果之檢視**。行政院國家科學委員會補助專題研究計畫，未出版。

陳麗珠（2002）。**九十二年度地方政府國民教育經費基本需求試算**。教育部委託專題研究報告。臺北市：作者。

陳麗珠（2003）。**教育經費編列與管理法實施之檢視（I）：中央政府建立教育經費分配機制之研究**。行政院國家科學委員會補助專題研究計畫，未出版。

陳麗珠（2004）。**教育經費編列與管理法實施之檢視（II）：地方政府教育發展基金實施情況之研究**。行政院國家科學委員會補助專題研究計畫，未出版。

陳麗珠（2004）。**國民中小學教師合理授課節數與員額編制之研究**。教育部委託專題研究報告。臺北市：作者。

陳麗珠（2005）。**教育經費編列與管理法實施之檢視（III）：我國中小學校實施學校本位財務管理之研究**。行政院國家科學委員會補助專題研究計畫，未出版。

陳麗珠（2005）。**我國國民教育學生成本資料之建立與分析之研究**。教育部委託專題研究報告。臺北市：作者。

陳麗珠（2006）。**新世紀教育財政改革政策的現況與前瞻（I）：中央對地方政府一般教育補助政策之研究**。行政院國家科學委員會補助專題研究計畫，未出版。

陳麗珠（2006）。**我國幼稚園學生教育成本資料建立與分析**。教育部委託專題

研究報告。臺北市：作者

陳麗珠（2007）。**新世紀教育財政改革政策的現況與前瞻（II）：中央對地方政府特定教育補助政策之研究**。行政院國家科學委員會補助專題研究計畫，未出版。

陳麗珠（2008）。**新世紀教育財政改革政策的現況與前瞻（III）：弱勢照顧教育補助政策之研究**。行政院國家科學委員會補助專題研究計畫，未出版。

陳麗珠（2008）。**我國教育改革新趨勢之財政規畫（I）**。行政院國家科學委員會補助專題研究計畫，未出版。

陳麗珠（2009）。**我國教育改革新趨勢之財政規畫（II）：教育資源分配政策加入適足性考量之探究**。行政院國家科學委員會補助專題研究計畫，未出版。

陳麗珠（2009）。**我國大學學雜費政策之分析與研議**。教育部委託專題研究報告。臺北市：作者。

陳麗珠（2010）。**高雄縣市合併前國民教育經費問題**。高雄市教師會委託專題研究報告。高雄市：高雄市教師會。

陳麗珠（2010）。**我國教育改革新趨勢之財政規畫（III）：教育資源分配與學校績效責任制度結合之探究**。行政院國家科學委員會補助專題研究計畫，未出版。

陳麗珠（2010）。**高雄縣市國民中小學校教育經費之研究**。高雄市教師會委託專題研究報告。高雄市：高雄市教師會。

陳麗珠（2013）。**高雄市公私立高中職辦學成本差異分析**。高雄市政府委託專案研究報告。高雄市：作者。

陳麗珠（2014）。**我國高級中學學校學雜費政策之分析與研議**。教育部委託專案研究計畫。臺北市：作者。

陳麗珠（2014）。**高級中等學校學生實習實驗費收費政策之研究**。教育部委託專案研究計畫。臺北市：作者。

黃政傑、李錫津、李琪明、周愚文、陳麗珠、黃炳煌、曾憲政、謝文全、張喜育（1998）。**國立新竹科學工業園實驗高級中學長程發展規畫之研究**。國立臺灣師範大學教育研究中心研究。

蓋浙生、陳麗珠等（1999）。**我國教育經費籌措及其運作之研究：憲法第一六四條凍結後之因應**。教育部委託專題研究報告。臺北市：作者。

蓋浙生、張鈿富、陳麗珠、王如哲、王保進、吳政達（2001）。**教育經費計算基準之研究**。教育部委託專題研究報告。臺北市：作者。

蔡培村、陳麗珠（2002）。**十二年國民教育政策經費需求推估之研究**。教育部委託專題研究報告。臺北市：作者。

《教育經費編列與管理法》

民國 100 年 12 月 28 日修正

第 1 條　為維護教育健全發展之需要，提升教育經費運用績效，特依教育基本法第五條第二項之規定制定本法。

教育經費之編列與管理，依本法之規定。本法未規定者，依其他法律之規定。

第 2 條　本法所稱教育經費，係指中央及地方主管教育行政機關與所屬教育機構、公立學校，由政府編列預算，用於教育之經費。

本法所稱主管教育行政機關：在中央為教育部；在直轄市為直轄市政府教育局；在縣（市）為縣（市）政府。

第 3 條　中央及直轄市、縣（市）政府（以下簡稱各級政府）應於國家財政能力範圍內，充實、保障並致力推動全國教育經費之穩定成長。

各級政府教育經費預算合計應不低於該年度預算籌編時之前三年度決算歲入淨額平均值之百分之二十二點五。

中華民國一百零一年一月一日修正施行之前項規定所增加之教育經費預算，應優先用於推動十二年國民基本教育。

第二項所定決算歲入淨額，指各級政府決算及特別決算中，不含舉債及移用以前年度歲計賸餘，扣除重複列計部分。

直轄市、縣（市）政府以其歲入總預算扣除上級政府補助為自有財源，並依教育基本需求，衡量財政狀況，優先支應教育經費，除自有財源減少外，其自行負擔之教育經費，應逐年成長。

第 3-1 條　中央政府就公、私立幼稚園、國民小學及國民中學教職員之薪資依法課徵所得稅所增收入額度，不計入前條第二項百分之二十二點五算定之金額，並以外加方式編列專款，專用於提升幼稚教育及國民教育品質。

第 4 條　直轄市、縣（市）政府應依憲法增修條文第十條第十項規定，優先編列國民教育經費。

直轄市、縣（市）政府辦理國民教育有下列成效之一者，中央主管教育行政機關應於分配特定教育補助時，提撥相當數額獎勵之：

一、依第十六條規定接受評鑑，績效表現優良者。

二、國民教育經費支出占該直轄市、縣（市）政府決算歲出比重成長較高者。

三、依國民教育法第十六條第一項及財政收支劃分法第十八條第一項之規定開徵附加稅捐，籌措辦理國民教育所需經費者。

第 5 條　為兼顧各地區教育之均衡發展，各級政府對於偏遠及特殊地區教育經費之補助，應依據教育基本法之規定優先編列。

第 6 條　為保障原住民、身心障礙者及其他弱勢族群之教育，並扶助其發展，各級政府應依據原住民族教育法、特殊教育法及其他相關法令之規定，從寬編列預算。

第 7 條　政府為促進公私立教育之均衡發展，應鼓勵私人興學，並給予適當之經費補助與獎勵。

第 8 條　中央政府對地方政府之教育補助分為一般教育補助及特定教育補助：

一、一般教育補助，用於直轄市、縣（市）政府所需之教育經費，不限定其支用方式及項目，並應達成教育資源均衡分配之目的。

二、特定教育補助，依補助目的限定用途。

第 9 條　行政院應設教育經費基準委員會，其任務如下：

一、教育經費計算基準之研訂。

二、各級政府之教育經費基本需求之計算。

三、各級政府之教育經費應分擔數額之計算。

前項委員會，置委員十三人至十七人，由學者、專家、直轄市政府、縣（市）政府、行政院主計處、財政部、中央主管教育行政機關及相關機關代表組成，其中學者及專家人數不得少於委員總數三分之一；其組織及會議等相關事項，由行政院定之。

第 10 條　行政院教育經費基準委員會應衡酌各地區人口數、學生數、公私立學校與其他教育機構之層級、類別、規模、所在位置、教育品質指標、學生單位成本或其他影響教育成本之因素，研訂教育經費計算基準，據以計算各級政府年度教育經費基本需求，並參照各級政府財政能力，計算各級政府應分擔數額，報請行政院核定之。

各級主管教育行政機關應依前項核定之基本需求及分擔數額，編列年度預算。各級政府編列之教育預算數額不得低於前項核定之基本需求。

中央政府應就第一項計算之直轄市、縣（市）政府教育經費基本需求，扣除直轄市、縣（市）政府應分擔數額後之差額，編列對於直轄市、縣（市）政府之一般教育補助預算。

直轄市、縣（市）政府於前一年度違反第三條或第八條規定時，應於當年度教育經費計算中，增加其應分擔數額或扣減其一般教育補助。

前項增加或扣減之實際金額，由行政院教育經費基準委員會議決。

直轄市、縣（市）政府依第一項計算之應分擔數額，不得因其依第四條第二項第三款開徵附加稅捐而增加。

第 11 條　中央主管教育行政機關教育預算經完成立法程序後，除維持中央主管教育行政機關與所屬教育機構、公立學校運作所需者外，對於公、私立教育事業特定教育補助，應由中央主管教育行政機關教育經費分配審議委員會審議之。

前項委員會，置委員十三人至十七人，由學者、專家、社會公正人士、中央主管教育行政機關及相關機關代表所組成，其中學者、專家及社會公正人士人數合計不得少於委員總數二分之一。其審議項目、程序及設置辦法，由中央主管教育行政機關定之。

第 12 條　直轄市、縣（市）主管教育行政機關所屬教育機構、公立學校，應訂定中長程教育發展計畫，報請該管主管教育行政機關審查通過後，提送依教育基本法第十條第一項所設之直轄市、縣（市）政府教育審議委員會審議。

前項委員會審議通過後，應依第十條第一項核定之基本需求及分擔數額，提出直轄市、縣（市）主管教育行政機關所屬教育機構、公立學校之預算數額建議案，作為該管主管教育行政機關編列年度教育預算之依據。

第 13 條　直轄市、縣（市）政府之各項教育經費收入及支出，應設立地方教育發展基金，基金應設專帳管理。地方政府自行分擔之教育經費、一般教育補助、特定教育補助均應納入基金收入，年度終了之賸餘並滾存基金於以後年度繼續運用；其收支、保管及運用辦法由直轄市、縣（市）政府定之。

第 14 條　各級政府所屬學校得設置校務發展基金，除法律另有規定外，其設置辦法，由主管教育行政機關定之。

第 15 條　各級主管教育行政機關對公、私立學校及其他教育機構應依法進行財務監督。

公、私立學校及其他教育機構，應定期造具財務報表，載明其經費收支使用情形，送請該管主管教育行政機關公告之。

各級主管教育行政機關得依法派員或委託會計師查核公、私立學校及其他教育機構財務報表及經費收支狀況，並公告其查核結果，其有違反前項規定或其他法令者，應依相關法令規定辦理，並公告周知。

中央主管教育行政機關，得視前項情節輕重，停止公、私立學校及其他教育機構之特定教育補助一年至三年；直轄市、縣（市）主管教育行政機關對所轄學校、教育機構，得準用之。

第二項、第三項財務報表格式及公告方式，由中央主管教育行政機關定之。

第 16 條　各級主管教育行政機關為提升教育經費使用績效，應建立評鑑制度，對於公、私立學校及其他教育機構進行評鑑。

前項評鑑工作得委託相關學術團體辦理。但應於評鑑前公布評鑑項目，並於評鑑後公布評鑑結果。評鑑工作之進行方式、程序及獎補助等相關事項，由各級主管教育行政機關定之。

第 17 條　各級政府教育預算、地方教育發展基金及校務發展基金之全部項目及金額，應於年度決算後公開於資訊網路。

第 18 條　本法自公布後一年內施行。

本法中華民國一百年三月二十九日修正之條文，其施行日期由行政院定之。

本法中華民國一百年十二月九日修正之條文，自一百零一年一月一日施行。

國民小學與國民中學班級編制及教職員員額編制準則

民國 103 年 03 月 14 日修正

第 1 條　本準則依國民教育法第十二條第一項規定訂定之。

第 2 條　國民小學及國民中學班級編制規定如下：

一、國民小學每班學生人數，以依下列基準逐年降低為原則：

學年度	各年級每班人數（單位：人）					
	一年級	二年級	三年級	四年級	五年級	六年級
96	32	35	35	35	35	35
97	31	32	35	35	35	35
98	30	31	32	35	35	35
99	29	30	31	32	35	35
100	29	29	30	31	32	35
101	29	29	29	30	31	32
102	29	29	29	29	30	31
103	29	29	29	29	29	30
104 以後	29	29	29	29	29	29

二、國民中學每班學生人數以三十五人為原則，自九十八學年度起，以依下列基準逐年降低為原則：

學年度	各年級每班人數（單位：人）		
	一年級	二年級	三年級
98	34	35	35
99	33	34	35
100	32	33	34
101	31	32	33
102	30	31	32
103	30	30	31
104 以後	30	30	30

三、山地、偏遠及離島等地區之學校每班學生人數，得視實際情形予以降低，並以維持年級教學為原則。

四、特殊教育學校（班）班級編制，依特殊教育設施及人員設置標準規定辦理。

第 3 條　國民小學教職員員額編制如下：

一、校長：每校置校長一人，專任。

二、主任：各處、室及分校置主任一人，除輔導室主任得由教師專任外，其餘由教師兼任。

三、組長：各組置組長一人，除文書、出納及事務三組組長得由職員專任或相當職級人員兼任外，其餘由教師兼任。

四、教師：每班至少置教師一・五人，一百零一學年度提高至每班一・五五人，一百零二學年度提高至每班一・六人，一百零三學年度提高至每班一・六五人。全校未達九班而學生人數達五十一人以上者，另增置教師一人。

五、輔導教師：

(一) 專任輔導教師：學校班級數二十四班以上者，置一人。

(二) 兼任輔導教師，由教師依下列規定兼任：

1. 學校班級數二十三班以下者，至少置二人。

2. 學校班級數二十四班至四十八班者，除依前目置專任者一人外，至少置兼任者一人。

3. 學校班級數四十九班至七十二班者，除依前目置專任者一人外，至少置兼任者二人；七十三班至九十六班及九十七班以上者之兼任輔導教師人數，以此類推增置。

六、幹事、助理員、管理員及書記（含各處室職員及圖書館、教具室、實驗室管理員等，不含人事、主計專任人員）：七十二班以下者，置一人至三人；七十三班以上者，置三人至五人。

七、護理師或護士及營養師：依學校衛生法規定辦理。其具有護士資格者，以護士任用；具有護理師資格者，以護理師任用。

八、住宿生輔導員：山地及偏遠地區學校，學生宿舍有十二人以上住宿生者，得置住宿生輔導員一人；五十人以上住宿生者，得置住宿生輔導員二人。但學生宿舍有十一人以下住宿生者，必要時得置住宿生輔導員一人或指派專人兼任。

九、運動教練：得依國民體育法規定置專任運動教練若干人。

十、人事及主計人員：依人事人員員額設置標準及主計員額設置原則規定辦理。

學校得視需要，在不超過全校教師員額編制數百分之五範圍內，將專任員額控留並改聘兼任、代課教師、教學支援工作人員或輔助教學工作之臨時人員。但學校教師員額編制未滿二十人者，得將專任員額控留一人改聘之。

前項學校所控留之專任員額經費，應全數用於改聘之人員。

辦理實驗之學校，得視需要增置教師；其增置基準，由該管主管教育行政機關視實驗性質定之。

第一項第五款規定，自中華民國一百零一年八月一日施行，於五年內逐年完成設置。

第 4 條　國民中學教職員員額編制如下：

一、校長：每校置校長一人，專任。

二、主任：各處、室及分校置主任一人，除輔導室主任得由教師專任外，其餘由教師兼任。

三、組長、副組長：各組置組長一人，除文書、出納及事務三組組長得由職員專任外，其餘由教師兼任。六十一班以上者，學生事務處及輔導室得共置副組長一人至三人，均由教師兼任。

四、教師：每班至少置教師二人，每九班得增置教師一人；全校未達九班者，得另增置教師一人。

五、輔導教師：

(一) 專任輔導教師：學校班級數二十班以下者，置一人，二十一班以上者，置二人。

(二) 兼任輔導教師，由教師依下列規定兼任：

1. 學校班級數十班以下者，除依前目置專任者一人外，置兼任者一人。
2. 學校班級數十一班至二十班者，除依前目置專任者一人外，置兼任者二人。
3. 學校班級數二十一班至三十五班者，除依前目置專任者二人外，置兼任者一人。
4. 學校班級數三十六班至五十班者，除依前目置專任者二人外，置兼任者二人；五十一班至六十五班及六十六班以上者之兼任輔導教師人數，以此類推增置。

六、幹事、助理員、管理員及書記（含各處室職員及圖書館、教具室、實驗室、家政教室管理員等，不含人事、主計專任人員）：三十六班以下者，置二人至九人；三十七班至七十二班者，置三人至十三人；七十三班以上者，置五人至二十人。

七、護理師或護士及營養師：依學校衛生法規定辦理。其具有護士資格者，以護士任用；具有護理師資格者，以護理師任用。

八、住宿生輔導員：山地及偏遠地區學校，學生宿舍有十二人以上住宿生者，得置住宿生輔導員一人；五十人以上住宿生者，得置住宿生輔導員二人。

九、運動教練：得依國民體育法規定置專任運動教練若干人。

十、人事及主計人員：依人事人員員額設置標準及主計員額設置原則規定辦理。前條第二項至第五項規定，於國民中學準用之。

第 5 條　直轄市、縣（市）政府得依學校分布情形或學生人數多寡，視財政狀況及實際業務需要，於不違反相關法律規定下，就職員員額編制另訂有關規定，並報中央主管教育行政機關備查，不受前二條規定之限制。

第 6 條　本準則除另定施行日期者外，自發布日施行。

國民中小學教師授課節數訂定基準

91 年 4 月 24 日臺（九一）國字第 910053181 號令訂定
92 年 9 月 24 日臺（九二）國字第 920125017 號令修正
95 年 6 月 29 日臺國（四）字第 0950086011B 號令修正
96 年 11 月 5 日臺國（四）字第 0960162303B 號令修正
98 年 8 月 6 日臺國（四）字第 0980126062B 號令修正
101 年 1 月 20 日臺國（四）字第 1000234382C 號令修正

一、教育部（以下簡稱本部）為使各領域專任教師之授課節數一致，並達總量管制之要求，特訂定本基準。

二、國民中小學專任教師之授課節數，依授課領域、科目及學校需求，每週安排十六節至二十節為原則，且不得超過二十節之上限。專任教師授課節數應以固定節數為原則，不宜因學校規模大小而不同。

三、專任教師兼任導師者，其授課節數與專任教師之差距以四節至六節為原則。

四、專任教師兼任行政職務，其減授節數之基準由各該主管教育行政機關訂定之。

國立師資培育大學附設實驗國民小學專任教師兼任主任行政職務者，每週之授課節數以一節至四節為原則；兼任組長行政職務者，每週之授課節數以七節至十三節為原則。

五、專任輔導教師負責執行發展性及介入性輔導措施，以學生輔導工作為主要職責，原則上不排課或比照教師兼主任之授課節數排課；兼任輔導教師之減授節數，國民中學教師以十節為原則，國民小學教師以二節至四節為原則。

六、國民中小學之人事、會計人員，不論規模大小，不得由教師兼任，其人員之任用，應依國民教育法之規定辦理。

七、各該主管教育行政機關應訂定不同規模國民中小學之行政組織層級、單位及人員配置，發揮總量管制效益，合理調配專任、兼任及部分時間支援教學之人力，以維教學品質。

八、中央政府專案補助增置之員額，應優先運用於教師人力缺乏之學校。

九、各該主管教育行政機關，應依本基準規定及人力、經費等實際狀況，訂定補充規定。

附錄四

教育部國民及學前教育署補助國民中小學調整教師授課節數及導師費實施要點

100 年 9 月 20 日臺國（四）字第 1000153034C 號令
101 年 12 月 24 日臺國（四）字第 1010234599B 號令修正
102 年 12 月 25 日臺國（四）字第 1020127896B 號令修正

一、目的：教育部國民及學前教育署（以下簡稱本署）為減輕國民中小學教師每週授課節數負擔，增加教師備課時間，並調增導師費，特訂定本要點。

二、補助對象：

(一) 直轄市、縣（市）政府。

(二) 國立大學（實驗高中）附設實驗國民中、小學（以下簡稱國立附設中小學）。

三、補助原則：

(一) 本署核定補助之分配數，依據全國各公私立國民中小學教師數計列；私立國民中、小學之補助金額，併計於直轄市、縣（市）政府補助款內。

(二) 依本要點補助教師授課節數，規定如下：

1. 國民中小學教師：每週均補助二節。
2. 國民小學導師：除前目外，每週再補助二節。

(三) 依本要點補助鐘點費、導師費差額金額，規定如下：

1. 國民中學教師鐘點費：每節新臺幣（以下同）三百六十元。
2. 國民小學教師鐘點費：每節二百六十元。

3. 國民中小學導師費差額：每月一千元。但本要點生效前已依法令發給之二千元，仍依原核定辦理。

前項第一款、第二款鐘點費之補助，每年以四十週為限；其為代理代課教師者，並補助勞工保險、全民健康保險及勞工退休金雇主應負擔之費用，其補助金額，以鐘點費補助金額之百分之五計算之。

四、實施方式：

(一) 教師授課節數，依國民中小學教師授課節數訂定基準辦理。

(二) 直轄市、縣（市）政府應依課程綱要所定各學習領域安排，採固定節數排課。

(三) 直轄市、縣（市）政府應依下列原則，訂定運用規定：

1. 直轄市、縣（市）政府應核定各學校教師員額編制後，依相關規定聘任專任教師。

2. 由學校內教師兼任，並領兼課鐘點費。

3. 依中小學兼任代課及代理教師聘任辦法規定，聘任代理及代課教師。

五、計畫申請及審查：直轄市、縣（市）政府及國立附設中小學應依本要點規定，於每年十月三十日前檢具計畫（包括經費概算表）向本署申請補助；本署於每年十一月三十日前審查所報計畫，必要時得組成評審小組審查。

六、經費請撥及核銷：

(一) 本要點所定補助係全額補助直轄市、縣（市）政府及國立附設中小學，應於立法院就補助之預算審議通過後，始得執行。

(二) 直轄市、縣（市）政府對經費之執行支用，應依行政院預算之執行規定，本要點之補助款應依中央對直轄市及縣（市）政府補助辦法規定，納入地方政府預算，並依各級地方政府墊付款處理要點規定先行辦理墊付。

(三) 對直轄市、縣（市）政府之補助，於本署補助經費核定後，按每年一月、五月及九月分三期撥付，第一期撥補補助經費總額之百分之六十，第二期撥補補助經費總額之百分之三十，第三期撥補補助經費總額之百分之十。國立附設中小學，則採一次撥付之方式。

(四) 第一期款，由直轄市、縣（市）政府於每年一月掣據，並檢具納入預算證明，報本署撥款。第一期經費執行率達百分之七十以上者，由直轄市、縣（市）政府於每月五月掣據、並檢具納入預算證明及補助經費請撥單，報本署請撥第二期款。第一期及第二期經費執行率達百分之七十以上者，由直轄市、縣（市）政府於每年九月掣據，並檢具納入預算證明、補助經費請撥單及學校第三期補助需求調查表，報本署請撥第三期款。經費有結餘者，應依本署相關規定辦理。

(五) 直轄市、縣（市）政府及國立附設中小學應於受領補助款之次年度二月份，檢具本署補助經費收支結算表、成果報告表及應繳回之計畫結餘款項，報本署辦理核結。

(六) 本要點未規定事項，依本署相關規定辦理。

七、成效考核：

(一) 補助經費經核定後，直轄市、縣（市）政府及國立附設中小學應依計畫辦理。

(二) 本要點補助經費，應專款專用，不得挪用填補原應支付之人事費，且年度補助經費執行率，應切實依分配數、分配月份執行；未依規定執行之直轄市、縣（市）政府或執行成效較差者，本署得酌減次一年度補助款額度。

(三) 本署應督導直轄市、縣（市）政府及學校對補助款之執行，必要時得召開檢討會或進行實地訪視督導，以瞭解執行情形。

高雄市立國民小學教職員工員額設置標準表

高雄市政府 100 年 9 月 8 日高市府四維教人字第 1000100138 號函訂

職稱	設置標準
校長	高雄市國民小學（以下簡稱學校）每校置校長一人，專任。
主任	學校各處、室及分校置主任一人，均由教師兼任。
組長	學校按班級數依下列原則設處、室及組： 一、六班以下設二處二組。 二、七班至十二班者，設三處（室）及三組。 三、十三班至二十四班者，設四處（室）及七組。 四、二十五班以上者，設四處（室）及十二組。 五、設有特殊教育班三班以上者，於輔導室增設特殊教育組。 六、設有幼稚教育班三班以上者，於教務處增設幼稚教育組。 藝術才能班及體育班以普通班核算。 第一項各組置組長一人，除文書、出納及事務組長得由職員專任或相當職級人員兼任外，其餘由教師兼任。 二十四班以下者，得在原有組數內設資訊組或置資訊教師一人；二十五班以上者應置資訊組（含於第一款至第五款組長數內，組別名稱各校自行調整之）。
教師	教師員額編制如下： 一、普通班每班教師編制依學校規模大小採八級距： (一) 六班以下每班置二人。 (二) 七班至九班每班置一・九人。 (三) 十班至十二班每班置一・七五人。 (四) 十三班至三十三班每班置一・七人。

職稱	設置標準
	(五) 三十四班至四十七班每班置一・六五人。 (六) 四十八班至五十七班每班置一・六人。 (七) 五十八班至七十一班每班置一・五七人。 (八) 七十二班以上每班置一・五五人。 上開普通班教師編制自100學年度起，視本府經費分四年由小型學校逐年實施八級距編制方式。 學校普通班級教師編制員額為一・五人者，依前項規定。但編制員額高於一・五人者，一・五人以內之控留缺額以代理或兼代課教師進用。一・五人以上者全部採兼代課進用。 二、特殊教育班依「特殊教育設施及人員設置標準」規定辦理。 三、幼稚教育班依「幼稚教育法」規定辦理。 四、體育班依「高雄市各級學校體育班設置要點」規定辦理。
輔導教師	二十四班以下者置一人，二十五班以上者，每二十四班增置一人，均由教師專任或兼任。
專任專業輔導人員	學校班級數達一百班以上者，應至少置專任專業輔導人員一人。
專任運動教練	依各級學校專任運動教練聘任管理辦法之規定及高雄市發展體育運動重點項目之需要，覈實檢討設置。
幹事、助理員	幹事、助理員員額編制如下： (一) 三十班以下者置一人。 (二) 三十一班至七十二班者置二人。 (三) 七十三班以上者置三人。 前項班數以全校總班數核算（不含學前特教班、幼教班）。 以上均非採分段計算；學校並應依各機關職稱及官等職等員額配置準則調整配置幹事或助理員職稱之人數。
護理師或護士及營養師	護理師或護士及營養師之員額編制依「學校衛生法」規定辦理。
教師助理員（約僱）	身心障礙集中式特殊教育班（除啟聰班外）學生總數十五人以上置一人。
人事人員	人事人員員額編制依「行政院所屬各級人事機構人員設置管理要點」規定辦理。

職稱	設置標準
主計人員	主計人員員額編制依「主計員額設置原則」規定辦理。
普通工友、技術工友	普通工友、技術工友員額配置依各級公立學校工友員額設置基準規定辦理。 學校設游泳池者，置泳池技工一人，救生員（約僱）依游泳池管理規範辦理。 學校設公辦公營廚房辦理午餐者，置廚房技工一人。現有廚房技工以凍結出缺不補為原則，並以本市現有不設廚房之廚房技工辦理超額移撥。 學校警衛技工職缺由各校超額職工移撥或其工作檢討委由民間辦理，該職缺應即予凍結出缺不補。 普通工友、技術工友業務若採事務勞力替代措施，其人員應辦理超額移撥。
籌備處	籌設新學校，置籌備處主任一人，得專任，總務主任一人，專任。
其他	學校得在總員額不變下，依組織再造原則調整行政組織，並報高雄市政府核定。

備註：1. 現有救生技工應即予凍結出缺不補。
2. 現有生活輔導員出缺改置為教師助理員（約僱），並與教師助理員（約僱）員額總量管制，其超額部分出缺不補。

國家圖書館出版品預行編目（CIP）資料

教育財政制度與改革／陳麗珠著．
-- 初版. -- 臺北市：心理, 2014.11
面；　公分 . --（教育行政系列；41431）

ISBN 978-986-191-626-2（平裝）

1.教育財政學

520.1856　　　　103021008

教育行政系列 41431

教育財政制度與改革

作　　者：陳麗珠
執行編輯：李　晶
總 編 輯：林敬堯
發 行 人：洪有義
出 版 者：心理出版社股份有限公司
地　　址：台北市大安區和平東路一段 180 號 7 樓
電　　話：(02) 23671490
傳　　真：(02) 23671457
郵撥帳號：19293172　心理出版社股份有限公司
網　　址：http://www.psy.com.tw
電子信箱：psychoco@ms15.hinet.net
駐美代表：Lisa Wu（Tel: 973 546-5845）
排 版 者：龍虎電腦排版股份有限公司
印 刷 者：龍虎電腦排版股份有限公司
初版一刷：2014 年 11 月
I S B N：978-986-191-626-2
定　　價：新台幣 600 元